一些取自本书题材的电影、纪录片、电视节目

电影：

《雨人》
《马拉松》
《黑气球》
《海洋天堂》
《自闭历程》
《与光同行》
《真实的雨人》
《玛丽和马克思》
《我的名字叫可汗》
《我的影子在奔跑》

纪录片：

央视科教频道《天才画家：斯蒂芬·威尔特希尔》
瑞典《现实：雨人》
美国国家地理《神奇的大脑》
美国第五频道《非凡人物》
英国布里斯托尔焦点制片公司《脑人》
德国多特蒙德色域制片公司《美丽心灵：大脑探险之旅》
英国BBC电视台《愚蠢的智者》《地平线系列：认识自闭症》

美国学习频道《超越平凡：芙洛和凯，一对双胞胎学者综合征患者》
美国惠好公司基金会《孤岛天才》
美国A&E电视台《天才的多张面孔》《惊奇世界》
美国劳伦斯·贝克尔博士《张大双眼》《真实的雨人》
美国加州大学洛杉矶分校《看不见的墙》《一名自闭症青年的肖像画》
澳大利亚广播公司（ABC）《罕见的天才》
日本NHK《自闭症少年的内心世界》
日本广播公司《人是什么》系列
中国台湾《遥远星球的孩子》《捕捉黑暗中的梦想》《筑巢人》

以下电视节目制作了有关学者综合征患者的专题节目：

《今日秀》《奥普拉秀》《美国报道》《早间秀》《热拉尔多》
《拉里·金现场》《早安美国》《午夜秀》《深夜秀》《48小时》

献给金和他的父亲弗兰·皮克，他们曾笼罩在同一片阴影下；

从对他们心智的研究中，我也获益良多。

金·皮克（1951—2009）与他的父亲弗兰·皮克

Islands of GENIUS

孤岛天才

[美] 达罗 · A. 特雷费特（Darold A. Treffert） ◎著
易 伊 ◎译

SPM
南方出版传媒
广东人民出版社
· 广州 ·

图书在版编目（CIP）数据

孤岛天才 / (美) 达罗 · A.特雷费特著； 易伊译. – 广州 ：广东人民出版社, 2018.1
ISBN 978-7-218-12204-5

I. ①孤… II. ①达… ②易… III.①天才教育 IV. ①G40-06

中国版本图书馆CIP数据核字(2017) 第267432号

Islands of Genius: The Bountiful Mind of the Autistic, Acquired, and Sudden Savant by Darold A. Treffert

First published in the UK and USA in 2010 by Jessica Kingsley Publishers Ltd
73 Collier Street, London, N1 9BE, UK
www.jkp.com

GUDAO TIANCAI
孤岛天才
[美] 达罗 · A. 特雷费特　著　　易　伊　译

出 版 人：肖风华

策　　划：中资海派
执行策划：黄　河　桂　林
责任编辑：罗　丹
特约编辑：王爱萍
版式设计：林卓群　吴惠婷
封面设计：WONDERLAND Book design 仙境 QQ:344581934

出版发行：广东人民出版社
地　　址：广州市大沙头四马路10号（邮政编码：510102）
电　　话：（020）83798714（总编室）
传　　真：（020）83780199
网　　址：http：//www.gdpph.com
印　　刷：深圳市希望印务有限公司
开　　本：787mm × 1092mm　1/16
印　　张：21.125　　插　　页：7　　字　　数：382千
版　　次：2018年1月第1版　2018年1月第1次印刷
定　　价：52.00元

如发现印装质量问题，影响阅读，请与出版社（020-83795749）联系调换。
售书热线：（020）83795240

Islands of GENIUS

致中国读者

中国的新朋友：

拥有超凡大脑的人士，例如学者综合征患者，存在于世界各个角落。他们分享着各自的非凡故事，并为我们全人类的生活增添了不少色彩。

学者综合征型音乐或艺术才能不需要用语言来传递，因为音乐或艺术本身就是一种世界通用语言。然而，通过文字分享这些拥有特殊才能之士的故事，讲述他们的家人和朋友对他们的爱、奉献、接纳，以及他们一起度过的欢乐时光，我们无不深受其启发。

通过这种方式，无论身处何处，我们所有人都能更好地了解大脑和人类的潜能。

达罗·特雷费特 D. A. Treffert MD

格雷戈里·布莱克斯托克　　《咬鹃大世界》(*The Great World Trogons*)

赛思·克瓦斯特　《无题》(*Untitled*)

赛思·克瓦斯特
《加拉帕戈斯群岛风景》(*Vision of Galapagos*)

赛思·克瓦斯特　《幻想马头鱼尾兽》(*Fantasy Hippocampus*)

叶平连　　《丰年I（公鸡）》[*Prosperous Year I (Rooster)*]

叶平连　　《快乐的鱼 I》（*Happy Fish I*）

叶平连　　《我的狗 II》（*My Dog II*）

乔治·怀德纳　　《大都市》(*Megalopolis*)

阿曼达·拉马尼亚　　《云端城堡》(*Castle on a Cloud*)

理查德·瓦夫罗　　《贝尼多姆》(*Benidorm*)

理查德·瓦夫罗　　《国王学院合唱团》(*King's College Choir*)

阿朗佐·克莱蒙斯　　《喂食时间》（*Feeding Time*）

阿朗佐·克莱蒙斯　　《拜森小野牛》（*Bison Calf*）

权威推荐

李威　《最强大脑》名人堂选手，深圳首位“世界记忆大师”，世界脑力锦标赛团体冠军和个人总季军，入选“中国超级大脑人才库”

《孤岛天才》为我们展开了一幅有关人类潜能和大脑功能的立体图，并告诉我们，通过有效的训练方法，每个人都能挖掘出更多的自我潜能，这也将对普通人接受更有效、更有针对性的教育带来新的启发。

姜英爽　深圳市大米和小米教育集团、微信公众号“大米和小米”创始人，《南方都市报》前报社首席记者

上天给了他们特殊的才华，也拿走了他们在社交上的世故和圆滑。优点和障碍相伴相生，请用欣赏和宽容来接纳他们的独特，他们正是这个世界物种多样性的一部分。

新浪微博大Ｖ号“纪录片之家”

本书中提供的电视纪录片和其他视频资讯非常丰富，为人们了解学者综合征、自闭症以及人脑研究打开了一扇独特的窗口，可谓一部不可多得的先河之作！

奥利弗·萨克斯（Oliver Sacks）　哥伦比亚大学临床神经科教授，英国牛津大学等世界著名学府荣誉博士，《错把妻子当帽子》作者

对于学者综合征，特雷费特博士的理解和经验是他人无法比拟的。他在近半个世纪的时间里，一直沉浸在这个课题中。在描述这些患者的奇妙心灵时，特雷费特博士所展现出的心胸也很开放和包容。

和特雷费特博士的其他作品一样，这本书让我们得以全面了解关于学者综合征的最新研究的同时，还饱含了作者的渊博学识和情感共鸣。这是一部关于人类非凡疾病的不可或缺之作。

天宝·格兰丁（Temple Grandin）　科罗拉多州立大学教授，畜牧专家，《时代周刊》"全球最具影响力人物"之一，电影《自闭历程》主角原型，《用图像思考》作者

这是一次探索学者综合征患者心灵世界的奇妙之旅，从中我们得以了解这些神奇能力是如何获得以及如何发展的。如果你想了解人类心智，这本书便不容错过。

美国心理协会（American Psychological Association）

近半个世纪来，特雷费特一心专注于解开学者综合征患者心智之谜。在他笔下，这些才能并不只是学者综合征独有的临床症状，更是普通人身上常有的表现。他将这些视为拥有非凡能力的不凡之人，而不是有着特殊弱点或缺陷的人。本书中，作者收集了大量有特殊才能之士的个人发展史，这些特殊才能即使出现在所谓的天才或神童身上尚且令人难以置信，更何况是这些被诊断为诸如自闭症等障碍的人士。

《美国精神病学杂志》（*The American Journal of Psychiatry*）

达罗·特雷费特的这本书以迷人的方式、丰富的细节，从临床和神经科学的角度，向我们阐释了学者综合征以及那些虽然患有发育障碍同时却拥有非凡能力的人士。在这本条理清晰、极具前瞻性且备受推崇的著作中，特雷费特通过大量的临床与研究案例，与我们分享了他对学者综合征患者的终身兴趣和毕生研究。

这是一本由一位优秀的临床科学家写就的深受推崇、充满人文关怀和有着乐观主义视角的佳作。在他眼中，每个人都是完整的，与其自身的历史、天分、挑战、境遇和人际关系等紧密相连。这本书引人入胜，非常适合大学生、专业人士和包括早已为人父母的对学者综合征感兴趣的普罗大众阅读。

作者特雷费特本人非常尊重学者综合征患者们的天分，并将其视为应当予以充分发展的伟大天赋，以使患者获得自身满足感和价值感的同时，又能造福他人。他认为学者综合征患者是社会的一部分，而不是一桩会让人置身事外的“趣谈”。他们是一群才华横溢的人，身处人际关系之中，为人所爱，不断成长和发展。他们的存在证明了我们每个人所拥有的大脑的可塑性与能力。

《英国精神病学杂志》（*British Journal of Psychiatry*）

作者写作这本书的目的绝不仅仅是出于兴趣，此外，他所细致描写的有关学者综合征患者及其照顾者的故事，可以作为我们所有人学习的榜样。

《人类的天资》（*Human Givens*）

目前恐怕再没人会比本书作者更了解学者综合征这一罕见疾病。这些患者虽伴有自闭症等，却同时拥有一个或多个领域的聪明才智，是一群“身处孤岛的天才”。

《华盛顿报》（*Washington Informer*）

时至今日，如果你走进一家书店或者图书馆，你会发现同时有几十本关于大脑运作的书映入眼帘。即便如此，我仍然相信这本书将是最吸引人的。通过运用案例研究、通俗易懂的医学知识和富有感染力的奇闻轶事，特雷费特带领读者饱览了一次堪比好莱坞电影却鲜少有书籍涉及的脑科学领域之旅。理论科学家、家长、教育工作者，以及任何一位对大脑运作感兴趣的人都会发现这本书魅力十足，且令人耳目一新。对你而言，阅读此书将是一个毋庸置疑的选择。

《挪威医学会杂志》（*Journal of the Norwegian Medical Association*）

笔者在阅读此书时感受深刻，强烈推荐给所有同仁。

Islands of GENIUS

目录

第二部分

了解学者综合征患者的世界

普伦“时而疯狂，时而沮丧”，汤姆和莱斯利的音乐在相隔一个世纪的时空回荡，阿朗佐只需看一眼就创造出精美的雕塑，乔治·芬恩能告诉你百年后的复活节会在哪一天，金·匹克记忆的书籍超过了 1.2 万册，誉满全球的畜牧专家天宝·格兰丁是一位自闭症宣传大使，丹尼尔·塔米特一周就学会了冰岛语……这些超凡能力的背后，有着怎样不为人知的故事？

第三部分

探究学者综合征的重要新维度

一些人在经历外伤性脑损伤之后，却意外获得了音乐、美术或数学方面的才能，为了不被当成“轻微的自闭症患者”，他们选择隐藏起自己的特殊技能……越来越多的证据表明，大脑拥有强大的有效性、可塑性，以及巨大的存储空间，这不仅赋予大脑一定的自我修复能力，或许也能用来进行人为的扩展……

第四部分

训练学者综合征天赋

读谱视奏对视觉型学习者而言大有裨益，但听觉音高学习者却无法从中获得激励。对于拥有特殊天赋的孩子，正确地训练天赋是帮助其走向正常化的通道。普通人又能从中得到什么启示？

第五部分

我们的旅程才刚刚开始

本田汽车公司研究所宣布开发了一种脑－机接口技术，使得人类仅仅通过思维就可以控制机器人。大脑时代，更先进的科学技术为新生代探险家们继续探索神经科学这一前沿领域提供了有力支持。而大脑能否超越自我，完全彻底地解释自己？

推荐序一

降落人间的天使们

仇子龙博士

中国科学院神经科学研究所研究员、博士生导师
国家杰出青年科学研究基金获得者

大家一定还记得江苏卫视一档著名节目《最强大脑》的挑战者中有位生活无法自理，却能在极短时间内计算出复杂数学式的惊人小伙子——周玮。从医学角度上说，周玮可能患有一种罕见的疾病——学者综合征（Savant Syndrome）。这本书就是“学者综合征”领域的国际权威达罗・A. 特雷费特医生撰写的一本关于“学者综合征”的书。

学者综合征患者的特点是首先具有某方面的脑功能缺陷，但在另外一些领域却有超乎常人的能力。这些领域通常集中在几个方面：音乐、美术、闪电计算、日历计算、空间或机械能力等，而且患者一般都拥有超强的记忆能力。有些学者综合征是先天疾病（比如自闭症）的患者表现出来的，有些则没有先天疾病，但在后天的某些脑疾病与脑外伤后意外获得的。由于学者综合征患者通常看上去宛如神童或天才，因此常常被大众追捧而神化或者娱乐化。但到目前为止，学者综合征背后的科学机理还几乎无法确定。

在这本波澜壮阔的书中，特雷费特医生为我们展现了这些经过详细资料记录的学者综合征患者们。他们就像降落人间的天使，看上去与凡世格格不入，却

拥有各种超凡的能力。比如著名电影《雨人》（*Rainman*）的原型金·匹克（Kim Peek），他的大脑中存储的书籍超过了 1.2 万本，看书的时候还可以左右眼各看一页，整个大脑就像永远不会被存满的电脑硬盘。在与人聊天时，他会先问对方的出生日期，然后如数家珍地说出那天是星期几，当日国际上有何大事件，对方 65 岁的生日将会是星期几，并提醒对方那天就可以退休了。

当我们惊诧于这些天使们的惊人天分时，特雷费特医生却在书中为我们道出了其背后的艰辛故事。例如，金·匹克从小就被认为患有智力障碍，生活无法自理，有人建议将他送去社会福利机构；是他父母无私的爱让他得以继续留在家里开心地生活下去，最终展现出惊人的天赋。在金·匹克成名之后，他的父亲老匹克仍然帮儿子穿衣梳理，陪伴他旅行全国以及全世界去参加各种活动。可以说，这些患有学者综合征的天使们也面临着和自闭症儿童一样的困境，他们在小的时候常被认为具有严重的生长发育缺陷，不会是社会的可造之材，甚至险遭抛弃，但家人长年累月的关爱呵护让他们得以健康地长大、绽放光彩。

这些天使们的存在，也极大地拓展了我们对脑功能的认识。没有他们，我们无法想象人脑居然可以有如此潜力，居然会具有如此强大的运算和存储能力。当然，必须提及的是，科学界对于学者综合征的研究还在继续，我们对此还没有很好的解释，诸如书中提到的“遗传记忆”（即某些技能与记忆可以从祖辈遗传至下一代）的说法，目前还停留在科学假说阶段，并未被科学的证据证实。希望接下来的科学研究可以逐步解开这些天使们的神秘面纱。

面对这些来到人间的天使，我们可以学到些什么呢？正如金·匹克所说的，**“如果我们能充分认识和尊重人与人之间的差别，己所不欲勿施于人，世界将会更美好。具有某些缺陷并不说明你就与众不同，其实我们每个人都是与众不同的”。**让我们跟着特雷费特医生，走入“学者综合征”这个神奇的世界吧。

人人生而不同

丹尼尔·塔米特（Daniel Tammet）

语言和数字天才，作家兼语言学家
全球“在世的100位天才”，有“脑人”之称
《星期三是蓝色的》作者

学者综合征是一种罕见而非凡的病症。它虽一度被研究者们忽略，但现在，对学者综合征的研究已成为科学家们尝试理解人类浩瀚而迷人的复杂心智的最前沿领域。

来自威斯康星州的达罗·特雷费特先生，是位精神病学家、作家和演讲人，同时也是当今世界首屈一指的学者综合征专家。过去50年来，他经多方途径，帮助改变公众对“异能”心智的看法。作为奥斯卡获奖电影《雨人》的专家顾问，特雷费特医生将全世界的目光都集中到了学者综合征患者的非凡能力之上。通过写作和威斯康星医学会网站的学者综合征专栏，他始终孜孜不倦地向公众及媒体表述、解释和澄清这种令他们着迷不已的现象。

学者综合征患者是指这样的一群人，他们除了存在某种形式的残障外，又在某个或多个领域拥有超常能力。其中很多人像我一样，是自闭症患者。我想，正是这种令人回味无穷的天才与残障共存的现象，引起了人们的强烈兴趣。但对于这种病症的两种属性，我们应该持有同样恰当的认识，无论是学者综合征患者面临的困难还是其天赋，都不应该被轻视或贬低。

在我看来，这正是特雷费特医生的研究事业的独特且重要之处。就如他在本书中所论述的，学者综合征患者的能力远远不止计算或记忆大量的事实信息，相反，他认为学者综合征患者也可以极富创造力。在他所列的例证中，包括了许多获奖无数的学者综合征患者，他们或绘画、或写诗、或创作畅销书，有的还发行了一整张的原创音乐专辑。

正如特雷费特医生阐述的，学者综合征患者并非单纯的“书呆子”“怪才”或者“装模作样的专家”。他们面临着不计其数的挑战，而且这些挑战往往重大而持久。在此，他十分明智地强调了学者综合征患者的家庭对其持续不断的精心照顾与教育的重要性。

2004 年夏天，我有幸与特雷费特医生有过一次私人会面，当时纪录片《脑人》（*Brainman*）正在拍摄之中。就是在那个时候，25 岁的我第一次被诊断为阿斯伯格综合征，这是一种温和、高功能化的自闭症。在我们的面谈中，特雷费特医生确诊我也是一名“学者综合征患者”。此次会面自然给我留下了极为深刻的印象，从那以后我们开始定期通信。2006 年，当我的第一本回忆录《星期三是蓝色的》（*Born on a Blue Day*）出版时，特雷费特医生为它欣然作序。事实证明，他的许多观点与洞见，都对我的第二本书《我的 IQ150》（*Embracing the Wide Sky*）的准备与写作颇有启迪与益处。

如特雷费特医生在本书中提到我时所言，我目前正在写作自己的第三本书，是一本小说。很多人听到这个消息时都会大吃一惊，这或许是因为人们还从没听说过一名自闭症患者可以写出虚构文学作品。我在回忆录中曾提到，相比小说，童年时期的我更喜欢看一些非虚构的作品，比如百科全书和辞典。但人总是会变化的，学者综合征患者也一样。科学家们现在知道，我们与生俱来的大脑并不像以前所认为的那样，从我们出生后就一成不变，而是在我们整个人生中持续变化着的。正因如此，我学会了在讲话的时候注视着对方的眼睛，学会了理解对方的肢体语言，也学会了如何讲笑话。学者综合征患者并不像人们通常认为的那样，会像囚徒一样被困在这个特殊疾病的枷锁里。

学者综合征能带给“正常”的心灵什么启示呢？答案有很多。当阅读本书中对那些世界著名的学者综合征患者们的美妙描写时，我们发现，**相较于不同点，他们与“普通”人之间具有更多的共同之处**。科学界和媒体的讨论往往集中在学者综合征患者和正常人心智之间的差异，而忽略了许多重要的共性。实际上，学者综合征患者的能力并非依靠超级计算机一样的思维过程，也不是依靠完全的机械式学习，更不是某种遗传性怪癖导致的。相反，它们显然依靠的是人类诸多品性的共同作用：激情、奉献、热情和爱。

鲜少有人想要或能够学习背诵 π 小数点后的 22 514 位数，抑或绘制令人叹为观止的地标细节，又或者记住 1.2 万本书里的内容。人生而不同。特雷费特医生没有目瞪口呆地揪着这些特殊技能不放，而是更关注这些能力背后的个体，并向全世界发出了这样的信息：这些特殊能力最重要的根源，是一个充满创造性和想象力的过程。**只有考虑到学者综合征患者的生活背景，我们才能更充分和正确地理解他们所拥有的天赋。**

非常感谢特雷费特医生近 50 年来极具价值和启迪性的工作。现在，越来越多像我一样的学者综合征患者，在科学家对这些能力的相关研究中发挥着积极的作用。此外在许多领域，学者综合征患者也正在为他们所处的社会作各种实质性的贡献。而最重要的是，这种对学者综合征患者表现出的更为深刻和人道主义的欣赏，不管采用的具体形式如何，都将帮助我们更好地理解和尊重这个世界上的每一种心智。

Islands of GENIUS

自序

「天才」和「低能」竟能矛盾共存

金·皮克，电影《雨人》原型，能记住 1.2 万本图书的内容，可谓人类记忆领域的珠穆朗玛峰。他的记忆能力像无底洞一般，囊括了多个专业领域的知识，涵盖历史、地理、文学、音乐、体育、科学和宗教，并且远远不止于此。他就像是一部活体谷歌。然而在他的童年时期，人们建议他的父母把他送到社会福利机构去。一名医生甚至建议对他实施前额叶白质切除手术①。

马特·萨维奇（Matt Savage）无法忍受任何噪音，讨厌被别人当成孩子一样抚摸。但他在 6 岁半时，很快精通了钢琴弹奏，并在 8 岁那年录制了他的第一张爵士乐 CD。现在，马特是举世公认的“爵士乐莫扎特”，该称号由著名爵士乐音乐家戴夫·布鲁贝克（Dave Brubeck）亲自给予。17 岁那年，他成为了马特·萨维奇三重奏乐团的领袖，在全球各地举办音乐会。最近，他已录制了自己的第 8 张 CD。

莱斯利·莱姆基（Leslie Lemke）是一位失明人士，患有严重的认知障碍和脑性瘫痪。然而，他在 14 岁时第一次听到柴可夫斯基的《第一钢琴协奏曲》

①前额叶白质切除术（lobotomy）：一种神经外科手术，手术时医生会切断联系大脑前额叶和大脑其他区域的绝大多数神经纤维。这是世界上第一种精神外科手术，术后患者往往会丧失精神冲动，表现出类似痴呆、弱智的迹象。这种手术在20世纪70年代后逐渐被医学界舍弃。——译者注（除特别说明外，本书其余注解均为译者注）

（*Tchaikovsky's Piano Concerto No.1*）后，就完美无瑕地重奏了那首曲子。此前他从未上过任何音乐课程，可谓一名不折不扣的音乐天才。

乘坐直升机在伦敦上空俯瞰了 15 分钟后，斯蒂芬·威尔特希尔（Stephen Wiltshire）经过为期 5 天的马拉松式绘图后，最终制作了一幅长达 4 米的素描图，其精确度令人叹为观止，完美呈现了伦敦 7 平方英里①内的每一栋建筑、每一条街道和每一扇窗户。3 岁那年，他被诊断患有自闭症。然而，在 8 岁时展现出绘画方面的惊人天赋后，他被一名主流艺术评论家称为“天赋异禀的小火箭”。斯蒂芬曾被英国女王伊丽莎白二世授予了大英帝国勋章，现在的他在伦敦的皇家歌剧院拱廊拥有专属画廊。

这些非凡的人士，以及本书中将继续讲述的其他类似群体，都患有“学者综合征”。这是一种罕见但非凡的疾病，在这种病症之下，难以置信的“孤岛天才”技能和某些残障一起，在同一个人身上醒目又和平地共存着。

1962 年，我遇到了我的第一位学者综合征患者。我被他这种神奇的病症深深地吸引了，完全不知道该对此作何解释。至今，我对这个神经科学史上的奇迹和谜团仍感到十分好奇。这本书记录了我与这个非凡群体及其同样非凡的家庭和照顾者们共同走过的 47 年旅程，并总结了我在这段罕见的关于学者综合征患者心智探究之旅中一路走来的所见所得，而这也正是我研究的动力和出发点所在。同时，本书也是对学者综合征患者世界的一次探索，随着对学者综合征患者的病症了解越多，我从他们身上学到的也就越多。在这个过程中，我见证了那些学者综合征患者护理人员的信念、无条件的爱、耐心、乐观和辛勤付出，他们不仅无微不至地照顾着，也发自内心地关怀着这些患者。在研究人类大脑环路的同时，我还学到了同样多的关于人类心灵的东西。

1988 年，电影《雨人》描绘了雷蒙德·巴比特（Raymond Babbitt）的许多惊人天赋，引起了全世界对学者综合征的极大关注，并让“自闭学者”（autistic savant）这一术语家喻户晓。在电影问世之前，除了偶见于某篇杂志文章或电视新闻剪辑中的“不得了，快看看！”栏目，大众对这种罕见但非凡的疾病还知之甚少。

学者综合征患者的惊人天赋诚然值得关注，但他们所得到的不应仅仅是“不得了”式的猎奇一瞥，我们还理应达成这样一种共识，即“世界是平的”，所有

---

①1英里=1.6093千米。

人在大脑能力与功能上都应该是平等的。为此，本书将带着你摆脱“不得了”的认识，更深入地了解这些拥有超凡天赋的特殊群体。我们要超越猎奇的心态，因为一个大脑功能模型，包含记忆在内，只有能囊括并完全解释这种超能与低能在同一个人身上矛盾共存的现象，才能算是完整的。可以说，如果我们不能充分地解释学者综合征，那我们就无法完全解释自己，也无法真正地理解我们自己的全部能力。

从 1962 年遇到我的第一位学者综合征患者开始，我就感觉这种同一个人身上超能与低能共存的悖论，总是与不可思议的记忆能力相联系。它为研究人类大脑天赋、智力、记忆，甚至可能包括创造力，提供了一个独特的窗口。此外我也感觉到，从这段引人入胜的旅程的起点开始，学者综合征就将对发现和挖掘人体内蕴藏的切实且重要的潜能，有着巨大的影响。我相信，我们所有人都拥有这种“内在学者”（inner savant）的能力。这本书将为你解释我是如何，以及为何会得出这些结论的。

你将在本书中逐一见识并长久铭记的许多学者综合征患者，他们身上都表现出极为典型的基础疾病（如自闭症或其他发育障碍）与特殊才能或天赋的结合。而且，这些才能或天赋与基础疾病联结或叠加在一起，水平往往极高。这是最常见的学者综合征类型，且如前文所述，其影响和意义重大。事实上，他们正是我在研究学者综合征早期时遇到的患者类型。

20 世纪 90 年代中期时，我遇到了我的第一位“获得性”学者综合征患者（acquired savant）。他们先前都是一般神经状态人（即通常所说的“正常人”），没有特殊的先天技能，但在经历一些中枢神经系统意外损伤，如头部损伤、中风或进行性痴呆后，出乎意料地出现了类似学者综合征的才能，该能力有时水平极高。这种情况的存在，让我更加坚信其预示着所有人体内都隐藏着巨大但未经开发的潜能，即一种内在的学者能力。举例如下：

- 一名 54 岁的建筑工人，此前没有任何艺术爱好或天赋，在一次中风之后突然兴趣大变，成为了一位造诣极高的诗人、美术家和雕塑家。
- 12 位患有额颞叶痴呆（Fronto-Temporal Dementia，以下简称 FTD）的老年人，随着疾病的发展表现出了美术或音乐创作方面的能力，其中几位水平相当惊人。但他们所有人在患病之前，从未表现出相关的兴趣或天赋。

- 一名54岁的外科医生被闪电击中后幸存了下来。经过几个星期的轻度记忆障碍之后，他开始逐渐痴迷古典音乐，这在事故前从未显现过。他学会了弹奏钢琴，因为他的脑海中始终萦绕着一段挥之不去的旋律，随后，他把脑海中的旋律写成了一首奏鸣曲。现在，他已然成为了一名专业的钢琴家，而他的医学技能并没有受到任何影响。
- 一名40岁的励志演讲者在跳进浅水池时，不慎遭遇严重脑震荡。康复之后，他无师自通地学会了弹奏钢琴和吉他，而受伤前他对这些技能一窍不通。现在，他专职为电影合成音轨，并以专业表演为生。除此之外，他的脑震荡没有留下其他任何后遗症。
- 一名中年妇女在中风完全康复之后，说话时带上了一种非常明显的外国口音，而她此前根本没有去过那个国家。

随着深入阅读本书，你将会发现更多类似有意思的案例。它们所提出的终极挑战，当然是如何在不经历中枢神经系统意外的情况下，把人体内这种休眠的潜能挖掘出来。本书后半部分的章节中介绍了一些这样的技法。

同时，本书还包含了一些我称之为“突发性学者综合征”（sudden savant syndrome）的案例。在这些案例中，某些一般神经状态人在没有经历任何中枢神经系统损伤的情况下，突然领悟了某种天赋，而且没有因为得到新技能而付出任何代价。例如，一名30岁的律师尝试学习弹奏钢琴，而在短短几秒钟之后，他突然“知道”了音乐的规则，像一位炉火纯青的音乐家一样开始弹奏，他自己和他的朋友们都为此震惊得目瞪口呆。类似的顿悟也发生在另一位年轻人的身上，他在没有接受任何专业训练的情况下，突然就能像一位音乐大师一样弹奏吉他。现在，他已能进行专业的表演。

无论是自闭学者、获得性还是突发性学者综合征，其核心问题是“他们是如何做到的？”自122年前，约翰·兰登·海顿·唐医生（John Langdon Haydon Down）于1887年首次描述了这一令人困惑的病症后，研究者一直试图回答这个问题。截至目前，我们仍未找到决定性线索。在本书第一部分“探索学者综合征患者的心智”中，我专门论述了这个重要问题，并总结了迄今为止我们在解释自闭学者、获得性和突发性学者综合征上，已取得了怎样的成果。

对于养子莱斯利没有受过任何专业训练，却在音乐上无师自通，梅·莱姆基（May Lemke）有自己的解释。在1983年的《60分钟》（*60 Minutes*）栏目的一期节目《天才》（*Genius*）中，很多人都记得，她是这样解释莱斯利的特殊音乐天赋的：“好吧，我认为，莱斯利大脑的某一部分，掌管音乐的那部分，被单独保留了下来——因为莱斯利的大脑受损了——但我想，他大脑掌管音乐的那部分，被完美、健康、奇妙地保留了下来。正因如此，莱斯利拥有了获得某种天赋的可能，并切实得到了它。”正如你将看到的，梅的解释虽然没有用到非常专业的科学术语，但表达的意思相当准确。在本书下文概述的相关研究中，证明了在学者综合征患者大脑的某些区域，为弥补其他区域的受损而重新连接和修复的过程。研究者称之为“反常性功能提高”（paradoxical functional facilitation），这是个比梅·莱姆基所述更高级的术语，它描述了一种“补偿性”或者所谓的“释放”现象。该现象是大脑可塑性的一个绝佳例证。大脑可塑性是一个很新的概念，而且最近才获得科学界的青睐。

这是一个令人十分兴奋的时代，我们将在努力解释学者综合征的研究中跨出伟大的步伐。这主要基于以下几点：

第一，新的成像及相关技术首次允许我们研究大脑功能，而不仅是大脑结构。这种功能成像为我们提供了一个独特且适时的窗口，帮助我们深入学者综合征患者的大脑，更清晰、更复杂、更实时地了解大脑是如何工作的。

第二，新增的有效病例提供了充足数量的对照组做比较，而不是仅凭奇闻轶事或单一的个案描述。本书报告了这些新的发现和案例，并探讨了神童、天才以及他们的特殊天赋，与学者综合征之间的关系。

第三，学者综合征研究总是提出这样一个问题：究竟有多少隐藏的大脑潜能和记忆容量，埋藏在我们每个人体内？人们一直想知道，如果学者综合征患者可以征召并利用未受损的大脑能力，来补偿大脑中其他区域的功能障碍或损伤，那么我们所有人是否都有这样一个未开发的脑能储藏库？过去几年，随着“获得性学者综合征”的发现，学术界有了更多的动力、紧迫性和可能性来解决这个问题。

获得性学者综合征，指原本没有表现出任何特殊技能或能力的正常（一般神经状态）人，在遭受头部损伤、中风或其他脑疾病或障碍之后，突然发展出了美术、音乐或数学方面的技能，这些技能有时能够达到十分惊人的水平。这些案例提高了这样一种可能性：我们每个人的体内都埋藏着一个正在休眠的“小雨人”。如果真如此，它还涉及如何在没有遭受头部损伤、中风或其他中枢神经系统损伤的情况下获得这样的休眠潜能等相关问题。本书基于最新的案例、发现和技术，也着重探讨了这些疑问。

第四，世界上还存在这样一种奇怪而引人注目的现象，即那些令人惊叹的学者综合征患者似乎“懂得他们从未学过的东西”。例如，莱斯利一生中从未上过任何音乐课，而且他双目失明也没法阅读乐谱。但据见过其本人并听过其演奏的专业音乐家们所说，莱斯利似乎与生俱来、本能地懂得“音乐规则”。一位经验丰富的音乐教授在谈论马特时也如此说过，“他似乎知晓某种超越自身存在的东西”。其他一些杰出的学者综合征患者，在没有受过相关熏陶或专业训练的情况下，也天生“懂得”音乐、美术、数学或日历计算的规则。他们似乎自带着预设好的载有音乐、数学或美术芯片的软件一样。正如你将在本书中看到的，这种先天知识在神童和天才身上也同样存在。

懂得或记忆自己从未学过的新事物的能力，我称之为“遗传记忆”(genetic memory)。它是知识的遗传性传递。是否我们都有这样的知识或遗传技能，它可能像备份系统一样存储在我们大脑里，以备我们受伤时调用，并且只有在受伤后才会浮现出来？难道卡尔·荣格的假说是对的吗？他认为，我们自出生以来就遗传了先人的某些东西，包括遗传性状、信仰、习俗和才能等，并称之为集体潜意识。新兴的表观遗传学[①]领域的科学家们认为，表观基因可能是为细胞中更加严格不变的 DNA“硬件”进行编程和提供指导的“软件”，它们可能正是学者综合征患者（以及神童）与生俱来的遗传知识与记忆背后的形成与传递机制。

因此，新的学者综合征患者案例、新的技术和新的见解，造就了今天这个激动人心且充满机遇的时代，让我们能够更好地理解这种非凡的病症，并探索其所带来的一切深远影响。这些影响不仅关乎学者综合征患者，更关乎我们所有人。

最后，我想在本书中提及一个我先前在《非凡的人：理解学者综合征》（*Extraordinary People: Understanding Savant Syndrome*，2006）一书中不曾涉及的重要部分，即本书的第四部分。这部分的章节将为那些家长、教师，以及其他想知道在遇到这一特殊群体时该如何与之正确相处的人，提供了一些意见和建议。这些章节概述了一些特殊技巧，教人们如何“训练其天赋”，以便最充分地挖掘他们的优势和潜能。为了完成这项任务，我分别邀请了 3 位音乐、美术和数学方面的专家，他们无私地分享了自己在学习和努力的过程中用到的策略和技巧。

因此，这本书并不仅仅是关于学者综合征，它更探讨了学者综合征患者所展现的潜能是否可能存在于我们每个人的体内，尤其是随着有关“获得性学者综

---

①表观遗传学（epigenetics），指研究基因的核苷酸序列不发生改变的情况下，基因表达的可遗传变化的一门遗传学分支学科。

合征”和“遗传记忆”的最新发现，更加支持了这种可能性。此外，新的技术也让我们得以进一步探索这种可能性，而且这种探索已经在进行当中。一些新的发现表明，人类的大脑在整个生命历程中的可塑性，比传统医学观点认为的要强得多。**学者综合征为大脑的可塑性提供了令人信服的证据**。它证明，大脑在遭受损伤后有自我重连和重构的能力，该过程要么通过遗传机制，要么通过损伤或者疾病完成。此外，鉴于大脑的可塑性，我们对中枢神经系统的自我修复和恢复的能力，也有了更为乐观的看法。所有上述观点的重大意义和积极影响，都促成了神经科学领域的快速发展。

在与学者综合征患者们同行的道路上，我在认识大脑及其非凡而令人敬畏的能力方面获益匪浅。所有这一切的出发点，当然都源自科学上的兴趣，但这一路走来，我还学到了同样多的有关心灵的东西。爱、乐观、耐心、信念、坚韧、支持和接纳的力量，是它们塑造并充分实现了人的潜能，无论那个人是谁，无论他（她）的潜力有多大。此外，我也从这些非凡的人身上学到了一些有关我自己的东西。因为他们，我对探究和内省有了独特的体会；如果不是他们，我将永远没有机会学到这些东西。

阅读这本书将会对你有同样的作用。当然，你将在此了解学者综合征患者的心智和他们的世界，从而对这群非凡的人及其卓越的天赋心生敬佩与欣赏。但我更希望本书也能触发你对学者综合征背后意义的探究和内省，甚至学会如何更好地挖掘埋藏在我们每个人体内的休眠潜能。

人类的大脑容量如此庞大，大脑功能如此错综复杂，但我们对这二者知之甚少。我们的探索之旅才刚刚开始，但新的科学和技术，以及对学者综合征、神童和天才更为严谨的研究，将推动我们更好地了解大脑和人类的潜能。

我希望，这段深入学者综合征患者心智和世界的旅程，不仅让你对学者综合征患者本身感到兴奋和启发，也将让你对我们自己以及我们每个人身上的可能性，有了更深刻的思考。

导言

开启一段研究「孤岛天才」的非凡之旅

我与学者综合征患者的非凡之旅，始于1962年7月2日（最近，一名擅长日历计算的学者综合征患者告诉我，那是个星期一）。那天也是我作为一名新晋精神科医生开始工作的第一天。

实际上，我是镇上的一名新医生。彼时我刚刚结束麦迪逊大学医院精神科住院医生的实习期，加入了威斯康星州奥什科什附近的温纳贝戈心理健康研究所的医疗团队。我的任务是在那儿新开设一个儿科诊室。47年前，就是在那个儿科诊室里，我遇到了我的第一位学者综合征患者。

新成立的儿科诊室从当时温纳贝戈心理健康研究所800多名住院患者中，选出了30名18岁及以下的患者。他们都是具有严重心理障碍的儿童和青少年，大多被诊断为自闭症。他们全部患有严重的残障。

其中有4名年轻人立马引起了我的特别关注。我永远都不会忘记他们。正是他们，开启了这段关于人类心智及其神奇能力的非凡之旅。

约翰（John）是一个正值青春期的小伙子，能够记住整个密尔沃基市的公交系统。他知道每一条线路从头到尾的所有站点，一名公交车司机因此评论道“你比司机更了解这些路线”。约翰经常带着一个被剪成城市公交车前玻璃窗形状的硬纸壳，在儿科诊室附近游逛。他在一张纸上记下了无数街道的名称，然后把它卷起来，通过随时转动它来改变上面的目的地，就像公交车前方显示下一站目的地的显示屏一样。最近，我对这个小伙子进行了回访，现在他已经60多岁了。你将在本书第29章看到他是如何将自己超凡的记忆能力，用于一项非常有意义和富有成效的工作。

另一位患有自闭症、失语和严重认知障碍的男孩，可以在只瞥一眼桌上的500块拼图（画面朝下）后，仅靠对其几何形状的记忆，以缝纫机一般的精度、动作和节奏，将它们复原。他在全过程中完全不需要图片的辅助。

第三位年轻人是一本行走的“历史上的今天”日历。我记得，他每天早上都会考我，历史上的今天发生过什么。我曾试过在头一天的晚上突击复习，以应付我的每日测验。但在他对每日历史事件的庞大记忆库面前，我总是落败的一方。

还有一个小家伙，在篮球罚篮时，准确度堪比罚篮机。他每次都把自己的脚踩在罚球线上完全相同的位置，保持完全相同的举球方式，每一次发出的篮球运行轨迹也完全相同。由于罚球线离篮筐的距离不变，他通过使用相同的动作，将球扔在同一运行轨道上，永远弹无虚发。

2009年，当看到纽约罗切斯特一位名叫贾森（Jason）的自闭症少年，在第一次参加的本赛季篮球总决赛上，用4分钟的时间投进了6个三分球时，我想到了这个孩子。“热得就像一把手枪。”他说道。视频中，队友们把贾森抬到肩膀上，整个球场的观众山呼海啸一般。这个视频感动了整个国家。他的教练哭了，很多观众也哭了。

我被这些矛盾共存的“孤岛天才”深深震撼了。是的，我称之为“孤岛天才”，因为他们就像漂浮在严重心理障碍之海中的孤独岛屿。怎么会这样？这怎么可能？他们怎么做到的？这对整个大脑功能和隐藏的潜力，意味着什么？也许，它们也存在于我们每个人的体内？当时我对自己提出了这些问题，并追寻至今。

有意思的是，在一个世纪以前的1887年，J. 兰登·唐医生也有与我一样的触动。时为伦敦厄尔斯伍德救济院医生的他，在自己的30年职业生涯中，也曾遇见了集低能与超能于一身的患者。唐医生因为描述了一种精神发育迟滞类的疾病，即现在以他的名字命名的“唐氏综合征”，而为世人所熟知。他在厄尔斯伍德工作了 30 年，目睹过成千上万患有形形色色的发育障碍和智力迟钝的孩子和成年人。1887 年，唐医生在伦敦医学学会的一系列讲座中，对自己漫长职业生涯中所见所闻的患者进行了深刻反思和总结。

在其中一篇名为《论童年和青年时期的一些心理影响》（*On Some of the Mental Affections of Childhood and Youth*）的演讲中，唐医生与同行们分享了一些他所接诊过的超常患者，像我一样，那些患者引起了他的强烈关注。其中有一位这样的患者，他能建造结构精巧的船只，还能逐字逐句背诵复杂的文章，但却完全不理解自己背诵的任何一句话。还有个男孩能一字不落地记住《罗马帝国衰亡史》（*The Decline and Fall of the Roman Empire*），甚至可以倒背如流。另外一些孩子则可以牢牢地记住过去发生的所有事件和日期。一个孩子可以记住伦敦每个糖果店的地址，并说出自己每次造访的日期；另一个孩子可以说出救济院里每个人到来的日期；还有一个孩子知道所有住院患者的家庭地址。

还有一些算术天才也非常显眼。一名 12 岁的男孩，可以在写下题目的瞬间准确计算出一个三位数乘以另一个三位数的答案。唐医生称之为“闪电计算”。和现在的情况一样，唐医生报告的案例中也有一些音乐方面的孤岛天才。一名男孩在观看完歌剧后，可以分毫不差地回忆起所有的咏叹调。还有一位患者能够在不借助时钟的情况下，完美计算出刚刚度过的时间长度，我们现在也经常遇到这种能精确计时的病例。

总而言之，唐医生在 30 年的临床实践中遇到过 10 名类似的独特患者。现在表达贬义的“白痴”一词，在当时是被广泛用于描述 IQ 低于 25 的智力障碍者的科学术语。然而，这 10 个人身上所具备的某些超凡的知识和能力，与其整体上的低能形成了鲜明的反差。因此，唐医生为他们创造了一个新的术语。他把“白痴”一词与法语单词“savoir”（意为“知道”）结合起来，命名为“白痴学者”（idiot savant）。现在，由于某些可以理解的原因，这个词已被弃用，而代之以“学者综合征”。

在自己诊室遇到了 4 名学者综合征患者之后，我开始研究当时已有的关于这种非凡而罕见疾病的文献。正是在那次研究中，我找到了唐医生的毕生心血。我发现在 1887—1962 年间，全世界只有寥寥几份零散的案例报告。但有意思的是，所有这些报告中提到的超凡技能一般只归于 5 个领域：美术、音乐、日历计算、闪电计算和机械或空间技能，而且几乎所有的患者都是男性，甚至唐医生也特别提到了这种不寻常病症中的女性缺席现象。此外，所有报告都提到了伴随这些特殊能力或技能出现的，往往还有超凡的记忆能力。唐医生将这种记忆称为“言语黏附”，因为患者似乎无法理解自己庞大记忆库中存储的大量知识。

随着我继续留在儿科诊室工作，出于兴趣，我继续研究着学者综合征，其中让我尤为着迷的，是它和自闭症之间的关系。我对自闭症的兴趣由来已久，甚至可以追溯到我尚未成为精神科住院医师、还在医学院念书的时候。这个兴趣产生的契机，是因为那时我有幸与自闭症“教父”莱奥·坎纳医生（Leo Kanner）交流互动。1944 年，约翰·霍普金斯大学的坎纳医生在发表的一篇经典文章中，第一次对早期小儿自闭症进行了准确描述。他的描述，无论从清晰度、准确度还是灵敏度方面而言，后人都无出其右。坎纳医生在麦迪逊大学担任一学期的客座教授期间，我得到了聆听其教诲的宝贵机会。

由于头脑中谨记着坎纳医生对早期小儿自闭症的描述，因此，当我在一些帅气的孩子身上遇到这种令人困惑的疾病时，立即就被深深地吸引住了。这些来到我诊室的孩子，是如此专注、如此冷漠，又如此沉默，完全沉浸在自己的一个神秘世界里。他们有的喜欢连续几个小时地盯着旋转物的顶端，或转动的三轮车车轮；有的拥有奇特且强烈的仪式化行为和惯例；有的走路必然踮起脚尖并按照特殊的步态，或在大厅里旋转不停。他们和别人几乎没有任何眼神接触，没有情感需求，也从不付出感情。他们有的自出生起就显现出上述所有症状；有的已经正常发育，活泼好动，十分健谈，但突然间，他们会令人惊讶地退回到自己沉默隔离的虚拟世界，甚至我在诊室里四处走动时，都完全不会引起任何人的注意。这与我在培训期间造访其他机构的唐氏综合征诊室的经历完全不同，唐氏综合征患儿能够四处爬行、伸手、理解他人的言辞，会兴高采烈地对待来访的客人。

当我开始在我的儿科诊室工作时，**科学界正流传着一个非常残酷的说法，且经常白纸黑字地将这种名为自闭症的灾难性疾病，归咎于所谓的“冰箱母亲”**。但在我看来，我诊室里所有自闭症儿童的母亲，和我在路上遇到的所有母亲一样温暖、有爱和担当。我从未见过所谓的“冰箱母亲”。因此从 1970 年起，我开始对小儿自闭症进行流行病学研究。我收集了当时在威斯康星州能找到的所有病例，共找出了 270 例，并从中得出每万名儿童的发病率约为 4.5 例的结论，这个概率与当时英国以及其他一些相关研究报道的相符。

其中最令我惊讶的是，我发现那些早期小儿自闭症患者父母的年龄和教育水平，明显高于本次研究对象中其他类型发育障碍患儿的父母。之所以这么说，是因为此前我认为，坎纳医生指出的类似结论可能是因为他在约翰·霍普金斯大学遇到的样本，比我接触的更多来自乡村的样本，整体受教育水平本身就更高一些。但事实证明，无论在坎纳医生还是在我接触的总样本中，更大的年龄和更高的教育水平，是区分早期小儿自闭症与其他类型自闭症或发育障碍的重要因素之一。2009 年，在威斯康星州一个类似自闭症谱系障碍的流行病学研究中，门纳（Maenner）、阿尼森（Arneson）和德金（ Durkin）也得出了同样结论。

可以肯定，除了这些变量，我发现没有证据能证明，我诊室里的这些患儿母亲会是所谓的冷漠残酷的“冰箱母亲”。在多年的临床实践中，我有机会见到并结识这些自闭症患儿的父母，根据我与他们的后续联系，我认为他们与世界上任何地方任何群体的父母一样，内心充满了爱、温暖、关怀和责任感。

1964 年，温纳贝戈心理健康研究所的负责人离开了自己的岗位，平调到夏威夷的一个类似机构。我当时也正计划离开温纳贝戈，回到我实习过的俄勒冈州西北部，但院长职位的空缺引起了我的兴趣，因为当时整个美国的心理健康运动正处于伟大复兴之中。这场运动背后，约翰・F. 肯尼迪总统和美国国会提供了最大的支持和动力，他们显著地提高了全国心理健康项目的资金预算。其中一部分专项资金，也惠及了威斯康星州和温纳贝戈市。结果，整个州乃至整个国家的儿科诊室，都得到了极大的尊重与重视。

正因如此，我留在了温纳贝戈。1964 年 5 月，我接受了“代理”院长职位，并且一任就是 15 年。但是，即使承担了管理整个医院的职责，我仍然对儿科诊室保持了一贯的特别关注。然而我对学者综合征的科研兴趣，虽然还留存心中，却在很大程度上被许多其他优先事项挤到了一边。

遇见“奇迹”：学者综合征带给我们的心灵震撼

1980 年 6 月，莱斯利・莱姆基和他的养母梅・莱姆基来到我们所在的威斯康星州丰迪拉克市。他要在古德里奇高中小剧场举办一场音乐会。当月是威斯康星州的养父母致敬月，梅和莱斯利受邀为歌颂梅作为养母照顾莱斯利的英勇事迹和鼓舞人心的不懈努力，举办一场特别的音乐会。莱斯利是个早产儿，一出生就被生母遗弃了。他患有早产儿盲症，接着又发展成严重的青光眼，最后不得不在出生后的前 6 个月，手术移除了两只眼睛。手术又给他留下了一些并发症，使得他饱受疾病的困扰。密尔沃基县社会服务部门之所以选中梅，是因为身为护士和家庭教师的她在照顾残障儿童时表现出的超凡技巧与爱心，得到了极高赞誉。

接到密尔沃基县社会服务部门的电话时，梅 52 岁，已成功抚育了自己的 5 个孩子。当社会服务部门的工作人员把莱斯利送到梅面前，为他寻求爱与庇护时曾提醒梅说，莱斯利可能将不久于人世。“你可以把莱斯利送过来，”梅说，“但他绝不会死。”毫无疑问，莱斯利活了下来。梅教他如何吞咽食物；把他和自己绑在一起，循序渐进地教他走路。在莱斯利八九岁时，梅手把手地将他的双手放到特意为他买的钢琴上，带着他演奏一些简单的英文乐曲。很快，莱斯利就学会了弹奏并演唱那些乐曲。

我并没有出席那场音乐会，但我的女儿乔妮（Joni）去了。那天晚上，她回到家里，跳进房门，大声宣布说：“爸爸，我见证了一个奇迹，一个了不起的奇迹。”“你看到什么了？”我问道。“我看到一个认知严重受损的年轻人，他从来没有上过钢琴课，但可以凭记忆演奏各种古典、宗教和流行音乐，就像一位炉火纯青的钢琴家一样。”接着，乔妮讲了一个故事。梅和丈夫乔·莱姆基（Joe Lemke）曾观看过一部电视电影，叫《琴韵心声》(*Sincerely Yours*)，它的主题曲是柴可夫斯基《第一钢琴协奏曲》。当时，莱斯利也在一旁听着。当梅和乔上床休息后，梅半夜突然醒了过来，听到他们看电影的那间起居室里传来了美妙的音乐声。她起床查看，发现莱斯利坐在那里，完美地弹奏着那首他刚刚第一次听到的钢琴协奏曲，从头到尾，无懈可击。

我告诉乔妮，那的确是一个奇迹，但也是一种称为学者综合征的疾病。

参加这场音乐会的，还有一组来自绿湾的电视台工作人员。因为对自己看到的一切感到非常惊讶，因此他们把录影带交给了作为本地心理健康专家的我，并想知道这个非凡奇迹的背后是否有什么科学解释。我告诉他们莱斯利的音乐技能的确惊人，并且再一次地，我告诉他们，这是一种被称为学者综合征的疾病。那次会面中碰巧还有几位通讯社的记者在场，他们当天就把梅和她那位非凡的养子莱斯利的故事发往了美联社。很快，莱斯利和梅感动了整个美国，并引起了人们的兴趣。圣诞节期间的一个晚上，沃尔特·克朗凯特（Walter Cronkite）在他主持的《CBS 晚间新闻》(*CBS Evening News*)节目上，说了这样一段结束语：“这是一个欢庆奇迹的时节，这是一个属于这个节日的故事，这是一个关于年轻人、钢琴和奇迹的故事。”

这个故事也受到了其他电视节目的青睐。《难以置信》(*That's Incredible*)栏目组制作了一期非常感人的故事，许多看过那期节目的人至今仍记得那种温暖的感觉。之后，还有《唐纳休秀》(*Donahue*)、奥普拉·温弗里（Oprah Winfrey）《早安芝加哥》(*AM Chicago*)、里吉斯(Regis)和凯茜·李(Kathie Lee)《早间秀》(*The Morning Show*)等其他许多电视节目、音乐见面会和纸媒报道。

1983 年 10 月,《60 分钟》播出了一期名为《天才》的节目。它的主角是 3 名学者综合征患者——“1 位音乐家,1 位雕塑家和 1 位魔术师”。直到今天,我在关于学者综合征的旅行演讲中,还能发现许多记得那期节目的观众,其中令他们印象最深的正是莱斯利和梅。他们经常这样问我:“莱斯利·莱姆基身上究竟发生了什么?”在本书的第 7 章中,我将回答这个问题。

达斯汀·霍夫曼(Dustin Hoffman)也是那期《60 分钟》栏目的观众之一。他被那名残障少年及其令人震撼的能力“感动得热泪盈眶”。就在那一刻,他决定在那部关于学者综合征的非凡电影——也就是《雨人》中扮演那名患者。

1988 年,电影《雨人》荣获 4 项奥斯卡奖。该电影在首映的头 101 天里,对观众关于学者综合征和自闭症的教育作用,完全超过自唐医生第一次以此为主题发表演讲以来的 101 年里所能产生的任何作用。这部电影的极大魅力和卓越成功,使得“自闭学者”一词变得家喻户晓。由于我参与了《60 分钟》的节目,加上当时我正在写作《非凡的人》一书,《雨人》的执行制片人打电话问我是否愿意审查该剧本,因为好莱坞想要拍一部真实——用比尔·科斯比(Bill Cosby)的话说,“正确”——的电影,所以他们希望更谨慎地完成这部电影,以免对残障人士家庭及其照顾者有任何冒犯。事实证明,他们在这方面的意愿是非常真诚的。这部电影虽然不是根据某一位特定患者的故事改编,但却以雷蒙德·巴比特的名字,综合性地创造了一个非常真实感人的学者综合征患者形象。有关这部电影的制作、意义及影响,本书第 19 章中将有更详细的描述。

《雨人》将学者综合征醒目地显示在国家和国际的荧屏上。人们对学者综合征的兴趣以及学者综合征的曝光度,都显著提升了。这其中也包括了对阿朗佐·克莱蒙斯(Alonzo Clemons)及其作品的兴趣,他是出现在《60 分钟》栏目里一名非常有天赋的雕塑家。

我的第一位“获得性”学者综合征患者

阿朗佐·克莱蒙斯是我遇见的第一位获得性学者综合征患者。获得性学者综合征现象,是一个非常有意思的发现。正如你将看到的,它彻底而明显地影响了我的学者综合征之旅,因为它如此有力地佐证了我所坚信的一个观点,即我们所有人的体内都隐藏着无穷的潜力。

阿朗佐并非天生就是学者综合征患者，相反，他惊人的雕刻能力出现在他童年时期的一次摔倒导致脑损伤之后。从那以后，他可以仅看一眼杂志上的动物图片或动物园里的动物，然后在接下来约 1 个小时的时间内，以油基黏土为原料，用自己的一双巧手以极快的速度和极高的艺术水平进行雕刻制作。最后他只用自己的指甲为工具，小心翼翼地完成收尾工作。最终，他做出了一个完美的动物复制品，雕塑上的每块肌肉和肌腱的形状，正好与他一眼瞄到（而且是第一次见到）的动物一模一样。他近乎神奇地将一张二维图片，转换成了一个三维雕塑。他是怎么“知道”自己应该怎么做的呢？他甚至完全不用重新打开杂志或重新回到动物园观察，因为他第一次看到的画面，早已经以数码相机或视频摄像机一般的保真度，冻结在了他的记忆中。

不过，我与阿朗佐的首次见面，对于我的学者综合征之旅，还有着另一个深远的影响。

1986 年 5 月 19 日，星期一，阿朗佐以一名美术家的身份，在科罗拉多州丹佛市完成了自己在世界上的首次亮相。展览的高潮是揭幕一座实物大小的《三匹嬉戏的小马驹》（*Three Frolicking Foals*）青铜雕塑，另外 30 座出自阿朗佐之手的青铜雕塑也各具特色。丹佛第一州际银行、市中心协会和德里斯科尔画廊（Driscol Gallery）赞助了此次活动。德里斯科尔画廊联系了我，问我能否发起一个慈善机构或基金会，将此次活动的部分销售收入用于对学者综合征患者的进一步研究和教育。为此，威斯康星医学会基金会设立了一个特别基金，并成立了学者综合征信息交流中心。

自 1987 年起，该交流中心应感兴趣的个人和机构的要求，向他们分发印刷品和其他教学材料，包括一些视频等。人们的求知欲经年不减，但前来查询信息的人却相对有限，因为尚没有一个持续的宣传方案能让该交流中心广为人知。

相比大脑，“心智”似乎意味着更多

1997 年秋季，位于威斯康星州麦迪逊市的威斯康星医学会建立了一个学者综合征网站（www.savantsyndrome.com）。尽管在沉寂了一段时间后，它在各大搜索引擎中的搜索排名才逐渐靠前，但之后的访问量逐渐增大，尤其是 2006 年秋季添加了流媒体视频功能之后，该网站的活跃度出现了爆炸式增长。目前该网站的日访问量达到了 700 多人次，每周的访问量超过 5 000 人次，并且这个数字每年都在增长中。

网站在访问者来自许多不同的群体，比如：为了写作学期论文或博士论文的小学生到研究生，来自世界各地的不同专业研究人员，为课程寻找辅助教材的小学至医学院的教师，为杂志、书籍、广播节目、电视节目或电影寻找可靠资料的新闻记者和广播人员。其中最令人觉得辛酸的，是为自己年幼或已成年的孩子寻求建议和帮助的家长。他们的咨询，通常以“我有一个儿子或女儿……”开头。这是最难应对的咨询，因为他们如此真实地指出了个性化评估资源上的不足，以及更重要的，“训练天赋”指导资源上的匮乏。他们期待这些宝贵的资源可以最大限度地发掘自闭症患者或其他发育障碍者的潜力。

该网站就像一座丰富的资源矿山，你可以从中了解来自世界各地的最新学者综合征患者，包括印度、印度尼西亚、中国、日本、澳大利亚、南非、丹麦、德国、匈牙利、韩国、菲律宾、巴西、冰岛、西班牙、葡萄牙、加拿大 、墨西哥等。然而，无论这些案例报告来自哪里，它们都具有惊人的一致性。**这些患者的特殊天赋，同样都分布在 5 个常规领域：美术、音乐、日历计算、闪电计算和机械或空间技能，并且都伴随着超凡的记忆能力。**可见，学者综合征是一个全球性现象，它跨越了地理、语言和文化的界限，无一例外。

该网站也像一片资源丰富的大海，你可以从中了解到美国和世界其他地方对学者综合征的研究进展。通过该网站，你可以即时访问正在进行的新研究项目和结果，而不必像从前一样，需要等待上 18 ~ 24 个月才能从期刊上看到已有成果的论文发表，并且不得不以冗长乏味的方式交流信息。

该网站还像一个巨大的信箱，里面经常塞满了来自家长或其他照顾者的感恩信件，他们不仅在网站上找到了有用的信息，还从中得到了乐观、安慰、支持的心态，甚至还有来自他人故事的激励。

该网站同时还满足了另一个重要的目标。怀尔德·彭菲尔德医生（Wilder Penfield）是大脑研究领域的重要先锋，他的职业生涯十分辉煌且极具开拓性。1978 年，在自己的职业生涯即将结束之际，他思考了一个他不由自主想到的问题：既然他花费了无数个小时研究大脑，那么“心智”究竟只是大脑本身，还是包含更多？我想，这是一个有些先验的问题，但当一个人倾尽毕生心血都在研究一个叫做“大脑”的奇妙之物时，该问题也确实无法绕开。有意思的是，彭菲尔德医生最后总结说，经过对大脑多年的探索，他认为，尽管大脑的复杂程度让人感到不可思议，但相比大脑本身，“心智”似乎意味着更多的东西。

彭菲尔德医生对其职业生涯的那些反思中，最引起我注意的是他经常表示：**他希望自己所付出的努力，能够为该领域招募到“新生代探险家”，以便把自己对这一辉煌事业的好奇心和兴趣逐步灌输给他们**。我也怀有同样的希望，在不断地寻找“新生代探险家们”。我们确实需要他们，我希望这本书也能点燃一些年轻人心中的热情之火。

我从一些年轻人那里收到的电子邮件和信件反映了这一点。一名五年级的学生写道：“谢谢你回答我关于学者综合征问题的邮件……我已对学者综合征产生兴趣，并将在这个项目完成后的很长时间内继续学习相关知识。”一名高中毕业生写道：“我昨天发表了演讲，得到了A……感谢你为我提供的信息。经过这么多关于学者综合征的研究后，我真的开始对研究遗传学感兴趣。现在，事实上，我计划明年上大学的时候继续研究下去。”一名来自英国的心理学专业大一学生写道：“我希望专攻神经科学。我花了几个月时间，准备了一篇关于学者综合征的演讲文章……这是我想在未来专攻的领域……你的工作非常惊人，是我最大的灵感涌泉。”在我为密尔沃基的医学新生介绍过学者综合征后，几名学生写道，虽然他们之前并没有认真考虑过选择专攻精神病学，但学者综合征这个迷人的研究领域激发了他们转到神经科学专业的兴趣。

这些讲座中我最满足的时刻之一，是一次演讲结束之后，两名四年级学生找到我，其中一人宣布“我想成为一名科学家”。而他的同伴，一个聪明的小女孩，应和说道：“我也是！”在那次课堂演讲过程中，我对这些稚童们毫不忸怩的热情感到非常惊讶，他们在教室里不停地举手，一个又一个的问题像炸弹一样轰炸着我；同样令我惊讶的，还有他们提问问题的深度和复杂性。若有一天，那两名学生走过讲台，领取了他们的神经科学毕业证书，并作为两名我和彭菲尔德医生衷心欢迎的“新生代探险家”进入科研领域，那么我的一切努力都将得到回报。

学者综合征网站引起了来自世界各地的报纸和杂志媒体人的兴趣，并为他们提供了大量的信息，同时也对世界各地的一些电视广播节目产生了同样的作用。在《雨人》引起第一波关于学者综合征的热潮后，很多学者综合征患者以及我本人，应邀出席了《奥普拉秀》(*Oprah*)、《美国报道》(*Dateline*)、《今日秀》(*Today show*)、《20/20》、《早安美国》(*Good Morning America*)、《拉里·金现场》(*Larry King Live*)、美国有线电视新闻网(*CNN*)等许多其他类似节目。这些节目确实为大众提供了良好的公共信息和教育功能，然而由于时间限制，它们在全面介绍学者综合征和学者综合征患者方面存在各种各样的问题。也有一些电视纪录片通过观察个别病例，或更广泛地采用一些学者综合征患者的案例讲述一个更加完整的故事，以便更深入地介绍学者综合征。我认为其中的佼佼者，包括 2000 年澳大利亚广播公司制作的《罕见的天才》(*Uncommon Genius*)、1999 年日本广播公司的《人是什么》(*What is Man*) 系列、2002 年 A & E 电视台的《天才的多张面孔》(*The Many Faces of Genius*)。2006 年，德国多特蒙德色域制片公司出品的时长 3 个小时的节目《美丽心灵：大脑探险之旅》(*Beautiful Minds: Voyage into the Brain*)，是对学者综合征的一个特别全面和深入的回顾。它用非常出色的图片，剖析了中枢神经系统及其与学者综合征的关系。还有一些讲述单个学者综合征患者的好作品，包括 2005 年英国布里斯托尔焦点制片公司出品的《脑人》(*Brainman*)，讲述了丹尼尔·塔米特的故事；2007 年瑞的纪录片《现实：雨人》(*Verklighetens, Rain Man*)，讲述了金·皮克的故事。这些作品的视频可在学者综合征网站上获得。

大脑创造的奇迹令人敬畏

我的这段非凡旅程，始于 1962 年。那一年，4 名小患者在温纳贝戈儿科诊室展现的杰出的“孤岛天才”能力是那么耀眼却又不协调，使我深感震撼。如今我已遇见过许多这样能力非凡的患者，就我个人和专业而言，这是一段令人难以置信的旅程。它把我带进了一个我原本最不可能投身的研究领域，引起了我这样一名相当传统的临床医生和科研人员关于大脑之外的思考。无论是作为一名医生，还是作为一个人，它都在很多重要的方面改变了我。我希望分享自己所收集到的信息，分享我在这段奇妙旅途中的反思和见解，并期待你能从中得到和我一样的体会。

例如，我学会了更加乐观地看待那个被称为大脑的神奇器官，以及整个中枢神经系统。还在医学院求学时我了解到，如果肝脏、心脏或皮肤细胞损坏或死亡，这些器官可以自我再生，并产生更多的细胞。但如果一个神经元死亡了，它将无法再生，从而留下永久的脑损伤。然而，真实情况并非如此。学者综合征声色并茂地展示了中枢神经系统的巨大可塑性，展示了它用仍然完好的区域的神经元细胞“代偿”受损区域的能力。这种对中枢神经系统恢复性功能的乐观看法，不仅对于学者综合征具有非常重大的意义，而且还启示着大脑在其他如中风、脑性瘫疾和自闭症等类型的脑损伤情况下，重新连接与代偿的能力。现在，我们得以利用先进的科学工具来观察大脑的构造，而不仅仅是它的生理结构，从而更直观地观察到这些代偿机制的工作过程。这是一件非常振奋人心的事情。

我也认识到，学者综合征患者的技能并不是花拳绣腿，他们所应得到的绝对不仅仅是“不得了，快看看”的肤浅一瞥。正如莱斯利的音乐是他与我们沟通的方式，音乐就是他的语言。而对阿朗佐而言，雕塑则是他与我们沟通的方式，他的雕塑就是他的语言。通过抓住“训练天赋”的机会，我们可以帮助学者综合征患者利用自身的特殊能力，打通一条通往“正常化”的有效渠道，并在一定程度上改善自身的“残障”，从而从整体上增强语言、社会化和日常生活技能。

通过学者综合征患者的家庭，我还亲眼见证了爱、信念、决心、希望、耐心、尊重和无条件的积极关怀等，对他们珍爱之人的生活有着怎样不可思议的影响力。这些家庭不仅“照看”学者综合征患者，而且也“关心”他们。这对医疗职业中的每个人来说都是极宝贵的经验和榜样，因为对于我们而言，仅仅关心患者的疾病是远远不够的，我们还需要关心患者本人。这样自然而然地，我们不仅会对学者综合征患者的世界感兴趣，也会对学者综合征患者的心智感兴趣。

这段旅程，也改变了我对于学者综合征患者的创造力的想法。早期时，我十分震惊于学者综合征患者无比强大、惊人的按图索骥式记忆能力。这种记忆能力本身确实令人惊讶，但我和其他人一样，认为学者综合征患者的记忆能力尽管壮观，却缺乏灵活性，他们没有创新甚至创造的能力。然而我错了。如今，我已对他们进行了足够长时间的跟踪研究，对他们也有了更加充分的了解。我发现，他们遵循着某种可预测性的程序，包括：首先是字面记忆，其次是即兴发挥，最后则是创造性地形成一些原创和全新的东西。有些患者的创造力非常惊人，足以媲美其超凡的海量字面记忆能力。

这次旅程的早期阶段中，我遇到的大多数学者综合征患者生来就具备了那些超凡的能力。他们的天赋在其童年时期自动涌现，引人震惊，而我们则是他们的受益者。但最近，获得性学者综合征已然引起了我的注意。如前文所述，所谓获得性学者综合征，是指先前一般神经状态的人在中枢神经系统受损或患上相关疾病后，突然意外获得某种“学者综合征”技能，该技能有时可以达到极高的水平。这种潜伏的天赋宝库，只有在人体遭受中枢神经系统损伤或疾病的情况下才会浮现出来。这就引出了一个非常显著的问题：我们所有人体内都潜藏着未使用的能力。随着全球范围内有关这种令人震惊现象的案例越来越多地进入我的视野，对它们的探索也越来越迫在眉睫，因为这些发现将对我们产生深远的影响。

问题是，严重残障的学者综合征患者，如何“知道他们从未学过的东西”？虽然我们很乐意接受许多飞禽走兽天生就具备复杂的本能和了解详细知识的现象，但我们在探讨人类的遗传因素时，却往往把话题限制在眼睛的颜色、身高、发色、身形等其他身体特征上。总体而言，我们倾向于认为自己生来具备一个非常出色的硬件，那就是大脑，而大脑里面带有一盒巨大的空白磁盘。我们假定我们将成为什么样的人，主要取决于我们在周围的环境和人际关系中生活和学习的过程中往空白磁盘里存放了些什么东西。但这段旅程让我相信，无数不可思议的学者综合征患者已经证明，他们身上出现了之前从未学习过的非凡技能，他们确实生来就懂得自己从未学过的东西。这些从未经过学习而得来的先天知识，被称为遗传记忆，比如遗传或先天的有关音乐、美术和数学复杂规则的知识。一些相关领域的专业人士或老师告诉我，在见过这些非凡人士之后，他们相信，那些知识的确是在没有经过培训、没有经验和没有接受正规教育的情况下，自然而然地出现在学者综合征患者身上的。他们的确懂得自己从未学过的东西。“他超越了自身的存在。”在听过 9 岁的马特・萨维奇像“爵士乐的莫扎特”那样演奏后，一位教授对我如是说道。

这些实际的先天知识，或至少是与音乐、美术和数学规则甚至其他领域经验有关的先天模板，在我们所有人当中的“出厂预设”率是多少呢？这是一个重要且先验的问题。

我所谓的遗传记忆，有些人称之为“祖先记忆”。卡尔・荣格称之为“集体潜意识”。也许荣格是对的。如果不是一路走来，我遇见过一些超能与低能共存于身的学者综合征患者涉及我所谓的“遗传记忆”，很可能我一辈子都不会踏入“集体潜意识”的领域。

但仍有很多问题不停地冒出来，引起我的兴趣。他们是如何做到的？神童、天才和学者综合征患者之间有什么区别？莫非我们的智力是一系列智能的多元组合，而不是笼统一块？由于大脑功能类型的改变，学者综合征患者的思考方式通常都是视觉型的，而且他们的学习模式也和我们不一样。我们知道，我们可以根据学者综合征患者同样辉煌但类型不同的“孤岛天才”，用不同的视觉型教学方法来训练他们。但我们是否忽视了，在正规学校同样也有一些孩子因为大脑可视化、经验和学习的方式独特，而拥有不同的学习方式？在家庭、医院或社区中，又有多少患者身上可能有尚未发现的特殊才能？

有人说过，我们使用的大脑能力不到全部的10%。这个数字或许有些耸人听闻，并不精确。但是否存在这种可能，正如最近一些关于超常记忆（对过去异常强烈的记忆）案例所表明的，我们或许能够以一种连续不断的方式在我们的“硬盘”上记忆或记录我们所有的日常经历，只是缺乏回顾或定期访问这些事件的能力，除了记得其中的一小部分？我对患者所做的阿米妥钠试验极大程度地证实了我的猜测。阿米妥钠是一种镇静剂，可以用于帮助检索我们隐藏的记忆，以及过去那些被遗忘的却又不时突然侵入我们梦境的画面。学者综合征患者让我们惊叹的超凡记忆，是否其实并非一个扩大“存储”量的问题，而是一个如何访问那些一直处于储存状态的记忆的问题？若果真这样，有没有办法让我们所有人都获得这种访问能力？

正如你将看到的，这段旅程带我进入了一个奇妙，同时对我而言又有些意外的地方。它已经改变了我对人类大脑“世界是平的”观点，让我对大脑的功能与能力有了一个更为开阔的视角。它不仅针对学者综合征患者，更关乎我们所有人。近一个半世纪前的1866年，爱德华·塞坎医生（Edward Sequin）就学者综合征写道：“解释这种人类身体和生理的奥秘，已超越了任何已知科学的现有力量”。一个世纪之后的1964年，作为与会者的威廉·A. 霍维茨（William A. Horwitz）评论了出席当年科学会议的“计算天才双胞胎”，指出：**“白痴学者的重要性在于，我们没有能力去解释他，他犹如一个地标一般，宣告着我们的无知。白痴学者现象的存在，是对我们能力的巨大挑战。”**

对我们能力的巨大挑战？学者综合征的确当之无愧。但我们现在有了塞坎医生绝对想象不到的新一代科学工具，可以借助“现代科学力量”探究学者综合征的“奥秘”，至少我们已经能够更好地“解释”学者综合征的一部分了。

作为我们对人类大脑及其非凡的复杂性和能力一无所知的象征，学者综合征这块“地标”，至少相比1964年已经越来越小。我与这个非凡群体携手走过的这半个世纪的旅程，是一段深入学者综合征患者的心灵与世界的奇妙漫游。我希望，这次旅行以及我在旅行途中记录下的发现，能够把我体会到的关于大脑的奇迹和可畏逐渐灌输给世人，并激起人们进一步探索“内在学者”的兴趣。我相信，从某种程度上说，我们每个人体内都存在着这样一位内在学者。

Islands of GENIUS

PART ONE

| 第一部分 |

探索学者综合征患者的心智

奥斯卡获奖电影《雨人》让“自闭学者”一词家喻户晓，天才和低能为何会同时出现在一个人身上？日历计算、领唱者、外国口音、超忆症……罕见的学者综合征之下，究竟还有多少未解的谜团？记忆在其中扮演了什么角色？科学界对此争论不休，而新兴的表观遗传学又会带来怎样的范式转移？

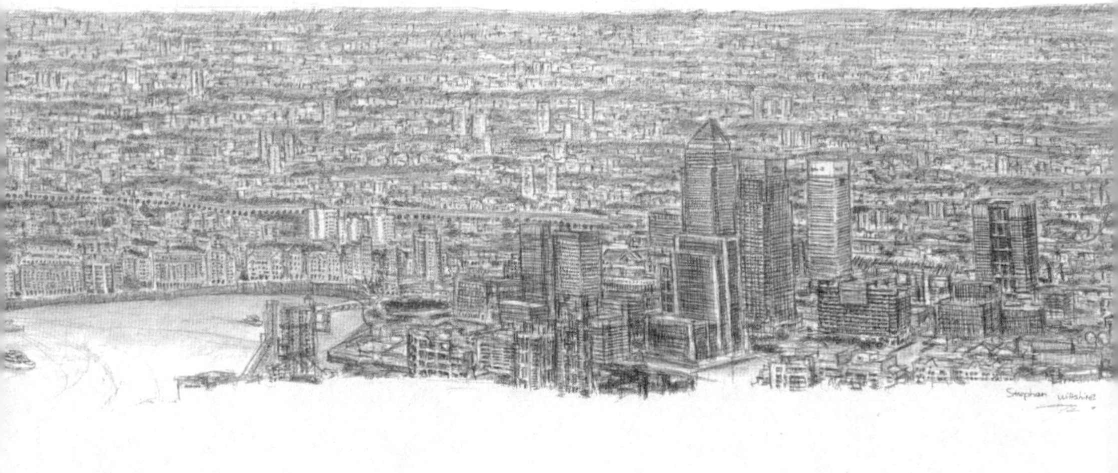

大脑永久记录了我们经历过的一切，它们就像一盒巨大的录影带一样被存储在大脑中，包含了我们整个人生的记录，但这些记忆通常处在休眠之中。

——蒙特利尔神经科学研究所创始人
怀尔德·彭菲尔德

第 1 章

我们已知的

一种罕见而非凡的身体状况

1964 年，被惊为天人的“计算天才双胞胎”乔治·芬恩（George Finn）和查尔斯·芬恩（Charles Finn），出席了美国精神病学会年会。这对同卵双胞胎计算上下 4 万年日历的能力震撼了所有与会者，并引起了人们的极大兴趣。如之前提到的，在那对双胞胎展示完自己的能力后，一名与会者睿智地指出：“白痴学者的重要性在于，我们没有能力去解释他，他犹如一个地标一般，宣告着我们的无知。白痴学者现象的存在，是对我们能力的巨大挑战。”

这名与会者两方面都说对了。学者综合征患者身上的这种天才与低能矛盾共存的现象确实令人眼花缭乱，但除非我们能理解并完全解释之，否则也无法理解并完全解释自己，因为只有将其囊括在内，我们才能建立一个完整的大脑功能模型。同时，学者综合征患者当然是对我们能力的一种挑战，但此外在我看来，他们也为全人类的休眠潜能研究提供了一个绝佳的切入点。

自 1887 年唐医生第一次将学者综合征作为一种独特的疾病提出来，时间已过了 122 年。正如本书前面所述，从那时候起，我们在对这种非凡疾病的理解和赏识上取得了长足的进展。其中最有益的一个进步，就是用术语“学者综合征”替代了带有贬义的术语“白痴学者”。当然，唐医生在创造这个词语时并没有贬低或羞辱的意思。在他那个年代，“白痴”是一个被科学界接受、用以形容智商非常低下者的术语，并不带有现在包含的轻蔑之意。

我曾非常关注这个词语所蕴含的贬义，因此 1988 年，我在发表的一篇评论文章中提议，是时候用“学者综合征”替代这个 1887 年诞生的古董术语了。我之所以选择“学者综合征”这个术语，是因为它包含了“在各种不同病症中出现的一系列能力”。这个词优于“自闭学者”，因为正如我将在本书中指出的，并非所有的学者综合征患者都患有自闭症，学者综合征也可以出现在许多其他的身心障碍者身上。今天，我很高兴地宣布，目前全世界已经广泛接受用“学者综合征”这一术语指称这种非凡的疾病了。

现在，我们对学者综合征已经有了诸多了解，本章将对那些知识进行一次概述。后续章节则将探索那些尚待解答的问题，告诉读者我们现在进行到了哪一步，接下去要往哪个方向走；同时尝试减少一些我们对学者综合征的“无知”，并力图为撼动学者综合征“对我们能力的挑战”这一事业作出一点微小的贡献。

以上这些，就是我们目前已知的有关学者综合征的情况。

学者综合征是一种罕见的疾病

学者综合征是一种罕见但非凡的疾病。患者通常患有某种发育性的身心障碍（包括但不限于自闭症），或其他中枢神经系统损伤和疾病，但与此同时，他们身上又傲然存在着某种蔚为大观的“孤岛天赋”，与其的一切低能形成强烈对比。重要的是，我们要意识到，学者综合征并非仅仅是一种单纯的疾病或身体失调，它更像是一种非凡的病症，与其他一些基础疾病以及随之而来的残障叠加或共存。

在约 50% 的学者综合征病例中，患者的基础疾病皆为自闭症。每 10 位自闭症患者中，就有一位会出现学者综合征。

这个 10% 的结论，来自 1978 年伯纳德·里姆兰德医生（Bernard Rimland）对 5 400 名自闭症儿童的调查。根据患儿父母的反馈，其中有 531 人具备学者综合征的典型天赋：音乐、美术、数学、日历计算或机械和空间能力。然而，2001 年，赫梅林（Hermelin）基于其对学者综合征 20 年的研究所得，估测该数字应该低至“二百分之一二”。2004 年，博尔特（Bolte）和保斯特卡（Poustka）在 254 个“原发性自闭症”病例中发现了 33 例学者综合征，发病率为 13%；这 33 例中又有 30% 的人智商低于 70。

2009年，豪林（Howlin）等人报告了137个自闭症病例中有39例符合学者综合征的条件，发病率为28.5%，这是基于对患者进行认知测试及其父母的反馈得来的。不过在我看来，仅根据认知测试的得分判定其中一些人符合学者综合征的条件，这个定义未免有些过于宽泛，这也同时导致了各项研究中的发病率存在数值差异。以高血压为例，如果降低其定义为“高血压”的收缩压和舒张压的水平，那么世界上罹患该病的人数将大幅上升。不同研究对学者综合征的不同定义，督促着我们有必要对学者综合征患者的能力制定一个标准。我将在后面的章节中回应这个问题，并解释这个标准是如何达成的。

根据自己这些年的经验，我得出的结论是，如果将下列提到的各种学者综合征能力全部考虑在内，自闭症患者中患学者综合征的概率为10%的这个数字是相当准确的。里姆兰德的5 400例自闭症患者的样本总量虽然很难复制，但他关于其中531人（10%）具有学者综合征能力的结论，似乎仍然是最为可靠的估量。

但学者综合征的基础疾病并不仅限于自闭症。1977年，希尔（Hill）在一项针对社会福利机构收容的智力障碍者的调查中发现，学者综合征能力的发生概率为每2 000人中1例（0.05%）。2000年，萨洛维塔（Saloviita）和鲁西拉（Ruusila）在一项研究中调查了583所住院部和收容机构，发现学者综合征的发病率为每1 000人中1.4例（0.14%），是0.05%的两倍有余。

总体来说，精神发育迟滞和其他脑部疾病及障碍比自闭症更为常见，不过在日常实践中，最终结果是大约50%的学者综合征患者会同时患有自闭症，而其余的50%则患有其他疾病。因此，**并不是所有的自闭症患者都患有学者综合征，也并非所有的学者综合征患者都患有自闭症**。

学者综合征总是和其他一些基础残障叠加在一起的事实，使得经常会有一些学生或其他撰稿人发来邮件询问我“治疗”或“治愈”学者综合征的方法是什么。在给他们的回复中，我会指出，我们不会追求“治疗”或“治愈”学者综合征。相反，对这一群体的任何治疗都应指向其基础残障，无论是自闭症、痴呆还是其他大脑疾病或缺陷。至于学者综合征本身，我们努力的方向是训练其天赋。正如下文中我们将详细描述的，当这样做时，不断最大化的学者综合征能力将作为患者“正常化的通道”，从而增进其语言、社交和日常生活技能，这些技能可以作为有意识地专注并进一步打磨其学者综合征能力的副产品。我们并不寻求治愈学者综合征，也不应磨灭其特殊才能。相反，通过训练天赋，这些特殊才能将达到更高水平，并在这个过程中帮助患者获得更好的语言、社交和日常生活技能。

学者综合征技能通常出现在狭窄的特定能力范围

一般人可能以为学者综合征能力包含了人类所有的技能，然而事实上，这些精湛的技能一般只狭窄地归于 5 个特定的专业领域：音乐、美术、日历计算、闪电计算、机械和空间技能。

这 5 个专业领域，出现在唐医生 1887 年报告的最初 10 个病例中，也出现在阿瑟·特雷德戈尔德医生（Arthur Tredgold）1914 年对学者综合征更为广泛的一次描述中，还有自那时以来几乎所有的病例报告中。然而，世界上并没有一个正式的"学者综合征患者登记处"，因此也无法列表统计特定技能的相对频率。通过学者综合征网站，我几乎每天都会看到来自全球的新病例报道。许多这样的患者及其家人都愿意并渴望参与到相关研究项目中，以便获得更多的信息，这些信息不仅关乎学者综合征患者，也关乎学者综合征、神童和天才之间的联系。

这种基于自愿的病例登记，可以为诸如学者综合征的发病率、不同技能和结果出现的相对频率等提供更为深入的视角。一些作者根据技能出现的频率进行了排名，但每个人的说法都不相同。从我对过去 122 年来关于学者综合征的文献回顾，以及根据我对现有和新的病例报告的经验所得，这 5 大常被提及的技能领域按出现频率高低的排序如下：日历计算、音乐、美术、数学和数字技能，以及机械和空间技能。

日历计算：久远而陌生的技能

这种技能，对大多数人而言可谓久远而陌生。但在我的经验中，它是最常见的学者综合征能力，包括其作为单一的天赋出现，以及偶尔伴随着其他如音乐、美术或数学等能力出现。最常见的日历计算技能是计算过去或未来的某一天是星期几，有些学者综合征患者的计算范围甚至可以超越上下 4 万年。虽然在大多数情况下，这种计算都基于现代日历，但是也有用罗马儒略历或者中国阴历进行计算的报道。

学者综合征患者的这种古怪技能，还能扩展到随口说出某个特定日期是什么节日。例如，他们可以说出未来 20 年中哪一年的复活节将出现在 3 月 27 日，或未来 30 年中哪一年的 2 月 9 日是星期五。复活节计算是一个特别复杂的问题，把它写出来需要一个非常长的公式。这种“逆向日历计算”技能远远超出了人类的记忆能力，且涉及真正的计算。当然，现在的计算机软件可以立马解决这个问题，但擅长日历计算的学者综合征患者似乎从出生时就“自带”了这款软件，或只是在重复检阅日历时无意中掌握了正确的算法。

日历计算作为一种对绝大多数人而言十分冷僻的技能，为何会如此频繁、普遍地出现在学者综合征患者身上？这是一个重要且未解的谜题。关于这个问题，包括最新的功能成像发现，将在本书第 5 章探讨医疗谜团时进行更深入的探索。

完美的音乐技能

我把音乐技能列为第二常见的学者综合征能力。这种技能经常用于表演，而且音调完美，几乎从不出错。虽然没有关于患者进行音乐创作方面的报道，但现有报道中提及的演奏乐器已达到 22 种以上。几乎所有的音乐型学者综合征患者，都具备非凡的“逐字逐句”记忆能力，他们在第一次听到某乐曲之后，就能完美地重奏出来。本书中描述的许多音乐型学者综合征患者，都展现出了磅礴而壮丽的音乐天赋。更为吸引人的是，本书下文中还将讨论所谓的“音乐三重组”：失明、心智损伤和音乐天赋。这是一种罕见疾病的相当罕见组合，在学者综合征历史上一直以某种古怪的规律重复出现。

“爆发式”美术技能

学者综合征患者的美术技能，通常包括素描、油画和雕刻。这种技能也与海量的字面记忆能力共存，拥有此技能的患者往往只需要看一眼，就可以精确而详尽地在作品上还原自己看到的场景或动物，完全不需要进一步参考对照。与其他的美术家相比，学者综合征美术家们拥有这样一些可辨特征：患有基础残障，拥有没有经过教学或训练的先天能力，其天赋通常在年幼时突然“爆发”式登场，强迫性的全神贯注，连续高产，拥有相关专业领域的大量且异常清晰的精准记忆。一些学者综合征美术家的残障程度相当严重，好几位还是法律意义上的失明人士。

强大的数学和数字能力

该能力的代表包括闪电计算，比如复杂的乘法或除法问题的速算。通常来说，擅长数学的学者综合征患者，先天就能轻松解决素数和平方根问题，至于“他们是如何做到的”，则完全无法解释。在电影《雨人》中，这种强大的计算能力时常伴随着其他非常简单的四则运算能力的缺失。例如，雷蒙德·巴比特能瞬间心算出复杂的乘法（4 343×1 234=5 359 262），并迅速开出 2 130 的平方根（46.15192304），但被问及如果他有 1 美元，花了 50 美分后还剩多少时，他会回答“大概 70 美分”；问他 1 根棒棒糖多少钱，他会说“大约 100 美元”；问他 1 辆跑车值多少钱，他的答案也一样是“大约 100 美元”。

精准的机械或空间技能

该技能包括以超高的精度建造模型或建筑物的能力，或将机械装置拆分后再拼装回去的能力，同时还包括高水平的导航或地图绘制能力。目前已见诸报端的技能有：在不借助测量设备的情况下，非常精准地测量距离或高度的能力；在不参考时钟或其他任何计时器的情况下，非常准确地说出时间的能力。许多该类型的学者综合征患者，对机器和马达有着不同寻常的兴趣。一位来自威斯康星州的男孩牢牢地记住了真空吸尘器马达的声音，可以仅凭马达发出的声音判断出该吸尘器的生产年份、品牌和型号。已报道的类似能力，还包括有的儿童可以通过马达的声音识别不同的洗衣机，并根据声音判断某个马达即将出故障。

马克斯的筹码：其他冷僻技能

还有较少的报告提到了一些其他的技能，例如 1995 年史密斯（Smith）和钦布林（Tsimpli）报告的特殊语言（通晓多国语言）能力；不同寻常的嗅觉、触觉或视觉上的感觉辨别能力，包括联觉；在诸如神经生理学、统计学、导航和感数（一眼算出物体的数量）等特定领域的杰出知识。在里姆兰德的 531 位具有特殊技能的儿童样本中，他们的音乐才能常伴随着记忆、美术、伪言语、数学、地图、方位和超感官知觉等方面的能力。

每当我以为自己已全部了解学者综合征患者的特殊能力后，往往又会突然出现有关新技能的报告，如 1986 年克尔别希安（Kerbeshian）和伯德（Burd）关于“弹球奇才”的报告。后来，一位母亲写信向我讲述她 20 岁的自闭症儿子的故事，“他真正的天赋似乎是玩弹球游戏”。现在他是一名职业选手，2008 年，他被评为加拿大位列第四的弹球选手，并在世界排名中进入前 100 名；2009 年，他在匹兹堡参加世界弹球锦标赛，并在与美国、加拿大的顶级选手的激烈角逐中，取得了第 14 名的好成绩。

关于数字运用的技能，其中有一个尽管非法但十分不寻常的例子是“马克斯的筹码”（Max the Bookie），如《大西洋月刊》（*Atlantic Monthly*）2001 年曾刊登过一篇题为《一个聪明的赛马者》（*One Smart Bookie*）的文章。赛马，即对某体育项目或事件下注，是一种赌博行为，在美国内华达州以外的地方都是非法的。据那篇文章称，“警方在 10 年的反复突击搜查中，从马克斯的家里及银行账户中查获了近 70 万美元，这是他作为一个出盘者实力的确切证据”。因为这些罪行，他被告上了法庭。文章还提到，“马克斯拥有一样最不寻常的制胜武器：他天生患有智力障碍，作为唯一的代偿，他拥有一种类似学者综合征的超凡数字记忆能力，他将这种能力用到了赌博上”。在近些年的审判中，心理学家、陪审团和法官都认为，“马克斯的智力障碍使得他无法理解自身的犯罪行为的性质”。接着他就回到了家，并很快重操旧业，直到再次被捕，然后又得到一个相同的审判结果。

至于包括超感官知觉在内的其他超自然能力，多年来在学者综合征相关文献中已有所记载，并且不时有家长或其他可靠的观察者将类似报告发布到学者综合征网站上。当然，这些特殊的技能很难进行评估，并且具有很大的争议性。1988 年，在我发表了一篇关于学者综合征的评论文章之后，杂志编辑就收到了一封投诉信，原因是我在对家长及里姆兰德的一些叙述中，提到了自闭症孩子所谓的超感官知觉能力。因此，我只能说，这样的报告很容易引起科学界的谴责。但有关学者综合征患者具有超自然能力的报告，仍然不时有所耳闻。

关于超常运动能力（特别是高尔夫球方面）的报告，也引起了我的注意。我最早遇到的学者综合征患者之一堪称活体“投球机”，因为他非常擅长篮球定点罚篮。

学者综合征能力通常以单一的形式存在，但在某些情况下，也会出现若干技能同时共存的现象。1988 年，里姆兰德和法恩（Fine）指出，多重技能在伴有自闭症的学者综合征患者中的发生率，高于伴有其他发育障碍的患者。例如斯蒂芬·威尔特希尔和金·皮克，他们都同时具备超凡的音乐能力，包括完美的音调；而马特·萨维奇的数字和数学能力，以及记住全世界过山车的能力，和他的音乐天赋一样出色。

无论是什么技能，其总是与特定类型的非凡记忆相关联。这种记忆极其深刻，然而仅限与该特定技能相关的非常狭窄的范畴。有关学者综合征患者这种特殊的记忆类型，下文中将会详细论述。

两个半球：从左脑优势到右脑补偿

常见的学者综合征特殊技能，往往与右脑功能相关。右脑技能可以被概括为非象征性的、艺术的、具体和直接感知的；而左脑技能，则更为连续、逻辑和抽象性，包括语言的专业化。虽然说，把大脑功能分为“右脑”和“左脑”是一种过于简化的做法，就好像两个半脑是完全彼此独立运转的，然而事实上，两个大脑半球的确存在某些功能上的分工，其中语言就是一个典型的例子。

格施温德（Geschwind）和加拉布尔达（Galaburda）在《大脑侧向化》（*Cerebral Lateralization*，1987）一书中，使用了“优势病症”（pathology of superiority）这一术语来描述大脑这种某些区域优势发育、同时伴随其他区域发育不足的补偿性生长现象。这些研究者认为，右半脑类型的优秀人才通常与学习障碍有所关联。他们同时指出，“一些自闭症患者身上展现出的杰出天赋，可能是这种机制运行的进一步例证”。他们这里所指的，就是现在所说的学者综合征。同时，他们还指出，“右脑型天赋也常见于阅读障碍者及其家族中”。

1996 年，纳林德·卡普尔（Narinder Kapur）用专业术语“反常性功能提高”（PFF）来描述这种现象，即大脑某区域原本完好的脑组织受损，导致大脑其他原本处于低能或反常的区域恢复到正常或接近正常的水平。大脑之所以拥有这种“修复”能力，是因为在这些情况下，它对某些休眠或者近乎休眠状态下的能力的抑制被解除了，而不是形成新的能力。因此，根据“反常性功能提高”的概念，学者综合征患者的右脑“补偿性发展”，实际上是因为其左脑功能紊乱“释放”了休眠的大脑能力，而不是发展出了全新的补偿性能力。下文将会详细描述一些“反常性功能提高”现象的具体实例，尤其是布鲁斯·米勒（Bruce Miller）等人的 FTD 患者和其他一些“获得性”

学者综合征患者。“反常性功能提高”对挖掘“内在学者”也有着广泛的启示，这一点将在第 23 章中进行详细的讨论，可以说，它大大改变和扩展了大脑可塑性的观点。

简而言之，学者综合征中最常见的天赋是与右脑功能相关的技能，包括美术、音乐、“无意识”日历计算或闪电计算、机械与空间技能。这些技能存在和增强的最有可能的原因，是由于左脑损伤和右脑补偿，或至少部分依赖于右脑的“反常性功能提高”。

学者综合征技能分布在一个能力图谱中

一般而言，学者综合征能力可分为 3 个层次："碎片式技能”（splinter skills）、“天赋的”（talented）和“超凡的”（prodigious）。这是在一个量化的能力图谱中的分布，而我们必须承认的是，目前它还只是一种主观分类。

最常见的是碎片式技能，包括对音乐、体育冷知识、牌照号码、地图、历史事件、出生日期、火车或公共汽车时刻表、汽车品牌和型号，以及之前提过的其他像真空吸尘器和马达声音等冷僻的关注对象，强迫性地专注、吸收和记忆。这些碎片式技能，在多达十分之一的自闭症儿童身上可以看到。

有天赋的学者综合征患者，是指那些具有发育障碍或其他残障的人，其拥有的音乐、美术或其他特殊能力，比碎片式技能更杰出。相比碎片式技能，这些能力更加纯熟和独特，而且通常属于一个单一的专业领域。与患者本人的整体局限性相比，这些能力往往显得尤为惊人和突出。

超凡的学者综合征患者的标准门槛非常高，仅指那些非凡而罕见的人，其非同凡响的特殊能力即使出现在正常人身上，也会令旁人惊叹不已。如果没有残障，拥有这种特殊天赋的人通常会被称为“神童”或“天才”。目前，全世界可能只有不到 100 位的超凡学者综合征患者，其能力达到了极高的水平。不过，来自世界各地的新案例持续在互联网上曝光并吸引人们的注意力，因此，该群体的实际数量或许比已知的要多一些。

在对学者综合征患者的媒体报道中，常常使用这种短句，如“该特殊案例属于学者综合征之一，目前全球已知该群体的现存人数不足 100 人”，中间省去了“超凡”这一关键形容词。这是具有误导性的，因为“少于 100”的描述仅适用于超凡学者综合征患者，而不是所有的学者综合征患者。

学者综合征能力图谱，无疑还是主观性质的。我希望随着时间的推移，我们可以更正式地量化学者综合征能力。当然，衡量日历计算技能或数学技能，要比衡量美术或音乐天赋更容易完成。尽管如此，这种更为正式的量化，将提供更有用、更客观、更标准化的评估。毫无疑问，随着学者综合征研究的建立和推进，这种形式的量化迟早有一天会诞生。

无论何种特殊技能，总是伴随着惊人的记忆

无论何种类型的特殊能力，都与一种独特却类似的非凡记忆密切相关。这种非凡的记忆可以用诸如此类的词语来形容："自动化""机械式"和"习惯性"。唐医生在 1887 年时使用的术语是"言语黏附"。克里奇利（Critchley）在他那本名字很有意思的著作《大脑的神圣宴会》（*The Divine Banquet of the Brain*，1979）中，使用的术语是"记忆的狂欢"和"无计算记忆"。

1914 年，特雷德戈尔德用"自动化"这一术语来描述这种无意识记忆。1898 年，巴尔（Barr）将一名拥有海量模仿语言和惊人记忆能力的患者，描述为其拥有"一种夸张的习惯形式"。总体来说，无论对这种记忆能力冠以何名，它始终都包含了这么一些确定的特性：即时的、字面的、自动的、非常深刻和海量的，但同时又是非常狭窄的，一般只局限于该特殊技能的范畴之内。

在大多数情况下，"言语黏附"和"无计算记忆"是颇为准确的术语，因为学者综合征患者似乎并不理解自己牢牢记住的东西。例如，唐医生的患者可以顺着或倒着背诵《罗马帝国衰亡史》，却不理解书里的含义。许多学者综合征患者记忆中保存的信息固然海量且准确，但对其进行存储和调用都基于一种"无计算"的无意识方式。不过也有例外。比如金，他对自己记忆中存储的大量数据和整本书籍，显现出越来越多的理解能力。金最终能以类似谷歌的方式，将自己庞大数据库中的知识联系起来，这在当时是非常令人震惊且开创先河的。我们将在第 10 章讲述金时，举出更多的例子。

与学者综合征患者的"无意识""自动"或"无计算"记忆相符的，是 1984 年米什金（Mishkin）和彼得里（Petri）提出的潜意识"习惯"形成，而不是"语义"记忆系统。针对这两种记忆类型，他们提出了两种不同的神经环路：用于语义记忆的皮层－边缘环路，以及用于习惯记忆的皮层－纹状

体环路。习惯记忆有时也被称作程序记忆或内隐记忆。

有关这些特殊的记忆路径和环路，我将在第 2 章中更详细地展开讨论。

可怕的交易？纳迪娅之殇

大多数学者综合征病例与患者出生时所患的疾病有关，如自闭症或其他发育障碍。在这些病例中，学者综合征能力总是联结或叠加在患者出生时患有的基础残障之上（即先天性的）。但也有其他的情况，如原本正常的儿童或成人在头部受伤、中风或罹患其他中枢神经系统疾病后，出现了某种学者综合征能力，即后天获得的。这种获得性学者综合征能力，在儿童、青少年或成年人中均有发生，我们将在本书其他章节中作更详细的讨论。

原本非残障的人在头部受伤或患病后，身上出现或释放了原本休眠的学者综合征能力，这一事实引出了“是否我们所有人体内都潜藏着这种能力”的重大问题。它同时也提出了一个同样重大的挑战：如何在不遭受伤害、疾病或其他中枢神经系统损伤的情况下，挖掘出这些隐藏的潜能。

多年来，赛尔夫（Selfe）1977 年在著作中报道的早慧神童美术家纳迪娅（Nadia）的案例，一直在提出一大重要问题，即学者综合征技能的持续性，以及是否存在一种令人遗憾的“可怕交易”，会让语言习得和其他教育方面的努力抵消掉学者综合征能力。

纳迪娅是一名典型的小儿自闭症患者。她到 6 岁时还基本无法掌握任何有用的语言技巧，患有缄默症，而且行为过分迟缓和退缩；她还会避开眼神和身体接触。5 岁那年，她在伦敦接受了彻底的医学和心理学检查后，被诊断为自闭症。纳迪娅非常痴迷的一件事，就是把纸张剪裁成一些不可思议的细条，其均匀度与精度令人震惊。

3 岁时，纳迪娅就展现出了惊人的绘画能力。这并非相对她患有的能力障碍而言，事实上，她的画作即使放到正常的同龄人中也非常出色。与其他学者综合征美术家一样，她在动笔前只需要看一眼所要绘制的图像或人物，之后在整个创作过程中都不需要再返回去参照原型。她绘画时的速度非常快，绘制的精确度十分惊人，画作中展现出的视角、比例和动作也极好。她拥有自己独特而迷人的风格，对色差和阴影的使用更具有惊人的创造力。

纳迪娅在绘画方面的确卓有天赋，但在语言方面相当不足。赛尔夫主张，纳迪娅使用的视觉意象，正是所有人在孩童时期使用的初始语言。随着我们的成长，这种视觉现实和心理意象语言被逐渐提炼为精简的语言并最终被后者取代。赛尔夫指出，纳迪娅卓越的美术才能是对她语言不足的补偿，语言就是她为自己惊人绘画能力付出的代价。

7 岁时，纳迪娅进入一所自闭症儿童学校，语言习得问题受到了特别重视。她也对训练做出了回应，语言能力有所改善。但遗憾的是，她的特殊绘画能力也随之消失了，似乎是为习得语言而做的“可怕交易”。纳迪娅的案例提出了一个挥之不去的问题：有时候，甚至在通常情况下，学者综合征能力和接受语言训练或其他教育方法之间，似乎存在着一种“可怕的交易”？

在我的经验里，我还从未遇到过这样的病例，纳迪娅是一个例外，而不是常态。偶尔会有某个孩子甚至成年人在转移到其他活动后，对某项特殊技能失去兴趣，如日历计算。但无论是何种类型的学者综合征技能，只要加以定期演练，它一定会继续保持，甚至出现进步。

还有其他一些报告称，有些水平惊人的学者综合征患者在余生中失去了他们的天赋或对某种特殊技能的兴趣。例如盲人汤姆（Blind Tom）在自己导师去世后，失去了对音乐和表演的兴趣（详见第 6 章）。恰巧的是，纳迪娅母亲的去世也发生在纳迪娅开始接受语言技巧训练的前后。或许，相比语言习得本身，纳迪娅母亲的去世才是导致她才华磨灭的更重要因素。

令人遗憾的是，这一谣言久久不散。世间盛传，诸如语言习得或其他教育努力，都将以失去学者综合征能力为“可怕交易”之代价。幸运的是，那显然不是事实。正如你将在本书中的许多案例中看到的，在对学者综合征患者进行的一系列正规教育中，绝对不存在什么让他们付出失去特殊能力代价的“可怕交易”。

消除缺陷，还是训练天赋？

亚瑟·菲利普斯（Arthur Phillips）是一名特殊教育教师，他在 1930 年教育拥有特殊能力的人士时，提出了一个重要的策略问题：我们应该专注于“消除缺陷”，还是“训练天赋”？问题的答案呈一边倒的态势，诚如你将在菲利普斯的这一本著作中的诸多案例中看到的一样：《训练天赋》（*Train the Talent*，1930）。

学者综合征患者的技能既不是轻浮的奇技，也不是琐碎的淫巧。对于许多学者综合征患者而言，这些特殊技能就是他们的语言，是他们与周围世界沟通的最佳途径。这是一个好消息。此外，还有更多的好消息是：对特殊技能的使用，有助于提高患者的语言习得、社会化和日常生活技能。在这个意义上，用菲利普斯的术语来说，它有助于“消除缺陷”。在我看来，对学者综合征技能的使用，恰好为患者的正常化提供了一条通道。语言、社会化和日常生活技能的提高，不需要以牺牲特殊能力为代价，而这些技能的获得，又能为患者带来更高的独立性。关于这种喜闻乐见的神奇转变，下文中将讲到更多的相关案例。

低 IQ ≠学者综合征的必要特征

学者综合征患者中的 IQ 水平，可以在最低 40 到最高 140 范围内波动。大多数学者综合征患者的 IQ 水平，介于 40 ~ 70 之间；不过，多达 25% 的学者综合征患者 IQ 得分高于 70。2004 年，博尔特（Bolte）和保斯特卡（Poustka）根据韦克斯勒成人智力量表修订版（WAIS-R），对 33 名学者综合征患者和 26 名非学者综合征型自闭症患者进行了测验，结果显示学者综合征患者的 IQ 总分为 38 ~ 128，平均值 83.3；对照组对象的 IQ 水平稍低（平均 71.4），但这种差别无统计学上的差异。有意思的是，虽然文章中没有提及，但这 33 名至少拥有一项学者综合征技能的受试者，是从 254 名自闭症患者中选出的，这就同时给出了学者综合征在自闭症患者中的发生率为 13% 的数据。另一个偶然的发现，是学者综合征组中的性别分布为 28 名男性和 5 名女性。

有些患者的 IQ 可以处于极高的水平。尽管很多学者综合征患者的 IQ 低于 70，但 IQ 高于 70 并不能说明那个人就绝对不是学者综合征患者了。

导致学者综合征更多与低智商相关联，而不是与平均智商或者高智商相关联，主要有这么几个原因。

首先，学者综合征往往伴随着某些发育障碍或者其他障碍，如精神发育迟滞。这些基础疾病，限制了患者在 IQ 测试中的得分。

其次，IQ 测试主要依赖于言语量表评分，而许多自闭症患者，包括伴有学者综合征的患者，在语言测试上的表现并不佳。虽然他们在行为表现上做得更好，但不足以抵消言语表现上的劣势，这就导致了偏低的 IQ 分数，即便其实际的整体功能可能更高一些。这种情况被称为“功能迟滞”。在这些情况下，受试者的 IQ 分数本应正常甚至更高（如果可以准确测量的话），但他们表现得好像有智力缺陷，这是因为某些子量表设定的能力或其他行为测试项目具有局限性，这都影响了 IQ 测试的准确度。

第三，IQ 是测量“智力”的一种方式，但不是唯一方式。例如本书第 7 章的主角莱斯利·莱姆基的 IQ 只有 58，但我提到了他并行处理的能力。他可以在听人弹奏一首自己从未听过的钢琴曲同时跟着一起弹，而不需要先听一遍后再弹。这种并行处理的能力，显然与其 58 分的 IQ 不符。这个小插曲说明，在音乐领域，在他的天才孤岛中，莱斯利拥有极高的智力。

学者综合征及其中的孤岛天才，强有力地证明每个人都拥有“多元智能”。虽然 IQ 按照（也仅仅按照）其自身的标准对智力进行了衡量，并围绕某目的生成了一个巨大、实用的数据库，但在我看来，其远不是对“智力”的整体且全面的衡量。这个结论并不仅仅是一个语义或学术上的结论，它远远超越了学者综合征本身。**“多元智能”的存在，将对普通人接受更有效、更个性化和更有针对性的教育，产生深远的影响，而不仅仅惠及患有学者综合征的群体。**对此本书后续将进行详细的讨论。

男性比例偏高：谁才是幕后元凶？

从最早期的报道开始，学者综合征患者中的男性数量总是超过女性。唐医生（1887）对此评论，“所有这些案例中的白痴学者都是男性，我从来没见过一个女性”。特雷德戈尔德（1914）在他的关于学者综合征的经典章节中指出，患有学者综合征的人几乎“一成不变”地都是男性，女性患者非常罕见。在特雷德戈尔德提及的大约 15 个案例中，无论是从他自己的直接观察还是他人的案例报告中，他只列出了两名女性学者综合征患者，其中一名具有非常高超的音乐技能，另一名能够以“惊人神速”计算乘除法。

1978 年，在一篇关于学者综合征的评论文章中，希尔报告了 63 篇论文中的 103 名学者综合征患者。其中 89 人为男性、14 人为女性，男女比例约为 6 : 1。1988 年，里姆兰德和法恩记录了他们研究的 531 例自闭学者的男女比例为 3.25 : 1。该数字非常接近男性在自闭症中的优势占比（自闭症报告的男女比例约为 4 : 1）。

为什么会这样呢？哈佛大学神经学家格施温德和加拉布尔达在著作《大脑侧向化》中提供了一些答案。他们指出，人类大脑甚至从胎儿期开始就是不对称的。所有人类对自己的左脑，尤其是颞叶部位有一种自然而然、有迹可循且有规律的偏好。这不是一种遗传特征，而是一种人体解剖学的基本特点。这种左右半脑在解剖学上的不对称，也同样发生在动物王国中。

这种与生俱来的不对称性很容易被记录到，并且多年来在科学文献中不断以“大脑优势”这一术语被提及。这种优势既是解剖学事实上的，也是功能上的。大脑优势并非指一个活跃的、主导的主半脑，与一个被动的、非主导的次半脑的矛盾；而是两个半脑在某些功能上，都有各自的优势。例如，左脑通常掌管语言能力，而右脑则专注于诸如空间和音乐方面的技能。这种解剖学优势并不局限于皮层，也包括一些皮层下的结构。

由于胎儿的左脑比右脑发育得晚，因此当胎儿期存在任何不良影响时，左脑暴露于这种影响的时间也会更长。其中一个可能有害的胎儿期影响，是一种与男性相关的因子，即循环睾酮。由于左脑更加脆弱且暴露于胎儿期影响之下的时间也更长，因此如果睾酮循环水平过高，会减缓左脑的皮层生长，并损害神经元的结构和聚集。循环睾酮对左脑的损伤，将导致神经元发生实质性迁移、右脑扩大从而成为优势的大脑半球。对男性胎儿而言，在子宫内发育的某些时间点上，其睾酮水平甚至可以达到成年男性的水平。女性胎儿虽然也暴露在来自母体循环的一些睾酮之下，但它们几乎全都在胎盘中被转化为雌二醇，因此其对女性胎儿发育中的皮层并无对男性胎儿一样的有害作用。相关动物和人类的数据也都支持激素对皮层影响的存在，包括这种对男性胎儿某些皮层区域生长的影响。

当大脑优势向右脑转移时，胎儿就具备了与右脑技能相关的天赋（即学者综合征患者的那种特殊技能）。该过程也见于其他男女比例类似的疾病，如阅读障碍、语言迟缓、口吃、多动症和自闭症障碍本身。它还解释了男性左撇子比女性更多的现象。

格施温德和加拉布尔达将这种与激素相关的大脑优势转移称为一种“优势病症”，在该情况下，由于大脑某些区域的发育不良或受损，其他大脑区域出现了补偿性生长。需要注意的是，循环睾酮也影响了胎儿其他许多组织的生长，包括胎儿自身的免疫系统，这导致了男性胎儿在某些免疫缺陷中的高比例现象。

总而言之，由于男性胎儿体内的高水平循环睾酮对其后续发育的、更脆弱的左脑的有害影响，使得大脑优势“向右侧转移”，从而导致与右脑功能相关的技能更多地出现在男性学者综合征患者身上。同样的原因，也导致了其他因左脑功能紊乱而出现的失调症中的男性比例偏高。这些失调症除了自闭症障碍外，还包括一些语言和学习方面的障碍。

《密西西比热狗变奏曲》：谁说我没有创造力

一些观察者在赞扬学者综合征患者逼真的重复技能与海量记忆力同时，也指出他们整体上是缺乏创造性的。事实上，在拙作《非凡的人》第一版上市时，我也是这些观察者之一。我在那本书中提出了这样一个问题：“学者综合征患者有创造力吗？”并自己作了如下回答：“在我的经验中，他们并没有多少创造力。”

但是我错了。患有学者综合征的人士不仅可以拥有创造力，而且本来就具有创造力。

究竟是什么改变了我的想法？是后续多年的持续观察。在医学界，相比一瞥之下的会诊，对每一位患者“自然发展史”的长期纵向观察拥有无与伦比的优势。我有幸对大量的学者综合征患者的“自然发展史”进行了观察，并见证了一个可预测的、令人印象深刻的发展模式，它可以被总结为“从模仿到即兴表演再到创造”的过程。下面，我以莱斯利·莱姆基为例，对此进行说明。

学者综合征患者首先引起人们注意的，通常是其以惊人的保真度重现某一乐曲或美术品的能力。莱斯利在第一次听到柴可夫斯基《第一钢琴协奏曲》后，就完美地演奏出了这首曲子，而且如果需要，他现在依然可以将其完美地弹奏出来。在莱斯利音乐会上的挑战环节中，人们经常对他的这种重奏自己刚刚听到的乐曲的能力进行测试。观众们也总会被他折服。

1989 年，在莱斯利的一场音乐会上，一位年轻的女孩在挑战环节中弹奏了《密西西比热狗》(*Mississippi Hotdog*)。莱斯利在听完后，马上忠实地把它重奏了出来，正如他所听到的一样。但是在这场精确的重奏接近尾声时，他看上去变得有些焦躁不安，并且挺直了腰杆，似乎更加兴奋且更加渴望弹奏。就在依葫芦画瓢地弹完之后，他马上开始了 5 分钟的即兴演奏，演奏的乐曲完全可被称作《密西西比热狗变奏曲》(*Variations on a Theme of Mississippi Hotdog*)。这首曲子十分优美，技艺炉火纯青。他改变了曲子的音高和节拍，令人心悦诚服地展示了他经常被其他音乐家提到的对音乐规则的先天理解。

现在，莱斯利正在创作自己的曲子，包括《美国南部的乡村》(*Down Home on the Farm in Arpin*) 等多首歌曲。其中一首曲子，是他坐在户外的阳光下，一边轻柔地吹着口哨，一边全神贯注地演奏着耳边的鸟语花香。他很喜欢这种野外采风。

我在其他学者综合征患者身上见过同样的发展顺序，从字面复制，到即兴表演，再到自由创作。在本书后续章节中，你将看到许多这样的例子。马特·萨维奇就经历过同样的发展路径，一开始分毫不差地重奏听到的乐曲，接着即兴弹奏爵士乐，最后自己创作了现已享誉全球的爵士乐曲。大江光(Hikari Oe) 为一系列 CD 写了许多优美曲子，这些曲子在全世界得到了广泛赞誉。托马斯·格林·贝休恩 (Thomas Greene Bethune)，即盲人汤姆，创作了讲述马纳萨斯战役的复杂乐曲，该曲被很多专业音乐家誉为大师级作品。

因此，学者综合征并非意味着与创造力绝缘。

这些有关学者综合征患者创造力的临床印象，也得到了正式研究的支持。1987 年，赫梅林 (Hermelin)、奥康纳 (O' Connor) 和李 (Lee) 对 5 名音乐型学者综合征患者和 6 名非学者综合征儿童的音乐创造力作了评估。这 6 名非学者综合征儿童接受过两年音乐培训，但尚未进行过音乐创作。该能力由 5 个任务指标来衡量。在那些测试中，学者综合征组的表现优于对照组。同样，在音乐能力，包含节拍、协调性和复杂性测试中，学者综合征组的表现依然优于对照组。这些研究者指出，该研究与之前的发现相一致，即每个人身上都存在一系列包括音乐在内的独立智能，而不是一种渗透人类所有技能与能力的单一智力。至于音乐方面，他们推论，学者综合征患者除了模仿之外，也能够展示出一些创造性和即兴演奏的能力。

1989 年，在我与赫梅林、奥康纳和李共同参与的另一个研究项目中，也评估了莱斯利的即兴创作能力，与之相比较的是一名专业的非学者综合征音乐家。他们需要在每次听完同一首乐曲后进行即兴创作。其中一首曲子是抒情曲，另一首是无调曲。莱斯利的即兴演奏，被描述为“在音乐创造性和钢琴演奏表现力方面颇具水准”。这项研究得出的结论如下：

> 他们二人的即兴创作，都表现出高超的音乐创作能力。两个人之间的区别，与其说是音乐技巧方面的差异，不如说是他们本身音乐喜好和人格特征上的不同。

学者综合征患者可以拥有十足的创造力。他们往往会先重复，然后即兴表演，并最终创造出一些真正属于自己的东西。这是一条很成熟的发展路径，在接下来的故事中，你会发现很多学者综合征患者都遵循着这一模式。

学者综合征与神童、天才的区别

最近似乎流行一种做法，即把高功能自闭症或阿斯伯格综合征安到每一个过去所谓的神童或天才身上。像莫扎特、伦勃朗、爱因斯坦等历史名人被四处传说，人们揣测这些人其实是高功能自闭症患者，而非神童或天才。事实上，在日常医学实践中，即使是面对面地诊断出孤独症或阿斯伯格综合征都相当困难，更不用说诊断一位素未谋面的死者。

毋庸置疑，世界上的确存在神童和天才，他们并非全是学者综合征患者。**神童和天才与学者综合征患者之间有一个关键的区别，即前者并未患有什么基础疾病或其他障碍**。此外，与学者综合征患者在多个领域的表现水平异常不均衡的"孤岛天才"现象相比，神童和天才的天赋和能力通常在多个领域中皆有卓越的表现。

这种区分为什么很重要？因为我收到过许多家长的电子邮件，他们表示怀疑自己的孩子可能是"自闭症"，判断的依据仅是他或她两岁就能识字，或3岁就能作画，或能够哼唱听过的所有旋律，或痴迷于排列有轨电车，或喜欢记忆车牌号码，或坚持某种规则，或有一定的周期性仪式化行为或恐惧感。这些家长在互联网上搜索"自闭症"，并胆战心惊地确信自己的孩子符合自闭症的症状描述。然而事实上，并非每个识字早、喜欢排列有轨电车、能够记住歌曲、拥有惊人绘画天赋、擅长音乐、喜欢遵守惯例的孩子，都是自闭症患者。

任何抚养了多个孩子的父母都可以告诉你，"正常"的童年行为本身就存在十分广泛的差异。正常儿童、超常儿童和天才儿童的标准范围也十分广泛，而且互有交集。区分他们，需要高超的专业技能和谨慎的求证态度。虽然我支持尽早识别青少年自闭症，以便尽早开始干预，但与此同时，我们在诊断的时候也要非常小心谨慎，免得家长由于过早或过分的诊断结论而产生不必要的担忧。除非自闭症或某些其他发育障碍的体征和症状明确无误，否则，谨慎鉴别和密切观察是对幼儿更好的诊断方法。

有一个例子可以说明谨慎鉴别诊断的重要性，那就是超读症。有些孩子只是在认字上比较早慧。他们 3 岁时就可以不靠记忆“背诵”一本书，而是真正地在“阅读”它。他们通常都是非常聪明、神经正常发育的孩子。最终，他们的同学会“迎头赶上”学会阅读，只是在更晚一点的普通年龄段。我把这个群体定义为第 1 类超读症群体。

第 2 类超读症群体，是处于自闭症谱系的孩子，只是他们的超读技能更像是以“碎片式技能”的形式存在。在这种光鲜的技能之下，是分毫不差的典型的自闭症障碍。

第 3 类超读症群体的孩子，认字异常早，且在某段时间内具有“类自闭症”症状，但他们并非自闭症。随着时间的推移，他们的类自闭症症状会逐渐消退，最终荡然无存。在我的经验中，这是一种非常罕见的超读症，它的长期预后与第 2 类群体天差地别。

因此，当拥有超读症孩子的家长发邮件给我，表达他们对孩子展现出某些自闭症行为的担忧时，我通常会敦促他们找一个娴熟的专业人员或机构进行诊断，并根据诊断结果对孩子进行长时间的仔细观察。在我收到的感谢信中，最真挚的那些往往都是来自第 3 类超读症群体孩子的家长，随着时间的推移，他们孩子的类自闭症行为彻底消失了。关于超读症以及我对此进行鉴别诊断的个人经验，我在学者综合征网站上作了更详细的记录。

同样，对于成年人而言，并非每个心不在焉的专业人士都患有阿斯伯格综合征。相反，有时具有一点怪癖的天才，也是完全可能不在“自闭症谱系”上的。我们需要抵制这种诱惑，即给所有特殊天才贴上自闭症或阿斯伯格综合征的标签，而不是识别其为神童、天才或只是早慧的独特存在，以免“过分诊断”，从而错误地模糊了这些情况之间的界限，导致所有有意义的分类失效。这种情况一旦发生，所有这些疾病都将失去特征，它们的诊断范围也将囊括我们所有人。

用正确的名字命名相应事物，是智慧的起点。对于那些为自己的孩子寻求早期干预和治疗的家长们，我想告诉他们，不要急于给孩子贴标签，因为那些标签无关紧要，而且时常混淆。他们想要的应该是一切对孩子而言最好的东西，而不是临床医生对孩子做出的什么诊断。当然，从研究角度上说，如果我们能够将自闭症划分到其所应属的各个子类中，然后根据不同的类别进行相应的专门治疗，那么这种精确的分类就非常重要。对此，我们的研究努力必须保持跟进以实现之，因为只有这样才能实现高效的针对性治疗。

家长、老师和照顾者：能力等式的关键部分

先天天赋、不寻常的脑环路和刻板重复，是学者综合征这个等式的生物学部分。但是，因父母等人的欣赏和夸赞而产生的有益心理强化和自尊感，同样也是这个等式的重要心理学部分。

这一点值得特别强调。就如 1962 年上映的电影《奇迹的缔造者》（*The Miracle Worker*）中的安妮·曼斯菲尔德·沙利文通过坚定不移的信念、鼓励、耐心、欣赏、爱和努力，唤醒海伦·凯勒的无穷潜力一般，每位学者综合征患者的背后也同样站着安妮·沙利文那样的父母、亲戚、朋友、老师或医生，他们专注于患者的强项而非弱点，更关注其能力而非低能。

在接下去所有的学者综合征患者故事中，你将会看到爱、信念、乐观和希望的力量。它们传递出的能量，远非我苍白的描述可及。就如学者综合征患者超凡的能力一样，他们的家人及照顾者无条件的积极关怀同样令人印象深刻。**他们不仅关注学者综合征，更关心患者本人；他们不仅关心学者综合征患者可以做到什么，更关心他或她是谁**。他们对这些特殊人群及其天赋的欣赏和包容，为我们所有人树立了一个强大而可敬的榜样。

第 2 章

他们如何做到

从早期遗传学到量子论

任何亲眼目睹过学者综合征患者非凡能力的人，显然都会产生一个疑问："他们是如何做到的？"当主持人莫利·塞弗（Morley Safer）在《60 分钟》向乔治·芬恩抛出这一问题时，乔治·芬恩的回答很简单："我有一个好脑子。这就是我的方法。"这是事实，他的大脑确实很优秀。阿朗佐的答案甚至更加简洁："上帝的礼物。"许多人可能都会认同这样的说法。梅·莱姆基的答案更长些，但那的确是一个基于神经科学角度的准确答案，我在下文中也会涉及。她说，尽管莱斯利的大脑有一部分被损坏了，但另一部分被"完美、健康、奇妙地保留了下来，正因如此，莱斯利拥有了获得某种天赋的可能，并切实得到了它"。是的，他当然得到了。

然而对于"他们是如何做到的"这一问题，还需要更进一步的探究。这是因为多年来，人们往往在对学者综合征患者"不得了，快看看"的惊鸿一瞥之后，又回到自己感觉熟悉和舒适的关于更典型和更传统的脑功能研究上，任由学者综合征继续留在无明之中。但学者综合征患者是真实的，他们的的确确存在着，他们不可思议的能力也得到了人们的见证和记录。我们不能仅仅把他们看作某种类似马戏团中的怪物，或者把他们当做神经科学领域的 UFO。因为一个大脑功能模型，包括记忆在内，只有能完全解释这种超能与低能在同一个人身上的矛盾共存，才算是完整的。

任由这个问题停留在未经探究之列，意味着接受这样一种观点：就大脑而言，“世界是平的”。这是完全的自我蒙蔽，远没有认识到大脑不可思议的能力和可塑性。

世界上尚不存在某种单一的理论，可以解释所有的学者综合征情况。从过去到现在，研究者们提出了一系列理论来解释这种非凡的疾病，但这些理论都存在一些问题。其中几种理论非常准确地描述了学者综合征的特征和能力，但没有解释它的起因；而探索了起因的理论，又缺乏针对所有学者综合征患者的普遍适用性。事实上，没有任何理论能够充分解释这一事实，即虽然学者综合征确实会发生在患有自闭症的人身上，但它也可能发生在患有其他发育障碍的人身上。那些解释了学者综合征与自闭症之间的联系的理论，完全无法解释获得性学者综合征的现象。

本章我们将根据目前许多临床医生和研究者的意见，就“他们是如何做到的”这一问题探讨一些可能的答案。在第 3 章中，我们将了解到一个我很认同的替代理论，该理论基于最近的发现，通过使用更先进的成像技术等高科技手段，指向更普遍适用的神经生理、神经病理和神经可塑性过程，可以同时解释先天性学者综合征和获得性学者综合征患者令人惊讶的能力。不过在深入研究这些新近的发现之前，让我们先来了解一些其他的理论。

“看见”记忆：全现心像和视觉图像记忆

一些观察者和研究人员曾提出，全现心像或视觉图像记忆，以及这二者的组合，可以解释某些学者综合征能力。这些解释源自这样的事实，即一些学者综合征患者，尤其是那些拥有日历计算或闪电计算能力的患者，似乎能“看到”他们的答案，好像那些答案是被投影在屏幕上一样。例如 1969 年，威廉·A. 霍维茨、戴明（Deming）和温特（Winter）在密切观察了双胞胎乔治和查尔斯后，描述了他们拥有的全现心像能力。1989 年，奥利弗·萨克斯（Oliver Sacks）在解释这对双胞胎时，认为他们将日历上的日期视为一张“巨幅记忆挂毯、一个广阔的（或可能是无限的）园林景观，其中一切都纤毫毕现，无论它们是彼此孤立还是相互联系的”。

斯蒂芬·威尔特希尔能够在一次短暂的直升机观光飞行之后，将整座城市的所有细节都存储在记忆中，并且随时可以回忆及纤毫毕现地画下来。阿朗佐只需看一只动物一眼，就能随时在头脑中回忆起那个精度堪比数码相机所拍的画面，继而雕刻出一座与他之前看到的动物完全一样的雕像。他和斯蒂芬在工作中都不需要使用模型或草稿，似乎仅凭包含了无限信息的看一眼就够了。这究竟是一种全现心像能力，还是某种其他形式的卓越记忆力？

1977 年，吉拉伊（Giray）和巴克利（Barclay）指出，**全现心像，就其最纯粹的形式而言，是一种非常罕见的特殊记忆功能，这种功能能够让人在观察某一物体或景象并移除观察对象之后，记忆中仍能保留一幅强烈的视觉图片，并持续一段时间**。相比之下，**视觉图像记忆（通常也称照相式记忆），这种记忆涉及快速扫描和精确存储大量之前看到的非常详细的信息或图像，以供后续检索之用的能力**。照相式记忆和全现心像记忆一样非常罕见，这两个术语通常会被互换使用，但实际上存在很大差别。全现心像是即时、生动、持续性的残像记忆；照相式记忆虽然同样生动和精确，但只能在稍后的时间里回忆起来，而不是看完之后马上想起。虽然一些研究人员认为这两种现象存在本质上的区别，但 1975 年格雷（Gray）和古默尔曼（Gummerman）在对这一领域的数据和理论进行详细研究后，总结认为全现心像与视觉图像记忆只存在量上的差异，即全现心像更为生动一些。

吉拉伊和巴克利认为，全现心像可以持续存在于某些类型的慢性脑损伤之中，在那些情况下，它被称为“视觉重复”。一些研究人员发现，这种形式的全现心像在器质性脑损伤导致的智力缺陷中，发生率高达 50%。其他调查人员虽然也确认了这种关联，但得出的发生率要低得多。可以说，在这些情况以及很可能在学者综合征中，视觉重复的存在更多是作为脑损伤的一个标志，而非是对学者综合征能力的一种解释。

多年来，其他许多研究者认为全现心像仅存在个案之中。其中对全现心像和视觉图像记忆在学者综合征中扮演的角色进行了最广泛研究的，是达克特（Duckett）的系统性对比研究。1976 年，她将 25 位展现出学者综合征能力的患有发育障碍或智力迟钝的人，与 25 位没有学者综合征技能但拥有同等年龄、性别、IQ 和残障的人进行了比较。结果发现，只有两名对照组对象展现出了视觉图像记忆的迹象，同时只有 1 名学者综合征患者和 1 名对照组对象展示出全现心像能力。达克特的结论是，全现心像记忆和视觉图像记忆在两组受试者中都很罕见，肯定不是普遍存在的。这也证实了她的假设，即这种机制并不能解释所有的学者综合征技能。

我的观察与这些研究发现一致。一些学者综合征患者，如斯蒂芬·威尔特希尔、阿隆佐·克莱蒙斯和理查德·瓦夫罗（Richard Wawro），都拥有某种形象生动的事后回忆能力，这种能力可以被归类为照相式记忆，但肯定不是大多数学者综合征患者都拥有的能力。全现心像也一样，这种现象虽然存在其他一些情况中，但更可能只是作为脑损伤的一个标记，而不是对学者综合征能力的解释。1965 年，鲁宾（Rubin）和莫纳汉（Monaghan）在一个案例报告中也指出，全现心像不能作为对学者综合征能力的一个普遍解释，因为他们研究的擅长日历计算的学者综合征患者是完全失明的。对完全没有视觉的失明人士而言，又何谈全现心像？

遗传学之谜：天性还是培育？

1931 年，赖夫（Rife）和斯奈德（Snyder）直接讨论了遗传性和学者综合征特殊技能的问题。他们对当时的行为科学家持严厉的批评态度，因为后者认为“任何正常、健康的孩子，都可以被塑造为任何需要的模式：美术家、音乐家、隐居者或社会名人、胆小鬼或英雄、傻瓜或学者”。简而言之，他们的结论是，没有基因贡献的“天性”，单凭“培育”并不足以创造出学者。

他们对收容养护机构的 33 名拥有音乐、数学、美术或机械方面的超凡技巧和超凡记忆（即学者综合征能力），同时罹患发育障碍的人进行了研究，以支持他们的遗传因子主张。经过面谈他们确认，该组“所有”的学者综合征患者都拥有具备了类似学者综合征能力的非残障亲戚。

其中一些案例尤为吸引人。在一个案例中，一名患者因为脊膜炎而患有发育性心智障碍，随后他的身上却出现了令人印象深刻的音乐能力（获得性学者综合征）。他们采访这位患者时，后者刚好 30 岁，“这位患者虽然患有心智缺陷，但可以自己演奏各种古典音乐或爵士乐变奏曲。他的能力显然是天生的，而非训练的结果”。此外，该患者的妹妹是位天赋凛然的小提琴家，祖母是非同凡响的钢琴家，还有两名堂兄也拥有非凡的音乐才能。在另一个案例中，一名 19 岁的失明、患有严重残障的男士，可以用耳朵弹奏钢琴：“他可以弹奏自己听到的任何东西，而且据说音调非常完美。他有 1 个并无音乐才能的智障兄弟和 1 个心智正常的妹妹，这位妹妹虽然也是位失明人士，但能弹奏钢琴和作曲。”

从对这些案例和其他案例的研究中，研究者得出以下重要结论：

- 特殊的学者综合征能力，可以在患有严重智力障碍的情况下，不经训练或指导而发展；
- 这些特殊能力独立于一般智力遗传，一个人同时继承此二者只是一种巧合；
- 这些特殊能力不仅存在于患者身上，也“频繁地出现在这些患者的亲属身上”。

1914年，亨利·戈达德（Henry Goddard）提出，学者综合征技能由遗传决定，拥有这种能力的人，如果没有患有智力缺陷或其他类似障碍，将成为一名业内天才。

1940年，布里尔（Brill）在分析擅长日历计算的学者综合征患者容格里斯（Jungreis）时，将行为遗传（体格、才能和遗传性状）的定义进行了扩展，把大量来自祖先的知识、本能和直觉，就如同低等动物遗传的生物本能和适应性行为（这些现已被包含在了更广泛的“遗传记忆”定义中，我们将在下文详细论述）也包括在内。他声称，“我们的神童在某种程度上类似于某些低等动物，因为他们在早期人生中显示出的一些本能知识，如同一种惊人的记忆”。为了支持这一理论，他进一步指出，容格里斯的家族“在匈牙利为他们的小社区世世代代贡献着拉比[①]，他同为拉比的祖父，被人认为是一名数学巫师”。

布里尔还指出，数学神童帕斯卡[②]的家族，也拥有非常悠久的数学天赋传统史。

关于一个人的成长与发展究竟是由天性决定还是由培育决定的争论，布里尔提出，我们每个人身上都存在两种类型的潜意识。其中，我们的“系统发育”潜意识（phylogenetic unconscious），由我们直接从祖先继承的

①拉比（rabbis），指犹太人中的一个特别阶层，主要为德高望重的学者，是老师，也是智者的象征。拉比的社会功能广泛，尤其在宗教中扮演重要角色，为许多犹太教仪式中的主持。他们通常拥有崇高的社会地位，连君王也经常邀请拉比进宫教导。

②帕斯卡（Pascal，1623—1662），法国数学家、物理学家、近代概率论的奠基者。他提出的关于液体压力的定律被后人称为帕斯卡定律。

本能、遗传性状、行为构成的；我们的“个体发育”潜意识（ontogenetic unconscious）则相反，由我们各自的生活经历构成。至于学者综合征能力，布里尔进一步指出，一些人在人生（个体发育）中有时能够“点燃”系统发育方面的潜意识，此时这个人身上休眠的遗传性系统发育能力就有可能浮现出来。

相比学者综合征研究，关于天性与培育之争在对天才的研究中更为激烈。塔米特在著作《我的IQ150》的第二章“衡量大脑：智力和天赋”中，较为深入地探讨了这一争论。他的结论是，“每个人生来就具有特定的天赋，而忘我投入和努力学习可以帮助我们实现这些天赋。对于巨大成就是基因与环境因素共同作用的结果这一科学观点，我基本上赞同”。对此，我的看法也与他一致。

至于学者综合征患者的家族史和学者综合征技能，达克特发现，她研究的25名学者综合征患者的一些亲戚（但非全部亲戚），也出现了特殊技能。里姆兰德提到，在他拥有学者综合征技能的自闭症患者的巨大样本中，存在这样一种趋势，即那些技能可能是家族性的。但拉方丹（LaFontaine）于1974年发现，在他仔细研究的5名学者综合征患者的23位亲戚里，只有1人拥有特殊技能。

1995年，扬（Young）对51名学者综合征患者进行了一系列采访和标准化测试。这是迄今为止所有单一研究中，学者综合征患者样本最大的一个。在这组样本中，有41人被正式诊断为自闭症，其余则患有其他类型的智力障碍。作为该研究的一部分，患者的家族史也被包含在内。结果显示，该样本的51名学者综合征患者中，有23人的家庭成员展现出了与学者综合征类似的高超技能。

概括来说，就遗传性而言，特殊能力和发育障碍可以作为彼此独立的特征进行遗传。一些学者综合征患者中可能同时发生这两种情况，且拥有特殊能力的家族史也起到了一定作用；但在其他患者中并未记录到如此直接的特殊能力家族史关联。当一个人遗传了惊人的特殊能力，且没有伴随发育障碍时，他就是所谓的神童或天才，而非学者综合征患者。心理因素往往可以作为一种培养力量，用以激发和加速患者可能仍旧处于休眠状态的特殊能力；但像全现心像、遗传因素等作为一种单一的理论，并不能解释所有的学者综合征类型。

感觉剥夺：过度专注的精神能量

尝试通过感觉剥夺来解释学者综合征技能的方法分为两类：一种是社会隔离，例如单独监禁或缺乏社会接触；另一种则是知觉隔离，诸如失明、失聪或自闭症本身等疾病导致的错误的感觉输入。1969 年，威斯科特（Viscott）非常详细地描述了哈丽雅特（Harriet）的案例。他提出，早期的母爱剥夺和社会隔离，导致这个女人最终发展出了特殊的音乐能力。据其描述，哈丽雅特幼年时被不分昼夜地困在婴儿床上，直到两岁，“这个婴儿大部分时间都遭到忽略，除了音乐以外，其他感觉都被剥夺了”。音乐最终成为了哈丽雅特和她母亲之间的一种交流形式，也是她在生活的其他方面收获赞美和心理强化的源泉。威斯科特深入研究了音乐在哈丽雅特生活中产生的重要心理作用，以及她对音乐极度专注的原因，并融合了社会隔离和心理因素两方面解释了哈丽雅特惊人的音乐能力。

鲁宾和莫纳汉报告了一名 16 岁失明孪生儿，后者 3 岁前完全生活在婴儿床上。虽然她也有一些脑损伤，但研究者认为，早年的社会隔离与失明导致的知觉隔离相结合，是其拥有学者综合征特征和能力的重要影响因素。

1971 年，霍夫曼（Hoffman）指出，为了适应这种感觉剥夺的环境，处于极端社会隔离的人有时会进行心算或其他形式的死板记忆训练。他提出，无论引起感觉剥夺的原因是什么，其可能是导致学者综合征技能产生的机理。

然而一般来说，基于感觉剥夺的理论暗示了更多生物学上的介入过程，解释的是学者综合征技能在失明人士、失聪人士或自闭症患者身上出现的情况。失明和失聪人士的感觉剥夺源显而易见，但对自闭症患者而言，感觉隔离的根源以及这种隔离所引发的生理反应，则更为复杂一些。

1978 年，里姆兰德根据他本人以及其他人的一些研究，指出由于特定的生物学缺陷，自闭症患者如同被禁闭在一个非常狭窄、闭合的环路或感觉输入回路中，并且缺乏像大多数人一样连接到丰富的关联网络的能力。这种无法“连接”到更广输入源的能力缺失，造成了某种形式的感觉剥夺，并最终形成了一条非常狭窄、强烈、绝对专注的闭合环路。于是，学者综合征患者只能纵深地处理细枝末节。由于无法拓宽关注面，他们将注意力和强烈的精神能量全部专注到非常狭隘的点上，因此变得无法分心，最终过度专注在有限的事物和过程中。

里姆兰德如此描述这种情况：

> 自闭症儿童和学者综合征患者，无法根据环境需要选择将其注意力放在谱系上狭窄（实体性）的一端，还是宽阔（概念性）的一端。他们的调谐刻度盘上的调节旋钮已经松弛，刻度盘被固定在了窄的一端，即高保真、纯物理刺激的范畴。因此，他们实际上是被锁定在了这种注意力模式上。

在我看来，社会隔离在某些情况下可能是一些学者综合征能力或结果的促成因素，但不是所有学者综合征能力的普遍影响因素或起因，因为本书中提到的诸多学者综合征患者，尽管他们通过家庭、照顾者和朋友进行了广泛而丰富的社会接触，但依然发展出了学者综合征。

至于因失明或失聪等生理性因素而导致的感觉剥夺，虽然一些失明人士的确可能发展出学者综合征能力，尤其是本书其他章节所描述的音乐技能，但并不是普遍现象。同样，尽管里姆兰德提出的感觉剥夺类型可能影响甚至引发一些人的自闭症，但不是所有自闭症患者都有学者综合征。此外，还有一个事实有力地反驳了这种类型的感觉剥夺是一切学者综合征根本起因的理论，即只有 50% 的学者综合征患者伴有自闭症，也就是说，只有 50% 的学者综合征患者拥有那种“自闭症型”脑环路。

从具象思维的局限性到抽象推理能力受损

众所周知，学者综合征患者往往无法进行抽象思考，几乎完全依赖于具象的思维表达模式。就一些研究者而言，这个现象一直被看做是一个有意思但偶然的发现。还有一些研究人员则将具象思维定义为学者综合征患者的核心缺陷，他们认为这种现象可以用来解释学者综合征。

1945 年，在对学者综合征患者“L”进行为期 5 年的全面研究中，舍雷尔（Scheerer）、罗特曼（Rothmann）和戈尔茨坦（Goldstein）得出结论，认为抽象能力受损导致了学者综合征的核心缺陷。据描述，“L”无法理解或使用以象征或概念形式表达的语言，也无法从抽象层面理解想法、词汇、定义或隐喻；他的语言仅限于一种具象、情境确定、条件反射式、呆板、自动的类型。“L”的特殊能力包括日历计算和闪电计算、数字记忆、口头或书面顺拼或倒拼单词、以绝对音高弹奏钢琴、刻板记忆，以及用不同语言演唱歌剧。他的 IQ 只有 50。神经学检测、脑电图扫描（Electroencephalograpgy，以下简称 EEG）、气脑造影和其他实验室试验都很正常。研究者推论，具象思维的局限性，创造了一系列不间断重复的狭窄技能，因为“那些技能是他与超出自己理解力范畴的世界妥协的唯一方式”。

他们进一步指出，学者综合征患者展示的技能从表面上看非常神奇，但鉴于这些能力表达的渠道非常狭隘，因此它们看上去似乎又不那么惊人，“如果任何正常人被迫像 L 一样完全沉浸在自己的记忆中，他完全可能取得相同的成就”。从这个意义上说，学者综合征患者之所以擅长他们的技能，并不是因为突破了自己的障碍，而恰恰是由这些障碍导致的。

其他研究人员，包括 1964 年奈康比（Nurcombe）和帕克（Parker）、1966 年路斯基（Luszki），也集中研究了学者综合征中抽象思维能力受损这一核心问题。在他们关于学者综合征的描述中，同样的发现也一次又一次地再现；它似乎是一种普遍的症状或者说是性状。因此，它可能最好被当做是学者综合征的一种症状，而不是它的一个原因；是对学者综合征的一种描述，而不是一个解释。作为一种理论，受损的抽象能力和具象思维的局限性，描述了学者综合征患者的状况，但并没有解释他们。

正向强化和补偿性学习：特殊能力发展的重要一环

学者综合征患者显然喜欢自己所做的事情。那些能力可以引来人们的关注和赞赏，可谓一个巨大的动机，并且无论具体技能是什么，都将得到极大的强化。一些研究者指出，这种动机是发展和维持学者综合征能力的核心力量。另外一些人提出，这种技能源于患者突破其他局限的补偿性驱动，就像失聪人士的视觉会得到补偿性增强，反之亦然。这两者都是心理学现象，不是生物学现象。

拉方丹（1974）提出了“正向强化”，认为它是对学者综合征患者的高度专注力、行为和技能的一个强大激励因素。达克特（1976）着重提到其研究的学者综合征患者在相关机构中所获的名声。1979 年，霍夫曼和里夫斯（Reeves）则强调，学者综合征患者通过自身特殊能力而得到的巨大关注和曝光度，极具“社会强化”功效。

最后，萨拉森（Sarason）在著作《心智缺陷的心理问题》（*Psychological Problems in Mental Deficiency*，1959）中指出，截至当前，所有关于学者综合征的研究中，父母对儿童的重要影响都受到了忽视或被最小化。他认为，父母的影响远远超过了纯粹的遗传学范畴，来自父母的互动和努力，在心理层面上为许多儿童的学者综合征能力的发现和培养，作出了重大的贡献。

充分的证据表明，家长或照顾者对学者综合征患者能力和人格的发展，有着巨大的积极影响。我们只需看看梅·莱姆基与莱斯利的互动，就能发现她对莱斯利新近出现的音乐能力而言是一个多么强大、积极的滋养力量。埃伦·布德罗（Ellen Boudreaux）的父母也并没有把自己女儿对歌剧和音乐的痴迷当成无关紧要的鸡毛小事，而是把它作为可以培养和赞赏的特殊天赋，这为埃伦提供了巨大的正向强化作用。托尼·德布卢瓦（Tony DeBlois）的母亲不仅是鼓舞托尼的催化剂，也是他最强力的支持者。而理查德的父亲会用波兰人特有的类似击掌相庆的方式，与理查德庆祝他的每一幅画作的大功告成。这种庆祝对父亲和天才儿子两个人而言，都是一件相当快乐而有意义的事情。

我很难用苍白的文字强调出父母、照顾者、医生和朋友的重大作用。他们发现并培养了学者综合征患者的能力，促使其开花结果，并在这个过程中，让学者综合征患者本人焕发出人生的光彩。这种互动对见证者而言，都不失为一件令人愉悦和欣慰之事。本书列举的许多故事，也详细描述并验证了学者综合征复杂谜题中的这一重要组成部分。

尽管强化、强迫、重复、补偿性努力和父母影响等心理因素，帮助塑造了学者综合征患者的最终结果，但这些因素本身并不足以解释这种病症。因为如果它们能解释学者综合征，那么为什么不是每个同样处在这种力量下的发育障碍、自闭症或脑损伤患者，都发展出了学者综合征技能？或者，为什么学者综合征技能出现在男性身上的频率要高于女性？再或者，为什么住在同一诊室或机构，面对同样的工作人员，暴露于相同的激励之下，有的人能够发展出学者综合征技能，而有的人却不能？答案是，虽然这些心理学因素是学者综合征能力发展的重要一环，但是这二者之间并没有什么特别的因果关系。

那么，我们再到别处去看看。

认知心理学：弱中央统合，精神失明和男性大脑的极端形式

赫梅林在著作《心灵的闪亮碎片》(*Bright Splinters of the Mind*,2001）中，试图回答这么一个问题：为什么大多数学者综合征患者都有自闭症？她研究的约 50 名学者综合征患者样本中，80% ～ 90% 是自闭症或阿斯伯格综合征患者。她和同事琳达·布林（Linda Pring）提出，自闭症患者特有的专注于单独元素而非整体画面的认知方式为其提供了基石，从而构建并发展出音乐、日历计算、美术、数字和其他学者综合征技能。基于许多比较了自闭症儿童与非自闭症对照组的研究，一种“弱中央统合”理论诞生了，该理论认为自闭症儿童倾向于集中“注意力在信息的部分和细节上，而不是整体的感知、认知和记忆。因此，那些患者往往倾向于‘只见树木不见森林’”。

赫梅林将其研究发现的这种现象，描述为“从零到整”策略。学者综合征患者本身痴迷于任何具有刚性结构、重复性和规律性的系统，如日历等。正因如此，日历计算也常见于学者综合征中，它是在一种能够从结构和规律中无意识掌握算法的能力下实现的。这种从专注部分到走向整体的无意识路径，也可以延伸到学者综合征的其他天赋上。赫梅林总结认为，无论是何种特殊能力，“总而言之，在他们的天赋领域内，自闭学者似乎使用了一种策略路径,即从单一单元到提取更高层次的模式与结构”。她将这种现象称为“弱中央统合”，认为其对自闭症和学者综合征二者都至关重要。

2002 年，巴伦·科恩（Baron Cohen）曾试图解释为什么自闭症在男孩中比女孩更为常见。他也从认知心理学的角度进行了解答，但与上文提到的“弱中央统合”理论略有些不同。他假设，总的来说，男性在“系统化”方面有更强的兴趣、驱动力和能力，而女性则是在“同理心”方面。他提出，自闭症谱系患者中存在某种夸张的男性特征，因此他用“男性大脑的极端形式”这一术语来描述整个自闭症。他解释说，系统化是构建或分析一个系统的内在驱动，有助于识别管理该系统的规则或规律；同理心则指能够体察他人想法或情绪，并予以适当情感回应。“精神失明”也是种同理心缺失，与巴伦·科恩所说的“超系统化”一起，共同解释了学者综合征。巴伦·科恩还检查了胎儿的睾酮水平，试图找出睾酮水平是否可能解释自闭症谱系障碍中的这种男女比例差异。这种差异随后反映在“男性大脑的极端形式”上，并导致了患者对系统化的兴趣和依赖。

学者综合征中有充分证据证明这种系统化倾向，以及由此形成的无意识吸收诸如音乐、美术和数学等算法的能力。但就如具象思维局限和抽象思维能力缺失一样，弱中央统合理论和男性大脑的极端形式理论更多是描述了学者综合征患者，而不是解释他们。“他们是如何做到的”这一问题远超对行为的描述，试图解释的是这些遗传性状、行为和人格的根源，即它们产生的原因。此外，该理论也未能解释一个现象，即四分之一的自闭症儿童（以及八分之一的学者综合征儿童）为女性的情况。更重要的是，该理论还忽略了一个事实：只有 50% 的学者综合征患者是自闭症，其他 50%（包括获得性学者综合征）则患有其他发育障碍或其他类型的脑疾病或脑损伤。因此，无论用以解释学者综合征的理论是什么，它们都必须从因果的层面上，同时解释先天性和获得性学者综合征。

基因缺陷：从小胖威利症说起

2003 年，努尔米（Nurmi）等人通过使用基因探索工具，从一个更大的无特殊技能的自闭症群体中，识别并分离出一个拥有学者综合征能力的自闭症患者子集。他们指出，可能增加患自闭症风险的基因多达 20 个。在此之前，人们已经认为，第 15 号染色体（15q11-q13）上某些基因的“过度表达”(over-representation) 可能增加自闭症的风险。

该研究包括了 94 个多重家庭（即家庭中有多个受影响的成员，主要包括兄弟姐妹和他们的父母），其中 21 个家庭被鉴定为“学者综合征能力阳性”，73 个为“学者综合征能力阴性”。结果显示，“21 个学者综合征能力阳性的家庭，产生了明显更强的与 15q11-q13 相关的证据”。另外 73 个无特殊技能的家庭，则没有显示出与 15q11-q13 相关的证据。

鉴于学者综合征有时也会出现在自闭症以外的疾病上，研究者指出，他们的结果表明，学者综合征能力和自闭症可能存在某种遗传学上的相关性，但这种相关性并不是绝对的。他们指出，普瑞德－威利综合征[①]起因于 15q11-q13 染色体缺陷，而且这种疾病的一些特征（例如非凡的拼图技巧）与学者综合征有所交叠。他们结论如下：

---

①普瑞德－威利综合征（Prader-Willi Syndrome），俗称小胖威利症，一种自1岁左右就会开始无节制饮食的遗传性疾病，发生比例约为1/12000～1/15000。

> 这些数据可以由染色体 15q11-q13 区域中的某个（或多个）基因来解释。当该基因出现紊乱时，将导致一种与特定的认知风格，或者智力障碍及相对优势相关的倾向性。确切地说，那些技能在某个特定个体中的出现，可能受到各种环境因素，以及可能的“遗传”因素的影响。

该研究团队谨慎地指出，学者综合征的存在与否全凭家长的一面之词，缺乏针对那些技能的专门测验和研究。他们推论，“这些结果可能意味着，与自闭症有关的 15q11-q13 基因，可能也与非自闭症型的学者综合征有关”。该观点非常有意思，也相当具有挑战性。

2005 年，马（Ma）等人试图复制这些研究。他们没有采信家长的报告，而是使用自闭症诊断面谈修订版（ADI-R）中的“学者综合征技能因素”（SFF），定义他们研究中所指的“学者综合征患者”。在全部 94 个家庭受试者中，他们鉴定出一个由 21 个自闭症家庭组成的群体。检测结果显示，“未能证明与 15q11-q13 的关联性”。但这两项研究的关键变量——关于“学者综合征”的定义并不相同，我们很难比较这两项研究的结果。因此，进一步的研究，应该为 15q11-q13 遗传畸变的作用（如果有的话）提供更明确的答案。

“量子”处理和“纠缠”

2006 年，在一篇题为《我们都是学者综合征患者》（*We are all savants*）的文章中，精神病学家黛安娜·鲍威尔（Diane Powell）描述了她与人工智能专家肯·亨纳西（Ken Hennacy）就学者综合征能力，提出的一种所谓“量子力学”理论。文章提出，人类大脑有两种信息处理模式。第一种是“经典”处理，在这种模式中，我们的意识完全清醒，该过程“缓慢、线性，处理的信息量非常有限。它通过使用抽象概念解决问题，依赖于神经网络连接，发生在新皮层中”。而“量子”处理“极其迅速、并行，处理的信息量与‘经典’模式相比呈指数级倍增，但它在意识外进行，发生于所有大脑区域，而且当‘经典’处理模式降低或关闭时，变得更加明显”。之所以选择术语“量子”，是因为大脑就像“超级计算机”一样。“超级计算机”利用量子力学原理，实现超过普通电脑“指数级倍数”的计算能力，因为“它们可以利用亚原子粒子的量子波函数，使得海量的数值同时参与计算，而不是依次计算”。

鲍威尔在两项研究中，引用了功能性磁共振成像（functional Magnetic Resonance Imaging，以下简称 fMRI）的调查结果。研究中的自闭症个体和同等 IQ 水平的对照组对象，都被给予了相同的记忆任务和注意任务。2006 年，鲍威尔对此描述如下：

> 两组表现水平相当，但他们使用了大脑的不同部分。对照组以一种整合的方式，激活其左脑和右脑新皮层的许多区域；而自闭症受试者优先激活其右脑新皮层的一小部分和/或其“视觉皮层”的两侧。

（关于这种右侧激活的现象，本书下文涉及“左脑和右脑”的理论中将列举出更多有意思的例子。）

鲍威尔把这些有关学者综合征的大脑环路和连接的发现向前推进一步，讨论了她所谓的“机器中的灵魂”。她认可了关于某些学者综合征患者超感官知觉能力或“psi”超能力的报告，并提出假说，认为量子力学中的“纠缠”的现象，可能为某些学者综合征患者的“psi”超能力提供了解释：

> 物理学家发现两个粒子之间可以发生“纠缠”，或能够在相隔很远的情况下，瞬间发生相互作用。“纠缠”现象，为时空中不同位置或不同个体间意识的耦合提供了一种手段——即为心理感应沟通提供了一种机制。

有关“psi”的现象当然尚存争议，但人类大脑存在两个层次的信息和记忆处理模式，一个存在于意识之中、一个存在于潜意识之中的想法，与其他用不同术语描述这两种完全不同的思想与记忆环路的报告相一致。在这两种数据处理模式中，学者综合征患者更依赖于“不假思索”的环路，较少使用典型的、有意识的处理模式。鲍威尔还提出，抑制来自大脑某区域的“优势”影响，可能释放先天性或获得性学者综合征患者其他非优势大脑区域的脑功能。这种脑区域的释放和替代现象，被卡普尔称为“反常性功能提高”（该现象也出现在随后的一些理论中）。

第3章

他们如何做到

基于3“R”的最新神经生物学发现

我对过去122年来（从唐医生第一次描述这种特殊疾病开始）有关学者综合征的报告作了回顾，同时根据1962年以来对学者综合征患者及其家人的亲自观察互动，我得出的结论是，任何试图充分解释这种超能和低能在同一个人身上并存现象的理论，必须包括和说明以下内容：

- 虽然学者综合征确实发生在多达十分之一的自闭症患者中，但它并不局限于自闭症。它也发生在一些罹患其他发育障碍、脑损伤或脑疾病等基础残障的人身上。
- 学者综合征可以是先天性的（出生时就存在），也可以是获得性的（出现在受到中枢神经系统损伤或疾病后的儿童、青少年或成人中）。
- 学者综合征的能力图谱，涵盖“碎片式技能”“天赋”和“超凡”3个等级。其中超凡水平的标准非常高，而且极为罕见；拥有该水平技能的人士，如果没有残障，则应归类为神童或天才。
- 学者综合征能力往往是那些与右脑专门化相关的技能。
- 这些特殊技能往往伴随着某种特殊类型的海量记忆，这些记忆相当深刻，但也非常狭窄。
- 学者综合征患者的男女比例大约为6:1。

- 学者综合征能力可以出现在某些从未接受过任何正式训练或教学、但患有严重障碍的人身上。
- 该障碍可能伴随着拥有某些特殊能力的家族史，也可能不伴随。
- 学者综合征患者测量的智力水平，可能包括从中度精神发育迟滞到高智商。低 IQ 并非学者综合征的必要条件。

也许并不存在某种单一理论可以解释学者综合征的每个实例，但有一个理论能够满足上述所有条件。**该理论的基础是大脑的 3“R”能力，即大脑在某种情况下具有从大脑其他区域（通常是右半脑）“募集”（Recruitment）或“释放”（Release）潜能，并对自身极其复杂的大脑环路进行“重连”（Rewiring）的能力**。这种能力可能是先天的，也可能是后天获得的。这个理论确实为很多人的学者综合征症状，提供了一个可能的解释。

接下来让我解释一下，我是如何得出这个结论的。

右脑功能：学者综合征专业技能的主要发力点

自从 1962 年开启学者综合征之旅以来，我对过去 100 年来相关报告中表现出的高度一致性很着迷。这些报告仅将学者综合征技能归入 5 个领域：美术、音乐、日历计算、闪电计算和机械或空间技能。鉴于人类技能之海如此浩瀚，这个现象着实令人吃惊。与之相应地，我至今仍感震惊的是，学者综合征患者的特殊技能倾向和右半脑功能相关联。当然，我承认左右脑之分是对中枢神经系统结构的过度简化，且两个大脑半球之间本就存在充分的信息交流。但研究表明，两个大脑半球在某些功能上确实各有分工。

1984 年，雷斯塔克（Restak）基于各种包括裂脑研究、认知和符号任务、成像（正电子发射型断层显像，以下简称 PET）技术、尸检和神经病理解剖的研究，对当时有关左右脑功能的结论作了总结。他认为，首先，左脑更多地参与语言、演讲和其他一些运动技能；右脑则更多参与空间任务、视觉构造，及其他如美术或机械等不太依赖于言语能力的技能，这些也是大多数学者综合征技能的特征。其次，无论何种技能，其所涉及的策略，如认知或符号系统，决定了受试者将使用哪一侧大脑。例如，左脑与顺序、逻辑、抽象和象征性功能（如阅读或说话）有更多关系；右脑则更多涉及同步、直觉、非语言和具体策略的功能，如绘画或建构事物能力。这一点再次与学者综合征的大多技能相关。雷斯塔克的结论是，将大脑半球划分为掌管"象征与概念"的左脑和掌管"非象征与直接感知"的右脑，可以避免过度简化的嫌疑。

自闭症中证实存在左脑功能障碍

在回顾有关文献时，我对其中一点极感兴趣，即相比其他发育障碍，学者综合征与自闭症的关系格外密切。在进一步研究这种关联性的过程中，我注意到其他观察者也提及自闭症本身也存在左脑功能障碍，而不仅仅是学者综合征中存在。里姆兰德在关于自闭学者的文章中，评说了该群体的右脑技能天性，以及这种天性出现的频率增加的情况。他还特别指出，所有人的左右脑功能相反，左脑功能具有逻辑、语言、理性、线性和顺序等属性，右脑功能则拥有非线性、空间、直观和并行的属性。在他看来，与左脑专门化功能形成对照的，是自闭学者表现出的并行、"高保真"形象化和典型的右脑功能。1973 年，坦圭（Tanguay）同样发现，自闭症儿童中最常见的特殊技能是那些与右脑功能相关的技能，而缺乏的技能基本上与左脑功能有关。

其他一些早期的研究证实了这种临床观察。1975 年，豪泽（Hauser）、德朗（DeLong）和罗斯曼（Rosman）分析了 17 例早期小儿自闭症患者的气脑造影结果。气脑造影术是计算机断层扫描（Computed Tomography，以下简称 CT）诞生之前，唯一可用于深入研究大脑结构的技术。在 17 名受试者中，只有 4 名具有高水平的学者综合征能力，但有意思的是，这些患者中有 15 名明确显示出左侧颞叶异常和左侧脑室颞角扩大。研究者总结如下：

> 研究中异常频繁的左撇子发生率，也表明患者主要的脑异常发生于左侧，从而导致右脑"接管"了一些运动和语言功能。这里一个有效的思路是，我们所讨论的病变可能是双侧不对称的。

1999 年，德朗的一项 PET 研究结果显示出自闭症患者左脑的低血清素（即 5- 羟色胺）合成，其他研究也证实了左脑中存在这种缺乏现象。2003 年，博达尔特（Boddaert）及其同事在对 5 位自闭症儿童和 8 位对照组儿童的研究中发现，在休息和倾听类似言语的声音时，自闭症儿童右脑的活跃程度大于左脑；对照组的情况正好相反。同年，埃斯科兰特·米德（Escalant-Mead）、明秀（Minshew）和斯威尼（Sweeney）等人证实，与正常获得早期语言技能的儿童相比，自闭症和早期语言障碍患者存在某种非典型的大脑优势模式。

左脑损伤，现身学者综合征病例中

1980 年，我遇到了莱斯利·莱姆基。1986 年，我对他进行了神经病学检查、神经心理测验和成像研究。CT 扫描结果显示其大脑左侧有明显异常，特别是在左侧额叶。他的眼眶病变和鼻窦区域病变主要出现在左侧，当然，从 CT 扫描结果中也可以看出其双眼已经通过手术被摘除了。他的左侧额叶有一个区域出现了萎缩，该区域的位置与之前的某些血管损伤或脑脓肿导致的损伤位置相一致；左侧顶叶的前部和后部位置存在萎缩区域，大脑的左右枕叶区域也有较小程度的损伤。

1988 年，查尼斯（Charness）、克利夫顿（Clifton）和麦克唐纳（MacDonald）报道了一个音乐型学者综合征患者的例子。和莱斯利一样，那名患者也是位失明人士，患有发育障碍，同时拥有超凡的音乐天赋。他的认知严重受损，除数字广度[①]外，几乎无法用标准的韦克斯勒成人智力量表进行测试。根据威尼兰社会成熟度量表测试的结果，他的发育水平仅相当于两岁儿童。他的右手及右臂严重瘫痪和僵直，还患有严重癫痫。CT 扫描显示，和莱斯利·莱姆基一样，他的左脑也有损伤。EEG 显示了其左脑存在棘波和慢波活动。

1984 年，斯蒂尔（Steel）、戈尔曼（Gorman）和弗莱克斯曼（Flexman）报告称，他们对一名 29 岁男性学者综合征患者作了 CT 扫描，扫描结果正常。其 IQ 测试结果是 91 分，这一点与上述两名学者综合征患者形成鲜明对比。尽管 CT 扫描结果正常，但神经心理测验显示其双侧额叶功能失调，不过仍保存了后侧半球的能力，“特别是位于大脑右后部区域”的能力。

当然，并非所有学者综合征患者，都会显示出左侧静态成像上的异常。但在某些情况下，即使静态成像结果正常，神经心理测验也会明确显示出大脑左侧区域的损伤。可见，无论是自闭症还是学者综合征的左右脑异常，最终的功能成像可能比静态成像能够提供更多有用的信息。

---

①数字广度（digit span），韦克斯勒成人智力量表测验的一部分。

“获得性”学者综合征与左脑异常

当继续研究“他们是如何做到的”这一主题时，我认识到，在一些学者综合征患者身上发现的明显左侧脑异常，并不能证明这种损毁适用于所有的学者综合征患者。然而，当我无意中发现布林克（Brink）1980年报告的一个病例时，感到非常有意思。该病例中，一名年轻男孩在左脑受到枪击后，顽强地活了下来。当然，由于左脑受损，他身体的右侧瘫痪了。但受伤后，这名男孩发展出了学者综合征患者特有的机械技能，这在其左脑损伤之前是没有的。这个孩子受伤后的语言测试表现非常差，但在与执行和机械能力方面相关的得分要高得多。布林克得出结论，认为和“充分动机、实践和强化”一样，“遗传和一个未受损的右脑”也是这种获得性学者综合征临床表现的的根本因素所在。

除上面的这个案例外，学者综合征中左脑功能障碍和右脑补偿理论最有力的一个证据，来自布鲁斯·米勒研究的12例额颞叶痴呆症（FTD）患者。这些患者在罹患痴呆症后，都发展出了其患病以前不具备的学者综合征技能。在单光子发射计算机断层扫描（Single Photon Emission Computed Tomography，以下简称SPECT）成像中，几乎所有的患者都显示存在左侧前颞叶功能障碍的问题。可以说，这些老年个体展现出的“反常性功能提高”，为右脑技能补偿左脑损伤的观点提供了强力的支持，无论这种补偿性技能来自新“募集的”、仍然健康的脑区，还是原本在左脑优势下的受抑制大脑区域“释放”出来的潜能。

米勒关于老年FTD患者中，左脑功能障碍与学者综合征存在相关性的结论，在下列的研究发现中得到了增强。2000年，当霍（Hou）等人使用相同的SPECT成像技术对一名有艺术天赋的自闭型学者综合征儿童进行扫描发现，与老年FTD患者一样，其大脑相同位置也显示出与之一致的左侧异常。该发现使得这个研究小组得出如下结论：“学者综合征的解剖学基础可能涉及左侧颞叶功能丧失，后方皮层功能增强。”

有趣的是，这名患有自闭症的有艺术天赋的儿童，磁共振成像（Magnetic Resonance Imaging，以下简称MRI）扫描的结果正常，其脑异常仅见于SPECT功能成像。这个实例证明，对于学者综合征，功能成像可能会比静态成像提供更多的信息。

记忆、性别发病率和家族史又该如何解释？

这种重连、募集和释放的过程，可以解释一些与学者综合征相关的元素，但它尚未对学者综合征的性别发病率、记忆和遗传因素作出解释。

我们在第 1 章中详细讨论过学者综合征男女比例为 6 : 1 的发病率，其左右脑间还存在显著性差异。简而言之，鉴于男性胎儿中过高水平的循环睾酮会对其相对更晚发育的左脑神经元组织产生有害作用，男性胎儿的左脑会比右脑更长时间地暴露于任何可能有害的过程中。自闭症谱系障碍本身具有的男女比例 4 : 1 的发病率，同样归结于这个原因，正因如此，与其他发育障碍相比，自闭症患者中的学者综合征发病率较高也就不足为奇了。

第 1 章中还提到了学者综合征特定的自动、无意识、“无计算”记忆类型会如此典型的原因。简单来说，学者综合征中这种深刻而狭窄的海量记忆，与米什金和彼得里所指的无意识“习惯”或“程序”记忆环路一致，而不是“语义”或“认知”记忆系统。我认为，导致学者综合征左脑某些区域的中枢神经系统损伤的因素，同时也损害了皮层 – 边缘记忆系统（认知，语义），使得那些患者不得不依赖于皮层 – 纹状体（习惯，程序）记忆环路。

至于遗传和家族史，这二者对于前文所述的发生了重连、募集或释放现象的大脑区域中，具体会出现何种类型和分量的“天赋”至关重要。以天赋惊人的超凡学者综合征患者为例，他们通常在人生早期阶段就展现出了令人难以置信的能力，但实际上其并未接受过正式训练，同时还患有严重的残障和认知受损。这些患者为遗传记忆提供了最为显著的例子，因为他们“精通自己从未学过的东西”。本书第 4 章将对这种现象进行详细的描述。

唤醒“休眠脑”，从左脑暴政中解放出来

有一个综合的神经生物学理论，可以解释上述所有的学者综合征现象。具体阐述如下。

先天性或获得性学者综合征患者产生特殊能力的一般机制，包括通过以下两种方式“重连”大脑的神经过程：(1)“募集”完整、未使用且仍然可用的大脑能力，“替代”已被损坏的脑区域；(2)在优势脑区域已损坏的前提下，从非优势脑区“释放”存储的脑潜能（从“左脑暴政”下解放出来）。

至于适用于学者综合征的大脑重连、募集或释放的具体机制，通常涉及几种情况：因某些产前影响，如循环睾酮对皮层的有害激素影响；或儿童和青少年时期其他有害的产前、围产期及产后发育对皮层的有害激素作用；抑或是成年后发生的脑损伤或脑疾病破坏了典型的左脑功能。这些伤害使得大脑发展了补偿性右脑能力，以抵消左脑优势。这些相同的有害因素可能也损伤了大脑皮层－边缘（认知或语义）记忆环路，并代之以皮层－纹状体（习惯或程序）记忆环路。这种左脑和皮层－边缘环路损伤的组合，加上补偿性右脑能力和对习惯及程序记忆的依赖，最终形成了学者综合征的临床现象。

这种神经学上的重连过程（也被称为“反常性功能提高”）导致形成了某些“认知”模式，包括抽象思维受损、思维模式被锁定在狭窄的范围、刻板、仪式化和重复性。固定的仪式可以产生足够的编码，从而自动发展出非认知或无意识、“不计算”的算法程序。

心理因素，包括来自家庭和其他人的认可和赞扬，能够增强学者综合征患者的特殊技能。

遗传（家族史）因素可能影响天赋的特定类型及天赋储能的规模，这在先天性或获得性学者综合征中都一样。此外，遗传记忆，即知识的遗传传递，也可以提供一个遗传模板或实际知识本身，用以解释在某些学者综合征患者身上出现的“懂得他们从未学过之事物”的现象。

学者综合征能力一旦形成，高度专注、刻板练习、补偿驱动、来自家庭和其他人的强化和激励，都会对这些能力的进一步开发和打磨起到重要作用。

简而言之，无论是先天还是后天获得，无论是与自闭症还是其他基础障碍相关，**学者综合征的主要致病过程都是大脑重连的过程，在这个过程中，大脑要么从其他脑区募集了相关的能力，要么释放了其他脑区休眠的潜能，从而抵消某脑区的损伤或功能障碍**。学者综合征能力的本质表明，这种过程常常表现为右脑补偿左脑的损伤，尽管偶尔也可能出现其他模式。这基本上是一个生理过程，而不是心理过程，但来自家人或其他人的鼓励和强化是重要的影响因素，可以帮助患者将相关技能提升到更高的水平。至于具体技能的类型以及支持其天赋储备的规模如何，则由遗传因素决定。

第4章

遗传记忆

我们如何懂得从未学过的东西

“他似乎知晓某种超越自身存在的东西。”一名老师如此总结马特非凡的音乐才能。

观察过莱斯利的专业音乐家也一样疑惑不解，不知何故，莱斯利从未上过音乐课，甚至因为双目失明根本无法阅读乐谱，但他天生就懂得“音乐的规则”，并且在自己的演奏和作曲中表现得炉火纯青。

同样地，阿朗佐也从来没上过美术课，但本能地通晓了“美术的规则”。例如，他能够在只看一眼平面照片的情况下，就雕刻出栩栩如生的三维动物雕塑。他还能瞬间了解如何使用一些自制的金属丝，给自己的马雕搭建支架，以便捕捉其真实运动的瞬间。给雕塑搭建支架这门技术，一些美术家需要花几年的时间才能掌握。

还有杰伊（Jay）。杰伊并非一名学者综合征患者，相反，他是一位天赋异禀的音乐天才。5岁那年，他共写了5首交响曲。其中第5首交响曲作品共有190页，长达1 328个小节，由伦敦交响乐团为索尼唱片公司专业录制。在2006年的《60分钟》栏目上，杰伊的父母说，杰伊两岁那年就自发开始在纸上画大提琴。他的父母都没有什么特别的音乐爱好，家里也从未有过包括大提琴在内的任何乐器。3岁那年，杰伊问父母可否给他一把自己的大提琴。于是，他的父母带他去了乐器商店，却惊喜地发现杰伊竟能拿起一把迷你大提琴就开始演奏。在此之前，他甚至从未见过真正的大提琴。此后，杰伊开始拉迷你大提琴，并不时地在乐谱上写写记记。这是他作曲的开始。

杰伊说，音乐以光速流淌进他的脑海里，有时甚至会同时闪现几首交响乐曲。“我的无意识飞快地指导着我的意识。”他在节目中如此告诉记者。

杰伊的音乐天赋究竟从何而来？3岁那年，从未接触过乐器的他怎么就知道大提琴并能进行演奏？当时还从未学习过音乐的他，又如何本能地就通晓了“音乐的规则”？

曾经有人说过，音乐天才莫扎特从未“作”过任何曲子。他只是把篆刻在他灵魂上的东西写了下来。

根据我的观察，超凡学者综合征患者尤其“懂得他们从未学过的事物”。引用马特老师的话说，就是他们“知晓某种超越自身存在的东西”。这怎么可能？是否有这种可能，他们天生“知道”自己从未学过的东西，是因为事实上他们可以“想起”这些东西？这种遗传的“知识”储备，或许可能存在于每个人身上，只是尚处于休眠之中？

我认为答案将是肯定的。我称之为遗传记忆。有些人把它称为祖先记忆。

探索记忆：三万年前的“拉泰尔骨”会告诉我们什么

遗传记忆是“知识的遗传传递”，就像我们从出生起就通过基因遗传所有的身体特征、遗传性状、本能、天赋、性情和行为等。一般来说，遗传记忆意味着没有人出生时会像一盒空白磁带一样，只能在日后人生中用获得的知识和经验刻录和填充。相反，**遗传记忆意味着，我们每个人身上都存储了大量通过基因遗传、包含了某些技能和能力的出厂预设“软件”，以及相当多的遗传知识，只是尚未被记起而已。**

非凡学者综合征患者或神童身上，拥有上述软件和知识的数量异常丰富而优质。这一点在超凡学者综合征患者身上表现得尤其突出，因其与患者本人的整体局限性形成了非常强烈的对比。而在神童身上，它也十分显眼，因为这些能力远超同龄人水准。在这两种情况中，他们都得到了大量的遗传记忆。

遗传记忆并非全新概念。1940年，布里尔就曾提到威廉·卡彭特医生（William Carpenter）对齐拉·科尔伯恩（Zerah Colburn）的计算能力与莫扎特的音乐天赋进行的研究和比较，并将这些“先天禀赋”定义为“直觉”。

> 在上述每种情况下，我们都有一个特殊的例子，即这些人的超凡天赋出现得如此之早，完全可以排除它是从生活中习得的可能。对于这种先天的禀赋，我们称之为“直觉”。它们几乎不会被质疑，如同低等动物的本能，是个人有机体天然倾向的表达。

卡尔·荣格使用“集体潜意识”定义他所谓的更广泛的遗传特质、直觉和历史的集体智慧的概念。

怀尔德·彭菲尔德在他的开创性著作《心灵之谜》（*Mystery of the Mind*，1978）中也提到了3种记忆类型。“动物”，他说，“尤其展示出了所谓的‘种族记忆’的证据。”“种族记忆”是他用以称呼“遗传记忆”的术语。他还列出了第二种与“条件反射”相关的记忆类型，以及第三种“经验性”的记忆类型。我称后两种类型的记忆为习惯/程序记忆和认知/语义记忆。

迈克尔·加扎尼加（Michael Gazzaniga）在著作《心灵的过去》（*The Mind's Past*，2000）中，这样指出：

> 婴儿不需要学习与三角形有关的知识，因为他天然就懂得；也不需要学习如何区分人物与背景，因为他天然就会；同样不需要学习一个有质量的物体碰撞另一个物体会导致后者位移，因为他天然知晓。

他继续论述了“巨大的大脑皮层早已充满了各种分门别类的系统，愿意且能够执行特定任务。此外，大脑是在严格的遗传控制下形成的”，并总结：

> 大脑一旦形成，便开始表达一切它所知道的事物，一切它从“工厂”中带来的东西。大脑满载而来，它所携带的数量惊人的特殊“装备”蓄势待发，正等待着被激活。从感知现象到直觉物理，再到社交规则，一切都已存储于大脑中。每种“装备”都负责解决一个不同的问题……我们所使用的这些“装备”的量级，在“工厂”里就已预装好；当我们知道一个动作时，相应的“装备”已经在执行它了。

加扎尼加接着继续描述了大脑左右半球的专门化功能，并使用了大量的裂脑测试结果。

巴特沃斯（Butterworth）在著作《什么在起作用：为何每个大脑都天然懂数学？》(*What Counts: How Every Brain is Hardwired for Math*, 1999) 中指出，婴儿有许多特殊的天生能力，包括数学能力，“婴儿没有机会学习这些东西，它们似乎作为遗传密码的一部分被植入大脑，并且一旦婴儿离开子宫就开始生效”。换句话说，他们“知晓自己从未学过的东西”。我认为这种“知识”，即遗传记忆，可以从数学延伸到音乐、美术领域。

有意思的是，巴特沃斯追踪这个“编码在我们基因组中”的遗传“数字模块”时，一直追溯到了3万年前的祖先。他引用了1991年马沙克(Marshack)对那个年代的“拉泰尔骨”的研究，后者认为那根骨头上的标记记录了月相。接着，巴特沃斯又讨论了冰川时期的祖先为何会记录月运周期的原因。这对我来说特别有吸引力，甚至超越了遗传多样性本身，因为正如我将在第5章中指出的，在我看来，至少许多学者综合征患者天生擅长的日历计算能力，和远古时期关乎农作物种植和收获以及切实的生死存亡问题的月相知识，可能存在某种联系。虽然这完全是我的推测，但我认为在历史的某个时期，日历计算拥有远高于现代的实用价值。是否存在这么一种可能，即常见于许多学者综合征患者身上的天生的日历计算技能，虽然现在看起来颇为冷僻，但实际上是一种自历史早期就“记忆”了的知识，又从一个农历日历至关重要的时期遗传至今？虽然没有指出这种联系，但巴特沃斯在他的著作中确实提出了计数和月历周期之间的重要联系。

2003年，史蒂文·平克（Steven Pinker）的著作《空白岩板：人类本性的现代否认》(*The Blank Slate: The Modern Denial of Human Nature*) 侧重描述了他所谓的“行为遗传学”，或天然固有的“人类天性”。他审查了人类先天行为特征和能力中的天性论与培养论之争。平克的“行为遗传学”虽然颇有争议，却是一个重要的调查领域，但其与我在本讨论中的关注点不同。他的重点是“行为”遗传学，而我侧重的是“知识”遗传学。不过正如其书名指出的，他的书反驳了人类发育的“空白板”理论，对此我们的意见一致。也就是说，我们不会在没有任何知识、直觉甚至我所谓的专业技能的情况下，像块白板一样开始我们的人生。

1968年，来自美国国家心脏研究所的马歇尔·尼伦伯格（Marshall Nirenberg）在发表于《美国医学会杂志》(*Journal of the American Medical Association*) 的文章中，提出关于他所谓“遗传记忆”的实际DNA/RNA（脱

氧核糖核酸 / 核糖核酸）发生机制的详细见解。

2004 年，基思·钱德勒（Keith Chandler）把学者综合征患者“知晓自己从未学过的东西”的能力归因于某种超自然现象，其他作者则将这种能力扩展到包括前世生命的回归上。但我对遗传记忆的看法，并未涉及或包括这些现象或机制。相反，我是在一个更有限、更严格的生物学框架中观察遗传记忆，甚至比荣格的“集体潜意识”概念更窄。请让我继续解释。

人们普遍认同，我们会遗传某些身体特征，例如身高、发色、眼球颜色、身姿，甚至某些疾病倾向；也大都赞同，某些行为特征和天赋可以在家族中遗传。这些遗传的证据在我们的生活中随处可见。而遗传记忆，只是将遗传知识，甚至某些专业技能，添加到可以通过基因和染色体的复杂混合传递给后代的项目中。有意思的是，大多数人都会认同这种复杂的知识或技能能够在动物王国中进行遗传。例如，众所周知，鸟类不需要任何“学习”，天生就会唱复杂的歌曲或进行长距离的迁徙。对于动物天生具备某种本能这个概念，我们比较容易接受。

将遗传记忆的概念引用到人类身上，则可以认为，如上所述，我们不是像块白板一样开始自己的人生。相反，我们所有人身上的某些天赋、技能，甚至是遗传知识，在出生的那一刻就已经由基因嵌入。用加扎尼加的话来说，就是“大脑满载而来”。我们所有人都有这样的遗传技能、天赋和知识的储备，并沿着一般的钟形曲线定量分布，而神童和天才则位于曲线的最远端。我相信，无论是被称为“祖传”“遗传”还是“种族”记忆，或被称为“直觉”还是“先天禀赋”，复杂的技能和知识的基因传递或遗传，都令人信服地出现在超凡学者综合征患者和神童的身上。

我对遗传记忆的定义，不包括转世、神秘主义、存在主义沉思、超验主义或超自然现象。事实上，这是一个比荣格的“集体潜意识”更狭窄的概念。**遗传记忆只是知识、模板和某些技能的生物转递，就如同其他无数通过基因遗传的身体特征、本能、遗传性状和行为。**

在有关“遗传记忆”的讨论中，一些人认为，一名神童或学者综合征患者所继承的并非特定的音乐、美术或数学的知识或技能。相反，他们继承的是音乐、美术或数学的“模板”或与那些专业技能相关的无意识“规则”。这些模板作为一个现成、容易调用的框架，各项专业技能可以在上面被快速、方便地构建起来。这种可能性的确存在，对此我持开放态度。然而必须说明的是，根据我对超凡学者综合征患者和神童的观察，我认为他们遗传的是专业领域内的实际知识本身，而不仅仅是模板或框架。正是这种遗传记忆，即这种遗传的知识和实际技能，使得怀有特殊才能的人能够有力地证明他们确实知晓自己从未学过的东西。

如前所述，获得性学者综合征指一个一般神经状态的人，在头部损伤或罹患中枢神经系统疾病后，身上出现了新的、特殊的技能，该技能的水平有时可以相当高超，但其在患病或受伤前完全不具备这项技能。这些案例，增加了我们所有人都拥有与他们一样的休眠脑能的可能性，或许那些休眠脑能作为防止中枢神经系统变故的备用系统而被存储了起来。同样地，我认为我们所有人都拥有这种休眠的遗传技能，即我们也"记忆"了通过遗传传递的特定知识和能力。

就像我刚买了一台新电脑，知道这台电脑里预装了各种软件程序，因为商店的销售人员已经告诉我了。如果我的打开方式正确，这些程序将被立即激活。但我一般倾向根据具体的需要，只使用那些我熟悉的程序，因为我特意学习过这些软件的打开和使用方法。不过其他程序仍然安装在我的硬盘驱动器上，我只需了解如何使用即可激活之。

同样道理，我认为我们每个人都通过遗传在大脑中安装了大量的"软件"和具体的"知识"，但除非我们调用之，否则它们将保持休眠和沉默。不过我们往往倾向于使用相同的路径和环路，因为它们行之有效，我们也习以为常。也许休眠的遗传记忆作为备份系统存在于我们体内，就像获得性学者综合征休眠的大脑能力一样。如果是这样，那么这个挑战就变为如何在不涉及大脑损伤或其他中枢神经系统变故或疾病的情况下，获得这种埋藏的潜力。关于这个挑战，我们将在下面的章节中进行更多讨论。

基因中的灵魂：表观遗传学引发的范式转移

如果遗传记忆确实存在，那么这些知识、遗传性状和技能的传递机理可能会是什么？表观遗传学为此提供了解释。

2007 年 11 月，美国公共广播系统（PBS）播出了一期信息量非常大的新星（*NOVA*）节目，讲述关于表观遗传学的话题，标题为《你基因中的灵魂》（*Ghost in Your Genes*）。它是我见过的最广博的关于表观遗传学的资源，你现在仍然可以买到该节目的DVD。制作这个DVD视频的波士顿WGBH电视台在介绍中，对表观遗传学进行了简洁的描述：

> 在来自生物学前沿的一份振奋人心的报告中，NOVA探索了一个新发现，该发现对长期以来“所有遗传性状都通过基因传递”的观念提出了质疑。飞速发展的表观遗传学，研究了那些不仅可以影响我们当代人健康，还能影响我们遥远后代的隐藏力量。现在看来，我们的生活环境会使我们的DNA产生微小的化学变化，而不影响基因的整体组成。换句话说，表观遗传学为我们的DNA增加了一个新层次，即作为“开关”的控制系统。瞬息万变的生活经历，如营养、压力等方面的变化，可能触发这些“开关”，打开或关闭某些基因。**根据最新研究，这些微妙的变化可以被“记忆”，并代代相传，改变我们继承的遗传性状。**因此，你祖父母的生活，他们呼吸的空气、吃的食物，甚至他们看到的东西，都可能对你产生影响；而你一生中所做的一切事情，反过来也会影响你的子孙后代。NOVA深入探索了这个迷人的新想法，采访了该领域的顶尖科学家，并关注了我们在遗传和基因思考方式上可能的范式转移[①]。

我在上述引文中加了重点标记，因为其触及了与学者综合征和神童有关的遗传记忆的讨论。表观遗传学的完整解释以及它如何帮助我们更好地理解“遗传”，不在本章讨论的范围之内。但如果你想快速了解表观遗传学如何应用于遗传记忆的机制，我建议你可以看看《你基因中的灵魂》。

从本质上讲，表观基因是用于修改“硬件”的“软件”基因，而且这样做的同时，不会改变更底层DNA本身的基础和独特结构。换句话说，表观基因可以对基因进行塑形和修改，使其以一种来自前几代人记忆的形式，携带某些遗传性状、技能和实际知识，而不改变我们每个人携带的不可磨灭的基本的DNA印记。NOVA节目通过真实案例指出为什么基因完全相同的“同卵”双胞胎，在行为甚至疾病或寿命方面可能表现出相当大的差异。其中一

---

①范式转移（Paradigm shift），又称典范转移，最早出现于美国科学史及科学哲学家托马斯·萨缪尔·库恩（Thomas Samuel Kuhn）的代表作之一《科学革命的结构》（*The Structure of Scientific Revolutions*，1962），用以描述在科学范畴里，一种在基本理论上对根本假设的改变。这种改变，后来亦应用于其他各种学科上的巨大转变。

个案例探讨了一对双胞胎，他们虽然同卵孪生，拥有很多共同特征，但并没有共患自闭症（他们中只有一人患有自闭症，另一人则没有）。该节目还根据一些延续了好几代人的细心记录，精确追踪了饥荒或异常的丰收可以对数代之后的儿童造成何种生物学上的影响，包括他们的寿命和疾病。

有一个例子或许可以帮助解释，表观基因（作为“软件”）如何能够在不干扰基因中的DNA印记的情况下，影响基因本身（“硬件”），并将微妙的变化嵌入其中。如果从我的皮肤、胃和眼睛提取DNA样本，你将会发现每个样本中的DNA完全相同。但有某种东西对完全相同的DNA进行了“程序控制”，使它们制造出完全不同的器官，如皮肤、胃和眼睛。那个影响“软件编程”的东西，就是表观基因。

简单来说，表观遗传学提供了这样一种机理，即我们传统上归因于遗传之外的那些微妙变化是如何实现遗传传递的。此外，我会将“记起我们从未学过的东西”，录入可以通过基因进行遗传和传递的事物名录中。

一些学者综合征患者，尤其是更高功能的学者综合征患者，可能在暴露于美术、音乐或数学环境中时就已接收到了“训练”。这是非常有可能的，例如他们可能会无意识地吸收算法，从而更透彻地了解音乐、美术、数学或日历计算的“规则”（虽然并没有人明确地将这些规则教给他们）。也有可能，他们遗传的“模板”使得他们能比大多数人更快地吸收与该技能有关的无意识算法。但考虑到超凡学者综合征患者的非凡能力和知识，比如莱斯利没有接受过任何正式的训练，并且身患如此严重的认知障碍，以至于对他而言任何训练都是不可能的。因此，人们必须援引遗传记忆的概念，才有可能完整解释这种现象。

综上，我们得出的结论是：遗传记忆是存在的。它提供了一种机制，通过它，学者综合征患者和神童可以“知晓自己从未学过的东西”。遗传记忆也可以提供某种能力储备，使得一些休眠技能在获得性学者综合征患者的身上浮现。最后，**遗传记忆强烈地暗示着我们所有人身上都可能存在某种“内在学者”**。

第 5 章

更多等待破解的脑科学谜团

学者综合征是一种罕见病症，许多临床医生，包括儿童精神科医生可能在整个职业生涯中都不会遇到。我之所以有机会接触到许多学者综合征患者，完全是出于我个人的兴趣。不过鉴于该病的罕见性，让我觉得十分显眼和印象深刻的是，为何冷僻而罕见的日历计算能力，会以一种不可思议的高频率出现在几乎每一位学者综合征患者身上？这是一个谜中之谜。

同样引人注目的是，为什么像失明、自闭症谱系障碍、音乐天赋这样本身就很罕见的三重组合，会频繁地出现在学者综合征中。根据早期对学者综合征的描述，这种天才和残障的罕见组合以一种出人意料的规律见诸许多病例中，也出现在本书列举的一些个案里。在已然罕见的学者综合征中，为什么会如此频繁地出现这种三重组合？而对科普特教会[①]盲人唱诗班的一项调查结果，进一步加深了这个谜团。该团体整组成员中无人患有自闭症，但同样与视觉损伤、音乐天赋和超凡记忆三者之间存在某种联系。整个唱诗班成员都属于同一类群体，他们都并非学者综合征患者，因为没有证据显示他们患有任何特定的心智障碍（如自闭症），但他们身上依然存在着失明、音乐天赋和超凡记忆之间的明显联系。

---

①科普特教会（Coptic Religion），基督教东派教会之一。科普特一词是7世纪中叶阿拉伯人占领埃及时对埃及居民的称呼，后专指信奉科普特教派的基督徒。

本节将探讨的另一“医学谜团”，涉及令人匪夷所思的外国口音综合征。我之所以把它归纳在这里而不是获得性学者综合征部分，是因为语言专家在解释这种惊奇的新外国口音的获得过程时，倾向于认为其只是在现有语言基础上，对某些音节的节奏、元音、音调和重音（语气）进行变化，而不是说获得一种全新的、和终生母语一样的外国口音。但其他人，包括我自己，在亲眼见过这些患者后，相信他们确实掌握了其从未接触过的另一门语言，而不仅仅是语气上的变化。事实上，他们的确拥有了一种完全陌生的语言的正宗口音。因此，其背后必然存在某种驱动力，这个驱动力有可能就是遗传记忆。你可以亲自审查相关的病例和调查结果，并得出自己的结论。

这里要探讨的最后一个病症是超忆症或海量的自传体记忆，所要提出的问题是，基于某些特殊患者对日常事件拥有近乎终身记忆的新病例，是否我们每个人体内都存在着一盒连续不断工作着的“监控录像带”？如果是，我们有没有办法访问这些被年复一年、时复一时地记录下来的数据信息？

日历计算：大脑自带的芯片？

2009 年 4 月，《美国学习频道》（*The Learning Channel*）播放了关于同卵双胞胎学者综合征患者芙洛（Flo）和凯（Kay）的纪录片。第二天上午，我的电子邮箱里塞满了来自家长、老师和临床医生的邮件，纷纷告诉我他们身边的某个人，包括儿童和成年人，都能“像芙洛和凯一样计算星期和日期”。可以这么说，只要美国或其他某个地方播放了关于学者综合征患者的纪录片，每次我几乎都会遇到这样的情况。

在对学者综合征多年的观察和研究中，有一些问题始终让我着迷不已。其中一个问题既锲而不舍又非常显而易见，让我尤为困扰：既然对我们大多数人而言，日历计算是一个非常冷僻晦涩的技能，那它为什么会如此规律、可预测和一致性地出现在学者综合征中，尤其是在伴随着自闭症障碍的情况下？根据我对其发生频率的不完全统计，日历计算是最常见的学者综合征技能。赫梅林曾指出：“日历计算可能是学者综合征患者身上最常被观察到的能力。”1989 年，利昂·米勒（Leon Miller）发现，关于日历计算能力的报告数量，是音乐或美术天赋的两倍以上。2000 年，萨洛维塔（Saloviita）等人也发现，日历计算是他们在芬兰的研究中最常见的超凡技能。

对此我们确实已有了一些认识。日历具有很强的规律性，而自闭症患者容易被这种有组织的结构吸引。一些学者综合征患者依赖日历"记忆"，以便满足自己对规律性和可预测性的需求。在其他病例中，如霍维茨等人的描述，学者综合征患者对日历进行研究后形成了无意识算法，能够将计算范围延展到上下 4 万年。正如我在第 1 章中指出，"逆向"日历计算能力远超单纯的记忆范畴，需要使用复杂的计算公式，虽然这种计算大多是在无意识中进行的。日历计算公式的确存在，任何人，包括一般神经状态人如果感兴趣的话都可以学习这种公式，至少可以进行简单的日历计算。

很多研究者针对日历计算，探索了"他们如何做到"的问题。有人说是因为数学，也有人说是因为记忆，大多数人则认为二者兼有。

我在拙作《非凡的人》关于日历计算的章节中对这些研究作了总结，赫梅林也在著作里专门探讨了这一问题。总结来说，我认为：**学者综合征患者的日历计算技能，是在有意识地学习了公式或无意识吸收了算法的基础上，进行了大量的记忆，再辅之以刻板练习的组合结果**。2008 年，迪比莎尔·克里韦茨（Dubischar Krivec）等人在研究中比较了"自闭学者和健康的日历计算者的日历计算能力"，进一步证实了我的观点。这些研究者发现，自闭型日历计算者（Autistic Calendar Calculators，以下简称 ACC）在某些运算中确实依靠了机械记忆，但无论是记忆、练习，还是记忆加练习，都不能完全解释 ACC 的特殊能力。尤其是为了处理未来日期，ACC 群体还吸收了一些计算"所有类型日期日历规则"的方法。相比之下，健康的日历计算者则更多依赖蕴含了日历规则的公式，而更少依赖机械记忆。

2006 年，蒂乌（Thioux）等人对一名擅长日历计算的学者综合征患者做了研究，并总结了两个解释这种能力的充要条件：(1) 存在带有重复行为偏好的有限兴趣焦点；(2) 大脑顶叶学习活动得到了相对完好的保存。

2009 年，华莱士（Wallace）、哈佩（Happe）和吉德（Giedd）将一名患有自闭症、同时拥有多种技能的日历计算者的认知概况描述为"良好的记忆、心理计算、视觉空间处理以及（本人意识不到的）日历结构知识和'弱'中央统合"的组合，所有这些都有助于日历计算。有意思的是，MRI 显示，与对照组的一般神经状态人相比，该受试者大脑皮层的顶上小叶区明显增厚[①]。

①研究表明，人的顶叶大小在一定程度下与数学和逻辑方面的能力大小有关，且一般成正比。

不过需要注意的是，这名特殊的学者综合征患者身负多重技能，包括骄人的美术能力。

2009 年，考恩（Cowan）和弗里思（Frith）对两名擅长日历计算的学者综合征患者进行了 fMRI 扫描，结果显示当受试者回答心算和日期问题时，其顶叶“活动”明显增强，但成像结果中没有发现顶叶“增厚”，大脑扫描结果也未见其他脑部异常。研究小组得出结论，认为单凭记忆本身不足以解释所有学者综合征患者的日历计算能力；相反，“至少一些（或许所有）擅长历法的学者综合征患者，能够计算出日期问题的答案”。他们提出解释，“在学者综合征患者身上观察到的日历计算技能，是对解决心算问题的算法集中练习形成的。其神秘之处不在于他们如何做到，而是他们为什么要做”。

对我来说，这也是一个根本问题。考虑到人类技能如此广博，为什么日历计算成为一个看似偶然，但普遍存在于大多数自闭学者和获得性学者综合征患者身上的“出厂预设”能力？当我问芙洛她是如何知道所有的星期和日期时，她只是简单回答：“我的脑袋里有这个芯片。”乔治·芬恩的回答则是：“我有一个好脑子。这就是我的方法。我有这种能力真是太奇妙了！”

患者的残障情况越严重，这种特殊能力就越像是先天自带或者说“出厂预设”的。以 1945 年罗伯茨（Roberts）描述的一位患者为例。后者是一名 27 岁男性，严重瘫痪，回答问题时只能活动上唇表示“是”，微笑表示“否”。他只会讲一个词“buh”，意思是“瓶子”（bottle）。他在 6 个月大时患上严重脑炎，身体因此瘫痪并伴有其他残障，气脑造影图像显示出大面积脑损伤。利用其残留的“是”和“否”系统，罗伯茨证明这位患者可以随口说出 1915 年至 1945 年间的任何一天是星期几。他知道自己的年龄，对时间和地点的记忆也非常清晰。罗伯茨指出，该患者在思考答案时总看着天花板。他得出结论，认为这名患者的回答机制是基于全现心像的能力。他还对比了 4 名对照组对象，证明只有前者利用了全现心像，而其他 4 人都没有。

1965 年，鲁宾和莫纳汉提出了一个与上述例子相反的案例。他们案例中的患者是一位 16 岁失明女性，同样擅长日历计算，她的回答机制完全排除了全现心像。不过该患者的日历计算范围有限，只能横跨 8 年。根据这份报告，“据研究者发现，该患者并未接触过任何盲文日历，因此无论如何练习，其所做的一切必定完全基于其对不同日期的记忆”。研究者继而得出结论，和该患者一样，任何患有学者综合征的病例都“涉及多种因素的相互作用”。

还有其他一些关于擅长日历计算的获得性学者综合征患者的案例，例如1991年多尔曼（Dorman）就曾报告过奥兰多·瑟雷尔（Orlando Serrell）以及一名因为癫痫而切除大脑左半球的8岁男孩的案例，我们将在本书第20章进行详细讨论。

根据我的观察，特别是对于患有严重认知障碍的学者综合征患者，芙洛关于自己脑袋里“有日历计算芯片”的简洁答复，最接近地解释了许多学者综合征患者拥有的这种显著而恒定技能的情况，无论该芯片涉及数学、记忆，还是二者皆然。若果真如此，这“芯片”又从何而来，它为什么会存在？

2001年，赫梅林提供了从早期至今的历法简史。无论是用阴历还是阳历，“时间建构一直是人类关注的焦点，而其极端的形式便是日历计算者的存在”。毫不夸张地说，除了计时之外，太阳、播种和收获的季节在人类历史早期都是生死攸关的大事。随后，人们分别根据太阳和月亮制成了不同的模板，并经过一些修订和变更后，形成了世界大部分地区通用的公历。正如我在本书第4章讲述遗传记忆时指出的，巴特沃斯认为有证据表明，早在3万年前，我们的祖先就非常关注月相问题。

那么是否有这种可能，载有日历计算的“芯片”从太阳和月亮可预测、恒定的节奏中衍生而来，并通过遗传记忆代代相传？这个观点似乎有些激进？也许吧。在此我并非意指任何神秘主义、超验的东西，或某种吞噬一切但无影无形的宇宙观。正如我在第4章中讨论遗传记忆时一样，我只是提议，我们所有人生来都拥有比一般公认的更多的“工厂预设软件”。我们并非像盒空白磁带一样来到人世间，除了熟知的遗传特征外，我们还继承了某些类型的知识和模板，如数学、音乐、美术和语言“芯片”。在我看来，对学者综合征患者日历计算能力恒定性的解释，即使不是全部，也是因为他们中大部分人都继承了一种先天的日历计算芯片，而且不知何故可以随意调用。为了解释学者综合征中这种普遍却冷僻的超凡能力，我们可能需要将“遗传记忆”添加到“数学和/或记忆+无意识算法+刻板练习”的方程式中。

反复出现的音乐三重组：失明、心智损伤和音乐天赋

在1983年的《60分钟》栏目《天才》系列节目中，主持人莫利·塞弗称学者综合征是一个“了不起的谜团”。然而藏在这个谜中之谜的是，为什

么在已然十分罕见的学者综合征之中，失明、心智损伤和音乐天赋这种更加罕见的三重组合，在所有学者综合征记录中，总是规律性地频繁出现？

历史记录中还提到了一些相关病例。例如1914年，特雷德戈尔德提到了特雷拉（Trelat）在法国 Salpêtrière 精神病医院的一个病例，一名患有精神发育迟滞的失明女性，拥有了不起的音乐天赋：

> 她的嗓音非常准确，只要唱过或听过一首曲子，她就能完全记住其歌词和旋律。她在世时，人们经常来找她纠正同伴歌唱中的瑕疵。他们会请她重复一段别人没唱好的小节，而她总完成得非常好。有一天，热拉尔迪（Geraldy）、李斯特（Liszt）和梅耶贝尔（Meyerbeer）亲自莅临我们院简陋的合唱班，为她带来鼓励和慰问。

本书第6章还将讲述盲人汤姆的非凡故事，他是19世纪全世界最杰出和最高薪的黑人歌手。此外，本书也描述了莱斯利·莱姆基、埃伦·布德罗和托尼·德布卢瓦等人，他们也属于这个罕见但总是规律性出现的独特群体。德里克·帕拉维奇尼（Derek Paravicini）是另一位著名的音乐型学者综合征患者，他的故事在其长期的音乐老师，罗汉普顿大学的音乐教授亚当·奥克尔福德（Adam Ockelford）写的《天才之钥》（*Key of Genius*，2007）一书中有所叙述。奥克尔福德一直对视觉障碍、学习困难、特殊的音乐能力和需求之间的关系极感兴趣，以至于在伦敦成立了音景（Soundscape），那是一所专为具有这种天才和残障组合的人士设立的学校和表演艺术中心。

1989年，米勒在一个针对多重残障者的日托计划中，首次观察到了埃迪（Eddie）。该日托计划中的残障者都是法律意义上的失明人士。米勒被当时埃迪“年仅5岁儿童的成熟音乐表演”吸引，随后对其进行了长达4年半的追踪观察，并总结了他对埃迪以及学者综合征本身的印象。这个总结可以参见他的相关著作。

2003年8月5日，布里塔尼·梅尔（Brittany Maier）在《用耳朵演奏》（*Playing by Ear*）节目中，被介绍给《美国日报》（*Dateline*）的观众。时年16岁的布里塔尼先天失明，语言能力非常有限，但是一位优秀的钢琴家，尤其还是位作曲家。布里塔尼拥有自己的个人网站，她的母亲建立了“布里塔尼·梅尔和她的朋友们基金会”，目前该基金会已在长岛开设了一家音乐艺术中心，专门致力于培训拥有非凡音乐天赋的残障人士。

科迪·李（Kodi Lee）现已是一名青春期少年，他从 8 岁起就凭借自己出色的钢琴和声乐技巧，经常现身一些新闻节目和纪录片中。他精力充沛、魅力十足，他的演奏热情奔放、技艺高超且浑然大气。他的父母也成立了一个基金会。我特别喜欢他们的使命宣言："帮助孩子，一次一个音符。"

雷克斯·刘易斯·克拉克（Rex Lewis Clack）有幸参加过 3 次《60 分钟》栏目，自他 8 岁时第一次上过节目后，节目组就对他的发展进行了后续追踪。2008 年，一本关于雷克斯及其母亲的书面世，书名是《雷克斯：一位母亲和她的自闭症孩子以及改变他们人生的音乐》（*Rex: A Mother, her Autistic Child, and the Music that Transformed their Lives*）。科迪和雷克斯都拥有个人网站，上面更详细地介绍了他们以及他们取得的成就。

中国台湾的温贵（Wen Kuei）7 岁进入惠明盲童学校就读。12 岁时，他在学校无意中碰到一个风琴键盘后，立即被激发出对音乐的兴趣和才能。现在，他能轻松演奏多种乐器，并为自己能够教其他失明同学音乐方面的技能而自豪。他特别喜欢拉小提琴。那部非常感人和极具启发性的教育纪录片——《捕捉黑暗中的梦想》（*Capturing Dreams in the Dark*），就讲述了温贵令人印象深刻的音乐才能和无惧困难努力前进的故事。

这样集罕见的天才和残障三位一体的音乐型学者综合征患者案例，以一种奇特的规律不停地出现在学者综合征网站上，引起了我的注意。其他研究中也曾提到，在擅长音乐的学者综合征患者中，失明儿童的比例相当之高。查尼斯等人对 16 名音乐型学者综合征患者进行研究后，在 7 人身上发现了这种包括失明在内的天才和残障的组合。此外，截至目前，市面上已出版了 11 本专门讲述个别学者综合征患者励志故事的传记作品。在这 11 本书中，有 6 本是关于音乐型学者综合征患者的；而这 6 本书中，又有 4 本的主人公具备失明、心智障碍和音乐天赋的三重组合。

音乐型学者综合征患者中，最常见的致盲原因有 3 种：(1) 早产儿视网膜病变（ROP，以前称为晶状体后纤维增生）；(2) 透明隔－视神经发育不良（SOD，其常常与视神经发育不全有关）；(3) 莱伯氏先天性黑朦[①]（LCA）。

1942 年，特里（Terry）最早对早产儿视网膜病变作了描述。这种病变

---

①莱伯氏先天性黑朦（Leber Congential Amaurosis），又称黑朦症，是幼年期发病的常染色体遗传性视网膜病变，为眼科最常见的遗传性疾病之一，可致1岁以内新生儿失明。

几乎总与胎儿在某一发育阶段时早产有关，处于该阶段时，部分视网膜的血管床仍在大量且疯狂地生长，如果此时血液供应过多，形成了纤维组织，可最终导致视网膜从眼睛后部脱离。这种状况在某些情况下还可能导致青光眼，例如，莱斯利·莱姆基就是因此而不得不将眼球移除。1951 年，医学界确定了对这一阶段的早产儿供氧过量与早产儿视网膜病变发生率之间存在明显的因果联系。显然，过量氧促进了视网膜脉管系统和发育中神经元的疯狂增殖（值得一提的是，视网膜属于脑组织，且是人体唯一可被直接观察到的脑组织区域）。我在《非凡的人》一书的第 13 章中更详细地讨论了这个过程，并提出一个问题：同样的血管 / 神经元损伤过程，是否也有可能发生在其他仍在发育中的脆弱的大脑区域，从而导致自闭症的一些神经病理学变化。关于这个问题，基勒（Keeler）和里姆兰德也分别在 1958 年、1964 年提出过。

透明隔 – 视神经发育不良是一种发育障碍，一般表现为视神经发育不良、脑垂体功能异常，以及脑部透明隔和 / 或胼胝体缺损或畸形。莱伯氏先天性黑朦是一种伴有眼球震颤和弱瞳孔反应的遗传性视网膜疾病。

奥克福德（Ockelford）在《聚焦音乐》（*Focus on Music*）系列中，和来自教育学院、戈德史密斯学院（伦敦大学）和英国皇家盲人协会的同行们开展研究，以便评估严重视力损伤及其各种致病因对音乐能力发展的影响，其中包括学者综合征。2006 年，奥克福德、布林、韦尔奇（Welch）和特雷费特关于透明隔 – 视神经发育不良（SOD）的研究专著出版。2009 年，奥克福德和马塔瓦（Matawa）关于早产儿视网膜病变（ROP）研究专著也已出版。不过，关于莱伯氏先天性黑朦（LCA）的研究目前还在进行中。

这些研究项目中，父母和主要照顾者根据从内科医生、心理学家、教师、治疗师和其他专业人士那里收集的信息，完成问卷调查。样本包括了 32 个透明隔 – 视神经发育不良、37 个早产儿视网膜病变的病例和 32 个视全人受试者。

该项目还包括对一些在学校、家庭或其他地方参与音乐活动的此类患者的观察，一些与教师和治疗师互动交流而作的音乐学分析，和一些对家长、教师和其他专业人士等对象的访谈。

88% 的透明隔 – 视神经发育不良或早产儿视网膜病变儿童（这两组对象间无统计学差异）和 38% 的对照组对象，被记录到对音乐有浓厚的兴趣。与视力正常者相比，在视觉障碍群体中，音乐在激励、安慰、理解、沟通和社会化方面的重要性显然要高得多。在绝对音感①（AP）方面，没有一个拥有完全或部分视力的受试者具备这种能力。研究者将《聚焦音乐》的受试者与奥克福德的其他早产儿视网膜病变儿童组合，建立了一个 52 名儿童的样本。在这 52 名患有早产儿视网膜病变的儿童中，54% 具备绝对音感。除了视觉障碍外，这 52 名患者中有 12 名还患有认知障碍，而这 12 名儿童中，又有 6 名（50%）具备绝对音感。相比之下，19 名患有透明隔－视神经发育不良的受试者，只有 4 人（21%）显示出了绝对音感。这些研究表明，视觉水平可能会对这些孩子发展音乐的兴趣、动机和能力产生影响。他们还证明不同的病症以不同的方式影响音感，包括绝对音感（AP）的存在与否。

最后，他们指出（以音乐型学者综合征为例），学习困难不一定会是发展超常音乐能力的障碍，这一发现可能对理解不同的智能如何运作以及如何相互关联有潜在的影响。

许多研究显示，早产儿视网膜病变患儿中认知、行为和自闭症障碍的发生率异常之高。基勒也指出，因早产儿视网膜病变致盲的患者中频繁发生小儿自闭症，这也提出一个问题：是否某些类似视网膜中的毛细血管过程，也可能发生在大脑的其他区域，从而导致这个群体出现自闭症特征。

我们在考虑早产儿视网膜病变与自闭症和其他发育障碍（包括精神发育迟滞）的关系时，还必须考虑早产本身对出生时仍在发育的胎儿的非特异性影响。1958 年，威廉姆斯（Willams）报道称，严重智力缺陷在早产儿中的发生率为 4% ～ 10%，该缺陷在早产儿视网膜病变患儿中的发生率则高达 10% ～ 40%。

我感兴趣的是，如今在世的超凡学者综合征患者中有多少是 20 世纪 50 年代出生的早产儿，并且和莱斯利一样，在学界确定早产儿视网膜病变与过量氧之间的因果关联前，被暴露于过量氧气中。此后，早产儿视网膜病变的病例数急剧下降，现在所有新生儿育儿室中的氧气水平都受到非常严格的监测。不过，虽然当前一些新生儿护理中心给予的专业护理，能够让出生体重极低的早产儿存活下来，但对其中的一些婴儿而言，供氧是他们生存下来必需的条件之一。因此，在谨慎地权衡了这些非常脆弱的新生儿面临的风险和

①绝对音感（Absolute Pitch/Perfect Pitch），又称绝对音高，指具有对声音的实际音高的感受能力，其包括以下几个层次：能够区别出两个不同音高的声音；能够准确模仿出听到的声音；能知道所听到声音的实际音高，并说出音名；能直接唱出乐谱的实际音高。

益处之后（包括早产儿视网膜病变的风险），有些家长最后不得不签署了使用氧气以支持婴儿生命的知情同意书。由早产儿视网膜病变导致的失明病例仍在持续发生，有迹象表明，该疾病的发生率可能由于各种原因而上升。

当前患有学者综合征的儿童和青少年中，存在这种失明、发育障碍和音乐天赋三重组合特征的人，其视觉障碍的原因可能是早产儿视网膜病变或透明隔－视神经发育不良症。这些特定的失明原因、潜在的发育障碍和音乐能力（尤其是超凡的音乐才能）之间的生物学联系究竟是什么仍有待查明。虽然从某种程度上说，它至今仍是一个谜团，但诸如奥克尔福德等人的研究为此类罕见疾病提供了足够大的样本，让我们的调查可以超越单一的轶事报告，尽管那些单个报道的病例非常离奇而有趣。

口耳相传两千年：科普特教会的领唱团

另外还有一群人，他们虽然与学者综合征无关（因为没有残障），但集高超的音乐技巧、失明和海量记忆能力于一身。在我出版上一本书后收到一些来信中，我注意到，源自古埃及的科普特教礼拜时唱的圣歌旋律十分美妙，而且难度极高，错综复杂。通常来说，唯一能够记住和掌握这种复杂古代礼仪的人，都需要经过特别挑选并接受专门的训练，而且这些人几乎全都是失明人士。由于他们从不著书立说，因此在长达 20 多个世纪的时间里，该礼拜仪式仅靠这些特殊的音乐家们凭记忆口耳相传。

1931 年，在牛津大学一次关于《科普特教会的古老音乐》（*The Ancient Music of the Coptic Church*）的主题演讲中，欧内斯特·纽兰斯（Ernest Newlandsmith）教授提到：

> 科普特音乐直到现在才被文字记录下来（但已通过口头形式流传数个世纪）。负责演唱的失明音乐家们记忆十分惊人，因为尽管此曲音域浩瀚，但演唱中哪怕出现一点点最轻微的瑕疵也能被立即发现。这样的记忆力近乎奇迹，虽然记忆的对象是纯粹的旋律，但他们所唱的赞美诗是如此复杂，足以挫败世界第一流的歌剧歌唱家。其中数首较长的赞美诗需要唱上整整 20 分钟，而且乐谱中经常出现一些词的一个音节就占了好几页的情况。

1964年，吉莱斯皮（Gillespie）指出：

> 领唱者在礼拜仪式中至关重要，他们不仅熟知所有唱诗班（圣会）的音乐，而且对神父和副主祭使用的音乐也熟稔于心，简直就是教会音乐方面的导师。继承着一个源自古埃及法老时代的悠久传统，科普特宗教领唱者通常是失明人士，因此完全凭借记忆将颂歌铭记于心。

领唱者在科普特教会神学院的一个分校，圣迪迪米斯盲人学院接受训练。

本书后续章节中我将提到"正常"学者综合征患者，即拥有一些类似学者综合征技能和能力的一般神经状态人。比如这些失明人士，他们具有非凡的音乐和记忆能力，但并未患有心智障碍，这就为视觉障碍和音乐天赋间的复杂关系新增了一个有趣的维度。比如，如果将心智障碍加入到失明、音乐能力和海量记忆的组合中，揭开超凡的音乐型学者综合征患者身上失明和心智损伤之间的奥秘，将变得更加吸引人和具有挑战性。

外国口音综合征之谜

外国口音综合征（FAS）是一种罕见但却相当引人注目的病症。患者在头部受伤、中风或遭受其他中枢神经系统疾病后，开始用他们从未接触过的外国口音说话，或用变故前从未说过的方言说话。一些新闻报道的案例甚至超越了"口音"范畴，案例中的主人公在受伤后突然说起一口全新的外语，而且这门外语同样来自他或她从未访问过的国家或地区。

有关外国口音综合征的报告最早见于1919年，直到1947年蒙拉德·克龙（Monrad Krohn）的报告，才让外国口音综合征获得较多关注。他描述了一位30岁女士的情况，后者在1941年被一个炸弹碎片击中，导致左脑半球严重损伤，说话的节奏和韵律也因此发生了改变，听起来很像德国口音。但这位女士一辈子都生活在挪威，从未出过国。由于当时正处于第二次世界大战的关键时期，她甚至因为自己的德语口音而遭到挪威社会的排斥。

2006年，加斯特（Garst）和卡茨（Katz）报告说，"自从那个著名的案例之后，全世界的文献中大约描述了40位外国口音综合征患者。涉及的口音变化包括：日语变韩语，英式英语变法语，美式英语变英式英语，甚至西班牙语变匈牙利语”。过去几年中，报纸以及电视的每日新闻中关于这种相对罕见之症的报道开始增多。例如，2007 年 9 月 18 日，伦敦《标准晚报》（*Evening Standard*）登载了一则来自约克的 9 岁男孩的案例，该男孩患有严重脑膜炎，伴有脑脓肿，需要进行手术。他从昏迷中苏醒之后，失去了阅读和书写能力，记忆也受到了影响。当他开口说话时，他的约克郡口音突然消失了，取而代之的是“皇家英语”。随后，除了新口音外，这名小男孩的说话能力恢复了正常。同篇文章中还提到了一名捷克赛车手在一次赛道车祸中昏迷的案例。《每日邮报》（*Daily Mail*）也报道称，2007 年 9 月 14 日，当那名赛车手恢复意识时，“尽管这位 18 岁的捷克人只懂得最基础的英语短语，但他用英语与医务人员进行了顺畅的交流”。然而在完全康复之后，他一口流利的英语又消失了，继续回到“难以用英语交流”的状态。

在 2006 年，尼克·米勒（Nick Miller）、罗威特（Lowit）和奥沙利文（O'Sullivan）报告了一个来自英国泰因赛德的女士的案例，后者一辈子都在使用自己的本地方言，从未有过到外国长期访问的经历，也从未学习过外语。60 岁那年，她右前交通动脉瘤蛛网膜下腔出血。她经历了一段“口吃和模糊”的言语时期，在口齿变得清晰之后，她“说话带着那种通常出现在意大利人或偶见于东欧人身上的口音”。除了轻微损失了一些中枢神经系统出血之前和之后的记忆外，她完全康复。在 4 年后对其的随访中，除了新口音，她的言语非常流利，不存在任何理解问题。

2008 年，加拿大安大略省麦克马斯特大学的奈杜（Naidoo）等人组成的研究小组报告了一位 50 岁女士的病例，后者一直生活在安大略省南部，唯一的出国旅行也只去过美国佛罗里达州。她遭受了一次大脑左半球缺血性中风，当完全恢复说话能力时，突然变成了“纽芬兰”口音，这让了解她的亲人和朋友都错愕不已。

亲眼见到外国口音综合征案例，要比仅仅耳闻要更富戏剧性得多。许多广播电视节目和纪录片，也报道了“生动而精彩”的外国口音综合征案例，其中一些节目已发布在 YouTube 上。这些案例往往相当富有戏剧性，同时也极具说服力。或许正是这些生动形象的记录，提升了人们现在对这种相当冷僻和罕见的疾病的兴趣。

有关演讲和语言的科学文献，包括上述文章，总体上都认为外国口音综合征可用语言韵律变化加以解释，如说话的节奏、重音和音调，尤其是元音发音和某些音节的音调和重音。2006 年，格德（Gurder）和科尔曼（Coleman）在《神经语言学杂志》（*Journal of Neurolinguistics*）上用几乎整期篇幅探讨了外国口音综合征，可以说很好地总结了当代科学对这种疾病的认识。

至于外国口音综合征与学者综合征之间有些什么关系呢？外国口音综合征在本书中之所以重要，是因为它虽然不是一种学者综合征能力，但这种患者在遭受中枢神经系统损伤后突然出现新能力的情况，与获得性学者综合征患者意外拥有诸如音乐或美术能力一样，同样涉及遗传记忆的问题。当然，其中有些病例还被延伸到更遥不可及的领域（对我来说太远了），比如有的病例让人联想起轮回转世或某种超自然现象，尤其是那些患者不仅突然获得了外国口音，而且还能流利地用一种全新的语言进行交流。后者甚至还有一个专称叫做“特殊语言能力”①，这个词在 1974 年史蒂文森（Stevenson）使用催眠展示他的一些病例时曾大量用到过。

我之所以将外国口音综合征概括在“医学谜团”中，是因为或许言语和语言专家是对的，人们所谓的外国口音实际上只是大脑语言区域受损后的残留效应，导致患者的语言结构和韵律发生改变，听起来像外国口音。但在我看过的一些视频剪辑中，那些患者不仅获得了新的口音，还使用了全新的词语（如用“漂亮长礼服”替代了“派对礼服”），这种现象显然超出了音高、节奏和轻重音节。我承认我并非这方面的专家，但这些病例是否可能涉及一种情况：他们之前通过在别处生活习得或专门学习掌握的某种相对流利的第二语言，激活了他们的“遗传记忆”？我并不赞同轮回转世或任何神秘主义观点，也不认为宇宙中或我们每个人体内存在某种通用语。我只是提议，利用本书其他章节中已描述的表观遗传学来解释的遗传记忆这一科学现象，或许能够解释上述一些病例。至少，这个观点值得进一步探究下去。

自传体记忆：我们每个人体内是否都有一盒连续磁带

布拉德·威廉斯（Brad Williams）是 WIZM-AM 驻扎在威斯康星州拉克罗斯的无线电记者。几年前，他听说加利福尼亚大学欧文分校的研究者们正在对加利福尼亚州一位女士的情况进行研究，他们称之为“超忆症”——对

①特殊语言能力（英语为xenoglossy，来源于希腊语），是一种难以考证的超自然现象，指一些人能流利地讲一种自己没有从自然方法中学习到或接触到的语言。

日常事件超凡的自传体记忆。随后，布拉德及其家人立即意识到，布拉德那种自己习以为常、但常常令旁人震惊不已的超凡记忆能力，实际上是种非常罕见的疾病，而且患病的“不只是布拉德”。2006 年，帕克（Parker）、卡希尔（Cahill）和麦高（McGaugh）指出，布拉德是当前世界上完全满足加利福尼亚这个研究组关于“超忆症”或“异常自传体记忆”标准的 7 个人之一。

对于布拉德这种对一般日常事件的日记式记忆，大多数人会将其丢弃或存放在难以调取的区域。据其哥哥埃里克（Eric）称，除了 5 岁前或异常平凡的日子，“毫不夸张地说，布拉德可以记住他生活中每一天发生的事情”。埃里克拍摄了多年关于他弟弟的超凡记忆的画面，现已完成了一部名为《难忘》（*Unforgettable*）的电影，对布拉德的特殊能力作了记录。多年保存的大量家庭照片和其他物品，也可用于验证布拉德对个人生活或家庭活动的记忆的准确性；当然，还有充足的资源可以验证其对历史事件发生日期的记忆是否准确。如果给布拉德一个日期，他往往能告诉你那一天他的日常生活中发生了什么；而且如果重要的话，他还能说出当日的历史事件。简而言之，他的回忆包罗万象，事无巨细。

布拉德并非一名学者综合征患者，也没有罹患任何残障。他过着非常正常的生活，喜欢无线电广播，每年都担任威斯康星州拼写大赛的朗诵员。他无法解释自己为何可以如此清晰地保留对往事的海量记忆。那些记忆“就在那里”，一直是他的一部分。他还可以应要求进行回忆，这些记忆不会对他造成侵扰，也不会成为其负担。在拍摄布拉德的纪录片时，我得以见到他，并对他进行检测，他的表现的确令人印象深刻。

布拉德的超凡记忆第一次大显身手是在八年级时，当时他 12 岁。那天，学校来了位“记忆专家”要征集志愿者。那位专家在黑板上写了一个 12 位的数字，要求学生们记住它。当按要求背对黑板并倒序大声说出每一个数字时，布拉德的表现非常轻松，该专家声称这是自己第一次见到有人能够做到这一点。布拉德对日常生活的记忆早前就已开始。他甚至记得自己两岁那年，独自一人坐在客厅的沙发上划着一根从火柴盒里取出的火柴，以及当时他母亲从厨房走进来看他在做什么的那一刻的情形。

我测试了布拉德对某些历史事件日期的记忆能力，例如，泛美航空 103 号班机坠机的时间。他清晰地记得那天是 1988 年 12 月 21 日，当晚他在打保龄球。他还指出，《欢乐酒店》（*Cheers*）最后一集播出的时间是 1993 年 5

月20日星期四，第一集是在1982年9月30日。我一边抛出许多日期，他一边答出那些日期发生的重大事件以及当天他的日常活动。如果给定一些没有涉及特定历史事件的随机日期，他也能说出自己当时身处何处、在做什么。不过1982年5月2日是一个“空白”的日子，那一天并没有什么特别的历史或个人事件。布拉德还能计算历法，这是他在大学的一节课上学到的技能。他的这种计算基于这样一个事实，即日历每28年轮回一次。

目前布拉德是积极参与加利福尼亚大学欧文分校关于超忆症的神经心理学和成像学研究的7个人之一。虽然这7个人中没有一位患有学者综合征，但自传体记忆，有时甚至是非常惊人的自传体记忆，确实发生在学者综合征患者身上。例如，在对芙洛和凯的测试中，她们能记得自己在1994年1月10日那天吃了猪排、蔬菜什锦和烤马铃薯，1993年3月13日的天气制造了一场“无名风暴”。她们还记得，她们的偶像迪克·克拉克（Dick Clark）主持的《一万美元金字塔》（*$10 000 Dollar Pyramid*）节目于1974年5月6日开始在ABC电视台播放。她们记得那个节目第一次播出时设置的问题和答案，以及后面许多集的内容；还记得迪克·克拉克当天以及随后每一集穿的是什么。这些记忆的准确性可以很容易被验证，因为在她们精心保管的日志中，她们绘制了克拉克先生每期节目的着装。

乔治·芬恩也记得自己成年后每一天的天气。奥兰多·瑟雷尔在接受马里兰州贝塞斯达的国家心理健康研究所（NIMH）的研究人员测试时，能回忆起他在遭遇事故后的许多天里分别在做什么、吃什么以及穿什么。自传体记忆可以被“获得”这一事实特别使人好奇，尤其是患者获得该能力后，往往只能往前记忆，而无法向后回顾。

让布拉德·威廉的自传体记忆格外有意义的是，获得这种记忆能力并没有让布拉德付出残障或其他代价。如果这种记忆可以在布拉德等人没有遭受中枢神经系统损伤的情况下获得，那么是否这种自传体记忆可能存在每个人之中，连续不断、毫不费力，始终像监控摄像头一般记录着，并存储在我们大脑中的某个地方，只是我们通常无法随意调取这些记忆，因为它被我们刻意记忆的、带有某些特殊事实或情绪意义的语义/认知记忆所覆盖？

数个研究结果都指向了这种可能性。首先是1978年著名神经外科医生怀尔德·彭菲尔德在寻找患者的癫痫病灶，以便随后进行外科切除手术时，用探针刺激清醒患者大脑皮层观察到的现象。实验是在仅对硬脑膜进行局部麻醉并暴露皮层的情况下进行的，因为大脑本身没有痛觉神经。他发现，当探针移到顶叶区时，患者的某条肢体或身体其他部位会产生肌肉活动；当移至枕叶区时，患者表示自己眼冒金光。但当探针触及颞叶皮层的某些区域时，患者脑海中涌起了相当详细且包含情绪的悲情记忆。一些患者眼前浮现出栩栩如生的过往场景，包括与这些记忆相关的视觉、声音、气味和其他感觉；有的人还听到了清晰具体的乐曲声。这些都是通常无法访问的记忆，它们并非一张张快照，而是患者再一次身临其境。彭菲尔德从中得出结论，认为大脑永久记录了我们经历过的一切，它们就像一盒巨大的录影带一样被存储在大脑中，包含了我们整个人生的记录，但这些记忆通常处在休眠之中。

第二，2008 年，哈马尼（Hamani）等人通过使用深部下丘脑刺激治疗病态肥胖症。他们观察到，“出乎意料的是，该刺激诱发了详尽的自传体记忆”，对此他们也在文章中进行了描述。EEG 定位扫描显示，深部下丘脑刺激“驱动了中部的颞叶结构的活动。这表明，对该患者的下丘脑进行刺激，调节了其大脑边缘系统的活动，并改善了某些记忆功能”。

第三，我在对一些患者进行阿米妥钠试验的工作中，也发现在药物的影响下，患者脑海里会浮现大量被埋藏但十分生动的回忆，而一旦醒来，他们对此的记忆却极少。不过，如果我在患者完全清醒后，告诉他们浮现出的是什么事件，这种口头提醒将成功“唤起”清醒时的他们的记忆。随后他们就真的想起了那些自以为早已忘记的事情，这让他们本人也感到十分惊讶。不知何故，阿米妥钠释放了那些原本被埋藏的记忆。

第四，我与 1962 年结识的一名患者的一次经历，让我对自己日常而遥远的记忆有了新的认识。该患者是我见过的第一位学者综合征患者，他记住了密尔沃基市整个公交系统。如本书第 29 章将提到的，最近我们一起共进了午餐。他记得同诊室的所有同龄患者，可以说出每位患者的入院日期、生日和其他与之相关的事情。令人惊讶的是，当他说出他们的名字时，我也想起了他们。我的头脑被我的前患者“唤醒”了。接着，他又回忆了诊室里的工作人员。我随即也想起了他们，而且其中大多数人都栩栩如生地浮现在我的脑海里。在那之前，如果你问我这些人的名字是什么，我根本就想不起来，但那些名字和面孔依然存储在我记忆中的某个地方，只是需要一些索引“标签”来调取。我们都有过这种经历，当我们与久违的朋友重聚，比如同学聚会，那里会有各种人提起往事，然后我们也“想了起来”，只是我们每个人的记录备案系统和"标签"功能彼此殊异而已。这些记忆可以在某种"触动"下还原的事实，强烈暗示着它们就存在我们体内，而且可能永久存在着。

第五，我们的梦境告诉我们，某些记忆，无论重如泰山抑或轻如鸿毛，是处于休眠状态之中的，直到它们在我们的睡梦中意外浮现。我们都有过这种经历，第二天早晨醒来突然想起一个特别的梦，然后心想"它是从哪儿冒出来的"。通常，这些梦境似乎开启了一条时空隧道，来自人生不同阶段的记忆纷涌而至，杂糅在一起，发生了超现实变形。但无论顺序如何，记忆快照本身却是准确的，尽管它们转瞬即逝。那些记忆，也是来自一个存在但隐藏已久的记忆宝库之中。

那么我们的脑子里究竟是否存在某种连续不断的，对每日生活经历的监控摄像式记录？上述一些例子，都指向了肯定的回答。至于那些记录的完整性，仍有待观察。不过诚如你将在本书后面看到的，毫无疑问，人脑完全拥有足够的存储空间应付这种情况。

不同人之间的知识、智慧和记忆，目前还没法像通过一些电子手段或其他方法将一张 DVD 内容复制到另一张空白盘一样被"直接"转移。有人曾说，一位老人的去世就如同一座图书馆被烧毁。那个人所有的知识、智慧和记忆，都随着其去世而永远地湮灭在虚空之中。未来会不会出现某种电子设备，让人们得以在口头传授或视觉传递之外，直接转移不同人之间的知识或记忆？我对此表示怀疑。但我在医学院念书时，的确幻想过可以通过某种方式将格雷的《解剖学》（*Anatomy*）直接放进自己的大脑，而不必费力去学习和记忆。但退一步来说，即使能够做到，这会是个好主意吗？如果某个除了我自己以外的人，往我的大脑中注入了我本不想要的想法和信息怎么办？有关这些科学发现以及面临的伦理困境，我们还是留待他人来解决。与此同时，我将继续惊叹于记忆的神奇能力，甚至宽恕它愚弄我的那些时刻。

超忆症和某些学者综合征患者的海量自传体记忆，和前文所述我们每个人脑海中不时浮现出的休眠记忆一起，提出了一个问题：如彭菲尔德所指出的，**人脑巨大的记忆空间中是否存在一盒连续不断记忆我们生活经历的磁带。它就像一座庞大但拥有糟糕的目录归档系统的图书馆，我们的记忆似乎确实就存储在那里。我们所缺乏的，是一个方便好用的检索系统。**

Islands of GENIUS

PART TWO

| 第二部分 |

了解学者综合征患者的世界

普伦“时而疯狂，时而沮丧”，汤姆和莱斯利的音乐在相隔一个世纪的时空回荡，阿朗佐只需看一眼就创造出精美的雕塑，乔治·芬恩能告诉你百年后的复活节会在哪一天，金·匹克记忆的书籍超过了1.2万册，誉满全球的畜牧专家天宝·格兰丁是一位自闭症宣传大使，丹尼尔·塔米特一周就学会了冰岛语……这些超凡能力的背后，有着怎样不为人知的故事？

成长过程是加强自己的优势，而不是尝试“矫正”自己的缺点。

——拥有多种学者综合征能力的绘画天才

乔治·怀德纳

第6章

救济院的传奇天才和盲人汤姆

早期学者综合征患者

学者综合征，远非始于1887年唐医生为这一疾病命名的那一刻。毋庸置疑，学者综合征的历史和自闭症或其他发育性障碍一样久远，只是先前不为人知罢了。不过学者综合征在科学文献中的第一次正式亮相，可以追溯到1783年德国的实验心理学杂志《认识你自己》（*Gnothi Sauton*），其中一篇文章记录了一名出色的闪电计算者杰迪代亚·巴克斯顿（Jedediah Buxton）的案例。这位男士生于1702年，卒于1772年，一辈子都生活在英国。

杰迪代亚·巴克斯顿没有接受过正规教育，连自己的名字都不会写。据文章描述，他的心智相当于一名10岁的男孩。当被问及“在一个三边分别长23 145 789码[①]、5 642 732码和54 965码的物体里，存在多少1/8英寸[②]”，他在5个小时之后，给出了28位数的正确答案，而且可以倒背如流。如果被问到“在约克到伦敦204英里的旅程中，周长6码的马车车轮总共转了多少次”，他只花了13分钟就给出了正确答案——59 840次。在被问及“几颗大麦粒加起来可以达到8英里长”时，他的答案是1 520 640颗（假设每3颗大麦粒加起来长为1英寸）。史蒂文·史密斯（Steven Smith）在著作《伟

①1码=0.9144米。

②1英寸=2.54厘米。

大的心算者》(*The Great Mental Calculators*，1983）中，生动地描述了巴克斯顿和其他的“计算天才”。

1789 年，美国精神病学之父（同时也是《独立宣言》签署人之一）的本杰明·拉什医生（Benjamin Rush）报告了托马斯·富勒（Thomas Fuller）的病例，认为“无论是理论还是实践上，他的智力都如此有限，几乎无法理解任何比计算更复杂的事情”。然而当被问到一个年龄为 70 岁 17 天又 12 小时的男人一共活了多少秒时，富勒在 90 秒内给出了 2 210 500 800 秒的正确答案，其中包括了 17 个闰年。

富勒对数字的痴迷，始于他学会数到 100 的那一刻。他还数过牛尾巴上的毛：2 872 根。当被问及“一个农夫有 6 头母猪，每头母猪第一年生了 6 头小母猪，并且所有猪都以同样的比例繁殖 8 年，那么农场主最后将拥有多少头母猪”，富勒在 10 分钟内给出了正确答案，即 34 588 806 头。他的大部分计数都与自己作为农场工人的工作有关，例如计算 1 蒲式耳[①]小麦或亚麻谷物有多少颗。此外，他还可以进行九位数乘法和其他许多复杂运算。

1887 年，J. 兰登·唐医生在伦敦举办了系列讲座，对自己担任厄尔斯伍德救济院医生的 30 年职业生涯作了回顾。正如前文提到的，在那些讲座中，唐医生首次描述了 10 个引起他关注的病例，因为那些患者都集非凡的天赋和严重的残障于一身。也正是在那些讲座中，他创造了一个现在被引为贬义的词：白痴学者。

根据唐医生对学者综合征的描述，其他一些临床医生也报告了他们职业生涯中见到的类似病例。阿瑟·特雷德戈尔德医生在教科书《心智缺陷（智障)》[*Mental Deficiency(Amentia)*，1914] 中，用了整整一章讨论学者综合征。在那个非常全面、经典的章节中，特雷德戈尔德描述了许多新的学者综合征病例，并作了一些流传至今的观察报告。例如，他注意到学者综合征患者的特殊技能仅限于某些特定领域：触觉、嗅觉、听觉或视觉的敏感性增强，绘画，超强的位置感，音乐，以及非凡的算术和计算能力。他指出，“现象记忆”是这些非凡患者特殊能力的必要部分。他的大部分病例都展现出美术、音乐和数学方面的能力。不过他还记录了一个擅长多种语言的病例，并称该技能为“舌头的天赋”。

---

① 1蒲式耳=27.216千克。

虽然存在例外，但总体而言，这些特殊技能和专长所在的领域，几乎将迄今为止所有的学者综合征能力囊括在内：美术、音乐、闪电计算、日历计算、空间技能，以及与之相随的海量记忆能力。特雷德戈尔德关于学者综合征的那一个章节，内容全面、丰富，已被收录在他许多新版的教科书中，我们至今可以购买得到。那一章内容之所以仍在流传，是因为其富有开拓性，并且经得起时间的考验。

本书没有足够篇幅总结早期所有的病例，但下面这两位学者综合征患者确实值得特别一提，因为他们当年可谓声名远播。他们分别是厄尔斯伍德救济院中的传奇人物詹姆斯·亨利·普伦（James Henry Pullen），及被称为“盲人汤姆”的托马斯·格林·贝休恩。

最富传奇色彩的救济院天才

詹姆斯·亨利·普伦是最早被记录在案、最富传奇色彩的学者综合征患者之一，他被誉为“厄尔斯伍德救济院的天才”。普伦在位于伦敦附近的厄尔斯伍德度过了生命中的 66 年，从 14 岁直到 1916 年去世。在那段时间里，普伦因出色的机械和绘画能力成为了一位全国知名的人物。当时的一些观察者对他的能力做了大量记录，其中包括塞坎医生（1866）、特雷德戈尔德医生（1914）和萨诺医生（Sano，1918）。当时还是威尔士王子的国王爱德华七世（King Edward VII），也对这位非凡的人非常感兴趣，并送了他许多象牙，鼓励他继续雕刻出美丽的作品。2005 年，布雷斯纳奇（Breathnach）和沃德（Ward）的一篇文章，非常全面地描述了普伦的能力和残障。

詹姆斯·亨利·普伦

他接受了一个虚拟的海军上将军衔：该荣誉只有一个虚构的证书和一套漂亮的海军上将制服

普伦出生于 1836 年，是家里的 13 个孩子之一（那 13 个孩子中只有 3 个活到了成年）。他的兄弟威廉（William）也生活在一个收容养护机构，有意思的是，威廉也有特殊的美术技能。普伦双耳失聪，近乎全哑，只能用最简单的言语及手语进行交流。五六岁时，在出生地多尔斯顿，他被同伴放在小水坑里的玩具小船迷住了，从此痴迷于制作类似玩具。他雕刻和手绘船只的技术很快变得炉火纯青，但直到7岁那年，他才学会说一个词，“muvver”。后来，他还学会了一些单音节词语。

13岁时，他被送入了科尔切斯特的埃塞克斯庄园，那是一家与皇家厄尔斯伍德救济院类似的机构，专为学习障碍人士而设。普伦在那里展现出了自己的美术天赋。14岁时，他被转移到了厄尔斯伍德救济院，当时的他被描述为“无法给出任何清晰回答,除非他可以使用肢体配合自己支离破碎的词汇”。J. 兰登·唐医生，当时正是那里的医学负责人。

在厄尔斯伍德，普伦掌握了木匠和家具制作技能，成为了一名技艺高超的工匠。他总是在自己的工作坊里从早忙到晚，到了深夜又摸黑用彩笔作画。塞坎医生如此描述这些画作：

> 极有价值。其中许多画，由他自己装裱，为救济院的走廊和其他地方增添了许多光彩。其中一幅画被仁慈的维多利亚女王（Queen Victoria）欣然接受并大加赞赏，女王因此很高兴地给这位艺术家回赠了一份礼物。西德尼先生（Sidney）曾有幸向王夫①展示了其中一些画作。艺术无定见，令后者深感惊讶的是，一名天赋如此卓越的艺术家，居然仍被或者曾被划分到“白痴”的类别中。而让王夫的皇亲国戚们尤为震惊的，不仅是普伦一流的雕刻作品，还有他画的《围攻塞瓦斯托波尔》（*Siege of Sebastopol*）想象图。该作品部分源自《伦敦新闻》（*London News*）上的插图，部分源自普伦自己的想法。

凭借自己的专业技艺，普伦创办了两个工作室，自由地追求自己的天赋。在他去世后的许多年里，这两个工作室一直作为普伦的美术博物馆被保留着。1997年，皇家厄尔斯伍德救济院关闭，该博物馆里的大多文物也被贮藏了起来，但其中一些现在仍被展示在雷德希尔一家购物中心的陈列柜里。皇家厄尔斯伍德博物馆委员会也仍然存在，所有的纸质档案则被保存在萨里郡沃金镇的萨里历史中心。

普伦的几艘舰船模型名扬四海。1864年的渔业展览会上，展出了一艘普伦制作的军舰。这艘军舰需要一辆四轮手推车才能移动，包含42门黄铜大

①王夫（Prince consort），又称皇夫，亦作王配或王婿，是指女性君主的丈夫，一般指本身并非国王、皇帝或统治亲王而与女性君主结婚者。

炮和需要 200 个工作滑轮才能升降的风帆。在一张手帕上完成船的图纸设计后，普伦亲手制作了该模型的所有部件，包括 1 个铜制龙骨，他把威尔士王子爱德华捐赠的 1 根象牙也设计在内。据新闻报道称，悬挂在舰身侧边的那个瓶子也是那次下水时所用的原物。

但他最伟大的杰作是《大东方号》(*The Great Eastern*)。普伦根据自己事先画好的图纸，精心制造了这艘模型船的每一个螺丝、滑轮、锚和桨，其中用于固定船肋上木板的木钉数量就超过 100 万个。该模型长 10 英尺①，包含 5 585 个铆钉，完整的吊架上还悬挂着 13 艘救生艇，船舱里甚至配有椅子、双层床铺、桌子和装饰品。该船的甲板可以整个升起，能查看到甲板下的复杂细节。普伦花了 7 年时间才完成这艘复杂的模型船。1883 年，当它在英国著名的渔业展览会上展出时，引起了全世界的关注。也是在那里，它赢得了自己的第一枚奖章。

塞坎医生将 19 岁时的普伦描述为“时而疯狂，时而沮丧”。普伦一直没有学会读或写。随着年龄的增长，他通常表现得非常沉默寡言，但他还有另外的一面。他不喜欢别人的建议，不喜欢可疑的陌生人，有时还会大发脾气，使用暴力。他曾因一时气愤毁掉了自己的工作室；还有一次，他在一扇门上竖起了一个类似断头台的器具，希望某个他特别不喜欢的工作人员从下面经过。他还在工作室的中间放了一个巨型的人体模型吓唬人，而他就坐在那个模型里面，操纵着该模型的胳膊和腿部的运动，并通过一个隐藏在模型嘴巴上的喇叭说话。普伦对来自地面的振动非常敏感，他在自己的工作室设计了一个警报系统，用来提醒他任何访客的接近。

有一次，我看到一张普伦穿着海军上将服装的照片，对此非常好奇。2005 年，布雷斯纳奇和沃德在他们的文章中为此提供了一些见解。他们提到，虽然普伦的社交能力非常有限，但他确实参加过一些团体活动，包括在厄尔斯伍德乐队击鼓展现其与生俱来的节奏感。具体描述如下：

> 他可以随意进出当地的一家酒馆，在那免费畅饮。28 岁时，他希望和一位在该酒馆邂逅的女士结婚。此外，医院董事会发现，他愿意接受一个虚拟的海军上将军衔，该荣誉只有一个虚构的证书作证明，以及一套漂亮的海军上将制服做礼物。

①1英尺=30.48厘米。

谜团解开。1914年，特雷德戈尔德医生如此总结普伦：

> 他的观察力、比较力、注意力、记忆力、意志力和耐力都是非凡的，但他显然太幼稚，同时太情绪化，不稳定，缺乏心理平衡能力，无法在外部世界中取得任何进展，甚至无法把控自己。如果没有人在幕后代为管理，他的杰作将永远无法为他提供足够的生活必需品，甚至即使他的作品出名了，他也很容易败给自己缺乏谨慎、远见和常识的缺陷。尽管他的工匠技艺高超，但他从未学会阅读或者书写超过一个音节的最简单的词汇。通过对方的唇语，他能勉强理解对方对自己说了什么；如果对方做了手势，那么他就可以理解得更多一点。然而除了几句简短的话，他的回答绝对让人难以理解。

最了解普伦的3位医生都认同了他的非凡能力，但对普伦的基础残障却有不同的想法。特雷德戈尔德医生总结说，普伦患有“原发性痴呆伴有中央听觉器官缺陷”。塞坎医生认为，“总之，似乎因为一些能力的不足，导致他缺乏成为一名杰出天才所需的平衡”。萨诺医生总结说，普伦和海伦·凯勒一样，只是受到感觉剥夺的影响，“被剥夺了视力和听力后，却还能获得各种高明的知识”。声名远播的普伦，本应能够凭借自己非凡的工匠技艺走得更远，然而萨诺医生指出：

> 普伦睁大双眼，看着伦敦明亮的世界，他熟练的十指技艺高超……然而，他无法吸收、消化或理解最普通的礼貌用语。对他而言，“我非常感谢你”这种句子，无论在语法结构还是社会意义上，都非常奇怪。

萨诺医生对普伦的病例作了进一步的分析。于他而言，该病症并未随着普伦的去世而终结。1918年，他在《精神科学杂志》(*Journal of Mental Science*) 上发表了一篇文章，不仅给出了对普伦一生的评价，而且还对普伦大脑尸检的结果作了详细描述。普伦的大脑只显示出动脉硬化，这在他那个年龄并不常见。他的大脑还有一个稍大于正常体积的胼胝体（连接大脑两半球的纤维体）和保存良好的枕叶（大脑的视觉中心）。根据枕叶和脑半球之间这种特别突出的连接，萨诺得出结论，那些神经通道“使大脑视觉区具有特殊能力”。他认为，普伦的大脑发育有所缺陷，这与其呈现的智力迟钝一致。虽然萨诺找到了这些证据来解释普伦的精神发育迟滞，但他继续指出，任何对普伦“性格”的进一步解释，“不能仅在他的脑回中找寻”。

布雷斯纳奇和沃德也密切关注了普伦大脑的尸检结果，并且将普伦的一些优点和缺陷，与更多关于脑结构和能力的现代知识关联起来。他们的总结如下：

> 更先进的脑分析方法，不断启迪着我们对广泛性发育障碍的认识，当我们以“后见之明”思考诸如詹姆斯·亨利·普伦等患者身上的谜团之后，我们领悟了更多的东西。他极具个人风格的艺术和技巧，加上他古怪的暴脾气和社交困难，表明他不仅患有广泛性发育障碍，而且还很可能是一名自闭学者。

一个世纪以前，萨诺医生在总结他对普伦的迷惑与敬畏时，引用了卡莱尔的“英雄崇拜”理论描述这位天才身上的魔力和谜团：

> 科学已经为我们做出了许多解释，但它尚还是浅薄的知识，因为它掩盖了深沉、神圣而不可知的无限领域，这个领域人们永远无法渗透，任何科学在此也显得十分肤浅。尽管我们有各种各样的科学，但这个世界仍然充满奇迹。任何对它进行思考的人，都会感受到其中之精彩绝伦与高深莫测，甚至不可思议。

“精彩绝伦，高深莫测，不可思议”，这些词语用在詹姆斯·亨利·普伦的身上，可谓恰如其分。和其他学者综合征患者一样，普伦是个集超能和低能于一身的矛盾结合体。他捕获了国王、医生和公众的兴趣；他很自豪，甚至有些自负，当然他非凡的能力无疑让他拥有这种资格；他马力十足地利用自己的能力赚了很多钱，并接受了大量援助；他很有独创性，短期内很难被复制。

这是对普伦能力的致敬。尽管他出身于收容养护机构，身份卑微，但他赢得了全世界的认可。

19 世纪最著名的黑人音乐家：“盲人汤姆”

美国内战时期，托马斯·格林·贝休恩成了国际知名的音乐奇才。多年来，人们一直称之为“盲人汤姆”。当时，他被认为是当代最伟大的音乐天才。

托马斯·格林·贝休恩

马克·吐温对盲人汤姆很感兴趣，称他为“大天使”

事实上，他是 19 世纪最著名的黑人音乐艺术家。最近，他的事迹又受到大众的关注，并被广为传播。和正好比他晚一个世纪的莱斯利·莱姆基一样，汤姆双目失明，患有心智障碍，但在人生早期爆发出惊人的音乐天赋，最后还获得了国际性地位和声誉。根据大量的文章、期刊、报纸的描述，我们可以推断，盲人汤姆的确是位了不起的音乐型学者综合征患者。他 11 岁受邀在白宫弹奏钢琴，16 岁时开始了世界巡演。1866 年，爱德华·塞坎医生在出版的心理缺陷教科书中，对汤姆进行了描述。据其称，汤姆的词汇量不到 100 个单词，但他的音乐作品超过了 7 000 首。1999 年，索撒尔（Southall）在著作中提到，一个由 16 位杰出音乐家组成的小组在费城签署了关于盲人汤姆的声明：

> 无论弹奏的是戈特沙尔克（Gottschalk）、威尔第（Verdi）还是其他人的作品，事实上，从一切形式的音乐考核角度评估，他在即兴演奏中展现的音乐能力都足以纳入整个音乐史上最奇妙的现象之中。

这位音乐天才的故事，始于 1850 年的一次奴隶拍卖会。作为一名奴隶，汤姆的母亲夏丽蒂·威金斯（Charity Wiggins）被卖给了乔治亚州哥伦布市的著名律师詹姆斯·N. 贝休恩将军。当时，她出生于 1849 年的第 12 个（有的文献说是第 14 个）孩子，即汤姆，也被包含在那次交易的“赠品”中，因为他双目完全失明，被认为没有任何价值。汤姆的新主人给他取名托马斯·格林·贝休恩。在将军位于乔治亚州的种植园中，汤姆获许可以在豪宅中随意游逛。他热爱大自然，迷上了各种类型的声音——屋顶上的雨声、剥壳机中玉米的摩擦声等等，但他最钟爱的是音乐，会认真地聆听主人家女儿练习钢琴时弹的奏鸣曲和小步舞曲。塞坎医生指出：

直到五六岁，他还不能说话，步履蹒跚，除了对音乐无限饥渴外，没有展现出任何其他智慧迹象。4 岁时，如果别人把沮丧的他从角落里抱出来，放到钢琴前的座位上，他就能弹奏出美妙的音乐。他的小手和键盘浑然一体，神奇的耳朵能够记下任何听过的音符组合。

关于汤姆的音乐天赋是怎么被发现的，故事版本有好几个。据家庭记载，有一天贝休恩家来了客人，他们的一个女儿为客人演奏钢琴。在她弹奏完一首高难度曲子后，午餐也已摆好。当宾主在餐厅入座后，本应空无一人的客厅传来几分钟前刚被弹过的那首曲子。他们赶紧走过去查看，发现盲人小男孩汤姆正坐在钢琴前，重复着那首曲子。另一个版本的故事则说，汤姆未满 4 岁的一个晚上，睡梦中的贝休恩一家被自家女儿白天弹过的钢琴曲吵醒了。汤姆还是个小婴儿时，就对音乐及其他所有声音非常着迷、敏感，并会进行模仿。这种现象，甚至在他能够开口说话或合唱贝休恩一家唱的任何一首歌曲前就已出现。值得一提的是，这些也都是莱斯利·莱姆基的特征和技能。

和所有奴隶的孩子一样，汤姆从未上过学，而且看上去也无法学习其他领域的技能。他焦躁不安、易怒，需要有人 24 小时监护。然而他似乎不可抗拒地被钢琴吸引了，在没有任何指导的情况下，他在听到一段音乐后，可以一个音符、一个重音都不差地，水银泻地般将其重奏出来，如莱斯利·莱姆基一样。5 岁那年，汤姆写了一首名为《暴雨》（*The Rainstorm*）的曲子，依据的就是当天暴雨倾盆的体验。由于汤姆能够在听过一次后就重奏出复杂的乐曲，因此贝休恩将军聘请了专业音乐家为他进行演奏。从此，仅凭倾听并忠实地重现刚听过的音乐，汤姆体内的音乐天赋完全觉醒了。

关于这位“盲人天才”的消息不胫而走。1857 年，8 岁的汤姆在乔治亚州哥伦布市举行了他的第一场音乐会。门票一售而空，新闻界对此的报道热情无比，因此，贝休恩将军和年轻的汤姆开启了巡回演出，而且几乎每天都在表演。据说，汤姆在第一年的音乐会上，大约赚了 10 万美元。

和莱斯利一样，汤姆听到的每首乐曲的每个音符都不可磨灭地印在了他的脑海里。他可以毫不间断地从头到尾重现任何一首听过的乐曲，弹奏的曲目包括贝多芬（Beethoven）、门德尔松（Mendelssohn）、巴赫（Bach）、肖邦（Chopin）、威尔第、罗西尼（Rossini）、多尼采蒂（Donizetti）、梅耶贝尔等人的作品。有份报纸曾列出了他演奏过的超过 7 000 首曲子。另一篇文章报道说，他的记忆如此精确，以至于可以一字不漏地重复一段长达 15 分钟的演讲，虽然看起来他一个词也不理解。此外还有报道称，他可以在听一遍后就重唱法语或德语歌曲，不仅用的是相应的语言，甚至还能精确重复其中包含的所有音节、风格和腔调。除了这种惊人的记忆，汤姆通常会用第三人称介绍自己和自己的作品，这种现象也常见于自闭学者身上。塞坎及其他许多人描述的诸如汤姆在音乐会上的行为表现等细节，也符合学者综合征的特征。

1860 年，11 岁的汤姆在白宫为时任美国总统的詹姆斯·布坎南（James Buchanan）演奏乐曲。第二天，几名认为汤姆愚弄了公众和总统的音乐家，在汤姆住的酒店里对他进行了测试。他们演奏了两首全新的曲子。第一首长达 13 页，汤姆毫不费力地从头到尾重奏了一遍，没有出现任何纰漏；第二首长达 20 页，他也完美无瑕地弹奏了出来。

索撒尔在著作《盲人汤姆：那位黑人钢琴家》（*Blind Tom: The Black Pianist-Composer*，1999）中，提供了汤姆青少年时期几乎每一年甚至每一场音乐会的记录。芭芭拉·施密特（Barbara Schmidt）在网站（www.twainquotes.com/archangels.html）上还进行了这样的描述：

> 汤姆不仅可以演奏世界经典曲目，让观众震撼的是，他还能够背对钢琴、左右手颠倒弹奏。观众席中的音乐家们应邀以音乐二重奏的方式挑战汤姆，结果无论挑战者弹奏的是什么曲子，汤姆都能在钢琴上成功再现。把这一壮观表演推向更高潮的是，汤姆可以为坐在他身后的人所弹奏的最高声部乐曲，进行完美的低音伴奏，即使他当时是第一次听到该曲。汤姆还常常会把另一位演奏者推到一边，自己重复整首乐曲。

1866 年，汤姆开始他的欧洲巡演。在一场音乐会上，汤姆需要在两架钢琴同时乱弹发出的噪音干扰下，聆听第三架钢琴上演奏的 20 个音符。结果汤姆完美地识别出了这 20 个音符并重新弹奏出来，这似乎证明了他的绝对音感能力。他的音乐会总设有挑战环节（就像莱斯利一样），在该环节中，嘉宾们将演奏汤姆从未听过的曲子，看他能否准确地重现它们。当然，汤姆从未失手。1978 年，凯尔（Kyle）在著作中提到，一名钢琴教师记录了梅肯歌剧院音乐会上的一次挑战，她“把右手放在背后，用左手弹奏了一首新曲子”。她认为既然汤姆是一名盲人，他一定会“用两只手模仿我弹过的曲子”。

结果，汤姆也“将右手放在身后进行弹奏，把我们吓呆了”。直到今天，我仍然对盲人汤姆为什么会把他的右手放在背后弹奏深感好奇。汤姆在音乐会上另一个最受欢迎的表演，是同时表演3首不同曲子——右手弹B调的《扬基曲》（*Yankee Doodle*），左手弹C调的《渔夫角笛舞》（*Fisher's Hornpipe*），然后嘴里唱着《大清早》（*Early in the Morning*）。

欧洲巡演之后，汤姆再次为更多的美国观众表演，至今我们还能找到报道他音乐会盛况的报纸、音乐会节目单和宣传海报。对这些音乐会的更详细描述，请参见《非凡的人》一书第2章。其中，2000年3月5日星期日《纽约时报》（*New York Times*）中的一篇文章，详细叙述了汤姆的晚年生活以及贝休恩家族的主要动荡，其中大部分篇幅讲的都是贝休恩将军去世后，就照顾汤姆和音乐会收入问题展开的法庭激战。据一份报告估算，汤姆为贝休恩家族赚到了不止75万美元。贝休恩将军去世后，照顾汤姆的责任落到了贝休恩将军的儿子约翰（John）身上。1883年约翰去世以后，除了1904年在纽约的一系列简短音乐会，汤姆人生的最后20年基本处于半退休状态，直到1908年6月13日在新泽西州霍博肯市逝世，并被葬在布鲁克林的埃弗格林公墓。1976年，他的家乡乔治亚州哥伦布市为他树立了一块纪念墓碑。

大约一个世纪后的今天，纽约钢琴家约翰·戴维斯（John Davis）录制了一张包含14首盲人汤姆原创作品的CD——《约翰·戴维斯演奏盲人汤姆》（*John Davis Plays Blind Tom*）（纽波特经典NPD85660）。该CD发布于2000年。此时此刻，我正一边书写汤姆这一节，一边听着这张美妙的CD。这张CD的曲目包括3首快板、1首华尔兹、1首波尔卡、2首进行曲和1首夜曲，此外还包含了汤姆5岁时创作的《暴雨》——让人联想到莱斯利的《鸟歌》（*Bird Song*），以及他最负盛名的作品《马纳萨斯之战》（*The Battle of Manassas*）。《马纳萨斯之战》通过音乐模仿大炮射击、军队训练口哨和其他战斗的声音，重现了一名目击者描述联邦战争的情形。约翰·戴维斯认为，这件作品“是史上最伟大的战争曲目之一”。该CD的开场白，包含以下文字和批注：

> 南方军队哼着他们最喜爱的曲调《离别了我的姑娘》（*The Girl I Left Behind Me*）……联邦军队哼着《迪克西》（*Dixie*）的调子离开华盛顿……用一段非常柔和的旋律表现战斗前夜，接着响起武器和装备的咔嗒声，及博雷加德（Beauregard）的战争号角……随后，远处传来麦克

> 道尔（McDowell）说话的回声……用《扬基曲》、《马赛曲》（*Marseillaise Hymn*）、《星条旗永不落》（*Star Spangled Banner*）、《迪克西》表现大炮发射和火车载着柯尔比·史密斯（Gen. Kirby Smith）援军到来的情形……战斗变得白热化，然后开始撤退。

马克·吐温（Mark Twain）对汤姆很感兴趣，只要时间允许，他就会经常出席汤姆的音乐会。一个网站（www.twainquotes.com/archangels.html）对盲人汤姆进行了非常好的总结，搭配了许多图片，而且可以链接到其他更多的资源。1869 年，在该网站上，马克·吐温这样描述汤姆：

> 他如同一名独裁者一般，统治着观众们的情感。他像狂风暴雨一样，用他的战斗曲目，席卷整个音乐厅；他又用梦境般温柔的旋律，安抚观众们的心灵；加州森林中喧闹红雀般欢欣的旋律，从他的指尖如涟漪般扩散在空气中，让听众们心神荡漾；时而，他会加入不和谐的竖琴和小提琴，以及风笛的呻吟和喘息声，将屏息凝听的观众逗得哈哈大笑。每演奏完一首曲子，现场都会响起热烈的掌声，而这个快乐、天真的音乐家，也会和大家一起，重重地拍掌。

马克·吐温称汤姆为“大天使”。

汤姆去世后，肯塔基著名的报纸编辑亨利·沃特森（Henry Watterson）写了篇感人悼文，“他是何方神圣？他从哪里来？将到哪里去？确然囚禁在那个小小的黑人胸襟里的灵魂，终获得了自由”。上述网站转载了该文。

虽然时隔百年，但就盲人汤姆和莱斯利身上展现的这种令人难以置信的音乐天赋，以及各自达到的音乐顶峰而言，他们有着相同的身体和心智的限制，也有着类似的惊人音乐天赋和人生故事。他们两人都是音乐型学者综合征患者，都是各自时代的音乐巨人。听莱斯利·莱姆基通过聆听约翰·戴维斯录制的唱片重奏盲人汤姆的一些作品，是最惊人、最穿越、最激动人心的体验。如果他们出生在同一个时代，他们将会成为怎样伟大的二人组，又将为这个世界提供多么鼓舞人心的故事啊。一个世纪之遥，盲人汤姆和莱斯利·莱姆基打破了时间的壁垒，以他们不可思议、独一无二而又共同拥有的音乐天赋，紧紧地相连在了一起。

第7章

从死亡线上拉回的音乐巨匠

莱斯利·莱姆基

莱斯利双目失明，却能演奏出只听过一遍的任何乐曲

1983 年《60 分钟》栏目推出的专门介绍学者综合征患者的《天才》系列节目，仍清晰地留在许多人脑海中。莫利·塞弗称莱斯利·莱姆基为“一位难忘的人”。他的确名副其实。

这个故事中还有位难忘的人，就是梅·莱姆基，“一个缔造奇迹的女人”。本章将基于我对莱斯利一家迄今 30 年的观察，回答这个问题：莱斯利身上究竟发生了什么？我将把我的追踪结果忠实呈现于此，包括我与莱斯利、梅和乔第一次会面之前，雪莉·蒙蒂（Shirlee Monty）载着他们往返世界各地音乐中心进行巡演的最初之时。在本章的第二部分，雪莉就这对非凡的母子，尤其是梅·莱姆基的早期经历提供了一些独特的见解。

“瞎眼今得看见”：莱斯利的天赋

我不知道莱斯利在自己表演过的成千上万作品中，是否有最喜爱的歌曲，但有两首曲子，他经常演唱。在我看来，或许那两首曲子的歌词能够带给他

特别的感觉。一句是《你真伟大》(*How Great Thou Art*) 中的“我灵歌唱”，另一句是《奇异恩典》(*Amazing Grace*) 中的“瞎眼今得看见”。

诚然，莱斯利至今仍是位失明人士，但看上去，他的歌曲确实来自他的灵魂深处，也的确产生了某种内在“视觉”。这为他的人生带去了色彩，也让他身边人的人生变得更加充实，包括我在内。我聆听莱斯利的演唱和演奏多达数百次，但每次一听到莱斯利的演奏和歌声，仍会对他卓越的能力心怀敬畏，并且和无数人一样，总会被他奇迹般的故事深深触动和启发。

莱斯利的故事始于英格兰东北部的芒克威尔茅斯，这个小渔村是他伟大的养母梅·莱姆基的家乡。第一次世界大战伦敦遭受轰炸期间，当时14岁的梅在一次弹药厂爆炸中严重受伤。那次爆炸夺去了她许多同事的生命，但她奇迹般幸免于难。凭借着顽强的意志，她从重伤中恢复过来，随后在当地一位医生门下接受实习护士培训。早在12岁开始照顾弟弟妹妹时，她就已经掌握了一些女家庭教师的技能。雪莉·蒙蒂在著作《梅的男孩：一个关于爱的传奇故事》(*May's Boy: An Incredible Story of Love*，1981) 中，详细描述了梅早年经历的一些创伤和成就。

1924年，梅离开这个小渔村，开始长途旅行。她首先到了加拿大，之后追随自己后来的丈夫，一名美国士兵，辗转来到美国。梅喜欢跳舞，她在一次慰问军队的舞会中认识了他。在她的未婚夫回到美国之后，梅移居美国，和他结了婚，并一起定居在威斯康星州中部的一个80英亩①的农场。

梅育有5个孩子，其中3个是男孩、2个是女孩。她是一名虔诚的信徒，一个心怀感恩、天性乐观的人。她的身高只有4.5英尺，却始终保持着这种乐观主义的精神，即使是在一些困难的时期，比如她曾两次因为火灾而失去房子和农场。她离过一次婚，随后搬到了密尔沃基。

在密尔沃基，梅开始接手护士长的工作，并很快获得了“技术高超、充满爱心”的声誉。1948年，她与舞会中相识的乔·莱姆基结了婚。乔是一名建筑工人，44岁，此前从未结过婚。他和梅在皮沃基湖畔买了一栋小屋，过着自由惬意的生活。当时偎依在湖畔的，只有梅、乔和他们的小房子。

1952年的一个下午，他们的生活发生了翻天覆地的变化。那天，梅接到了密尔沃基社会服务部门的电话。该机构听说了她的护理技能和对儿童的极

①1英亩=4 046.8564平方米。

大爱心，同时由于她早前就申请成为寄养新生儿的接待家庭，因此他们致电过来，为她安排首次的寄养事宜。那是一个特别的孩子，被生母抛弃、身患重疾、多重残障，与其说他们正在寻找一个寄养家庭，不如说是在为这个虚弱、有缺陷的孩子寻找一个能够提供临终关怀的地方。他们希望梅可以为这个脆弱的小男婴提供家庭般的温暖，哪怕非常短暂。

这个被取名为莱斯利的孩子，早产于 1952 年 1 月 31 日。他患有晶状体后纤维增生症，这种类型的失明常见于早产儿中，现被称为早产儿视网膜病变（ROP）。患者的视网膜会疯狂增殖，以至于有时阻塞了眼球的排液，导致儿童青光眼。莱斯利正是这种情况，并且由于左眼眼压增高，增加了眼球爆裂的风险，因此在出生的第 4 个月，他不得不做了左眼球移除手术。6 个星期之后，他的右眼也因为同样的原因被手术移除。

紧随手术而来的是莱斯利的重疾缠身，显然是外科手术引起了术后感染或其他并发症（莱斯利 1986 年的一次脑 CT 扫描显示，他的大脑左侧尤其是左额叶区域颇为异常，左顶叶中存在损伤，左右枕叶也有一些损伤——这些对大脑左侧损伤的清晰检查结果非常重要，我们将在后续章节中探讨）。

社会服务部门的工作人员提醒梅，莱斯利的病情非常严重，他很有可能会死去，并询问她是否仍愿意为莱斯利敞开家门。“你可以把莱斯利送到这里，”梅说，“但他并没有要死了，也绝不会死。”这句誓言，由梅的两名女儿帕特·帕克（Pat Parker）和玛丽·帕克（Mary Parker）共同见证。

帕特和玛丽还记得莱斯利刚与梅以及乔一起生活的前几年的情形。在她们记忆里，当时的莱斯利是那么幼小和孱弱，几乎无法移动、哭泣甚至吞咽。她们回想起梅为了帮助莱斯利学会吞咽，如何小心翼翼地把米糊放在他的舌头上，继而抚摸着他的喉咙，鼓励他吞下去。梅用深深的母爱浇灌着莱斯利。此外，她还是一名理疗师、护士、导师和家庭教师，一直全天 24 小时地护理着这个双目失明、身心俱患多重残障的幼小男孩。可以说，梅·莱姆基之于莱斯利·莱姆基，就好比安妮·曼斯菲尔德·沙利文之于海伦·凯勒。

在这个充满爱的氛围中，莱斯利不仅成功存活了下来，而且茁壮成长着。根据医生的早期记录，两岁半时，莱斯利能够坐起并爬行。记录表的备注中还记载了他能够清晰地唱或说一些词，但似乎对外界非常冷漠，总是出神。面对莱斯利是否“发育迟缓”一栏，医生谨慎地填写了“保留意见”。

莱斯利 3 岁时，一位神经科专家对他进行了检查，发现他胳膊和腿部的僵直情况，以及行走困难的问题。他还注意到莱斯利只会仿语，即重复对方话语，而不是进行对话。莱斯利的仿语行为非常明显，这在家里极富戏剧性。梅的两个女儿都记得，她们去看望母亲时，莱斯利有时会绘声绘色地逐字复述来访者一整天的谈话内容。有时他们会发现莱斯利躲在床下，用手拨弄着床垫弹簧，就像弹奏乐器的琴弦一般，同时用脚和肘在弹簧上打节拍。

梅迎头解决了莱斯利的行走困难问题。她设计了一个皮带装备，把莱斯利紧紧固定在她身上，逐渐让他脆弱的双腿承受一些重量，然后以这种笨拙但执着的方式开始行走。后来，靠抓着农舍小径旁的铁丝网围栏，莱斯利终于能够在无人帮助的情况下自己挪动脚步。

一条由医生在莱斯利 5 岁半时做的记录，确认了他的行走能力。此外，莱斯利还喜欢唱歌，可以凭记忆背诵美国的效忠誓言，但他的对话依然只有仿语。医生指出，莱斯利表现出“不知疲倦的好动”（某种程度上有些像他的养母梅）。随后，医生预言（幸运的是该预言从未发生）：“养母很尽职、非常出色，但对莱斯利而言，总有一天要被安置到社会福利机构。”由于梅的爱心、奉献、智慧和决心，这样的福利机构因此显得无关紧要。

大约莱斯利 7 岁时，梅给他买了一架钢琴。就像当初教他走路一样，梅手把手地带他演奏了一些她知道的简单英文歌曲。很快，莱斯利就能弹奏出听过的乐曲。8 岁时，莱斯利开始弹奏其他乐器，包括邦戈鼓、尤克里里、六角风琴和手风琴。那一年，梅带莱斯利就诊时，医生的就诊记录上显示，当时莱斯利为医生唱了歌，他用压舌板打节拍，还背诵了些摇滚歌曲名。

9 岁时，莱斯利学会了演奏电子风琴。他仍然不善言谈，主要使用仿语进行对话，也无法自己穿衣服，僵直的双手同样无法使用餐具。然而当他弹奏钢琴的时候，上述一切症状就都消失不见了。这就像有的人在日常会话中有口吃的毛病，但一走上台面对大众进行演讲时，口吃就消失了一样。

12 岁时，莱斯利开始弹奏钢琴。钢琴是他最喜欢的乐器，因此他经常在皮沃基湖畔的小木屋里优美地弹唱。其中《蝙蝠侠》的主题曲是他的最爱，玛丽记得他总是大声地唱个不停。他喜欢听电视或收音机里的音乐，而且一听就是好几个小时。不过那些节目都是梅选择的，里面很少出现古典音乐。

正如本书前文所述，大约在莱斯利 14 岁时，梅和乔在电视上看了一部电影。而莱斯利只是在一旁听着，因为他的双眼失明。这部电影名为《琴韵心声》，由多萝西 · 马隆（Dorothy Malone）和巴兹尔 · 拉思伯恩（Basil

Rathbone）主演。看完电影后，梅和乔都上床休息了。大约凌晨两三点时，梅听到从摆放着电视机的客厅里传来音乐声。她以为是乔忘了关掉电视，于是走过去查看。出乎意料的是，她发现莱斯利正坐在钢琴前，从头到尾非常流畅地弹奏着柴可夫斯基的《第一钢琴协奏曲》，也就是《琴韵心声》的主题曲。**恰如莱斯利家人所言，那个夜晚是真正的“奇迹绽放”的时刻。**

更吸引人的是，直到今天，如果你请莱斯利弹奏那部电影的主题曲，你不仅将欣赏到美妙的钢琴演奏，还能听到关于那部电影的完整介绍，就和当晚电视台播音员说的一模一样：“今晚的电影是《琴韵心声》，主演者是多萝西·马隆和巴兹尔·拉思伯恩。随着他与那位美丽的黑发女人坠入爱河……现在，星期天晚上的电影节目，将荣幸地为您带来……”接着，莱斯利将弹奏出整首协奏曲，并重复自己当晚听到的播音员的话作为结束，声调和语气都模仿得惟妙惟肖：“这就是今晚的电影，《琴韵心声》。”然后他又弹了几下钢琴，随后沉默不语。

22 岁时，莱斯利在沃基肖县博览会上唱了赞美诗，并模仿了爵士乐音乐家路易斯·阿姆斯特朗（Louis Armstrong）和小蒂姆（Tiny Tim）的演奏，这是他的首次公开表演。“令人难以置信”，当地报纸如此评价道。

1980 年，莱斯利在丰迪拉克的演出，被美联社（AP）当做头条故事进行了报道。当时是 12 月，沃尔特·克朗凯特在《CBS 晚间新闻》节目的最后进行了这样的播报：“这是一个欢庆奇迹的时节，这是一个属于这个节日的故事，这是一个关于年轻人、钢琴和奇迹的故事。”1981 年 1 月，《难以置信》栏目非常感人地介绍了梅、莱斯利和乔在他们的小屋里过着充满了歌曲和欢乐的生活。后来，《唐纳休秀》、里吉斯与凯茜·李的《早间秀》、《奥普拉秀》、《热拉尔多》（*Geraldo*）等许多节目也都邀请了他们。

其中尤其让许多人记忆犹新的是 1983 年 10 月 23 日《60 分钟》栏目播出的《天才》系列。无论我在美国哪个地方，都能遇见记得那个节目人，他们会这样问道：“莱斯利最近怎么样？”在那期节目中，梅详细地描述了那个“奇迹绽放”的夜晚，接着是莱斯利兴致高昂地演奏了该协奏曲。节目最后，梅表达了她对这个奇迹的理解，对此我们之前已有所提及，但这里仍然值得重复一遍。她说：“好吧，我认为，莱斯利大脑的某一部分，掌管音乐的部分，被单独保留了下来——因为莱斯利的大脑受损了——但我想，他大脑掌管音乐的那部分，被完美、健康、奇妙地保留了下来。正因如此，莱斯利拥有了获得某种天赋的可能，并切实得到了它。”

那期节目的观众中也包括了达斯汀·霍夫曼，他被这位失明、残障，但钢琴技艺出神入化的小伙子“感动得热泪盈眶”。就是在那一刻，他决定出演电影《雨人》中的那名学者综合征患者。

现身《60分钟》等节目后，莱斯利成为了一个名人。我陪同他参加了部分节目，为观众解释什么是学者综合征，以及莱斯利杰出的天赋如何融入到这种非凡病症中。每位观众都喜欢莱斯利，对他非常着迷，并深受他的启发。有时梅也会出现在节目上，有时是玛丽在那里。每个节目组都想让莱斯利以接受挑战的形式，展示一下自己的能力。我对其中一期电视节目尤其印象深刻，当时制片人问我，他们可以提出怎样的挑战。我告诉他们可以随意选择，只要确保挑战内容是一首简短的曲子即可，否则，我警告他们说，莱斯利一定会从头弹到尾，无论是该插播广告的时间还是其他的时间限制。

然而很遗憾，那位制片人似乎根本没把我的建议听进去，依然我行我素地做了他们想做的事。那期节目中，他们选择了《蓝色狂想曲》（*Rhapsody in Blue*）的完整曲目。因此，当节目切入广告，再切回现场时，莱斯利仍在弹奏那首曲子。于是，他们不得不继续插播进广告，随后依然还是那首《蓝色狂想曲》。最后，我看到站在一旁的制片人双手合十，双眼凝视上空，似乎在说，“求你了，上帝……”正如我所说，制片人从来不懂得倾听意见。

同样地，莱斯利在所有的公开音乐会上也必须完整弹完每首作品。

早在莱斯利音乐会的挑战环节中，玛丽就发现大家必须把自己想听的曲目写下来，而不是喊出来。因为某首曲子的名字一旦被大声说了出来，莱斯利就会按照自己听到的顺序照单全收，然后全部从头到尾完整演奏，如同一部点唱机。如果要求的曲目过多，那必将是个漫长的夜晚，直到每一首作品都按照莱斯利听到的顺序，被全部地、完整地演奏完毕。

1984年，莱斯利在挪威王储哈拉尔（Harald）和王储妃索尼娅（Sonja）御前进行了演奏。当时著名的挪威钢琴家谢尔·拜克隆（Kjell Baekkelund）向莱斯利挑战了一首后者显然从未听过的作品，包括演奏时一个故意的错误。莱斯利以其一贯的准确性把曲子重复了出来，从头到尾，连那个故意的错误也包括在内。

莱斯利的演出，无论是在现场还是在电视上，总会给人留下深刻的印象。《60分钟》栏目组还将莱斯利的那期节目选入1998年的《25周年特别节目》

（*25th Anniversary Special*）。此外，《人物杂志》（*People Magazine*）周年纪念特刊和《人物杂志》电视特别节目，也将莱斯利的故事囊括在内。

讽刺的是，随着莱斯利的记忆能力不断增强，梅的记忆却开始因为阿尔茨海默病而逐渐衰退。1985 年 5 月，梅搬到她的女儿帕特家住了一段时间。之后，她又搬到另一个女儿玛丽那儿，玛丽同时也在照顾着莱斯利。1987 年，“爸爸乔”去世后，梅继续与玛丽还有莱斯利住在威斯康星州的阿平地区。帕特和玛丽曾答应梅，永远不会让她住进敬老院，她的确也没有踏进过那类机构一步。1993 年 11 月 6 日，梅在玛丽的怀里溘然长逝。

有人担心莱斯利可能会在母亲去世后停止演出，就如第 6 章讲述的盲人汤姆在贝休恩将军逝世后一样。但令人惊讶的是，对莱斯利而言，“音乐仍在继续”。莱斯利说 ：“妈妈现在去了天堂。”他的音乐生涯继续前进。

关于有幸认识的这些学者综合征患者，我保存了好几英里的录影带资料。其中关于莱斯利和梅的两分钟剪辑，是我最喜欢的。录像带中，我正造访威斯康星州的温纳贝戈村庄，梅的女儿帕特就住在那里。当时梅的阿尔茨海默病已经相当严重，她坐在一个角落里，默默无言地垂头盯着地面，和我之前认识的梅判若两人。这是多么令人伤感的一幕。我请梅坐到莱斯利旁边的钢琴长凳上，然后请莱斯利为他的母亲弹奏点什么。他先是弹了《你真伟大》。梅的脸开始变得亮堂起来，她骄傲地看着莱斯利，然后抬起头，赞赏地举起双手，就像我之前见过的许多次一样。生命似乎流转了回来，梅又变得充满了生机，她脸带微笑、放声歌唱。“你真伟大”。是的，你真伟大。

那两分钟的复活，非语言所能形容。当时的场面非常感人，我与之分享的所有人，无论男女老少，普通人或专业人士，学生或教师，都深受感动，并潸然泪下。梅拯救了莱斯利的生命，现在，作为一种回报，在那珍贵的一刻，莱斯利也同样拯救了梅的生命。这是多么鼓舞人心的一幕。

自梅去世后的几年里，莱斯利展现出更多的变化和进步。虽然他的重奏技巧一直堪称精彩绝伦，但随着时间的推移，他已经超越了单纯的重复，开始即兴表演。在一场音乐会上，一名年轻的女孩在挑战环节中勇敢地站上了舞台，演奏《密西西比热狗》。莱斯利耐心地听完之后，开始忠实地重弹了那首作品。然而在曲子末尾，人们注意到坐在钢琴凳上的莱斯利变得有点焦躁不安，并且更加聚精会神地挺直了身体。果然，在完成重弹曲子的任务后，莱斯利立即开始他的即兴演奏，弹奏了一首 4 分钟的美妙协奏曲，我想可以将之命名为《密西西比热狗变奏曲》。他改变了原作的节拍和音高，并加入了其他一些变化，充分展示了他对音乐规则的惊人把握。是的，那规则就在他的指尖之上。值得再次提醒的是，莱斯利从未上过一节钢琴课，他似乎懂得他从来没有学过的东西。

莱斯利在音乐上的成长和进步并没有就此止步。他首先是重复，令人惊叹的重复；接着是即兴演奏，非凡卓越的即兴演奏。现在，莱斯利正在创作，写自己的歌曲。一开始，他的作品带有明显的模仿痕迹，但现在已经达到了真正原创的境界，如《在阿平农场》(*Down on the Farm in Arpin*)，他在这首曲子中弹唱了自己深爱的农场风景和动物。还有之后的《鸟歌》，这首曲子中他吹着口哨，模仿自己在院子里听过的悦耳鸟鸣声，并以一种奇妙的方式将它们编成了优美的曲调。

莱斯利的即兴演奏和创造能力正以另一种方式显现出来。在他仍然坚持举办的音乐会上，观众们要求他演奏的歌曲总是各式各样，而莱斯利看上去全都会弹。但不时也会出现个别有意刁难的观众，他们在纸上写下一个莱斯利显然不可能听过的晦涩曲目，或者干脆写上一个完全虚构的曲名。而玛丽总会忠实地请莱斯利演奏该曲，即使她自己也完全没听过。这些曲名可能是这样的，如《23 破布雪橇》(*23 Rag Skidoo*)，或其他根本无法识别的歌曲。

"你知道这首曲子吗，莱斯利？"玛丽问道。

"是的，我知道。"莱斯利信心满满地回答。

"你能弹吗？"

"我当然能弹。"

然后演奏就开始了。曲子的旋律大家都觉得很陌生，但听上去挺像那么一回事的。

"莱斯利，你确定你弹的是《23 破布雪橇》？"玛丽询问。

"没错。"莱斯利说得非常肯定。

"莱斯利，你确定吗？还是其实是你编的？"

"是我编的。"最后，莱斯利坦言道。

但不管是否莱斯利编的，那都是一首非常优美的原创乐曲。就这样，《23 破布雪橇》因此诞生了。

1986 年，莱斯利测试的 IQ 只有 58，属于“中度智力迟钝范围”。这个 IQ 分数，似乎与 1997 年他在德克萨斯州的一场音乐会上展现出的最罕见、最老道的天赋级能力大不相符。那一次，莱斯利没有像往常一样，被要求在听完一首陌生的曲子之后马上进行重奏，而是被要求和别人进行双重奏。一位钢琴家挑战者率先开始弹奏。3 秒钟之后，莱斯利和她一起演奏。总而言之，莱斯利接收了他刚刚听到的陌生旋律，对它作了处理，然后几乎同时将其弹奏了出来。为了做到这一点，他必须并行处理两个过程。直到作品结束，莱斯利倾听、处理并演奏的曲子，和原曲只有一秒钟的延迟。

这种并行处理音乐的能力，有点像天赋异禀的翻译家的同声传译能力。后者并不需要等到对方说完一段话后才开始翻译；在每一次的同声传译中，真正的翻译高手都能在对方说话的同时把内容翻译出来。这种并行处理的能力无论放到谁身上，都需要非常高水平的“智力”。尽管莱斯利的 IQ 或许只有 58，但在我看来，他这种并行处理的能力表明，智商测试只反映了一种形式的智力，我们称之为 IQ，但在现实生活中，基于我对许多学者综合征患者的研究，我相信我们都是由一系列不同形式的智力组成。更准确地说，根据 1993 年加德纳（Gardner）等人的倡议，可以称之为“多元智能”。在我看来，IQ 分数，有时被称为“G”因素或一般智力，过度简化了我们复杂多元的智能组合。照我的意见，莱斯利等学者综合征患者恰恰令人信服地验证了多元智能的模型，并启发了我们对自己以及对孩子的更好理解和教育。

莱斯利的非凡能力，百闻不如一见。1987 年，由惠好公司基金会制作的纪录片《孤岛天才》（*Island of Genius*）播出，该影片现被玛丽·帕克收录在《爱的奇迹部门》（*Miracle of Love Ministries*）专辑中，至今仍然找得到。玛丽·帕克就是梅的女儿，也是莱斯利现在的监护人。2003 年阿普尔顿音乐会和 2007 年威斯康星州皮茨维尔音乐会的录像，现在也都找得到，里面提供了有关莱斯利及其非凡能力的更多最新写照。讲述莱斯利·莱姆基故事的电视电影——《创造奇迹的女人》（*The Woman Who Willed a Miracle*），由克罗莉丝·利奇曼（Cloris Leachman）扮演梅·莱姆基一角。这部电影最后获得了 4 个艾美奖[①]，我们现在仍然可以观看它。

①艾美奖（Emmy Award），是美国一项用于表彰其电视工业杰出人士和节目的奖项，重要程度与电影界的奥斯卡金像奖（Academy Award）、音乐界的格莱美奖（Grammy Awards）以及戏剧界的托尼奖（Tony Award）一样。

尽管莱斯利的音乐生涯仍在继续，但他的音乐会逐渐减少了，因为对玛丽和莱斯利而言，旅行现已变得越发困难。但在莱斯利家里，有一场永不停止的音乐会。这场音乐会通常只有一位观众，但这对莱斯利来说并不重要。无论对他，对玛丽，还是对我们所有人而言，演奏仍在继续，充满奇迹。

无法阻止的梅·莱姆基（本节内容引自雪莉·蒙蒂）

> 耶稣过去的时候，看见一个人生来是瞎眼的。门徒问耶稣说："拉比，这人生来是瞎眼的，是谁犯了罪？是这人呢？是他父母呢？"耶稣回答说："也不是这人犯了罪，也不是他父母犯了罪，是要在他身上显出神的作为来。"
>
> ——《约翰福音》第 9 章 1 ～ 3 节

演员中有种说法叫"杀青"。这意味着拆掉布景，表演结束，项目完结；也意味着告别，向曾经为同一项任务同甘共苦的同事和好友们说再见。

从某种程度上说，写作者们也在以这种方式共享人生。我们同样也是从一个项目转移到另一个项目，沉浸在别人的人生中，搜索他们的记忆，细究他们的想法和感受，直到有天我们也必须杀青。项目结束，一本书完结。

有些项目比其他项目更容易放下。我想我一直都清楚，要对莱姆基一家说再见很难。早在我的书《梅的男孩》（*May's Boy*）完成之前，我们的专业小分队就已分道扬镳了。我意识到，我爱这个家庭：梅，4.5 英尺高、身材娇小但活力四射的英格兰女人，她是故事的女主角；乔，梅的丈夫，性格安静、说话温柔；当然还有莱斯利，他们双目失明、患有严重心智障碍和脑性瘫痪的养子，正是他的钢琴天赋促成了《梅的男孩》这本书的写作。

然而已经一年过去了，我想我已经有了关于他们的完整故事。是时候拆掉布景了。我没有更多的东西需要再问，项目已完结。

写作这本书花费的时间比我原计划的要长得多。我没有料到自己会频繁地造访梅的菜园，只为了看看西红柿的长势如何，或者欣赏一下牡丹的娇艳可爱；也没预料到莱斯利在每场采访后的即兴演奏；更不曾料想因为莱姆基一家没有车，我需要多次走路去银行或商店。

“莱斯利一直吵着要香蕉。我想你不会介意的。”我当然不介意。那时候，我早就被他们一家深深吸引了，没有什么事情是我不愿意为梅去做的。

6月初时，我安排了最后一次的采访。我真的没有任何问题需要问了，因此甚至没有带上录音机。我只想和他们一起喝杯茶或咖啡，回忆一下往事……然后，说再见……并告诉他们，我不会再经常打电话过来或登门打扰了。我知道他们也会想念我的。我想，这是不是很奇怪？我认识莱姆基一家仅一年，但我几乎已经不记得自己不认识他们的时候了。

我想起了那数十个上午，我喝光了梅咖啡壶里咖啡，试图重燃这位80岁女人的童年回忆。她经历了太多：在英国亲历第一次世界大战，担任保姆兼家庭女教师，作为一名年轻女孩只身来到美国，在威斯康星州中部一个孤立的农场抚养5个孩子，遇见乔·莱姆基，以及最后领养了莱斯利。

我试图弄明白，是什么让她在一个我们大多数人都开始安享退休时光的年纪，决定收养一名患有严重残障的6个月大的婴儿。

我还试图了解乔·莱姆基的心路历程。和梅结婚时，他还是一个中年单身汉。即便梅可以接受莱斯利，但是乔呢？究竟是什么样的男人，才会把一个失明、严重残障的婴儿，当做自己的第一个也是唯一的一个孩子？

我深陷莱姆基的故事整整一年。当我在打网球，或和闺蜜一起去购物时，我经常会走神，仿佛看到梅轻轻摇晃着年幼的莱斯利，对着他唱歌，试图得到他的某种回应。

“他就像个塑胶娃娃，”她告诉我，“没有反应，没有情绪，什么都没有。”

我仿佛看见她把她蹒跚的小儿子拖在身后，祈祷上苍能让他模仿着她的动作，学会走路，哪怕是学会独自站立。我尝试想象着莱斯利第一次弹钢琴时梅的表情，那晚她必定跪倒在地，泪流满面着感谢上帝赐予的“奇迹”。

在那最后的一个下午，我们谈到了莱斯利的未来，一起做着关于他的梦。我想象他正在一场音乐会上，就坐在宏伟大厅的一架斯坦威钢琴前。梅则看到莱斯利在一个可爱的餐厅里表演，他在人们之间走动，弹奏着他们想听的任何歌曲。

然后时间到了。我们各自说了再见，接着我慢慢地走上山坡，回到我的车里。一路上，我试着让自己思考接下去几份找上门的工作，或者是不是开始写我一直想写的专栏。我不停地告诉自己，《梅的男孩》已经完成了。我们已经杀青了。

几周之后，我的电话响了，是托马斯·尼尔森出版社的编辑拉里·斯通（Larry Stone）打来的。他问我是否能将莱姆基一家带到加利福尼亚州阿纳海姆市，参加基督教书商协会大会。他们希望莱斯利能在会上演奏一段钢琴，为我们的书宣传助力。

我对此深表怀疑。“拉里，莱姆基夫妇已经年逾八十，莱斯利更是严重残障。他双目失明，甚至不能独自行走。他们在抚养莱斯利的32年里，只出过两次远门。”但我答应去问一问。

当我致电梅时，她说：“我们很乐意。什么时候出发？”

此前，我从未和莱姆基一家一起旅行过。当我和梅一起去购物或外出吃午饭时，乔总会留在家里陪伴莱斯利。虽然我知道他们是非常单纯、不落俗套的人，但那个上午，当我和丈夫开车去接他们前往机场时，我发现自己对即将来临的情况根本一点准备都没有。

从他们的小屋出发，梅沿着上坡道飞快前行，她身上的音乐会礼服在风中衣袂飘飘；而乔和莱斯利则一前一后地跟在后面，身上的慢跑服搭配得恰到好处。他们共带了3个小帆布包，上面用大号的黑色字母标示着：乔，梅和莱斯利。梅还带了一个装饰着大大的英国国旗的服装袋。

当时我满脑子想的都是，我要怎样才能让这小队人马通过机场，而且不引起所有人注目？当我们最终抵达机场时，工作人员已为莱斯利准备好了轮椅。我把我的行李过检，然后被领到9-C入口。

“莱斯利，唱《加利福尼亚，我来了》（*California, Here I Come*）。”我听到梅对莱斯利说道。她抬头看着机场忙碌的搬运工们，泰然自若地等着莱斯利的反应。

我退到丈夫止步的地方，绝望地看着他：“李（Lee），我简直不敢相信！接下去我该怎么办？”“我不知道你接下去该怎么办，”他笑着说，“但我接下去要回家了！”

这时，莱斯利的歌声响彻走廊，梅已经完全沉浸在自己这个非凡儿子的故事中了：他第一次弹钢琴，上帝为他所做的一切，以及我们为什么要去加利福尼亚。人们三五成群地停下脚步，站在我们旁边，一直到最后广播提示我们要提前登机。

我急忙登上飞机，假装看书挡住自己的脸。过了一会，一切似乎已归于平静。当飞机刚完成起飞，我们松开安全带后，我发现莱斯利所在区域引起的一些混乱。梅离开了自己的座位，正努力让莱斯利把手放在她的肩上。我有些迷惑不解，因为我知道在我们离开小屋前，梅已经带他去过洗手间了。

“来吧，亲爱的，”梅说，“为大家唱点儿什么吧。我打赌他们喜欢听你唱路易斯·阿姆斯特朗的曲子。”于是，莱斯利开始唱《你好，洋娃娃》(*Hello, Dolly*)，梅牵着他走向过道另一头。当他们走回来的时候，莱斯利唱的则是《上帝的祈祷》(*The Lord's Prayer*)。我注意到，甚至连空姐也停下了手中的工作，侧耳倾听莱斯利的歌声。

当我们抵达加利福尼亚时，梅已经成为了明星。人们纷纷在她的座位前停下脚步，提问问题，请求点歌，并记下书名，告诉她莱斯利是多么了不起。我开始放松自己，并接受这一事实：与莱姆基一家旅行，永远不会正常、无聊或毫无意外。

不出所料，梅和莱斯利在加利福尼亚大受欢迎。梅的随性、活力、温暖、幽默感，以及对莱斯利的引以为豪之情，都像莱斯利的音乐一样，吸引了人们的关注和热情。

鉴于莱姆基一家在加利福尼亚的成功，我们开启了全国性的宣传之旅，在各种各样的电视节目、采访、录音带和音乐会上露面。将近 6 个月过后，莱姆基一家和我被淹没在了许多音乐会发来的邀请函里。我突然发现自己正在扮演一些原本不熟悉的角色：旅行代理人、公共关系专家、推广员、发言人，以及时长超过 3 年的旅行同伴。在那段旅程中，我得以更加深入地了解了梅的复杂个性，并进入了一座新迷宫。我发现，梅在任何情况下都很镇定自若，她完全无拘无束，内心毫无畏惧。

第一次陪莱姆基一家参加音乐会时，我发现梅在介绍环节时会有些焦躁不安。如果主办方的介绍有点冗长浮夸，她甚至可能会直接冲上舞台，和主持人插科打诨。

有一次，梅跑到主持人的胳膊下，一把扯下她的假发套，结果那头假发像飞盘一样飞到了舞台的另一边。所有人都惊呆了，除了梅。她径直跑到舞台的另一头，捡起假发，把它戴在自己的头上，并在众目睽睽之下调整着，直到大家点头认可，音乐会才得以继续。

经过几次这样的插曲之后，我决定无论自己怯场与否，都要亲自介绍梅和莱斯利。我的丈夫也赞同在正式介绍前，安排梅先待在教堂或礼堂的后面。当然，一旦我作完介绍，梅就会迫不及待地冲进观众席，和大家聊天、跳舞。

有一次，她一边在空中挥舞着自己的鞋子，一边大喊道："你们必须原谅我，伙计，但我的脚实在忍不住啦！"

我的短期目标是理清一下音乐会的流程。梅的风格很直接，她总是脑海里出现什么就叫莱斯利弹什么，包括战争时期的英文老歌、不知名的圣诗，或大多数人听都没听过的外国歌曲。我则喜欢在音乐会开始前先列好一个组合名单，包括古典乐、流行曲、耳熟能详的圣诗……

我们在舞台上展开了友好的竞争。当我站在麦克风前介绍"接下来的曲目是《奇异恩典》"时，梅会从我身后悄悄地溜到莱斯利旁边，对他耳语"《热闹的地方》(*Where the Action Is*)"。毫无疑问，他总是弹梅要求的曲子！

梅的随性和幽默感，与莱斯利的音乐天赋相得益彰，在观众中激起了一阵阵复杂的情感浪潮。梅在舞台上奔走，讲述故事，擦拭莱斯利的眉梢，和丈夫跳舞。前一秒钟她还肆无忌惮，瞬间又变得温柔、辛酸。观众们的笑声也随之转为泪水，而几秒钟之后，泪水又会变成笑声。

少女时从英格兰远道而来，亲眼目睹过第一次世界大战期间太多的悲剧和毁灭，自己也遭受了战火的严重摧残，但梅仍然永不厌其烦地谈论着伟大的国家、可爱的家园和美丽的孩子们。

在威斯康星州奥什科什举行的一场音乐会上，梅在舞台后面发现了一面美国国旗。然后她跑了过去，举着国旗来到钢琴旁，发表了一次即兴演讲，激昂地赞颂了这个让她重获新生的美丽国度。演讲最后，她要求大家起立，合唱《上帝保佑美国》(*God Bless America*)，同时由莱斯利在一旁伴奏。这是一个令人动容的时刻。

但我想，我最欣赏梅的一点，是她对残障青少年的完全接纳和特别关注。她坚持把礼堂或教堂最前面的位置，留给那些坐着轮椅和残障的孩子。在音乐会期间，她经常会走下舞台，与他们说话，请他们大胆提出自己的请求，握他们的手，和他们拥抱。梅在舞台上的时候，他们的目光紧紧跟随着她。他们大笑、挥手、鼓掌，共同度过了一段美好的时光。

音乐会结束后，当人们围在钢琴前听莱斯利随意弹奏大家要求的曲子时，梅总会留意有没有残障青少年想听莱斯利弹琴。然后，她会要求人们让开一条路来，把年轻人的轮椅推到莱斯利旁边，介绍他们认识，让他们握手，并请莱斯利弹奏对方想听的曲目。

由于莱斯利的名气大涨，莱姆基一家接到的电视录像或现场直播的邀请也越来越多，包括《难以置信》《60 分钟》《700 俱乐部》（*700 Club*）和《PM 杂志》（*PM Magazine*）。这些工作人员各显神通，找到皮沃基湖畔的小屋，在那里度过了永世难忘的一天。梅会用熊抱迎接她的客人，给他们端上水果、英国奶酪和七喜饮料。“不过没有冰，我们在英国不喝任何加冰的东西。”她解释道。

当然，所有的准备工作完成之后，正式节目中的主角则是莱斯利。梅总是和客人们一样，对自己的儿子莱斯利的音乐天赋深感敬畏和惊叹。

“他是不是很了不起？”她会在莱斯利弹奏一首特别难的曲子后如此问道，“这首曲子怎么可能来自一名双目失明、不能自己走路，甚至不能自己吃饭的男孩之手？”

倒数几个数字之后，就是正式开拍的时刻了。摄影组的工作人员面临着艰难的挑战，必须让灯光、摄像机、三脚架和声音设备全部各就各位、正常运转。他们总是要么缺少插头、要么缺少分机线，而乔会忙前忙后，尽力帮忙。梅则跑来跑去，谈论着莱斯利，展示他的奖杯和照片，给大家冲茶，准备更多的食物，并告诉乔表现得自然一点！由于小木屋有些年久失修，在这么多电气设备的负荷下，保险丝经常会被烧断。然后乔就会抓起一个闪光灯，钻到厨房的桌子下面，打开一个活板门，爬进地下室，其他人则等着他恢复屋子的供电。

尤其是梅，她一刻也停不下来，没人能预料到她下一步会做什么。她从不理解录像的复杂性，而摄影组很快就接受了这将是漫长一天的事实。

主持人将梅安排在沙发上进行采访，隐形麦克风就夹在她毛衣上不起眼的地方。但当主持人刚提出第一个问题时，梅可能就会一跃而起，以便更形象地进行回答，而这个时候隐形麦克风早已飞到了房间的另一头！

梅还会突然打断正在正常进行中的一切。在对我的一次采访中，我将乔形容为一个平衡轮。结果梅一下把之前让她“保持安静”的提醒抛到九霄云外，大声问道：“平衡轮是什么？”

CBN 的前专题节目制片人凯西·布洛克（Kathy Bullock）为《700 俱乐部》录制了几段视频，描述了她对梅·莱姆基的看法：

> 我记得她一点也不拘谨，完全不像第一次接受电视采访的人。梅就是梅。人们很快意识到，是世界在适应她，而不是她在适应世界。

我完全是带着喜爱之情说出这句话的。她对电视业的“规则”不屑一顾。在本该沉默时，她滔滔不绝；当摄影组正在拍摄时，她在电线、摄像机和机组人员旁四处走动。总而言之，她很享受万众瞩目的感觉。

我特别记得一件事。在大约进行了4个小时的拍摄之后，摄影组已经习惯了梅天性中的我行我素，所以在每一次开机前都会提示她保持安静。而梅一般只能保持大约两分钟的安静，之后就会开始在房间里冲着某人大声“耳语”。在一次拍摄中，我们要拍摄莱斯利从他的椅子走向钢琴的画面。当时摄影师坚定而温柔地告诉梅她不能说话，必须保持完全安静。

胶卷滚动着，莱斯利表现完美，梅嘴巴紧闭。然而由于抵制不住说话的诱惑，梅决定走到另一个房间去。她悄悄起身，像一只粉红豹一般穿过房间，并小心翼翼地踮起脚尖以免发出任何声音。但不幸的是，她正好挡在了摄像机的前面。显然，她认为只要自己保持安静，从镜头前大大咧咧地走过也不要紧！

当梅收到一份关于讨论每位嘉宾的妆容和服装的通知函时，我们的电视直播差点就此停掉。那份通知上写道：“所有嘉宾在节目开始前都应化妆。化妆时间留出20 ~ 30分钟。”

梅打电话给我，她打算取消这次的拍摄计划。“我必须以上帝赐予的面貌出现，我不需要用任何花里胡哨的油彩进行伪装，我是上帝忠实的仆人。他们还希望把我变成什么人？”

我向她保证，不会让化妆部门的人碰她、莱斯利或乔。在我们合作的许多节目中，我总会被梅的固执逗乐。她从未向哪怕一点点的脂粉屈服过。当莱斯利参加《唐纳休脱口秀》时，两名精神病医生正坐在椅子上让节目组的人化妆，而梅则当众宣布：“好吧，谁也别想碰我们当中的任何一个人！”

除了给电视栏目组制造困难外，梅还证明了自己在录音节目或音乐会上也很难被驾驭。

CBN总裁和《700俱乐部》主持人帕特·罗伯逊（Pat Robertson）回忆了梅在他节目中的表现。“我得到警告，当梅出现在节目中时，必须给予她充分的自由……我依言照做。这个奇妙、活泼的小妇人接管了我们的工作室，我们所有人都为此高兴，因为事实证明，那是我们最棒的节目之一。”

当她参加《PTL 俱乐部》（*PTL Club*）节目时，主持人吉姆·巴克（Jim Bakker）建议她在乐队演奏一首激动人心的英文曲时，通过天鹅绒帘子进入演播室。结果，梅不仅以一种引人注目的方式大力掀开帘子，而且一路舞蹈、旋转，直到有人把她稳住并带到沙发上，接受等候已久的吉姆的访谈！

然而我记忆中最感动的时刻，并不是在舞台上或在相机前，而是在那些最平凡的地方，餐厅、机场、酒店房间。梅总能把一个普通的场景，变成一个寓意深远的“事件”。

我记得有次大家坐在密尔沃基的米切尔机场，等待飞往明尼阿波利斯的航班。当时有 3 个小女孩，大约分别是 4 岁、6 岁和 8 岁，好奇地向我们走来，然后站在莱斯利的旁边，盯着他看。莱斯利不唱歌的时候总会垂着头，几乎一动不动。最后，其中一个女孩看着梅，问道：“他死了吗？”

“哦，不，亲爱的。”梅说，“他没死，但他的两个眼球被取出来了。他失明了。你们都有一双可以观察世界的美丽眼睛，不是很幸运吗？可是这个男孩从来没有看过这个世界，也没法一个人走路，但上帝给了他另外一个美妙的天赋作为补偿。他会弹钢琴、唱歌，在全国各地进行音乐会巡演。你们想听莱斯利唱歌吗？”

女孩们将信将疑地点了点头，然后梅请莱斯利唱《六只小鸭子》（*Six Little Ducks*）。随着莱斯利开始歌唱，整个机场里人们的交谈声逐渐消失，最后只剩下莱斯利的歌声在四处回荡。

他唱完后，梅说：“现在，你们有什么其他想听莱斯利唱的歌吗？”其中一个女孩问他是否会唱《耶稣爱我》（*Jesus Loves Me*）。“当然。”梅说。于是莱斯利就唱了《耶稣爱我》。这个场面如此美妙，许多人不禁驻足聆听，对这个极富天赋却又身患残障的年轻人满怀敬畏。

几个月后，当我们在洛杉矶机场等候回密尔沃基的航班时，梅正盛情地给一小群人讲述莱斯利的故事。当被问及如果没有钢琴，莱斯利是否也能歌唱时，梅说：“他当然可以。莱斯利，唱那首《他触动了我》（*He Touched Me*）。”歌曲唱到一半时，聚集的人群就已增加到了五六十人，这时我们被提示要提前登机。当乘务员推着仍在歌唱的莱斯利通过舷梯时，人群中爆发出了震耳欲聋的掌声，一直伴随着我们步入飞机。

另一件令人难忘的事情，发生在威斯康星州拉克罗斯的一家酒店。我们住在那里，等候第二天的音乐会。当时我们正在酒店的餐厅吃着晚餐，一位食客认出了莱斯利，并询问梅是否可以请他演奏几首曲子。经过酒店经理的同意，莱斯利开始应要求弹奏曲子，梅则从一张桌子跑到另一张桌子，乐此不疲地向人们介绍她了不起的儿子。

人们开始不停地从酒吧、大堂甚至外面的街道走进来，直到餐厅爆满。梅在现场轮换寻找正在过生日的人、过周年纪念日或度蜜月的夫妇，然后让莱斯利演奏相应的歌曲，送上祝福。

10 点钟时，我觉得我们必须离开了。当我们走出去时，莱斯利双手搭在乔的肩膀上，还在唱着《我是上帝的孩子》（*I Am a Child of God*）。人们不约而同地集体起立，为莱斯利送上最真诚的掌声和泪水，声音久久不散。

对梅个性的另一个发现，是她的慷慨。事实上，梅几乎视金钱如粪土。莱姆基一家过着非常节俭的生活。在我认识梅的 4 年中，尽管我们频繁旅行和参加电视节目，但她从未买过新衣服、新外套或新鞋子。他们没有车，没有安装直饮水，没有任何我们大多数人认为理所当然的生活享受。“我们像耶稣一样生活，”一天早上，梅喝过茶后说，“我们拥有的不多，我们有什么就用什么！”

她忘了补充一点：她还喜欢把自己拥有的东西赠予他人。她有一个强迫行为：对于任何为她做过事的人，无论其所做之事是否适当，她都会付小费给对方。她曾经解释过，这都是因为莱斯利。“记住，”她说，“当你有一个这样的男孩时，人们总会为你效劳。所以，你必须给予他们回报。”

她经常试图给航班的飞行员小费，感谢他“为我们带来一段愉快的旅行，并让我们安全地回到家”。她还曾试图塞小费给空姐、司机、酒店经理，以及在麦当劳工作的女孩。“餐上齐了吗？”她会问，“来，亲爱的，给你自己也留一点。靠那点钱你没法做出这么多的食物。”

她曾付小费给一名机场搬运工，因为她误以为后者负责推莱斯利的轮椅，结果发现弄错了。对方想把钱还给梅，但梅没有接。“不，你留着吧，亲爱的。这不是你的错，是我自己当了傻瓜！”

我们没有为莱斯利的音乐会收取入场费，而是在音乐会上为莱姆基一家募集爱心善款。梅常常会忘了那个募款箱的用途，并亲自跑下舞台，往里面塞些钱。

在一次圣诞前夕的航班上，她在飞机过道上跑来跑去，给所有孩子分发零花钱。“孩子们，现在听好，”她宣布，“圣诞老人是很好，但记住，耶稣基督总是排在第一位。”然后她会邀请莱斯利演唱《生日快乐，亲爱的耶稣》（*Happy Birthday, Dear Jesus*）。最后，整个机舱都沉浸在轮番点播的歌声中。

一天早晨，我和梅一起到杂货店购物。排在我们前面的一位老妇人突然发现当天并非老年人折扣日，而她又没有带上足够的钱。当她正要从自己的购物篮里取出几件商品时，梅递了一张 10 美元的现金过去，说：“给，加上这些钱应该够了。”那位女士极力推辞，梅却说：“钱就是拿来和需要它的人分享的。而今天你需要它！”

我想，最令我惊讶的是梅对莱斯利无限的耐心和付出。即使是在写作这本书时，我仍对此感到困惑，而且至今觉得不可思议。

每当音乐会结束，我们开车回家时，梅可能会揉揉莱斯利的脖子，或轻抚他的前额，或拥抱着他，说：“你知道吗，亲爱的，你今晚真地为耶稣奉献了自己”或“你肯定让很多人想到了上帝。”

当《PM 杂志》团队想要拍摄一组户外镜头时，梅说：“不，今天外面太冷了。我不想让他冷得发抖！”

然而在一个可爱的秋日，梅允许《60 分钟》栏目组拍摄莱斯利沿着小屋篱笆行走的画面。这是漫长而疲惫的一天，每个人都急着完成工作，但梅却不慌不忙。她坚持让莱斯利自己穿衣服，这项工作需要无限的耐心和鼓励。

“身为一名著名歌手，这个男孩要学会自己穿夹克，不是吗，亲爱的？”她边说边轻轻地催促着他，“很好，这是个不错的开始。现在，把你的手臂穿过袖子。我们必须努力找出自己的错误，这就是我们学习的方式。亲爱的，很好，你做到了。”

莱斯利卡在了自己的衣帽罩里，找不到伸出头的地方。梅给了他一些必要帮助：“没关系，亲爱的。我们都会犯错误，不是吗？”最后，莱斯利终于准备好走到外面去了。

我注意到一点，梅总是不停地问道：“你还好吗，亲爱的？”莱斯利则会回答：“是的，我很好，妈妈。”这番对话如此频繁，听上去就像是长篇累牍的诵经。梅告诉我，她之所以这样做，是要告诉莱斯利，自己就在他身边不远的地方。“记住，”她说，“他看不见我。如果他听不到我的声音，就会焦虑不已。”

到最后，梅的健康和记忆开始渐渐凋零。她在我们的小厨房谈话中，变得越发沉思起来。“这不是很有意思吗？”一天下午，她若有所思地说，“就好像上帝和莱斯利做了一笔交易。他可以像其他人一样赚钱，照顾自己。想想吧，一个双目失明、智力障碍还患有脑性瘫痪的男孩，能够自己赚钱！”

有时，在我们的谈话中，她的头部或腿部会产生剧烈的痛感。这时，她似乎会转向莱斯利寻求安慰。“莱斯利，为我弹一小段曲子。《金梦》（*Golden Dreams*）或《我的遐想》（*My Reverie*）怎么样？”然后，我们会静静地坐着。泪水在梅深深的眼眶里打转，不知为何，这似乎让她熬过了痛楚。

尽管莱姆基夫妇在世时看到了他们的养子出现在全国性的电视上，并在全国各地的音乐会上进行表演，但梅否认她希望“死在和莱斯利一起为上帝服务的舞台上”。相反，84 岁的梅在健康持续恶化后，搬到威斯康星州中部，在女儿的照料下度过了人生的最后 9 年。1993 年，梅死于阿尔茨海默病。

乔·莱姆基选择留在皮沃基湖畔的小屋，他在那里和梅共同度过了 36 年的时光。1987 年 8 月，乔在那里去世。

我最后一次见到梅时，她的记忆已严重下降。她忘了我，忘了音乐会，忘了我们的著作，忘了那 4 年间一切珍贵的点点滴滴。

但她留给了我一段永世难忘的回忆。在皮沃基湖畔度过的最后一个冬天，梅患上了持续的咳嗽和剧烈的胸痛。由于担心她可能得了肺炎，我终于说服梅，让我带她上医院进行检查。

我每天都去看望她。有一天下午，我坐在她的床边，握着她的手。她看着我，说：“你知道吗？雪莉，我想我的生命即将走到尽头了。我觉得，随后这几天，上帝会给我准备一间小屋子、泡好一杯热腾腾的茶。然后，他就会打电话让我回家。”

“但是，”她继续说，“某一天，他也会打电话叫你回家。他那么做的时候，我希望你会时不时顺道过来看我。我们到时一起喝杯热茶，就和以前一样。”

如今，我也在盼望着那一天的到来！

第8章

媲美“3D打印机”的雕塑家

阿朗佐·克莱蒙斯

阿朗佐只需看一眼图片，就能用双手创造出栩栩如生的动物雕塑

阿朗佐·克莱蒙斯是一位了不起的雕塑家。他唯一的创作工具就是自己的双手和手指，深刻烙印在他记忆中的精确图像，则是他唯一的参考模型。在美术馆中，阿朗佐精心创作的作品与其他美术家的作品并排而列，无需任何的解释或说明。他的青铜雕塑作品之所以引人入胜，并非因为它们出自某位有所缺陷的人士之手，而是无论以任何标准衡量，它们都是名副其实的艺术杰作。现实生活中，阿朗佐从未上过一节美术课。他根本不需要。

阿朗佐只需看一眼杂志上的动物图片，然后在45或50分钟内就神奇地雕刻出该动物完美的三维复制品。他熟练使用的油基黏土，是他的语言。他只需看一眼图片便已足够，整个创作过程中都不需要再次回顾。该图片瞬间刻印在了他的记忆中，精度堪比数码摄像机记录下的一帧帧图像。

他去逛一圈动物园后，也能进行同样的创作。迅速看一眼动物园里的某一只动物，阿朗佐回家就能制作出该动物的完美雕塑。他的雕塑精确度极高，每条肌肉和筋腱都和他观察到的一模一样。他是一台真正的复制机。

至于阿朗佐是如何做到这一切的？“上帝赐予的礼物”，他总是脸上带

着温暖的微笑，如此解释道。阿朗佐是我见过最温和的人之一，他令人愉悦的风度极富传染力。

阿朗佐是名了不起的学者综合征患者，同时还是我所说的“获得性”学者综合征患者，因为他的特殊艺术天赋是在童年头部受伤后突然出现的。

阿朗佐出生于1957年。他的母亲说，阿朗佐原本是一个正常的儿童，学习速度很快，她一度认为他可能是一个早熟的孩子。据她所说，阿朗佐大约3岁时不小心摔了一跤，造成了严重的脑损伤，导致他的发育陡然减速，并留下了严重的认知障碍，以及非常有限的词汇和话语。他不能读或写，IQ只有40。但正如我将在第28章中指出的，无论IQ衡量的是什么，都不包括阿朗佐等学者综合征患者的高水平技能和创造力。这些技能和想象力，当然也应该是“智力”的一个组成部分。

除了拥有美术方面的超凡精确记忆外，阿朗佐身上还展现出其他类型的特殊记忆。有一次，阿朗佐回到自己早年住过的机构。让随行的工作人员惊讶的是，他能够记起每位邻居的名字，以及当年发生的点点滴滴。此外，阿朗佐热爱音乐，尤其是20世纪50年代的经典摇滚乐。据认识他的人所言，阿朗佐对曲名和歌手名字的记忆能力也很惊人。

大约10～20岁期间，阿朗佐居住在科罗拉多州家庭和训练学校。随着政府努力将合适的人从特殊机构转移到生活社区，阿朗佐得以搬到更靠近自己家人的集体之家。他在那里拥有了就业机会，并最终得到了基督教青年会（YMCA）的兼职工作，这份工作对他的整体发展至关重要。

在阿朗佐的生活中，雕塑一直作为一种力量存在，而不仅仅是一项天赋。例如，生活机构的一些工作人员认为，阿朗佐对雕塑的痴迷妨碍了他对语言或者其他课堂内容，甚至一些基本生活技能的学习。因此他们拿走了他的黏土，尝试将它作为一种奖励，鼓励他发展更多有助于整体成长的能力，包括演讲、学业和社交技能等。这样持续了几个星期。一天晚上，他们在阿朗佐的床底下发现了一个小小的动物园，里面所有的动物都由黑色黏土制成。这些黏土是阿朗佐在上学的路上，用指甲从人行道上刮下来的。

阿朗佐必须雕刻。这是他的语言，他的世界。

对于大多数人而言，他们第一次知道阿朗佐·克莱蒙斯，是在1983年10月《60分钟》栏目播出的《天才》系列故事中。同时出现在那期节目的还有莱斯利·莱姆基和乔治·芬恩，他们也都是惊人的学者综合征患者。在那期节目上，阿朗佐一边接受莫利·塞弗采访，一边不停地揉捏着他的黏土，最后创造了一匹美丽的马驹。“他可以在45分钟内捏完这样一匹马。”塞弗先生对观众说。是的，阿朗佐的马非常漂亮。

该节目还讲述了阿朗佐的作品如何吸引到帕姆·德里斯科尔（Pam Driscol）的关注，后者是科罗拉多州丹佛市德里斯科尔画廊的所有者。当时，阿朗佐主要从杂志图片中获取创作素材。德里斯科尔女士建议阿朗佐的母亲带他去动物园，在那里他可以看到一些真实动物的生活和活动。结果，阿朗佐的作品立刻展现出从静态、相对静止过渡到充满勃勃生机和动态的急剧进步。他本能地知道如何制作骨架以捕捉雕塑对象的动作，这是一项大多数美术家需要花费大量时间和精力才能掌握的技能。他创作的实物大小的青铜雕塑《三匹嬉戏的小马驹》，很好地传达出小马驹的那种兴奋和活力。这座雕塑由芝加哥的一家公司委托创作，用以摆放在该公司庞大的建筑群前。阿朗佐只花了3个星期时间，就完成了这件令人印象深刻的作品。

节目播出后，阿朗佐及其非凡的艺术作品，在纸媒和电子媒体上得到了广泛的关注。其他奖项和名誉也接踵而来。例如1984年5月，阿朗佐的作品在华盛顿哥伦比亚特区的残疾人国家艺术节上重点展出。该艺术节期间，他被邀请到白宫草坪上喝茶，并会见了南希·里根夫人（Nancy Reagan）。接着，他去了旧金山，并出现在电视节目中。随后，他回到了科罗拉多州，在州展览会上展示了他的非凡技能。最后，在那个忙碌月份的结尾，他还参与了密苏里州堪萨斯城的残疾人义卖会。

1986年5月，阿朗佐的职业生涯又抵达了一座里程碑。丹佛第一州际银行及该市的德里斯科尔画廊，赞助了阿朗佐的30件青铜雕塑举行世界首展。该展会的亮点，就是上文提到的作品《三匹嬉戏的小马驹》。我也参加了那场世界首展，为他的杰作而深感震惊。阿朗佐喜欢万众瞩目的感觉，他以自己的作品为豪，并且喜欢与他人分享。他愉悦又自豪地走过所有的展品间。很显然，他最引以为豪的作品非实物大小的《三匹嬉戏的小马驹》莫属。他喜欢这种真实比例的作品，希望能够为更多的委托方创作这样的作品。

那次世界首展的部分收入被捐给了威斯康星医学会基金会，用于建立一个信息交流中心，以便提高普通大众对学者综合征的认识和提供相关知识培训。这就是今天由威斯康星医学会基金会建立的广受欢迎、世界唯一的学者综合征网站的起点。关于这个网站，本书其他部分会进行更为详细的介绍。

世界首展后，阿朗佐的作品在全国乃至国际上都获得了更高的曝光度。短短几年，他就在业内赢得了一流雕刻家的美誉，这种声誉通常需要经过无数岁月的积累。他的作品售价从 350 美元到 5 000 美元不等。艺术评论家们对他的雕塑充满了热情，公众也为之震惊，整个美术界都对阿朗佐作品的质量之高表示了认可并引以为豪。

我有幸得到过几次宝贵的机会，与阿朗佐、莱斯利以及他们的家人会面。其中一次，是在威斯康星州北部的残疾人营地。当时在树林里一个临时搭建的舞台上，莱斯利深情地弹奏着钢琴，而一旁的阿朗佐则沉浸在自己精妙的雕刻中。无需多言，音乐就是莱斯利的语言，而雕塑则是阿朗佐的词汇，莱斯利的音乐和阿朗佐温柔的微笑完美地融合在了一起。在场的人们都很高兴，他们从自己的所见所闻中受到了极大的鼓舞。我也不例外。这是一个多么难得的机会，两位如此杰出的人物，共享着同一个舞台。

我第二次同时见到阿朗佐和莱斯利，是在 1985 年的纽约，我与他们一同出席里吉斯和凯茜·李的《早间秀》。那是一次现场直播，没有任何剪辑的余地。那场直播秀的珍贵之处，在于它的时长设置。许多关于学者综合征的节目都有严格的时间限制，通常只有五六分钟。在如此短的时间内，人们无法真正深入地了解该学者综合征患者，以及他或她的家人。但那期的特别节目几乎花了整整一个小时讲述这些卓越的学者综合征患者，讲述阿朗佐的母亲伊夫琳·克莱蒙斯（Evelyn Clemon），讲述莱斯利现在的监护人、梅的女儿玛丽·帕克。由于时间充足，观众们得以亲眼见到阿朗佐在 30 分钟内将一块方形黏土塑造成一头栩栩如生的大象，包括象牙等细节都分毫不差。阿朗佐没有参考任何模型，只依靠自己定格式的检索记忆，就完成了这件作品。观众们十分惊讶于它的美妙和精确性，但阿朗佐带给他们的惊喜还没有结束。他还向观众们展示了一匹马和一匹小马驹，这是他上节目前，在休息室候场的 20 分钟内完成的。

很快就轮到莱斯利演奏钢琴了。他之前一直坐在一旁，静静地听我们对他以及学者综合征喋喋不休。他开始弹唱《你照亮我的生命》（*You Light Up My Life*）。他把这首歌献给了阿朗佐，一个他久闻大名但从未见过的人。尽管双目失明，但莱斯利依然歌颂着光明。这场演奏十分动人，在场者无不落泪。这首歌也感动了阿朗佐，因为几个月之后，我收到了阿朗佐寄来的一尊美丽的铜像，名为《你照亮了我的生命》。这是阿朗佐从纽约返程的途中创作的作品，他用它向莱斯利致敬。那件艺术品至今被我珍藏在家里。

阿朗佐参与过的电视节目和义卖会还有很多。热拉尔多栏目（*Geraldo*）曾对学者综合征进行过长篇报道，让观众们得以深入地认识了阿朗佐和伊夫琳。密尔沃基县每年都会特别表彰为残障人士提供良好就业机会的公司。几年来，该奖的奖品一直都是阿隆佐的青铜雕塑作品。1998 年，主办方决定邀请阿朗佐和伊夫琳亲自参加在密尔沃基举行的颁奖仪式，这样获奖人就可以亲眼见到这位雕塑家，同时也赋予了该奖项更加特别的意义。阿朗佐在整个活动期间一直都在创作雕塑，这一背景使得那个特别的夜晚更加鼓舞人心，令人久久难忘。

许多电视纪录片中也出现了阿朗佐的身影，其中有 3 期电视节目提供的信息尤为丰富。一期是 1997 年由 A&E 电视台播出的《惊奇世界》（*World of Wonder*），该节目制作精良，赢得了多项媒体大奖。另外，作为加拿大《每日星球》（*Daily Planet*）系列的一部分，探索频道于 2005 年播出的一期纪录片也非常出色。那期节目不仅描绘了阿朗佐的卓越技能，还以简洁而全面的方式总结了当前对学者综合征，尤其是获得性学者综合征的了解和研究。最后还有德国多特蒙德色域制片公司出品的《美丽心灵：大脑探险之旅》，也精彩地描述了阿朗佐及其非凡的天赋，让人们得以了解他最近的生活和进展。

1995 年，阿朗佐搬到自己位于科罗拉多州博尔德的一座私人公寓，并居住至今。他的母亲（现居加利福尼亚）经常过来看他，他的日常事务则由南希·梅森（Nancy Mason）打理。南希是一位家政服务提供者，她还帮助建立了天赐之手公司，为想要深入了解阿朗佐或购买其作品的人提供便利。南希是个非常善解人意的人，她为阿朗佐的独立生活和美术生涯的继续做出了很大贡献。她为阿朗佐及其作品取得的成就而深感骄傲，而且她本人也是阿朗佐整体进步中的中坚力量。

阿朗佐公寓的房间里摆满了各种雕塑作品，其中几乎都是动物。他也创作了一些人物雕塑，但最喜欢的还是动物，尤其是马或其他大型动物，如奶牛、公牛、熊、大象和长颈鹿等。他还制作过一些海豚雕塑，因为海豚也是大型哺乳动物的一种。关于人物雕塑，南希观察到，阿朗佐制作动物雕塑的高超天赋并不适用于人物雕塑。他的确也会制作人物雕塑，比如骑马的人，但这类作品的制作过程，并不如制作纯动物雕塑那般轻松或精确。

阿朗佐在基督教青年会兼职门卫的工作，在他的整体发展中发挥了至关重要的作用。他对那里的举重器材尤其感兴趣，并开始定期健身。在残奥会进行改革后，阿朗佐甚至参加了其中的举重项目，包括硬举、仰卧推举和蹲举。他有一名专门的教练帮助训练，最近，他还赢得了2枚金牌、1枚银牌和1枚铜牌。除了基督教青年会的工作，他每周还会到一家公司工作几个小时，负责组装一些物品。他在机械方面表现出相当的能力和兴趣，这正好也是另一项常见的学者综合征技能。

随着美术技能的提高，阿朗佐的言语、词汇，以及社交和日常生活技能，都有了相应的进步。正如我在第1章中讲述的，**他的特殊美术技能已经成为了他“通往正常化的渠道”**。阿朗佐为自己的日渐独立感到非常自豪。虽然他可能永远不能读或写，但这并不妨碍他的整体进步，更于他令人心旷神怡的翩翩风度无损。

阿朗佐的进步非常喜人，现在他不仅是一名艺术创作者，更是一位导师。他喜欢在学校里演示自己的艺术创造过程，南希也尽可能多地为他安排类似活动。阿朗佐对此非常热心，包括他发表的事后感言也表明，能够以这种方式对社区做出贡献，他感到非常满足和充实。

阿朗佐还在继续创作了不起的雕塑作品。他的作品现已从科罗拉多州阿斯彭的德里斯科尔画廊移到了位于科罗拉多州博尔德的天赐之手公司，至今仍不断地得到美术界的认可和高度赞扬。例如，1986年，犹太之家董事会设立了S. 罗伯特·科恩成就奖，颁发给那些“最好地体现了犹太之家精神和独立宣言”的个人或实体，获奖者名单颇有威望。该组织每年都会选择阿朗佐的一件青铜雕塑作为奖品。当然，阿朗佐的人生故事本身就是一个“不断走向独立生活，并精彩绽放自己”的绝佳例子。

阿朗佐的作品可以在网站（www.artsales.com）上在线浏览，他是位列该网站艺术家名单的人物之一。天赐之手公司现在是阿朗佐及其作品的官方代表和问讯处，该公司的联系邮箱为info@giftedhandsalonzo.com。最后，学者综合征网站的简介页面有一段流媒体视频，该视频对阿朗佐作了介绍，并展示了他的一些作品。

第9章

挑战 复活节计算

乔治·芬恩记得他成年以来每一天的天气，但在这数千个的日夜之中，有一天他记得最为清楚。“那天我击出了一记全垒打，”他自豪地宣称，“我永远都不会忘记那天。”我当然相信，因为在听他描述过后，我想确实其他任何一天都很难与之相比。

得知他曾打出全垒打的那天，我和乔治正坐着豪华轿车，从纽约市出发前往新泽西州的一家有线电视台。当天早些时候，我们刚一起上过《琼·里弗斯秀》（*Joan Rivers Show*），下午还安排了当地有线电视台的另一档节目。我不记得那天是星期几或天气怎么样，但乔治无疑记得那天的所有细节。

我之所以记得那次旅行，是因为在整个漫长的旅途中，乔治都在不知疲倦地谈论着数字、星期和日期。他对这些东西非常着迷，它们是我们谈话的中心。我听他说了好几遍那次全垒打的事情，他很为自己的这个壮举自豪。

乔治是名日历计算者。纵观上下数百年，只要给出任何一个特定日期，他都可以马上告诉你那天是星期几。此外，他还可以进行更有难度的逆计算，例如计算未来 20 年中，哪一年的 6 月 23 日将是星期二，或哪一年的 3 月 27 日将是复活节。乔治还能记得他成年以来每一天的天气情况，但他不会计算简单的算术问题，如 5 乘以 7 等于多少，他会猜答案可能是 50。

许多人对乔治的印象，都源于 1983 年莫利·塞弗主持的《60 分钟》栏目播出的《天才》系列专题，他作为一名日历计算者，与音乐家莱斯利和雕塑家阿朗佐一同出现在那期节目上。乔治与电影《雨人》中的雷蒙德·巴比特有着惊人的相似之处。他也有许多和后者类似的习惯和怪癖。这不是巧合，因为那部电影中的许多场景和情节，包括日历计算、记得过去几天甚至几年的天气、能够轻松算出平方根却不能正确地计算 5 乘以 7 等，都是基于乔治的真实生活能力进行的艺术创作。

《60 分钟》栏目关于乔治的最后一幕尤为讽刺。在刚刚告诉莫利·塞弗 91360 年 6 月 6 日将是个星期五，并宣称自己余生都将永远铭记这一天之后，乔治向塞弗先生问道："再问一下，你叫什么名字？"

乔治和他的双胞胎兄弟，都拥有这种不可思议的日历计算能力。事实上，他们的日历计算能力，可能是 1965 年以前科学文献中记录、研究得最为详细的学者综合征实例。

1964 年 5 月，威廉·A. 霍维茨和他的同事在洛杉矶美国精神病学协会年会上向同行们报告了"计算天才双胞胎"的非凡案例。该演讲随后作为一篇科学论文发表于 1965 年 9 月出版的《美国精神病学杂志》。正是这份报告，让我第一次注意到了乔治。

这对双胞胎 1939 年 12 月出生，比预产期提早了 3 个月。他们原本是通过剖腹产降生的三胞胎，分别是两个男孩和一个女孩。女孩在出生 12 小时后去世，剩下的两个男孩在保温箱里住了两个月，期间伴有癫痫发作病史。

他们的发育相当缓慢，而且两人均表现出撞头、咬头和破坏性行为。这对双胞胎长到 3 岁时，儿科医生建议将他们送入有关机构。不过他们最终仍被留在了家里。后来，这对双胞胎开始对一本日历感兴趣，尤其是随附的一份纸版万年历。他们的父亲随后送了一本银制万年历给他们，以便替代纸质的那份。

这对双胞胎后来获准进入纽约州的莱奇沃思村，并在那里度过了 15 年时间。1963 年，他们被转移到另一处机构。他们的嗅觉都很灵敏，经常会靠近并用鼻子去闻别人，还能凭嗅觉辨认出自己的拖鞋和衣服。两人都表现出几乎一刻不停的身体摇晃动作。

这对双胞胎 24 岁时，霍维茨测试了他们的智商，得分在 60 ～ 70。

在该篇论文中，霍维茨详细描述了这对双胞胎在日历计算与数学运算方面的能力。他指出，这对双胞胎甚至不能进行简单的加、减、乘、除运算，尽管他们的算术技能如此有限，但只要给出一个特定的出生日期，他们就能准确地告诉你，离你的下一个生日还有几个星期，或离你的上一个生日已经过去了几个星期。

在 1964 年的会议上，一名与会者提出，“白痴学者的重要性在于，我们没有能力去解释他；他犹如一个地标一般，宣告着我们的无知。白痴学者现象的存在，是对我们能力的巨大挑战。”

4 年后，霍维茨等人进一步提出了他们的观点，并这对双胞胎非凡的日历计算能力作了解释。乔治的计算范围似乎是无限的，当时他已经能准确地说出公元 32011 年的任意一天是星期几。两位男孩都不知道公历和罗马儒略历之间的区别（两种日历算法转换发生在 1582 年），因此，在追溯历史日期的测试中，总是需要 10 天的容差。该作者推测，这种计算是通过快速减去 400 的倍数来进行的，留下最后 400 年周期中的余数部分作为正确答案。

1966 年，汉布林（Hamblin）在对他们进行了评估后，也详细描述了这对双胞胎。他们当时 26 岁，是纽约州精神病学研究所的患者。这对孪生子告诉汉布林，他们实际上是在自己的脑海里“看到”了数字，但他们均表示没有看到日历的整个页面。当被问及他们究竟是如何进行这些运算时，他们的答案非常简单：“我有一个好脑子。这就是我的方法。”

17 年之后，在 1983 年的《60 分钟》栏目上，主持人莫利·塞弗问及了同一个问题。乔治回答得更加热情洋溢：“它就在我的脑子里。这就是我的方法。我能做到这种事，实在太不可思议了！”是的，的确如此。

如前文所述，乔治的日历计算能力远远超过了说出任意一天是星期几，而是延伸到了所谓的逆日历计算。例如，若被问及 2012 年哪几个月的第 3 天是星期三，乔治可以立即给出答案。其他类似问题还包括 2012 年哪个月的第一天是星期五，或接下去 25 年中哪一年的 4 月 21 日是星期天。同样地，乔治可以瞬间给出正确的答案。

对所有的日历计算者来说，最复杂的挑战是计算复活节。即便对计算机而言，那也是一个极为复杂和冗长的方程式。汉布林在她的文章中指出，公元 325 年，教会的教父们遵循第一次尼西亚会议的建议，将每年犹太历第 14 天逾越节后或每年 3 月 21 日春分月圆之后的第一个星期日定为复活节。由于阴历的 1 个月为 29.53059 天（即月亮一次盈亏所需的时间），而公历 1 个月有 30 或 31 天，其中 2 月份只有 28 或 29 天，因此阴历和公历很少同步。

复活节可能位于 3 月 22 日到 4 月 25 日之间的任何一天。

即使这种计算非常复杂，乔治仍可以毫不犹豫地说出，下个世纪哪一年的复活节将出现在 3 月 27 日。

霍维茨等人的结论是，这对双胞胎的技能是一种奇异而独特的机械记忆。萨克斯认为，这对双胞胎能看到一张“巨幅记忆挂毯”，他们可以切切实实地看到一堆数字，并从中读取答案。汉布林则直白地说，她无法解释这对双胞胎的技能。因此，就目前来说，乔治的解释或许并无不妥：“我能做到这件事，实在太不可思议了！”

1999 年 3 月 10 日，《60 分钟 II》节目回访了乔治，莫利·塞弗得以观察自他们第一次见面后的 16 年中乔治发生了什么变化。乔治当然记得 1983 年他们见面那天的日期和天气，他的日历计算技能显然并未退化。接受提问时，他回答出 1918 年 5 月 17 日是星期二，并列出了从 1929—1996 年间，5 月 17 日为星期二的每一个年份。

尽管乔治的日历计算能力保持不变，没有退化，但他的生活在这 16 年的时间里发生了一些非常积极的变化。他不再寄居集体之家，而是在一间合租公寓里独立生活。就如在去新泽西的旅途中他对我所言的那样，他自豪地向塞弗先生宣布，他不再需要监护人照料了。当时乔治在纽约市一个机构里担任通信员，可以自主地在繁忙都市的街道中穿行。1999 年的乔治和 1983 年时一样，令人感到亲切难忘。

和所有的学者综合征患者一样，乔治的特殊技能已成为其“通往正常化的渠道”。他的特殊技能既非愚不可及，更不是无关痛痒。**通过运用学者综合征技能，即“训练天赋”，他的语言能力、社交能力和日常生活能力都出现了进步，这使得他在更加独立的道路上越走越远。**

对于大多数普通人而言，日历计算是一个非常晦涩的技能，但它却普遍存在于学者综合征患者身上。为什么会是计算日历呢？我在第 5 章时早已讲述过，这是学者综合征的又一个谜团。

我与乔治最近的一次联系，是 2010 年 1 月 16 日星期六的一通电话。他马上记起了我以及我们共度的时光。彼时他已经搬出合租公寓，住进一栋房子，对此他感到非常高兴。他为自己的工作和工作成绩而自豪，并再三提醒我，他现在“完全自立”，不再需要监护人了。他希望我把他也写进这本书里，只要我答应届时免费送一本给他。

不过他现在有了一段新的回忆，足以和他多年前在医院打出全垒打的那天相媲美。2003 年 8 月 14 日，纽约发生了一次停电事故，他“独自一人”走路回家，途中经过了布鲁克林大桥。这是一件真正“英勇”的事迹，他说“这是一个我永远也不会忘记的日子”。在我们后续的交谈中，他再次提醒我，他总是实话实说。说实话对乔治而言非常重要。“他们管我叫诚实的‘阿贝’(honest Abe)。”他骄傲地说道。

这是一位多么令人愉快又难忘的人啊，他拥有无与伦比的日历计算能力，终身不减。

第10章

他就是一部“活体谷歌”

金·皮克

金记忆了1.2万本书籍的内容，可谓一部“活体谷歌”

金·皮克是记忆领域的珠穆朗玛峰。他的记忆能力不仅在历史上空前，我怀疑在未来也会绝后。他完完全全是一个彻底的奇迹，他的朋友们管他叫“金电脑”（Kim-puter）。

金记忆的书籍超过了1.2万本。是的，完全熟记。他可以在8～10秒内读完一页内容，并将它永远存储在自己貌似无边无际的庞大记忆库中。一旦浏览完毕，他会把书倒置在书架上，表示任务完成。

他可以在电话簿上添加一列数字，然后瞬间算出这些数字的平均值。他知识渊博，兴趣广泛，涉猎世界和美国历史、体育、电影、地理、太空计划、男演员、女演员、圣经、教会历史、文学、古典音乐和莎士比亚等多个领域。他知道美国所有地区的区号、所有主要城市的邮政编码，以及所有的电视台及其营运区域。他可以识别大多数的古典音乐作品，并说出该作品的创作日期、作曲家的出生日期和出生地点，以及首次被演奏的时间和地点。另外，他还把电话簿前面的地图深深地印在了脑海里，可谓一个活生生的全球定位系统，任何人开车带他去美国和加拿大的任何地方都不用发愁。出租车司机爱极了他，因为无论去哪儿、在哪座城市，他都能为他们指路。

金阅读并记忆书籍的速度这么快，是因为他能够同时用左右眼分别阅读一本书的两页。不知何故，他的左右眼能同时看到两幅完全不同的景象，最后都凝固成了一个持久的记忆，如同以高保真度存储在硬盘上一样。我一直在等待“磁盘已满”的那个征兆出现，因为我认为金的磁盘容量总会有一个极限，但这个征兆从未出现过。金也表现出一种非同寻常的阅读障碍，他可以逆向阅读，或上下颠倒地阅读一本书。

金的父亲还描述了金的“镜像阅读”能力。当时金正在略读一本被无意间放置在梳妆台镜子前的报纸头版，他的父亲发现了他的这种能力。

我与金的第一次接触是通过电话。在问过我的出生日期后，他果然不出所料地告诉我那是一个星期天，并提醒说正是那天晚上，罗斯福总统开始了第一次炉边谈话，那是美国历史上的一段暗淡时光。他还说，我将在 1998 年退休，那年我 60 岁，当年的生日将在一个星期四度过。他说得完全正确。那次电话里，他还立即说出了威斯康星州丰迪拉克的区号和邮政编码，并告诉我从密尔沃基到绿湾所有我能收到的电视台呼号、当时为我所在地区提供服务的电信服务公司是哪一家，以及国会议员和参议员是谁。然后，他为我讲述了历届威斯康星州参议员的简史，一些相当臭名昭著，一些则非常开明进步。他又讲述了威斯康星州绿湾包装工队的超级碗比赛历史、对手和得分。他回忆了著名的“冰碗”大赛以及当天确切的日期、温度和最后比分。他全都说对了。我也记得那些数据，因为当天我就在绿湾的朗博体育馆，还差点被冻成了冰棍。

金是电影《雨人》的灵感来源。那部电影的主人公名叫雷蒙德·巴比特，是一名自闭学者。他能瞬间心算出正确的平方根结果。他的兄弟查理·巴比特（Charlie Babbitt）说他“应该为美国航空航天局（以下简称 NASA）一类的机构工作”。事实证明，NASA 的确让金参与到他们的一个项目中。

NASA 对金的脑部扫描结果很感兴趣，希望通过对比一系列一般神经状态和异常的脑部扫描结果，得到一个全面、高保真、高分辨率的人类大脑三维解剖模型。该模型通过使用覆盖和融合技术，将不同人的 CT 和 MRI 扫描获得的多模态结构及功能成像数据，融合成一个单一的模型。超声波是可用于监测航天器中宇航员大脑功能的设备中，唯一足够小而便携的成像系统。NASA 希望通过将超声技术叠加到详细的大脑静态与功能成像上，可以使超声波变得足够敏感，从而得到足够丰富的脑图像，以提供诊断信息，并使得在某些干预和措施下，随着时间推移，能够纵向地在太空中监测脑功能。如此一来，解剖与功能成像模型将并入作为跟踪和预测工具的超声波法。

金出生于 1951 年 11 月 11 日。据他所言，那是一个星期天。他的脑部异常大，患有脑膨出，“在他脑后部有一个棒球大小的‘水泡’”，他的父亲如此描述。之后，该水泡自然消退，原本脑膨出的部位最后只剩下一层薄薄的头盖骨覆盖着。

金 9 个月大时，医生诊断其“发育迟缓”，并建议他的家人把他送到社会福利机构去，“然后继续你们的生活”。另一名医生则建议对金进行前额叶白质切除术。然而金的家人并没有听从任何一位专家的建议，相反，他们把金留在了家里。终其一生，金都拥有一个充满爱的家庭。

金的父母花费了无数的时间，抓着金的手指在书本上移动，逐行逐字地教他阅读。到了 18 个月大的时候，金只需要听一遍就能记住别人给他读的所有书籍。记住一本书之后，他就会把它倒置在书架上，这样别人就不会再重复读给他听。因为根本无需再读一遍，它早已牢牢地储存在金的记忆库中，像是被扫描过了一样。

3 岁时，金询问“保密”一词是什么意思。他的家人开玩笑地告诉他可以到字典里查找，于是他照做了。不知何故，他知道如何使用字母顺序表，并找到了那个词，然后大声地读出了该词的定义。他痴迷数字，喜欢阅读电话簿，会把同一栏的电话号码加总求和，还喜欢用车牌号码进行加法计算。

到 6 岁时，只要别人说出某本书的页码，金就能整段地背诵出那一页的内容。当时的他，已经记住了一整套百科全书的全部索引。但到了金开始上学时，据他的父亲所言，金只能在座位上安静地坐上几分钟，因为他患有多动症。就在那时，有人建议金的父母考虑对金进行前额叶白质切除术，以便治疗他的多动症。幸运的是，他们拒绝了。

7 岁后，金在一些退休小学教师的帮助下，在家接受教育。他们每周给金上两次课，每次 45 分钟。14 岁前，金就完成了所有高中学业。

金直到 4 岁时才学会走路，并且始终存在手眼协调和平衡的问题。即便金成年后，他的父亲仍然不得不帮他洗澡、穿衣服、扣衬衫纽扣、刷牙和梳头发。这种护理基本上是一周 7 天，每天 24 小时的工作。终金一生，他的父亲始终耐心地照顾着他。

1983年，金接受了第一次脑部X射线检查，但检查结果能提供的信息量有限，因为其本质上只是颅骨成像。他第一次接受MRI检查是在1988年，就在同一周，《雨人》在好莱坞首映，金、他的父亲和《雨人》编剧巴里·莫罗（Barry Morrow）共同出席了首映礼。MRI结果显示，金的大脑比正常人大了大约三分之一。最引人注意的是，他完全没有胼胝体，后者是大脑左右半球之间的主要连接结构。此外，金连接大脑左右半球的其他结构，如前连合与后连合也失踪了，而且他的小脑大面积受损，尤其是在右侧。

1988年，金接受的心理测试表明他的IQ为87，但他在语言和执行能力方面的测验结果差异很大，一些能力得分在“智力迟钝”范围，另一些则堪称优秀。报告的结论是，“金的智商测验结果不足以有效描述他的智力能力”。对此我完全赞同。许多学者综合征患者的IQ分数都具有误导性，并不能有效描述他们的能力。正如我将在第28章中指出的，金和许多学者综合征患者的情况表明，我们所有人都拥有“多元智能”，而不是单一的“智力”或俗称的“G”因素。

该测试的最后诊断结果是“发育障碍，未另行规定”。自闭症的诊断结果不适用于金（在我看来这是正确的评估），和通常被描述的情况不同，金并非一名“自闭学者”。他确实存在一些自闭症的特点和行为，但这些都是基于他的脑膨出和其他独特的大脑结构造成的发育障碍导致的。

随着年龄增长，金进入了一所福利工厂，帮助计算其他救济对象的工资。他会记录每位救济对象的每日计件工资，但不需要通过使用计算器，全靠心算。他还帮忙分发支票。不过他在家里时表现得很内向，如果家里有客人来访，他常常会退回自己的房间。

尽管如此，金确确实实地伴随父亲弗兰·皮克（Fran Peek）一起踏上了一些旅途。1984年，他们前往得克萨斯州阿灵顿参加了国家智力迟钝公民协会（National Association for Retarded Citizens，以下简称ARC）召开的会议。弗兰是该通讯委员会的志愿主席，他对此业务相当熟悉，因为他自己就在盐湖城开了一家弗兰·皮克广告公司，并亲自担任董事长。来自洛杉矶的剧作家巴里·莫罗也应邀出席了会议，并就如何通过公益广告和其他公共关系努力来增加该组织在全国的曝光率问题提出了建议。不久以前，莫罗先生凭借电视剧《比尔》（*Bill*）和《比尔2》（*Bill* Ⅱ）获得多项艾美奖，知名男星米基·鲁尼（Mickey Rooney）在剧中扮演了一位认知受损的感人角色。

巴里·莫罗回忆了他与金的第一次见面。当时，金突然毫无征兆而又一本正经地说："想想你自己，巴里·莫罗。"这句问候语，既让他感到惊讶，也深深地吸引了他。接着，金更正了会员名单上的邮政编码，这让莫罗先生感到更加惊讶。但最让他震惊的是，金几乎熟悉 ARC 图书馆里的每一本书和每本书的作者，能够说出无数体育冷知识，并可以在美国和加拿大的任何地方提供详细的驾驶路线。在莫罗先生告知了生日日期后，金说出了莫罗先生出生那天是星期几、今年他的生日会在星期几，以及他 65 岁退休那年的生日将是星期几。然后，他们还一起讨论了美国独立战争、南北战争、第一次世界大战和第二次世界大战、朝鲜战争和越南战争等事件。

与金分别后，莫罗先生在乘飞机返程的途中，记下了"自闭学者"一词，并意犹未尽地思索道，"这是一个梦寐以求的电影角色"。随后，他写出了电影《雨人》的剧本。

达斯汀·霍夫曼在电影中扮演了雷蒙德·巴比特一角。1987 年 2 月，他在角色准备期间与金父子见了面。2008 年，弗兰·皮克在他出版的一本关于金的书中，大篇幅记录了那"特别的一天"，详细描述了金与达斯汀·霍夫曼分享的百科全书式知识，内容涉及英国君主、圣经、棒球、赛马、日期、时间、作曲家、歌曲、电影、地理、太空计划、作家和文学等。据他所述，达斯汀·霍夫曼离开时对金评价如下："我或许是那颗明星，而你是整个天空。"1989 年 3 月，达斯汀·霍夫曼在接受奥斯卡奖时公开说道："我要特别感谢金·皮克，是他让《雨人》成为了现实。"

虽然金是电影《雨人》的灵感来源，但那并不是他的人生故事。当然，金的一些特殊技能，反映在了主角雷蒙德·巴比特身上。但雷蒙德·巴比特是一个复合体，他综合了现实生活中许多学者综合征患者的天赋：计算平方根、背诵电话簿、速算洒落的牙签数量等。此外，在剧本写作过程中，编剧决定将其描绘成一名自闭学者，因为在《雨人》之前，还没有任何一部主流影片描述过自闭症。然而金虽然有一些自闭症特征（如前文所述），但他的基础残障并非自闭症。

虽然《雨人》讲述的并不是金的人生故事，但它大大地改变了金的生活。当家里来客人时，他不再退回到自己的房间，也不再躲躲藏藏了。相反，他和他的父亲总共乘坐飞机飞行了近 300 万英里，每年露面数百次，与观众们分享他的技能和天赋，告诉大家应该包容和欣赏人的多样性。由于金在这些活动中需要与观众积极互动，他在社交中也变得更加自如，并逐步提升了自信心。在收到的关于这些活动的大量反馈中，人们纷纷肯定了金对儿童及其家长的积极影响，并更好地提高了公众对“与众不同”之人的认识、重视和尊重。

金经常以这种方式总结他的愿景：**“认识和尊重别人的差异，并像你希望别人对待你那样对待每个人，将让我们的世界对所有人而言都变得更好。你不是非要有残障才算‘与众不同’；每个人都是与众不同的。”**

巴里·莫罗如此说道：“我认为任何人花上5分钟与金相处后，离开时都会对自己、对世界、对我们作为人类的潜能，产生与之前略微不同的看法。”

金还在美国和其他国家做了无数期的电视节目。同时，无论在美国还是国际上都有很多涉及他的纪录片。英国布里斯托尔的焦点制片公司制作了一部长达1小时的纪录片《真正的雨人》（*The Real Rain Man*），并在英国、美国和其他许多国家都广泛播出过。该纪录片讲述了两位记忆天才——金·皮克和丹尼尔·塔米特之间的有趣互动。另外一部时长3小时的纪录片《美丽心灵：大脑探险之旅》，则由德国多特蒙德色域制片公司制作，并在全世界范围内发行。瑞典电影《现实：雨人》也讲述了金父子间的感人故事。

在上述一切的影响下，金在人际互动中变得更加外向，更加活泼，也更加自如。他的记忆库继续扩大，似乎没有极限。但随着大规模记忆的深化，金显示出越来越多能够理解那些记忆数据的迹象。随着这种理解的加深，他得以将记忆中的各种东西联系到一起，从而形成一种类似计算机搜索引擎般的能力。他成为了一部活体谷歌，总能展现出十足的创造力、令人眼花缭乱的智慧，或说很多俏皮的双关语。

纵观全书，我提到了很多学者综合征患者身上出现了从字面记忆到即兴创作再到创造全新事物的转变。具体到金身上，他的转变是从大量的字面记忆，到以双关语形式出现的理解力和即兴发挥，再到富含洞察力和智慧的创造力。金最终获得了非常犀利的智慧。他的思维往往比他身边的人，包括他的父亲在内，领先了两三步。有时候，金身边的人，甚至包括我自己，都要花上一会儿甚至好几天时间，才能领会他所说的某句双关语或智慧之言的精妙内涵。

例如，当被问及对贝多芬《第五交响曲》（*Symphony No.5*）有何了解时，金脱口而出“丘吉尔”。这是怎么回事？它们之间有什么联系？金在解释时进一步指出，贝多芬《第五交响曲》的前 4 个音符三短一长，也可同时看作是“点、点、点、破折号”，这在摩尔斯电码①里代表字母“V”。温斯顿・丘吉尔以他的胜利演讲出名，他的标志性动作正是高高竖起的食指和中指形成的一个“V”。随后，金还背诵了一段丘吉尔的演讲。

一次见面会上，一名观众问金是否知道林肯的《葛底斯堡演说》(*Lincoln's Gettysburg address*②)。“滨海大道西 227 号，大卫・威尔斯家里。但他只在那里呆了一个晚上。他第二天发表了那场著名的演说。”金回答。事实上，他说的是林肯发表葛底斯堡演说之前在葛底斯堡的住址。

金的父亲把金说过的类似俏皮话都集结成册，读来令人印象深刻，而且相当有趣。他的父亲不得不经常充当译码员，解释金思维上总是先人一步的连珠妙语。

近年来，金身上浮现出了一种出人意料的能力。2002 年，在一次非常偶然的机会中，金与犹他大学音乐教授阿普里尔・格利南博士（April Greenan）见了面。格利南博士是一名莫扎特学者，同时也是一名音乐教师。在与格利南博士合作的过程中，金开始表现出弹奏钢琴的兴趣，而不仅限于音乐记忆。长久以来，金总能通过听一段旋律甚至只看一眼专辑封面，就能认出该乐曲，并说出作曲家的名字、出生地和出生日期，若对方已故，他还能说出其逝世的地点和日期。此外，他还能说出第一次演奏该作品时的地点和日期。

他的音乐能力远不止于此。虽然一些运动协调的问题限制了他演奏音乐的能力，但他仍然取得了一些进展。让格利南博士惊讶的是，金还表现出对组织、内容、风格和“音乐规则”的深刻理解，这种理解是天生的，远远超出了他精确存储在脑子里的庞大音乐节目单。

对他的父亲弗兰而言，金的这种音乐素养引发了一些有趣的问题。当弗兰带着金参加交响音乐会时，基于金的脑海中存储了大量的乐谱，他不时会为表演中出现的弹奏错误而困扰。有时，他会在音乐会结束后向音乐指挥指出那些错误。不仅对音乐敏感，金对文字也非常挑剔，这在一次金和父亲观看莎士比亚戏剧时显现了出来。当该剧接近尾声时，金突然大喊道：“停！停下！”一名演员问他有什么事，金大声说道：“你漏掉了最后一行的几个词。”

---

①摩尔斯电码（Morse code），又译为摩斯密码，是一种时通时断的信号代码，通过不同的排列顺序来表达不同的英文字母、数字和标点符号。

②address，既有“演说”之意，同时还含有“地址”的双关意。

那名演员回答："好吧，我觉得不会有人注意，甚至根本不会有人在乎。""谁说的，莎士比亚会在乎。"金说道。

自 1988 年的 MRI 研究后，科学界又对金进行了更为复杂的成像研究，包括 fMRI 和弥散张量成像（Diffusion Tensor Imaging，以下简称 DTI），这些新技术将在本书第 28 章中作更详细的描述。DTI 通过探测神经元组织中的水分子运动，可以用图像展示出两个大脑半球内部、两个大脑半球之间，以及大脑上层和下层环路之间的连接。金的 DTI 结果显示，虽然他没有胼胝体，但他的两个大脑半球之间存在丰富的连接。

现在，科学界也在研究其他的胼胝体缺失者，并将其与金的脑成像图进行比较和对比。由于并非每位胼胝体缺失者都拥有与金一样的能力，因此这些研究应该能够评估金的中枢神经系统畸形造成的特殊影响，并进一步探索胼胝体对中枢神经系统和大脑功能的重要性。幸运的是，科学界对金的大脑成像所进行的广泛研究，足以支持未来更进一步的分析。

金父子非常热衷参与对金的各种研究，其中一些是作为纪录片的一部分进行的。金独一无二的海量记忆能力，加上他在结构和功能成像研究中显现的特殊大脑结构，提供了一个绝佳的机会，让我们得以用金独特的能力和脑成像，比较和对比一般神经状态人或其他学者综合征患者的大脑结构、环路和整体功能。

金父子带着他们的使命与启示在全世界不知疲倦地奔走着，关于人类的多样性、关于爱的关怀。也许金巡回演讲的巅峰，是他和父亲在牛津大学牛津辩论社的一次露面。那是一个声誉极高的场所，历史上有许多重要人物曾在那里发表过演讲。当然，金在那次演讲中，轻松地回答了学生们关于历史、地理和其他主题的问题，而且一如既往地，他还说出了每一位询问者的出生日是星期几，以及他们 65 岁"可以退休"的那一天是星期几。但其中有一个问题，让观众们特别感动。一位女孩问："金，你快乐吗？"

"光是看到你我就很快乐。"他回答。可见，快乐等情绪对金而言并不陌生。他是一个情感充沛、表情丰富的人。

原本性格内向、孤僻的金，如今在待人接物上的表现却十分惊人而神奇。金如此解释："《雨人》改变了我的生活。"当然弗兰不知疲倦的幕后工作也功不可没，他日复一日无微不至地照顾着金，无比耐心、从未抱怨。观众们当然总会惊讶于金的记忆能力，但弗兰对金的如山父爱，也同样感动着人们。

这对父子间的无条件积极关怀可见一斑，两个人都以各自的方式，演绎着自己非凡的人生。

1996年，弗兰写了第一本关于他儿子金的书，书名为《真正的雨人》（*The Real Rain Man*）。12年后，该书的升级版——《真实雨人的人生和启示：一名伟大学者综合征患者的旅途》（*The Life and Message of the Real Rain Man: The Journey of a Mega-savant*，2008）出版。2005年，我和丹·克里斯滕森医生（Dan Christensen）在《科学美国人》（*Scientific American*）杂志上发表了一篇题为《一名学者综合征患者的内心深处》（*Inside the mind of a savant*）的文章，提供了更多关于金的背景资料和一些真实MRI图像，可以供感兴趣的人参考。

金显著且独一无二的记忆能力，远非文字所能描述。它太过宏伟，语言难以形容。因此，我邀请你们到学者综合征网站上浏览一些金的视频片段，你们将立即明白为什么巴里·莫罗会对金·皮克这位真正的雨人感到深深的震撼，也会明白为什么以金为灵感的电影能够感动那么多人。

金·皮克是记忆领域的珠穆朗玛峰。我怀疑像他这样拥有独一无二的海量记忆能力的人，永远都不可能再出现。

历史上也曾经出现过其他一些看似拥有无限记忆能力者的著名案例。1968年，A.R. 卢里亚医生（A.R. Luria）在著作《记忆大师的心灵》（*The Mind of the Mnemonist*）一书中详细描述了他的患者“S”。不过，“S”没有智力障碍，因此从定义上说，他并非一名学者综合征患者。与金不同的是，“S”必须依靠一个正式的遗忘系统来为第二天的记忆腾出空间，他需要每天“清除版面”，就像清理一幅过度拥挤的神奇画板一样。而金不需要这样做，恰恰相反，他忘不掉任何东西，而且不知何故从未出现过“磁盘已满”的迹象。我在拙作《非凡的人》第5章中描述了另外一些拥有“超强记忆”的人，但纵观古今所有的记忆大师中，金·皮克仍然是独一无二的。

金总是充满爱与自豪地说，他和他的父亲“共享着同一片阴影”。的确如此。看到他们肩并肩行走，不禁会让人想起《雨人》中查理和雷蒙德第一次见面时并肩行走的画面。有幸在现实生活中与他们互动的我，真正了解他们怎样深度共享着同一片阴影，也正是这个“共享阴影”的形象，总能留给观众如此多的感动和启发。直到今天，这片光辉的“阴影”仍作为榜样普照世界，启迪着我们待人处事的方式，无论我们有怎样的能力或残障。

2008 年 4 月，金和弗兰访问威斯康星州，并在威斯康星医学会基金会晚宴上作了主题演讲。他们还参加了一些其他的活动，包括在威斯康星大学丰迪拉克校区进行演讲、与两个班的小学生见面，之后参与威斯康星医学院病例研讨。对我而言，在他们的那次访问期间，我能够与之共度一整个星期实为一种殊荣。那一周，金和弗兰给威斯康星州每一位见过他们的人，都留下了不可磨灭、温暖而激励人心的印象。

然而令人遗憾的是，事后我才知道，那竟是我与金的最后一次见面。

圣诞“归家”

2009 年 12 月 19 日星期六，大约下午 5 点钟时，我接到了弗兰一个令人非常悲伤的电话。他告诉我，当天下午，金因突发心脏病逝世。金当时并未生病，他们父子俩正期待着圣诞节假期的到来。当天早些时候，他们还一起拆了圣诞贺卡，金很喜欢它们，包括我妻子和我寄去的那一张。11 月份时，金度过了他的 58 岁生日，他对自己接下去更加精彩的人生充满了期待。

历史上从未有过像金一样的人，我怀疑未来也不会再出现另一位。他的才华如此独特、罕见，令人叹为观止。他和他父亲之间的故事感人至深。他们积极、无私地与全世界那么多观众分享金的能力和故事，是他们父子赠予我们的礼物。他们满世界奔波，讲述他们的故事，分享他们的启示，飞行里程接近 300 万英里。弗兰对此作了记录，他说他和金在过去 20 年的神奇之旅中，已经向超过 6 000 万人发表了演说，其中一半是学生。

金曾说，“《雨人》改变了我的生活”。但反过来，金和他的父亲弗兰也触动并改变了我们的生活。正如我在通话的第二天告诉弗兰的一样，“金回家过圣诞节了。昨晚我抬起头，看见一颗新星悬挂在夜空中。它发出的光芒十分灿烂，形状与其他所有的星星都不一样。它是独一无二的，就和金·皮克一样”。

我在学者综合征网站上发布了金的讣告。由于弗兰没有使用电子邮件，因此我邀请那些想以这种方式表达哀悼的人们把邮件发给我，由我转告给弗兰。顷刻之间，包括波兰、印度、中国、英国、美国、新西兰、委内瑞拉等国家在内，从全世界各地涌来了成百上千条哀悼信息。其中一些邮件来自于残障儿童的家长，他们在受到弗兰对金的爱之鼓舞后，决心成为世界上最好的父母，他们非常感谢金和弗兰让世界对他们这样的家庭来说，变成了一个更好的世界。其他一些邮件来自学生们，因为金教会了他们以不同的眼光看待身心障碍者，或者金和弗兰到他们学校的访问，激起了他们在神经科学领域建立一番事业的决心和热血。还有一些特殊的邮件，来自本身也处于自闭症谱系的个人，他们很感激现在社会对“与众不同”的接受度变得更高了，是金让世人对“差异”更加宽容，是金让这个星球变成了一个于他们而言更好、更舒适的地方。

如果我必须把所有这些邮件中的成千上万句话汇聚成一个词，那就是：启示（inspiration）。我没有确切计算过这些邮件中“启示”一词出现的频率多少，但几乎所有人都提到了这个词。有的邮件是用中文写的，我没法读懂，一名来自中国的“陌生人”，友善地为我解释了全文：“金·皮克将永远活在我们心中。谢谢弗兰。”

确实，金将永远活在我们的心里。而且是的，谢谢你，弗兰。

第11章

把音符当做氧气的人

埃伦·布德罗

失明的埃伦在发展自己音乐天赋的过程中，不断取得了社交、语言习得等方面的进步

埃伦·布德罗是我认识的第一位女性学者综合征患者。一切都恍如昨日。1986 年，我造访埃伦一家，当时她 29 岁。她的父母告诉我，埃伦的时间观念非常强，要求所有事情都精准地按计划进行。这种强迫行为，在早年她的母亲让失明的埃伦收听“时间女士”[①]报时的时候就开始了。从那以后，埃伦的脑海里似乎就植入了一个数字时钟。

当时，我正在楼下的楼梯口与她的父母交谈。埃伦突然从她的卧室里冲了出来，奔跑着下了楼梯，来到客厅，打开电视，正好赶上丹·拉瑟（Dan Rather）以一种非常友善的声音说“晚上好”，然后开始播报晚间新闻。埃伦似乎松了口气，显得十分开心。

无需借助手表或时钟即可完美计时，这种令人惊讶的能力的确存在于某些学者综合征患者身上。1887 年，唐医生发表的关于学者综合征的论文中，报告的最初 10 名患者里就有 1 名 17 岁男孩拥有这种能力。他看不懂时钟，

①时间女士（time lady），指在网络诞生前，人们可以通过拨打电话，收听当前的准确报时，报时者的声音为女性，因此被称为“时间女士”。

也没法像常人一样说出几点几分，但在测试中总能非常精确地感知到时间。

埃伦高度发达的时间感在大约 8 岁时就浮现了出来。当时，为了帮助那个年纪的埃伦克服对电话的恐惧，她的母亲芭芭拉（Barbara）在某天下午，鼓励埃伦接听“时间女士”的自动报时电话。埃伦听了约 10 分钟，然后回到自己的房间，开始模仿她在电话上听到的内容。她正确地理解了秒钟的顺序，但当她数到“1 点 59 分 59 秒”时，埃伦宣布，“现在时间是两点整”。令人疑惑的是，她在接听电话报时的那 10 分钟时间里，根本没有机会听到整点报时，因此我们无法解释埃伦究竟是如何得知计时规则，即时间到 59 分 59 秒后会进入下一小时。她显然从未看到过时钟，房子里也没有任何盲文钟表，更没有人向她解释过时间流逝的概念或时钟的工作原理。

埃伦最惊人的是她的音乐能力。我到访的那一天，埃伦专门为我弹奏了一部歌剧，她在听过现场录音后在钢琴上进行了变调处理。这给我留下了非常深刻的印象。如今，埃伦可以弹奏的乐器包括钢琴、吉他和电子琴。她是“灾难制造者”摇滚乐队的独唱歌手，在家乡负有盛名。随着对多种乐器和音乐的兴趣与日俱增，她还积累了一个非常庞大的曲库。

鲍勃·席尔瓦（Bob Sylva）是《萨克拉门托蜜蜂报》（*Sacromento Bee*）的记者，他在 2001 年 1 月 18 日的一篇文章中总结说：“她是心灵的歌者，音乐是她与世界连接的桥梁。无论以哪种标准衡量其音乐技艺及天赋，她的表现都非常了不起。但对埃伦而言，那不过是一种小儿科的游戏。”

想要难倒埃伦，并非一件易事。报纸记者发现，埃伦的记忆中完美地储藏了各种曲调和风格的音乐作品，从至高无上（Supremes）乐队的曲子到《班卓对决》（*Dueling Banjos*，她一个人同时弹该曲的两个部分），到她的管弦乐代表作《全部的爱》（*Whole Lotta Love*），再到齐柏林飞艇乐队的《热情奏鸣曲》（*Appassionata*）。最令人震撼的是，她演奏《热情奏鸣曲》时可以复制出所有的声音，包括人声、乐器和工作室音效。

埃伦是一个强有力的例证，证明从 19 世纪“盲人汤姆”（详见第 6 章）的故事开始，在过去的 100 多年中，这种显著而罕见的“失明 + 智力障碍 + 音乐天赋”的三重组合以一种非常明显的规律不断地出现在学者综合征中。同样的例子还有莱斯利·莱姆基和托尼·德布卢瓦（分别见本书第 7 章和第 12 章）。我见过其他很多拥有这种惊人天赋与残障组合的学者综合征患者，自 19 世纪以来，也有大量的类似病例记录在案。这 3 种特质为何会联系得如此紧密，并且在已然相当罕见的学者综合征中以相当的频率重复出现？这个谜题我们已在第 5 章进行了探讨，这里只需说明一下埃伦是又一个力证就够了。

埃伦出生于 1957 年，是一名早产儿，并且先天患有早产儿盲症（晶状体后纤维增生）。埃伦发育缓慢。在她 4 个月大时，医生证实了她父母的猜疑，即埃伦双目失明。埃伦 6 个月大时，她的姐姐有一天跑去告诉母亲，“小宝宝正在唱歌”。当时挂在婴儿床正上方的健身房玩具正播放着勃拉姆斯（Brahms）的《摇篮曲》（*Lullaby*），而 6 个月大的埃伦的确在以相同的精度和节奏哼唱那首歌。

埃伦幼年时和她的姐姐一起听当时的流行音乐，尤其是弗兰基·阿瓦隆（Frankie Avalon）、猫王（Elvis Presley）、恰比·却克（Chubby Checker）和杰里·李·刘易斯（Jerry Lee Lewis）等人的歌曲。40 年过后的今天，埃伦可以在钢琴或吉他上完美地弹奏全部的“老歌金曲”，包括所有歌曲的音乐前奏和所有装饰音在内一个不落，并且能模仿霍利（Holly）、猫王、刘易斯等人的原声。

埃伦直到 4 岁才学会走路，但她一旦开始走路，就马上拥有了一种超凡的空间感。从一开始，她就能感知到 6 英尺甚至更远距离之外的大型物体的存在，例如墙、围栏或建筑物，并坚持要走过去触摸它们。埃伦的父亲指出，从很早的时候开始，她就已经能够在完全陌生的密林里行走，而且绝对不会撞到树木。埃伦的探路方式非常特别，她会持续不断地发出小小的啁啾声。很显然，她拥有一套自己独特的雷达系统。

埃伦 4 岁半时进行的心理测试显示，她的威尼兰社会成熟量表得分 40，IQ 估值在 30 ～ 50 之间。她的父母决定为女儿找到最好的教育和职业机会，于是为埃伦在加利福尼亚州费尔奥克斯的圣胡安联合学区注册入学。埃伦在学校的表现很好，还加入了一系列的特殊教育计划中，包括现在的成人特殊教育计划。她的语言障碍矫正开始于 1983 年，进展速度也同样令人印象深刻，而且这种语言上的进步对她的艺术能力毫无损伤。

埃伦的音乐技巧和记忆力惊人。如前文所述，她对音乐的兴趣早在 6 个月大的时候就开始了。大约 4 岁时，她在一架小电子琴上弹奏的乐曲让她的母亲都感到十分惊讶。7 岁时，埃伦的老师建议她父母给她买一架钢琴，他们照做了。从此，埃伦的音乐爱好就一发不可收拾。现在，埃伦能够为自己在收音机里听到的乐曲编写复杂的和弦伴奏。她还对音乐剧《贝隆夫人》（*Evita*）中的管弦乐和合唱部分作了变调处理，编成带有精确和弦的复杂钢琴曲。弹奏该曲时，她的双手以强烈的不和谐音栩栩如生地再现了人群和暴民的声音。该演绎可谓篇幅饱满，气势恢宏，令人印象深刻。

埃伦自学吉他时花费了大量时间摸索每根琴弦，她记住了每根手指产生的音调，并尝试弹奏出不同的和弦。她不由自主地迷恋所有类型、形式或起源的韵律，也喜欢即兴创作，会在听完任何一张专辑后为其配上和弦，即兴创作出独特而惊人的伴奏曲。她还会以不同的风格演奏自己听到的音乐，比如一开始用爵士风，之后又会换成另一种风格，比如可能是古典风。她会在弹奏进行到大概四分之三的时候，将摇滚乐变成华尔兹。她对广播和电视广告也很着迷，会立即将其变成钢琴曲。

现在，和音乐一样，时间也是埃伦生活的重要组成部分。在每天非常精确的时间点上，埃伦都会定期地、着迷地、而且一次不落地收听她最喜欢的电视节目，正如雷蒙德·巴比特在电影《雨人》中所做的那样。这些节目包括演讲、西班牙语广播、足球比赛、奥克兰运动家棒球队的每场比赛、股市报告和布道会。

作为一名音乐家，埃伦还在不停地成长和成熟中。她不仅会弹奏的曲子越来越多，擅长的乐器也越来越多。当然，她之所以能取得如此进步，其充满爱的家庭的信任和支持功不可没。**埃伦的例子再次证明了音乐等特殊技能可以作为一种通道，有助于促进患者的社会化和语言习得，同时并不会对患者造成任何能力上的削弱**。她对节奏的痴迷以及超强的时间感之间，似乎存在着某种确切的联系。这两种能力在埃伦身上的强强联合，似乎支持了这样一种观点：音乐或许就是“无意识计数”。

1988年，埃伦和其他同学一起组成了摇滚乐队“灾难制造者”。当时，为了增加接受音乐教育的机会，她报名加入了加利福尼亚州萨克拉门托县专为发育障碍者而设的成人教育中心。该乐队主要在当地演出，并多次在加利福尼亚州博览会上表演。伴随着乐队的发展，她的姐姐说，埃伦摇身变成了“一朵交际花”，而且更加健谈了。这种社交和语言的进步仍然在继续，埃伦也越来越享受与他人共处的时光，尤其喜欢家里有客人来访。现在她已不再像以前一样，家里一来客人就退缩到自己的卧室门后，而是伸出手热情迎接对方。

埃伦每天都在“灾难制造者”排练，是乐队的主唱。她已在洛杉矶的罗纳德·里根图书馆进行过个人演出，并随乐队一起在全州各地进行过表演。埃伦变得越来越喜欢社交，也更加外向、更加独立。2001 年，席尔瓦在《萨克拉门托蜜蜂报》的一篇文章中对埃伦进行了如下描述：

> 她热爱音乐。不，这远不足以描述埃伦对声音的绝对痴迷。她像呼吸氧气一样吸收音符。她能瞬间处理旋律以及复杂的节奏、声调和歌词。她只需要在收音机上听一遍歌曲，就能把它永远储存在自己庞大的数据库中，即使在多年以后仍可以完美地回忆起来，并以绝对的保真度和专业的精确度进行演奏。
>
> 她是一个高深莫测的人。她是一个女儿、一个妹妹，同时还是一位珍贵的朋友和乐队伙伴。事实上，在内心深处，在她天使般的风范背后，在她庄严的微笑背后，真实的她，是一名激情澎湃的摇滚明星。

埃伦母亲对埃伦及其近几年取得的整体进步的描述，超越了其超凡的音乐能力本身：

> 虽然缓慢，但埃伦已经从一个羞涩、隐居、不喜欢别人碰的小女孩，变成一个充满爱、外向、喜欢一边说着“我爱你”一边与人拥抱的人。她是那种少有的总是沉浸在快乐中的人。每天早晨她醒来时，都会满脸笑意地坐在床上，一边开始唱歌，一边读她的盲文故事书。

多年前，埃伦刚开始唱歌时总是低着头小声哼唱。据她母亲所说，现在埃伦“高昂着头，放声歌唱，嗓音自然而饱满，时而冲击高音，时而低吟浅唱。这再次带给她巨大的愉悦感，让她绽放出大大的笑容”。

尽管埃伦与人交流时往往使用短句甚至单个词语，但她可以理解长长的指令，并谨慎细致地执行。虽然对话上较为匮乏，但她能记住自己在收音机上听到的冗长广告，并以绝对精确的方式背诵它们，甚至连那些很长的单词也能准确说出。

鉴于其有限的语言能力，令人吃惊的是，最近埃伦迷上了一些新的东西：外语。她喜欢收听当地的西班牙语广播，并表示出对其他外语的兴趣。为了准备去法国的旅行，埃伦的母亲购买了一些法语日常会话磁带。埃伦发现这些磁带后，开始定期听它们，现在她自带的日程表里，每周五晚上已经变成她专心听这些磁带的固定时段，如果被人打扰，她会表示抗议。埃伦最近一次生日，她的姐姐送了一套基础德语 CD 给她。现在，每周六下午是埃伦的“德语会话”时间。

当一个来自日本的电视台工作组在埃伦家进行拍摄时，其中一位工作人员羞涩而轻柔地唱了一首日本民歌。埃伦仔细聆听着，然后应要求在钢琴上弹奏了这首曲子。随后，埃伦还与那位害羞的日本歌唱家一起合唱了这首歌。埃伦的母亲谈到这场邂逅时说：

> 那是极其珍贵的一幕，我们全都着了魔似的。我说不上她的发音有多么准确，但那位翩翩有礼的绅士宣称埃伦的发音是“完美的”。无论如何，观察埃伦的能力极限究竟在哪里，的确是一件很奇妙的事情。

过去几年，埃伦的家人得出了一个非常重要且有意思的发现：**我们越是引导埃伦走向变化，她的回应越是积极**。在早先几年，埃伦坚持把自己每天、每星期、每周、每月的日常生活，全都按照一个时间表预先排好，一整年都不能变化。和许多自闭症患者一样，如果生活出现变化，她就会变得非常情绪化甚至焦躁不安。例如，6 月是游泳，10 月则意味着要在旧金山北部的海滩玩 4 天，无一能例外。

然而随着岁月的流逝，她慢慢地从她孤独、拒绝触摸的自闭症角色中走了出来。这主要体现在 3 个方面：

1. 夏令营事件

2008 年春天，埃伦的姐姐南希（Nancy）和她的母亲决定，不再让埃伦继续参加萨克拉门托附近的夏令营，她此前已经参加该夏令营整整 20 年了。她们将之改为参加位于纳帕酒乡附近红树林的魔山盲人夏令营，这个夏令营隶属于旧金山盲人灯塔计划，在红树林中有一个固定的场地。该营的目标是鼓励学员的独立性，包括让学员尽可能地走向自力更生，这就涉及通过使用手杖、导盲犬、移动设备、导绳，甚至人工指引等方式，支持营员的独立生存。每 3 名学员会分配 1 名年轻的辅导员，这些辅导员为他们提供指导，但不会事事包办。

在前期的开放游览日，埃伦与夏令营主管手挽手进行了一次徒步旅行，她似乎很高兴能够参加“新的夏令营”。注册日当天，埃伦的姐姐谢里尔（Cheryl）给了她精神上的支持。当时埃伦被分配到一间整洁的红木小屋，与另外3名失明营员同住。通过在吉他上弹奏猫王的歌曲，埃伦很快与室友们建立了友谊，4人最开始的紧张感也被一扫而空。当然，家人们担心第一周可能会出岔子，因此那一周家长和照顾者们都“守在电话旁”，但他们从未接到任何大事不妙的来电。

到了那个周末，埃伦的家人开车沿着蜿蜒的盘山公路上山，心中对埃伦这一周的情况颇有些惴惴不安。这种心情完全可以理解，但他们的担忧很快就消散了，因为夏令营主管向他们保证，“埃伦做得很好”。

工作人员和营员们很快发现，埃伦几乎可以在钢琴上弹奏所有他们能想起的任何歌曲。因此，那台捐赠的原本为7月4日庆祝会准备的天蓝色三角钢琴被抬了出来，扬声器设备也被安装了起来。就在露天平台外的小湖里，营员们和工作人员一起，一边划着船，一边伴随着埃伦的钢琴声，大声地合唱约翰·菲利普·苏萨（John Philip Sousa）的歌曲，或点播的其他曲子。

埃伦喜欢那个夏令营，已经开始计算离自己下次再来那里还剩多少周的时间。从那次经历中，埃伦的家人们得到了一个重要的认识，即促使埃伦脱离束缚已久的惯例，并不一定会导致她像从前一样退缩回自己的世界里。相反，改变她的例行程序能够产生相反的效果，使她变得更加外向和独立。

2. 盲文大突破

埃伦在许多年前上过一些初级盲文课后中断了，但最近几年她被鼓励在盲人协会恢复了盲文课程，每周在指导老师的面授下进行90分钟的高级盲文课程。在这个课程里，她学习了此前完全不懂的“缩写”和“简略形式”。无论是速度还是自信心上，她的阅读技巧都提升了400%。每一节课上，老师都会和埃伦一起读一本书。接着，埃伦会引用刚读过的材料用盲文写一个故事，并增添一些自己的个人风格。

埃伦与协会的这种互动是互惠互利的。她非常感激自己学到的东西，以及高级盲文带给她的更加独立、充实的未来愿景。反过来，协会也很感激埃伦分享自己特殊音乐天赋的慷慨。他们每次举办活动时，埃伦都会用她的电子钢琴为大家演奏各种美妙的音乐，无论是交响乐、摇滚乐，还是任何介于二者之间的曲子。

3. 贝多芬的爵士乐

由于埃伦每周的工作日都住在她姐姐南希的家里，她的钢琴也被放到了那里，因此她的母亲特意买了一架电子钢琴，以便埃伦周末过来时可以用。埃伦最喜欢的作品之一，是贝多芬《第九交响曲》（*Symphony No. 9*）的最后乐章，即被世界各地喜爱它的听众称为《欢乐颂》（*Ode to Joy*）的那章。她的母亲订购了一盒由维也纳爱乐乐团演奏的录像带。该乐团阵容强大，由伦纳德·伯恩斯坦（Leonard Bernstein）指挥，配有 4 位独唱家和一个大型的合唱团。埃伦会一边听着录像，一边玩自己的电子钢琴。不过这盒录像带有些瑕疵，几个星期后，它开始不时地卡住，最后甚至无法播放了。她的母亲只好把它扔掉，询问埃伦是否可以自己弹奏。让她无比惊讶的是，埃伦不仅弹了《欢乐颂》,还演奏了该系列的第二辑：贝多芬《第一钢琴协奏曲》（*Piano Concerto No. 1*）。该曲由伯恩斯坦独奏钢琴兼指挥维也纳爱乐乐团共同演绎。埃伦行云流水般地弹奏了这部作品，还设法将伯恩斯坦指挥的版本延长了 15 分钟。

接下来发生的事情更有意思。之后的每一个周末，埃伦都会弹奏这两部作品，只是把它们变成了即兴爵士乐风格。现在，她每次弹奏那两部曲子的风格都不重样。

埃伦第一次显露出即兴创作的迹象，是她的母亲发现弹奏中埃伦的左手表现得非常积极，她甚至会在协奏曲中加入一点拉丁的节奏。在那接下来的一周，《欢乐颂》的主旋律变得愈发热情洋溢，每个音符都被弹奏了两次。再后来，新的旋律渐渐出现，有时重复几次，有时则完全消失。她的每次表演都是独一无二的。埃伦的母亲如此总结：

> 每当这样看着、听着时，我都会不由自主地想起她 4 岁时测试了 IQ 为 30 ~ 50 之后，医生建议把她送入收容养护机构，因为她将“永远学不会任何东西”。
>
> 然而我们把那个预言远远地甩在了身后。
>
> 尽管崇尚纯粹音乐的人士可能会责难埃伦竟然放肆地用爵士乐风格演奏贝多芬的曲子，但实际上埃伦并不清楚贝多芬是谁。每当我们看着她弹奏钢琴时绽放出的幸福笑容，甚至有时会咯咯笑时，我们明白，她并不是为了贝多芬或我们才演奏的，她弹奏钢琴完全是为了取悦自己。

她可以接受一点赞美，但并不需要太多，因为对她而言，他人赞美与否并不是非常重要的。

由于她的口头沟通能力仍然有限，而且可能永远如此，因此她无法告诉我她在做什么。那么这里究竟发生了什么？作为一个局外人，我无法确知这一点，但我非常感恩自己能全程观察，并时而有幸参与到她那神奇而不可言喻的旅途之中。

埃伦家人每天都向她展现的爱、关怀和自豪之情，既是埃伦不断进步的强大动力，也是她幸福、骄傲和满足感的重要源泉。埃伦是他们的负担吗？她的母亲这样说道："有时候，当我和她姐姐南希带着她出门走动，朋友们可能会说，他们永远都做不到像我们这样。那时我和南希就会相视一笑，说，'那你们永远不知道自己将错过什么！'"

第12章

从盲童到伯克利音乐学院优等生

托尼·德布卢瓦

托尼是一名音乐型自闭学者，他破格进入伯克利音乐学院，并作为“优等生”毕业

要以优等生的身份，从马萨诸塞州波士顿著名的伯克利音乐学院毕业是很难的，自古以来就只有寥寥几个人。身为一名双目失明的音乐型自闭学者，托尼·德布卢瓦却做到了。这是个关于“勇往直前”的振奋人心的故事，歌颂的是托尼惊人的音乐天赋，托尼母亲对儿子的无限支持，以及一个学校更关注个人的优点而非缺陷的决心。

事实上，正是围绕着托尼进入伯克利学院的一些问题，使得我们在1989年首次相聚。我作为托尼的母亲贾尼丝·德布卢瓦（Janice DeBlois）邀请的专家证人，来到沃尔瑟姆公立学校，为托尼入学伯克利音乐学院暑期班提供支持。15岁的托尼凭借杰出的爵士乐天赋，赢得了伯克利学院的夏季奖学金。但与伯克利的其他学生不同，托尼是位失明人士，患有自闭症，而且没有高中文凭。更重要的是，托尼所属的学区并不认为托尼有必要去伯克利学院上学，并且质疑到伯克利上学并不适用于托尼的个别化教育计划[①]（Individual Education Plan，以下简称IEP）。请听我慢慢道来。

①个别化教育计划，指美国为残障孩子制定的教育计划。

托尼15岁时在伯克利音乐学院高中爵士音乐节上，参与了里弗斯音乐学园爵士乐团的演出。当时，托尼是里弗斯中学课后学习计划的学生之一。来自伯克利音乐学院的教员对托尼在音乐节上的表演印象深刻，准许他加入伯克利为期5周的夏季高中演出计划，并奖励了500美元奖学金。问题是，评委们并没有意识到，他们颁发奖学金时托尼只有15岁，而该奖项是为即将高中毕业的16岁学生准备的。评委们也不知道，托尼是一名双目失明的自闭症患者；伯克利学院从未招收过15岁的失明且患有自闭症的学生。但他的母亲为托尼能赢得这份奖学金感到由衷的骄傲，她请求伯克利学院能破例特别考虑一下托尼惊人的天赋，并为他提供住宿。伯克利学院同意了她的请求。经过一场特别的试听会后，学校决定，根据托尼的才能和表现，允许他参加伯克利的暑期班，他已获得的奖学金仍然有效。

然而伯克利提供的奖学金只涵盖了部分学费和托尼所需要的特别助教的费用，他母亲便请求将伯克利音乐学院的夏季课程作为托尼IEP方案的一部分，由学区负责。当学校拒绝这一想法后，贾尼丝发起了“安东尼[①]·德布卢瓦控告沃尔瑟姆公立学校”案的听证程序（BSEA第89-1764号），并将此案提交给马萨诸塞州教育部特殊教育上诉局。

学校系统认为，它已为托尼提供了适当的教育，“在最小限制的环境中提供最大发展的可能”，因为托尼已经入学珀金斯盲人学校，并参加了几英里之外的里弗斯音乐学校的课后音乐学习。

鉴于我对音乐型学者综合征患者的兴趣，托尼母子的辩护律师询问我是否能为此案撰写一份报告，强调伯克利音乐学院暑期班对托尼的额外益处。我欣然同意支持这一立场，报告的部分内容如下：

> 安东尼·德布卢瓦展示的音乐天赋，并不是一种什么古怪的天分。和其他学者综合征患者一样，他的音乐天赋有助于促进他的进一步社会化，并改善他的一些自闭症状。总而言之，音乐可以作为一种通道，帮助矫正其基础心智障碍带给他的种种缺陷。虽然是否持续关注学者综合征患者的特殊才能，有时似乎显得可有可无，但通过训练天赋，学者综合征患者可以超越自身缺陷，更好地提高日常生活技能，促进社会化，培养更好的沟通能力和互动关系，甚至是亲密关系……（培养这些特殊

①安东尼（Anthony），教名，昵称托尼（Tony）。

技能的目标）是让他们耐心和富有创造性地运用这些能力，而不用担心这样做会损害其整体的发展。恰恰相反，这些技能能够成为学者综合征患者与他人互动的特殊方式，因而它们可以促进患者其他相关技能和沟通能力的发展。这些特殊技能是学者综合征患者通往世界的窗口，同时也为我们提供了一个探究学者综合征患者世界的窗口。“训练天赋，可以改善患者的缺陷”……

我认为，任何有利于安东尼·德布卢瓦接触音乐、接受音乐教育和发展其优势的活动，不仅对他惊人的天赋有利，更是一种改善其整体发展的直接投入，使他得以充分发挥自身潜力，让他在最小限制的生活环境中，成为尽可能自力更生的个人。增加他对音乐和其他音乐家的接触，就像他将在伯克利音乐学院暑期班中所经历的一样，不仅是一种“文化体验”，更是他的特殊教育的延伸，让他能够充分利用自身的特殊技能，抵消其天生的心智障碍。我强烈建议他参加伯克利音乐学院暑期班，那将是对他这个夏季的最好投资。它将是社会能够提供的最好的特殊教育经历，促使他朝一个完整的教育目标前进。

还有其他人也出席了这场听证会。托尼在珀金斯学校的一名音乐老师说，托尼在音乐方面的特殊天赋，足以让他在未来 5 年内成长为一名成熟的音乐独奏家或乐团成员。他继续说：“托尼将对音乐世界作出很多贡献，我强烈建议任何能够帮助他的人，给他这次机会，让他充分发展他的音乐才能。”

1989 年 10 月，听证官下达决定，认定伯克利音乐学院暑期班是托尼整体特殊教育计划的合法部分。她命令沃尔瑟姆公立学校为贾尼丝报销托尼在伯克利音乐学院暑期班的上课、交通和个人助教等一切费用。

伯克利音乐学院暑期班是托尼人生的转折点。约翰·拉波尔塔（John Laporta）是美国最有影响力的爵士乐教育家之一，他对托尼特别感兴趣，尤其是他非凡的爵士乐技能。在伯克利音乐学院，托尼在第一次的夏季计划期间变得更加喜欢社交且健谈。他在学生中大受欢迎。

第二年，托尼再次参加了伯克利的暑期班。这次里弗斯音乐学校爵士乐团赢得了 1 000 美元的奖学金，并奖励给他们中功劳最大的学生。托尼获得了那笔奖学金，而这次则是正式接受伯克利音乐学院的正规大学教育。在波士顿残障人士法律中心的帮助下，贾尼丝将伯克利音乐学院的全日制课程也包含到了托尼的 IEP 方案之中，并指出音乐是她儿子未来的一条真正的职业发展道路。1992 年 6 月，17 岁的托尼·德布卢瓦成为了伯克利音乐学院的全日制学生。

伯克利的学生们喜爱托尼。在 1991 年的《今日秀》上，一位同学说："他是一只酷酷猫，这就是我要说的。"另一位学生说："当他开始即兴演奏爵士乐时，总是妙如天籁，因为他在音乐中倾注了自己强大的能量，非常有感染力。"另一期电视节目则播出了托尼接受伯克利音乐学院优秀毕业生证书的画面，背景是为他欢呼雀跃的同学们。"你知道我对此有什么感受吗？我感到自豪。"托尼说。不仅他觉得自豪，他的家人和伯克利的老师也是如此。在那极其重要的一天，托尼还收到了伯克利音乐学院的 50 周年纪念勋章，以表彰他是"进步最大的学生"。他是伯克利音乐学院招收的第一个 17 岁高中学生，也是伯克利的第一个失明且伴有自闭症的学生，这个记录相当了不起。而我个人，则会给托尼、伯克利当然还有贾尼丝全部 A+ 的成绩。

这项成就，只是托尼和贾尼丝平生面对的无数个"勇往直前"时刻的高潮之一。托尼出生于 1974 年 1 月 22 日，是一名早产儿，出生时的体重只有一磅[①]又四分之三盎司[②]。作为体重超轻的早产儿，托尼患有呼吸窘迫综合征，需要冒着失明的风险，靠吸氧维持生存。他不得不一直住院到当年的 5 月份，出院时的体重勉强达到 5 磅 4 盎司。然而不幸的是，早产儿视网膜病变(ROP)夺走了他的视力。托尼 9 岁时接受的 EEG 和 CT 检查结果表明，除了失明外，他还患有大脑左半球受损及相应的功能障碍。

从托尼住在家里的第一刻起，他的母亲就注意到了他与音乐之间的密切联系。音乐能够让他平静下来，而即使只是同一张专辑切换曲目时的短暂停顿，都会让他苦恼不已。托尼两岁时，贾尼丝买了一台二手和弦电子琴。几个月后，贾尼丝惊奇地听到隔壁房间传来电影《阿拉伯的劳伦斯》（*Lawrence of Arabia*）的主题曲，原来是托尼正在电子琴上弹奏这首曲子。到了 3 岁的时候，托尼就能够左手弹和弦、右手弹旋律，演奏出他在《劳伦斯·韦尔克秀》（*Lawrence Welk*）上听到的歌曲。

童年时，托尼随着家人搬过很多次家。贾尼丝的心里却始终对马萨诸塞州念念不忘，因为她听说那里会为有特殊需要的儿童提供特殊教育的机会。

①1磅=453.59克。

②1盎司≈28.3495克。

1983 年 5 月，托尼一家终于移居到了马萨诸塞州。托尼也进入了珀金斯盲人学校，在那里，他的音乐才能受到了特别的关注。1987 年 6 月 23 日，这种关注得到了进一步加强。当时，托尼开始参加里弗斯郡日校音乐学园的课后音乐课程。里弗斯郡日校是一所为 6 ~ 12 年级而设的私立预科学校，在马歇尔公司、圣帕特里克教堂和狮子俱乐部的帮助下，托尼开始了他在该校音乐学园的学习，并获得了他在新罕布什尔州表演过的一个教堂的募捐支持。我们把沃尔瑟姆校委会请上听证会（BSEA 第 88–1003 号），才让该校同意支付托尼在里弗斯音乐学园学习的学费和交通费。

正是在那里，托尼开始跟随里弗斯音乐学园爵士乐课程的主任学习爵士钢琴，从而有机会作为该校爵士乐团的一员，在 1988 年伯克利音乐学院高中爵士音乐节比赛中赢得杰出音乐才能奖。随后如前文所述，次年，托尼被伯克利音乐学院"发现"，并最终被招收入校。

1991 年，托尼登上了《今日秀》。与此同时，我第一次访问了托尼在沃尔瑟姆的家。托尼是一个非常快乐、外向的 18 岁男孩。尽管双目失明，但他能轻松自如地在房子和院子里走动。我为他播放了一段音乐，他马上就能重奏出来。这样的原曲复现能力自然令人印象深刻，但最让我震惊的是托尼超过复制之外的即兴创作能力。在我看来，托尼显然具有"感受"音乐的能力。他能够为音乐注入情感，亦能从音乐中提取情感。他不只是回应自己听到的东西，他还在即兴表演，同时"感受"着它。

在我们聊天的过程中，托尼有时候会用仿语回应一些问题，但总体来说，我们的谈话进行得很舒适。托尼在抽象思维方面确实存在一些问题，但这对我们的谈话几乎没有影响。那天，托尼的喜悦、热情和自豪溢于言表。托尼的母亲同样自豪，而且显然她对自己和托尼目前取得的成就也非常满意。

在《今日秀》的节目播出后，好莱坞一位制片人对托尼和他的母亲贾尼丝的故事产生了兴趣。这种兴趣最终在 1997 年开花结果，哥伦比亚广播公司（CBS）推出电影《心灵之旅》(*Journey of the Heart*)，由斯碧尔 · 谢波德（Cybill Shepherd）扮演贾尼丝、克里斯 · 德米托（Chris Demetral）扮演托尼。托尼亲自弹奏了 5 首曲子为电影配乐，并出现在了电影的最后一幕中。

凭借自己的才华，托尼赢得了许多奖项，也上过许多广播和电视节目。他还在美国举办过多场音乐会，并在世界其他国家和地区巡演，包括新加坡、爱尔兰、非洲国家和中国。托尼现在能够演奏的乐器超过 22 种，如风琴、羽管键琴、吉他、口琴、手铃、小提琴、班卓琴、鼓、小号、萨克斯管、单簧管、尤克里里、曼陀铃和长笛等。

托尼目前已经录制了6张专辑：《为生命感谢上帝》（*Thank God for Life*，1999）、《音乐四千年》（*Four Thousand Years of Music*，1999）、《难以言说》（*Beyond Words*，2002）、《默瑟，原谅我》（*Mercer, Mercy Me*，2003）、《三倍好》（*Thrice as Nice*，2004）和《某种天才》（*Some Kind of Genius*，2005）。其中一些曲子，托尼边弹边唱；还有一些曲子里，他演奏了萨克斯或小号。一些曲子是独奏，还有一些则是爵士乐团合奏。一些音乐是名曲，但还有很多是托尼自己作曲或即兴演奏的。

2005年，罗代尔出版公司出版了一本关于托尼的著作《某种天才：音乐型学者综合征患者托尼·德布卢瓦的非凡之旅》（*Some Kind of Genius: The Extraordinary Journey of Musical Savant Tony DeBlois*）。该书由贾尼丝·德布卢瓦和安东尼娅·费利克斯（Antonia Felix）合著，为读者了解作为音乐家的托尼和作为个人的托尼，提供了一个非常全面的视角，其中包含了大量关于托尼和贾尼丝的细节。同样，在托尼的个人网站（www.tonydeblois.com）上有更多关于他的个人信息。

托尼的人生之旅中有许多重要的故事环节：他在出生体重堪堪一磅的情况下艰难地活了下来；他是集音乐天赋、心智障碍和失明3种特征于一身的又一例证；他的母亲对儿子的支持，以及她对托尼的未来不屈不挠的乐观态度；他作为一名技艺娴熟的音乐家的这种进步，促进了其语言能力、社会化和日常生活技能的增长；他顶着几乎为零的可能性进入美国最负盛名的音乐学院，并以优秀毕业生的身份顺利毕业；他现在享受着作为一名成功音乐家的职业生涯，而这一切都是通过“训练天赋”实现的；还有一位母亲对儿子的爱和自豪，以及对儿子的无限支持、拥护和勇往直前的韧性。

就和我有幸结识的许多学者综合征患者一样，托尼浑身散发着属于自己的喜悦和自豪感。尽管身体有所不便，但他们都如此地满足和充实。这也为我们每个人提供了一个视角，让我们能够更加积极而谦逊地看待自己。

第 13 章

火星上的人类学家

拥抱机发明者

天宝·格兰丁

天宝是一位动物科学家和畅销书作家，她还发明了"拥抱机"

天宝·格兰丁博士（Temple Grandin）可谓誉满全球。多年来，她通过分享自己"贴上自闭症标签"的故事，成为一名著名且能言善道的自闭症和阿斯伯格综合征大使，不断提高了大众对这两种病症的认识和深入了解。她是"训练天赋"的积极倡导者，为所有自闭症或阿斯伯格综合征患者提供了一个成功的模范和榜样。

天宝同时也是位世界知名的动物学家，在牲畜管理设备的设计方面具有独特的专业知识，美国一半的牛都是用她为屠宰场设计的设备进行处理的。她还在全球范围内，就此问题进行演讲并提供咨询服务。1989 年，天宝从伊利诺伊大学获得了动物科学博士学位，目前是位于科罗拉多州柯林斯堡的科罗拉多州立大学的教授。2005 年，她和约翰逊（Johnson）合著的作品《我们为什么不说话：以自闭症者的奥秘解码动物行为之谜》（*Animals in Translation: Using the Mysteries of Autism to Decode Animal Behavior*）荣登《纽约时报》畅销书之列。除了赢得众多行业奖项外，她还发表过数百篇相关的专业论文。

作为一名牲畜设施的专业设计师，天宝的成功大部分要归功于她的视觉思考能力。为此，她写作了一本名为《用图像思考：与孤独症共生》（*Thinking in Pictures: And Other Reports from My Life with Autism*）的畅销书。同时她还具有识别并记忆画面细节的超凡能力，就像磁带录音机或硬盘处理数字图像一样。她认为，这种视觉思维模式、能力和记忆与自己的自闭症密切相关。天宝身上所展现的这种机械 / 空间技能和海量的精准记忆能力，在其他一些学者综合征患者身上也有出现。此外，常见于这类患者身上的还有美术、音乐和数学方面的技能。

天宝负责维护一个关于动物科学事务的网站（www.grandin.com）。该网站非常活跃，主要致力于"帮助全世界的人们了解现代家畜的处理方法，提高动物的福利和生产力"。她在自己的专业领域内，花费了大量的时间用于演讲、提供咨询、写作和研究。

除了在专业领域辛勤耕耘外，天宝也同样致力于把自己的故事和她关于自闭症的专业知识，分享给世界各地的人们。她经常在自闭症学术会议上发表演讲，并根据自己的自闭症经历，就该主题进行了大量的写作，为家长、专业人士和公众提供了宝贵的见解和建议。

1986 年，天宝在和斯卡里亚诺（Scariano）合著的新书《浮出水面：贴上自闭症标签》（*Emergence Labeled Autistic*）中首次分享了她的自闭症故事。里姆兰德医生在该书的序言中点明了这本书的重要性和使命：

> 据我所知，这是第一本由康复的自闭症患者写作的书。这是一部激动人心的作品。读者将看到一个似乎注定要在特殊机构呆一辈子的严重残障的孩子，一步步成长为一个富有活力、多产的和受人尊重的成年人的冒险故事。最后，她成为了自身领域的世界权威。

在这本第一次讲述自己亲历自闭症的书里，天宝精彩地记录了自己从童年到 30 岁出头的人生。该书从主观与客观两个角度描述了那场"意外"，除了根据天宝本人的记忆，还混合了她的母亲、老师、医生等见证了其童年时期的重要人士留下的信件、报告、笔记和日记等文字信息。这本书记录了自闭症的早期症状，包括 3 岁半后才会说话、退缩、淡漠、旋转、仪式化行为，以及对触摸、声音等其他感觉极度敏感。书中还记载了天宝在小学、初中和寄宿学校中的挣扎，并讲述了天宝如何发现“魔法装置”——牢靠架[①]的镇定效果。18 岁时，天宝将其改装成能为自己所用的设备，并称之为“拥抱机”。它能让天宝平静下来，至今仍被她用来处理自己的感官超载。

到了研究生院，天宝把自己的专业从心理学换成了动物科学。至于之后的故事，套用一句老话说，“后来的事就尽人皆知了”。

在该书的最后章节“自闭症患者和真实世界”中，她为所有需要照顾自闭症儿童的人，包括家长、老师和临床医生，提供了 17 条非常详细、通俗易懂且实用的提示和诀窍。针对自闭症儿童的各种独特需求，包括特殊兴趣、过敏症、对结构和固着的依恋等，她提出了一些方便操作的建议。那些建议，可谓都是来自同样亲历过自闭症世界的专家的肺腑之言。

1995 年，奥利弗·萨克斯出版了畅销书《火星上的人类学家》(*An Anthropologist on Mars*)，其中就对天宝作了生动、形象的描述。事实上，这本书的标题正是引用了天宝对自己的描述，“很多时候我觉得自己就像火星上的人类学家”。萨克斯在该书中对天宝·格兰丁作了引人入胜的介绍，使她越来越受到公众的关注。随后天宝又发表了更多的文章，并出现在主流电视节目中。

1996 年，天宝·格兰丁的著作《用图像思考：与孤独症共生》一经出版便畅销各地，并于 2006 年增订再版。2004 年，她和达菲（Duffy）还出版了一本新书《发展天赋：阿斯伯格综合征和高功能自闭症患者的职业发展》(*Developing Talents: Careers for Individuals with Asperger Syndrome and High Functioning Autism*)。该书与“训练天赋”密切相关，不仅针对学者综合征，而且还包括了阿斯伯格综合征和高功能自闭症。《我们为什么不说话：以自闭症者的奥秘解码动物行为之谜》一书，将天宝两个专业领域内的智慧合二为一，广销各地。同年，天宝与肖恩·巴伦（Sean Barron）合著的《社交潜规则：以孤独症视角解析社交奥秘》(*Unwritten Rules of Social Relationships: Decoding Social Mysteries Through the Unique Perspective of Autism*) 出版，并荣获《前言》杂志（*Foreword Book*）年度图书大奖。该书的主题是理解并学习常常给自闭症和阿斯伯格综合征患者带来麻烦的社会“规则”。

2005 年 5 月，天宝在威斯康星自闭症学会年会上发表了主题演讲，她在

---

①牢靠架，兽医在给牛打针时常用的一种器具，用来把牛紧紧夹住，使它无法活动。

美国和世界各地举行的许多类似会议上也作过此类演讲。我有幸聆听了她的那场演讲。当时，关于自闭症的病因和疗法方面，“传统医学”和“替代医学”存在相当大的差异。受到当时疫苗之争的极大推动，天宝从自己的自闭症经历中，带来了一个让大家平息争论、统一意见的独特证据。她展现的亲和力和提出的切实可行建议，引起了与会者的关注和赏识。而其他“专家”则因为提出的观点富有争议性和极端化，有时并不能让与会者感到信服。

天宝在该演讲中指出，自闭症可能没有单一成因，它很可能是一系列疾病的组合，而不是某种单一的病症。

天宝同样谈到了“药物使用”这一微妙话题。她指出，药物有时可以用于特定的目标病症，例如焦虑等，她自己也有过这种情况。紧接着，她又恰如其分地指出，为正确的患者找到正确剂量的正确药物，是一种高度个性化的临床探索。她还十分明智地警告说，将所需的非常低剂量的药物滴定到适当的剂量水平，往往需要一个非常谨慎的操作过程。在这次演讲中，她令人心服口服地化解了传统医学与替代医学之争，并指出，只要应用恰当，这两者都可以根据不同患者个体的情况起到相应的作用。

最后，天宝还达成了一项前无古人的历史性成就。她用自己的亲身经历告诉人们“训练天赋”的重要性，无论患者处于自闭症谱系的哪个位置，人们都应该去掉其身上的标签，将注意力放在其能力而非残障上。对全世界身患自闭症谱系障碍或对这一疾病感兴趣的人士而言，天宝实在是一位快乐、乐观、实际、可信、可靠和不知疲倦的大使。

那场演讲，从本质上反映了天宝对自闭症谱系障碍的看法。对出席了那次会议的家长和专家而言，她的演讲是一座充满理解、同情、实用建议和希望的丰富矿产。幸运的是，天宝把她的珠玉之见形成了文字，以便让它们传播得更远。在一些家长和老师的高频推荐下，我知道她最近又写了一本关于自闭症的书《我心看世界》（*The Way I See It*）。在那本宝贵的著作中，人们可以找到第一手的信息、知识，以及她的乐观态度。

如前文所述，现在天宝的生活中有两个主要的任务，并且她也把自己绝大部分的时间都分配到了这两项工作之中。一个是她作为一名动物科学家的非常成功的职业生涯；另一个则是更加辉煌的历史使命，她作为教师、榜样、代言人和导师，呼吁家长、专家乃至社会大众更广泛地接受和更好地理解自闭症。她为自己的这两项事业都设立了相应的网站。其中的一个网站

（www.grandin.com）针对她在动物科学方面的专业知识与工作；另一个网站（www.templegrandin.com）则展示了她关于自闭症的活动、文章、书籍、视频、DVD 和演讲，同时还深入地讲述了天宝的传奇经历和现状。

在她的写作和演讲中，天宝逐一感谢了她人生中那些给予自己关怀和理解的重要人士，同时她也指出，自闭症（或学者综合征）个体周围的人士可以对他们产生非常积极的影响。她感谢了自己的母亲和保姆，她们在天宝很小的时候就开始支持她在艺术方面的兴趣。天宝认为，艺术在她的视觉思维技能发展中，起到了非常重要的作用。

另一位对天宝的人生产生重大影响的人物，是她的高中老师威廉·卡洛克先生（William Carlock），他的人生观对天宝的生活及其所有的著作和演讲都产生了重要的影响。天宝在《浮出水面：贴上自闭症标签》一书中写道，在她看来，威廉·卡洛克先生：

> 不会给我贴任何标签，他只看到我的潜在天赋。即使是校长，也对我在技术学校的前途持怀疑态度，但卡洛克先生相信，他应该培养学生与生俱来的东西，并把我固着的特点引入到建设性项目。他没有试图把我引到他的世界，而是自己来到我的世界。

卡洛克先生对天宝在事业和生活中取得的进步也倍感欣慰。他的建议不仅让天宝受益无穷，也值得所有与自闭症儿童有接触的人学习，如家长、老师和医生：

> 天宝掷地有声地向世界证明，自闭症儿童是有希望的。深刻而持续的关爱、理解、接受，以及适当的高期望、支持和鼓励，将为自闭症儿童提供一个良好的基础，让他们可以成长并挖掘出自己的潜力。

在天宝的动物科学工作中，设计蓝图是必不可少的，而她绘制的蓝图堪称壮观。然而她的高中老师对于天宝的那些宝贵建议，不也正是自闭症、阿斯伯格综合征以及学者综合征患者的成功蓝图吗？此外，在为自闭症发声的这一使命中，天宝也为所有相关人士绘制了同样了不起的蓝图。

第14章

爵士乐领域的莫扎特

马特·萨维奇

马特一夜间无师自通学会了弹奏钢琴，是贝森朵夫钢琴公司迄今签约的唯一儿童艺术家

马特·萨维奇在17岁时就名扬全球音乐界。并非每位音乐家都能引起《华尔街日报》（*Wall Street Journal*）艺术与娱乐版的注意，但在2008年10月29日，《华尔街日报》刊载了一篇题为《马特·萨维奇的音乐天赋》（*The Musical Maturing of Matt Savage*）的文章。该文章给予了马特极高的评价，把他描述为“一位极其有才华的钢琴家和作曲家，就纯音乐的角度而言，人们必须严肃看待他”。

这一点得到了其他音乐家的认同。马特才8岁时，戴夫·布鲁贝克第一次听他演奏之后，就称其为“爵士乐的莫扎特”。现在，马特拥有自己的网站，在那个网站上，“天赋和快乐发生了量子跃迁”。事实也的确如此！

9岁时，马特已成为马特·萨维奇三重奏乐团的领导者，他的伴奏者都是世界级的成年音乐家。11岁时，他初次在曼哈顿久负盛名的蓝调之音爵士俱乐部登台表演，是该会所有史以来最年轻的演奏者。第二年，12岁的马特在著名的鸟园登场。2003年，11岁的马特还签约成为“贝森朵夫艺术家”，是贝森朵夫钢琴公司自1828年成立以来签约的最年轻钢琴家，也是唯一的

一名儿童。目前，马特在美国和其他国家的音乐会及爵士音乐节上表演。他已录制了 8 张唱片，并将一部分的唱片收入捐献给自闭症研究与援助机构。2007 年，其中一张最新专辑《热门事件——活在波士顿》（*Hot Ticket–Live in Boston*）备受好评。2008 年，他与索尼公司签订了授权发行协议。

2004 年 9 月，我第一次与马特及其母亲黛安娜（Diane）见面。他们应邀到威斯康星州阿普尔顿市参加“才能周”活动，该活动的主题是残障人士的优势与天赋。马特是此次晚上音乐会的特邀嘉宾。在那宝贵的 4 天时间里，我们得以邀请他作为驻地艺术家在阿普尔顿的一些学校里进行了表演。

那是非常特别的一周。马特和他母亲一起参加了两场活动，一场接见了当地的小学生，一场是高中生。他带来的激情与鼓舞简直令人难以置信！激动万分的学生们非常震惊于马特的才能，并完全被他的人格魅力折服。马特尤其享受活动中的“观众挑战”环节。该环节中，观众可以提出任何一个主题，如一种颜色、动物或一种感觉，马特立刻就能即兴创作出相关的钢琴曲。

在当晚的音乐会上，马特以同样的方式与观众进行了互动。人们说出任何一个词，他马上就用音乐来阐述它的意义、语气和概念。整场音乐会中，他娴熟地充当着自己的主持人，完全放松，时而幽默，但对音乐始终一丝不苟。他弹奏了一首为庆祝妹妹生日而写的曲子，一首为祖母写的曲子。他的一双小手究竟如何弹奏出如此伟大的音乐，仍然是一个谜。演奏中，他需要伸手、弯腰，甚至挪动椅子，才够得着钢琴最边缘的琴键，因为钢琴比他大太多了。然而凭借自己的曲子，他成为了钢琴真正的主人。这个画面十分感人。

音乐会那天，我有幸与他们母子共进了午餐。马特吃午餐时，跟在舞台上的表现一样轻松自在。我们刚一见面，他就指出我的姓氏“特雷费特”（Treffert）是回文[①]结构，接着他列出了其他许多回文。事实上，世界上恐怕再也找不出比那更长的回文单词列表了。当我把自己的生日告诉他时，他稍稍停顿了一下，然后宣布那是一个星期天。这完全没错。

接着，我就发现马特是云霄飞车方面的世界权威。他能轻松说出世界上最长、最高、最快的过山车的倾斜角度，以及它们的所在地。不过他坦言，相比乘坐过山车，他更喜欢研究它们。用他自己的话说，就是：“我是一个喜欢研究过山车的怪人，而不是喜欢乘坐过山车。”

---

①回文，也叫回环，指把相同的词汇或句子，在下文中调换位置或颠倒过来，产生首尾回环之妙。

马特显然非常聪明、有口才、有涵养，令人愉快。他的母亲亲自在家教育马特和他的妹妹，对于马特，她感到由衷的骄傲。是的，她理应如此。显而易见，黛安娜既是一位伟大的母亲，也是一名伟大的老师。马特母子都非常喜欢新罕布什尔州的农村生活。黛安娜一直小心翼翼地平衡着马特的舞台生涯与家庭生活。他们在选择音乐会时慎之又慎，以便为自己的家庭和农场留下充足的时间。

黛安娜说，马特自打出生起就与其他孩子不同。他很好动，不怎么睡觉，而且很挑剔。他会把玩具排成一排，做重复的事情。他有许多仪式化行为。他在走路甚至跑动时，会踮起脚尖，头偏向一侧，一边挥舞着双臂。他也很少与其他孩子一起玩，并且逃避任何类似的互动。马特曾进过学前班，但只在那里待了两天；之后，学校就通知黛安娜来接马特，因为学校无力照顾他。“他被正式从学前班开除了。”黛安娜如是说。

马特的词汇量很大，因为他有仿语症，会重复自己刚刚听到的话。此外他还患有持续言语症。他还会阅读出现在自己视野内的一切文字，因为他也患有超读症。很显然，马特的智力高度发达。他对包括音乐在内的声音非常敏感；对触摸也很敏感，不喜欢被人抚摸。因此，他会试图避免任何听觉与触觉的刺激。

3 岁时，马特被诊断为广泛性发育障碍（PDD），可能还患有阿斯伯格综合征，且伴有超读症。家人给马特提供了 DAN（即“现在就打败自闭症！”）推荐的大部分治疗方法。其中一个特别有效的疗法是听觉统合治疗，该疗法显著减轻了他对声音的强烈厌恶。通过这些治疗，马特的家人们看到了他在语言和社会化方面的稳步改善，这也从整体上减少了他的挫折感。随着时间推移，马特感受到的挫折感越少，他的自闭症症状也就越轻。

事实证明，马特的超读症是一个非常好的工具。她的母亲如此描述：

> 我们利用他对文字和图形的迷恋来对他进行教育。虽然有时他并不太想要学习，但只要纸上写了字，马特就会不由自主地去读它。读完之后，他可能会发脾气或把那张纸扔掉，不过我们会不停地把它捡起来还给他。每一次，他都会不由自主地继续阅读。他的口语能力尚未成熟时，我们可以通过文字与他交流。超读症是一种天赋，而不是诅咒。它是一种工具，让我们可以接触这个孩子的内心世界。

除了单词之外，马特还对数字感兴趣。6 岁时，他告诉他的母亲，“我的头脑里充满了数学问题”。于是，他的母亲买来了一些数学谜题书。他攻读那些书籍的热情与词汇书不相上下，能轻松解决针对两倍于其年龄的问题。迄今为止，马特对数字和数学仍然非常迷恋。他也喜欢地理。2004 年 4 月，他赢得了新罕布什尔州的国家地理小蜜蜂竞赛，并代表该州参加华盛顿特区国家地理小蜜蜂总决赛。

大约 6 岁的时候，马特的音乐天赋以一种出人意料的方式出现了。一天晚上，他的父母惊讶地听到隔壁的房间里传来用玩具电子琴弹奏的《伦敦桥》（*London Bridge*）。发现这个惊喜之后，马特的母亲带他见识了真正的钢琴，而他“几乎一夜之间”就无师自通了。在 6 个月之内，他学会了一首舒伯特奏鸣曲。

7 岁时，马特开始作曲。当时，他正在一名古典音乐老师门下学习。一天，他的老师指出他弹奏某首曲子时犯的一个错误，马特却说，他更喜欢自己的版本。此后，他开始自己作曲，并且一发不可收拾。

经过一年的古典音乐学习后，马特加入了新英格兰音乐学院的一门爵士乐课程。在那里，他的进步神速。他的一名老师评价说，“马特似乎知晓某种超越自身存在的东西”。

他的母亲如此说道：“马特告诉我们，音乐已经萦绕在他的脑海里了。他能听到它，并能弹奏它。他知道自己必须磨练技巧，但音乐本身已经在他的脑子里了。”

对我而言，马特是我所谓“遗传记忆”的鲜活例证。从某种意义上说，马特确实“懂得超越自身存在的东西”。如我所言，马特“懂得自己从未学过的东西”。他出生自带“音乐芯片”，用他自己的话说就是“音乐已经在我的脑海里”。他只需要把脑海里的音乐记录下来，就如同莫扎特的音乐“已经篆刻在了他的灵魂里”。关于遗传记忆的更多细节，我已在第 4 章中展开作了讨论。

因为拥有惊人的天赋，马特的媒体曝光度极高。他参加过两次《今日秀》。2006 年，他出现在科南·奥布赖恩主持的《午夜秀》（*Late Night*）；2008 年，又登上了大卫·莱特曼的《深夜秀》（*Late Show*）。马特还上过国家公共广播电台（NPR）玛丽安·麦克帕兰（Marian McParland）主持的《爵士钢琴节目》（*Piano Jazz Program*），那期节目伴随着马特的钢琴弹奏声，对他进行了长达

27 分钟的深入交流（详见下文）。美国有线电视新闻网（CNN）的一个部门也对他的音乐天赋进行了探索。此外，马特还在一系列的纪录片中出现过。

马特的演出日程表安排得很紧凑。例如，2008 年 10 月，他在新泽西州麦迪逊的上海爵士乐俱乐部，与国际知名的荷兰贝斯手约里斯·泰佩（Joris Teepe）合作了二重奏；接着，他又和马特·萨维奇三重奏乐团的其他两名来自纽约的伴奏者一起，连续两天都在格林威治村的卡萨莎爵士与桑巴俱乐部进行了演出。他的巡演列表还在继续增加中，范围涵盖了美国以及其他许多地区。

2009 年 5 月，马特受邀为乔治亚州亚特兰大举办的一场“援助自闭症”音乐会创作了主题曲。他的曲子《我不惧怕》（*I'm Not Afraid*）融合了晚会所有表演者的音乐风格，包括摇滚、乡村音乐、爵士、布鲁斯、古典乐、拉丁、节奏布鲁斯、民乐、舞曲和流行音乐。如组织者所言，“我们选择马特，是看中了他打破常规思考音乐的能力”。

想了解更多的有关马特·萨维奇的信息，可以参阅以下 3 个资源。首先是他的个人网站（www.savagerecords.com）。其次是《连线》杂志（*Wired*）2003 年 12 月号刊上一篇由史蒂夫·西尔贝曼（Steve Silberman）发表的题为《天才的钥匙》（*The key to genius*）的文章。在这篇著名的文章中，马特被描述为一位“多产的作曲家和高超的即兴创作者。作为一名学者综合征患者，他拥有早熟的音乐才华；作为一位经验丰富的音乐家，他拥有美妙的想象力。他拥有这两个思想国度的双重国籍”。第三，德国多特蒙德色域制片公司出品的《美丽心灵》节目专门为马特制作了一期视频，读者可以在学者综合征网站的简介部分找到它。

马特·萨维奇及其令人难以置信的能力，为下列一些有关学者综合征的常见问题，提供了答案。

1. 学者综合征患者可以拥有创造力吗？

马特的故事，以一声响彻云霄的“是”回答了这个问题。的确，他拥有超凡的创造力。人们只要听过他的作曲和即兴演奏，都会同意这一点。马特音乐专辑中的曲子，绝大部分都是自己写的。

2. 学者综合征患者的特殊能力，有助于患者掌握其他技能，实现更好

的社会化，并最小化残障的影响吗？

马特的故事也用一声响彻云霄的“是”回答了这个问题。马特超凡的音乐能力，正是我将在本书第四部分“训练天赋”中讨论的“正常化的通道”。与马特童年早期时对听觉刺激极端抵触、坚持自己的房子里不能出现任何音乐的情况相比，他今天所取得的成就可谓一个万众瞩目且鼓舞人心的奇迹。现在，音乐已成为他的特长，而他对此的热情则推动着他成长为一位享誉国际的伟大爵士乐艺术家。同时，他的音乐型学者综合征技能对他克服早期障碍、取得整体性的大幅进步，也起到了至关重要的作用。

3. 随着社会化、语言和其他技能的进步，患者的特殊能力会消失吗？

针对这个问题，马特的故事明确而响亮地回答了“否”。与过去纳迪娅的案例所提出的担忧相反，马特证明，学者综合征患者的特殊能力不需要为他的整体进步作出牺牲。相反，他的整体能力与音乐技能是齐头并进、相互促进的，而且可以相应地减少其他的行为问题。

4. 家庭、老师等在患者特殊天赋的发现、培养和推进上，作用有多大？

对于这一问题，马特和他的家人也给出了明确的答复。家庭成员，有时还包括其他人，对学者综合征患者特殊技能和能力的发现，以及后续的培养，都起到了至关重要的作用。家庭所提供的诸如无条件的爱、信任、支持、自豪感、鼓舞、宽容与无限的耐心，是学者综合征患者特殊天赋的出现、塑造和成长中不可或缺的养料。马特从小沐浴在父母的爱与自豪之中。他们永远给予马特无限的信任、接纳与肯定，并为其他孩子有缺陷的家长，提供了一个关于希望、乐观、信念、耐心与努力的榜样。这就是所谓的爱的方程式。

对他的父母而言，马特如何运用自己的音乐天赋是很重要，但马特是一个什么样的“人”更加重要。马特母亲的脸上总是挂着微笑，她的笑容极具传染力，使得马特的脸上也常带着笑容。马特卓越的音乐天赋毋庸置疑，但那绝不是他们家庭交流与互动的唯一主题。除了音乐会和唱片，他们也大量谈论农场、庄稼和家畜，并为大自然美丽的四季更替而欢欣，为大地与森林的宁静而喜悦。马特的父母小心地维护着马特在音乐生活、家庭生活与农场生活方面的平衡；马特的眼界也非常均衡，就如他的音乐生活与普通生活整体相平衡一样。

2009 年 9 月，马特开启了自己职业生涯的新篇章。他成为了波士顿著名的伯克利音乐学院的大一新生。马特很享受在伯克利的生活，而且获益良多。《波士顿环球报》（*Boston Globe*）2010 年 2 月 9 日刊登的一篇文章，引用了马特的一位教授的话，“伴随着马特在舞台上的进步，他的社会生活也有了很大的进展。他学会了在舞台上说话时，何时该点到为止”。该文章如此总结了马特的人生：“马特·萨维奇的故事，讲述了从一名残障的少年神童到一位前途光明的成熟艺术家的飞速进化。”现在，他的学业、音乐事业和社会成就蒸蒸日上，身边围满了拥有相同兴趣与学识的人。

毋庸置疑，马特的音乐事业前景辉煌，他自 17 岁起就踏上了这一条职业道路。2007 年 12 月，马特在国家公共广播电台玛丽安·麦克帕兰主持的爵士钢琴节目上露面，那期时长 27 分钟的节目有趣而深入地探索了马特 15 岁的人生，同时用马特自己的话说，也提供了一个愉快地倾听他的原创乐曲的机会。在那期节目上，他弹奏了自己的专辑《量子跃迁》（*Quantum Leap*）中的曲子，还和玛丽安·麦克帕兰合作了双重奏。

在该节目的采访环节，马特在回忆自己童年时，讨论了他的自闭症，以及针对他童年时对声音厌恶而采取的听觉统合疗法所取得的成效。相反的是，现在声音几乎已经成为了他生活的核心。关于他的自闭症，马特给出了非常鼓舞人心的评价：“绝大部分已经翻篇。那已经是很久以前的事情了。”

这就是他对自己所患自闭症的总结。至于他和爵士乐之间的密切关系？他这样说道：“我最喜欢爵士乐的地方，是你可以打破一切规则，享受自由。”毫无疑问，从音乐角度而言，他是完全“自由”的，而且非常擅长自己正在做的事情。

第15章

注定被载入史册的姐妹花

芙洛和凯

她们是目前唯一报告的同卵双胞胎姐妹患者，擅长日历计算，坚持用图表记录偶像穿着

学者综合征是一种罕见的疾病，其中更为罕见的，则是女性学者综合征患者。因此，要找到一对拥有相同学者综合征技能的双胞胎姐妹，几乎是不可能的事，但芙洛和凯就是这样的案例。

芙洛和凯是同卵双胞胎姐妹，她们都患有自闭症，而且都是一流的日历计算者。此外，她们两个人都拥有令人难以置信的事实和自传体记忆。她们是有史以来报告的唯一的一对同卵双胞胎女性患者。

2008 年 4 月，为了拍摄关于她们的纪录片《超越平凡：芙洛和凯，一对双胞胎学者综合征患者》(*Beyond Ordinary: Flo and Kay, Twin Savants*)的采访片段，这对可爱的双胞胎访问了丰迪拉克，我因此有幸与她们见了面。她们当时正在前往加利福尼亚的途中，至于此行的目的，下文中将会提及。

芙洛和凯现年 50 多岁。她们的体貌十分相似，常常会为对方的话语作补充说明，有时还会异口同声地回答问题。她们彬彬有礼，和蔼亲切，喜欢彼此互动。她们可以不假思索地回答出历史上或未来的某年某月某日是星期几之类的日历计算问题。如果问她们 1993 年 3 月 13 日天气如何，她们会告诉你那天发生了一场“无名”风暴；问她们1994年1月10日晚上吃了什么，她们则会告诉你，“猪排、蔬菜和烤土豆”。对于20世纪60年代到80年代发行的唱片信息，包括歌手和发行日期，她们也都了如指掌。例如，如果你问某张唱片，如《自然而然，再度孤独》（*Alone Again, Naturally*）、《爱让我们相聚》（*Love Will Keep Us Together*）、《迪斯科女士》（*Disco Lady*）的艺术家是谁、首发于哪一天，她们会立即给出准确的答案。

芙洛和凯出生于1956年，当时，残障的孩子会被家人藏在家里，还会承受大众的指责。她们记得自己曾经被同学欺凌、嘲笑和辱骂的情形；也还记得，她们的母亲打开煤气试图结束她们母女三人的痛苦人生的事件。幸好当时她们妹妹的介入，中止了这场可能发生的悲剧。

20世纪70年代早期，这对双胞胎开始观看电视上的比赛秀。她们对1973年的《一万美元金字塔》这一节目尤为着迷，后者最终于1985年演变成了迪克·克拉克主持的《十万美元金字塔》（*$100 000 Dollar Pyramid*）。她们记得第一次的节目以及后续所有节目的所有问题和答案，并用自己独特的颜色标识系统，一丝不苟地记录了迪克·克拉克每天的着装。如果你想据此验证她们对迪克·克拉克着装的记忆是否准确，随时都可以办到，当然，她们总能答对。记忆所有节目、问题和答案、铃响声和蜂鸣器，以及迪克·克拉克的穿着，“是对大脑很好的锻炼。有时我们的回忆速度太快，甚至能闻到类似橡胶轮胎与地面摩擦一样的焦味”。这是她们对自己特殊能力的有趣描述。

迪克·克拉克是她们的偶像。她们收集了大量有关他的海报、图片、新闻剪报等其他许多具有纪念意义的物品，并小心珍藏着。

她们的父母去世之后，芙洛和凯搬到了她们的妹妹简（Jane）家，姐妹三人间终生都保持着非常亲密的关系。这对双胞胎在那个更加充满宽容和鼓励的环境中，绽放出更加灿烂的光芒。那是一段成长和愉悦的时光，然而遗憾的是，她们的妹妹于2006年去世了。她们的弟弟曾向母亲承诺将一直照顾她们，绝不让她们流落到慈善机构。因此，目前她们就住在东海岸她们兄弟的家里。

1988年，她们的人生中迎来了另一位重要的人士。戴夫·瓦格纳（Dave Wagner）是佛罗里达一家电视台的晚间新闻主播，当时这对双胞胎开始对他和他的节目感兴趣。一天晚上，在新闻播送完毕后，她们打电话给瓦格纳，希望能够对他有更多的了解。作为一名前电台音乐主持人，瓦格纳对她们丰富的音乐知识印象深刻，并迅速与她们建立起了友谊。当然，这对双胞胎姐妹也开始一丝不苟地记录瓦格纳每天播出节目时穿的衬衫、领带和外套。她们把自己喜爱的所有电视名人的类似信息，都记录到了自己的长篇日志中，包括上文提到的迪克·克拉克。

瓦格纳在自己的节目中讲述了几个关于这对双胞胎的故事，并开始用视频记录芙洛和凯每天的生活以及各种冒险。这种日记式的视频记录持续了13年，最后成为了这对双胞胎编年纪录片的核心内容。

芙洛和凯对迪克·克拉克的崇拜，给瓦格纳留下了深刻印象。1995年，他在佛罗里达州的布希花园安排了这对双胞胎与她们的偶像见面。她们对迪克·克拉克及其节目的了如指掌，让后者感到眼花缭乱，那些细节甚至连他自己都早已遗忘。正所谓来而不往非礼也，于是迪克·克拉克邀请她们登上了自己的节目。对于这对双胞胎而言，在节目中和自己的偶像面对面交谈的那25分钟，简直是她们到那时为止的人生巅峰。对此，她们感到满心欢喜。

2008年，瓦格纳带着这对双胞胎开启了全国自驾游，那次旅行成为后来纪录片的大框架。他们的第一站，是访问新泽西神经系统科学研究所的行为神经学家南希·伊森伯格博士（Nancy Isenberg）。她确诊她们为自闭症患者，并确认了她们拥有日历计算的学者综合征能力。在那之前，人们以为芙洛和凯只能说出自己人生中的任何一天是星期几，但事实上，她们可以异口同声地回答出1938年11月30日是星期三之类的问题。那一天远在她们出生之前。

伊森伯格博士问她们在进行日历计算时，是真的在进行数学计算，还是答案自然而然就冒出来了。她们回答，"事实上，答案就在我们脑海里。我们脑子里有一个日历，有一个微芯片"。

没错，她们说的是实话。本书第5章中，我们详细探讨了日历计算总是频繁出现在学者综合征患者身上的谜题。

他们的第二站是前往丰迪拉克，目的是诊断这对双胞胎是否属于某种类型的学者综合征。我用常见的历史事件的日期和其他日期，测试了她们的日历计算能力。她们的答案总是正确的。我还测试了她们的自传体记忆能力，她们对日常生活的记忆非常广博且具体，虽然我无法验证她们的说法。我原本还可以检测她们对某位名人某天穿着打扮的记忆是否准确，但她们并没有随身带着自己的记录本（这样的记录本有很多）。她们对音乐专辑的记忆也非常广博（我事先准备了一些问题来测试她们这方面的记忆，而不是仅靠自己脑海中的浅薄曲目单）。同样地，她们的答案也无一出错。

我邀请她们到我的家里做客，并一起在院子里散步。路上，她们询问了我的出生日期。我当时并没有在意，但让我惊喜的是，当年生日那天，我收到了她们寄来的生日贺卡。

根据我与她们的谈话情况，毫无疑问，这对快乐的双胞胎身上拥有了多重学者综合征技能。我会把她们划分到学者综合征谱系中“超凡”的那一端。据我所知，她们是全球有史以来报告过或在世的仅有的一对女性双胞胎学者综合征患者。

尽管她们的童年和青春期都很艰难，不得不忍受着同龄人无数的嘲笑和轻蔑，在痛丧双亲后又失去了亲爱的妹妹，但芙洛和凯的生活态度依然很开朗乐观，她们精力充沛而又温文尔雅。我很享受与她们共处的时光，能够认识这对共享同样的残障与天赋的双胞胎，是一种多么难得而罕见的幸运。这对双胞胎留给我的这种积极印象，得到了许多人的响应。我之所以敢这么说，是因为每每有关她们的纪录片播出以后，我的邮箱里总会塞满很多人的来信，他们只想借此表达自己对这两位特殊灵魂的善意与欣赏，而学者综合征网站正好给他们提供了这一机会。

他们此次旅程的高潮发生在离开丰迪拉克，继续全国之旅的途中。当时她们尚不知道的是，戴夫·瓦格纳已为她们作了再次前往加利福尼亚、以私人身份拜访她们的偶像迪克·克拉克的安排。自从 1996 年《十万美元金字塔》节目被取消以来，芙洛和凯一直非常失落。“我们很沮丧，”她们告诉我，“我们辗转难眠，祈祷那个节目能够回来。”在很长的一段时间里，她们总会在《十万美元金字塔》原来播出的时间坐到电视机前，最后却只能失望地看到播出的是其他节目。因此对她们而言，能够再次与克拉克先生见面，如同一针强心剂。她们果然为此而欢呼雀跃。在好莱坞星光大道上找到他的名字后，她们几近虔诚地跪在那颗星前，然后启程造访克拉克先生真正的家。如纪录片所示，那次访问完全没有让她们失望。

芙洛和凯终将安置在哪里，仍有待观察。她们的兄弟承诺把她们接到身边照顾，他认为这也是他们母亲的愿望。当然，她们未来的人生完全不需要慈善机构的介入。和童年、青春时期不同的是，她们现在也有很多可替代的选择，比如聘用生活助理，生活在集体之家、寄养家庭，甚至专门的公寓。

目前，芙洛和凯对自己可以享受音乐、精心记录名人穿着图表的生活非常满足。最重要的是，她们拥有彼此。与她们的会面虽然很短暂，但让我获益匪浅。值得庆幸的是，随着许多纪录片、视频与纸媒的报道，越来越多的人将会认识这对特殊的双胞胎，并将和我一样，被她们的故事、能力，以及谦逊的天性所感动。

同卵双胞胎学者综合征患者非常罕见。据我所知，在过去 122 年以及当前的记录中，芙洛和凯都是唯一的一对拥有学者综合征能力的女性同卵双胞胎自闭症患者。同样地，这个时间段中兄弟俩同时患有自闭症和学者综合征的男性同卵双胞胎，我知道的也只有三对。他们目前都还在世。其中两对同卵双胞胎兄弟都患有自闭症，并展现出相同的学者综合征技能；第三对双胞胎兄弟虽然两人都患有自闭症，但他们的学者综合征能力却不相同，其中一位擅长音乐，一位则擅长数学。学者综合征本身就已是一种罕见的疾病，同卵双胞胎学者综合征患者自然更是凤毛麟角。

第16章

语言和数字的天才

丹尼尔·塔米特

丹尼尔可以背诵圆周率到小数点后22 514位，并且仅用一周就学会了冰岛语

2004年3月14日是“国际圆周率日”，这是因为圆周率约等于3.14。时年25岁的丹尼尔·塔米特说，那一天是黄色的。就在那天，丹尼尔首次引起了全世界的关注，因为他凭借记忆背诵了圆周率精确到小数点后22 514位的数值，前后花费了5个小时，并一举打破了欧洲记录。这个被丹尼尔称为“空中的圆周率”的活动，正好赶上了爱因斯坦的生日，而且举办地点就在英国牛津大学科学历史博物馆爱因斯坦使用过的那块黑板前。

丹尼尔之所以称那一天是黄色的，是因为他认为所有1万以内的数字都有自己的颜色、纹理甚至情绪，同理，一个星期中的每一天也都拥有属于自己的颜色。其中周日是黄色的，而那年的“国际圆周率日”正好是在周日。

如果说“空中的圆周率”活动为丹尼尔赢得了世界性的声誉，那么随后他的畅销书《星期三是蓝色的》则进一步增加了他的曝光度。该书的第一版由霍德与斯托顿出版公司于2006年出版。我有幸为那本书作了序，反过来，丹尼尔也友善地为我的这本书写了序言。《星期三是蓝色的》一书写于一部非常成功的纪录片《脑人》（由伦敦焦点制片公司出品）在欧洲播出之后，

该部纪录片一经播出便引起轰动，曾被美国发现频道反复播放，至今已被 40 多个国家引进。2007 年，《星期三是蓝色的》在纽约出版。如今这本书的两个版本加起来总共畅销了 50 多万册，其中包括 20 种语言的译本。

2009 年，丹尼尔的第二本书《我的 IQ150》出版，而且同样大获成功。在这本书中，丹尼尔出色地总结了目前关于超常天赋、学者综合征能力和联觉的科学著作，并深入浅出地介绍了他的大脑如何承载他的超常天赋的第一手资料。这种解释，很少有学者综合征患者能够做到。他认为，自己的特殊能力既不是一种“遗传怪癖”，也不是一台“大脑超级计算机”。相反，类似他这些技能都源于某种异常丰富的联想网络，而这种能力图谱其实就隐藏在我们每个人的体内。

我第一次见到丹尼尔，是在卡拉特拉瓦①设计的密尔沃基美术博物馆，当时正在拍摄纪录片《脑人》。丹尼尔是位和蔼可亲、彬彬有礼、轻声细语的翩翩绅士。他看上去会时不时地若有所思，而且有些害羞。他为自己的卓越天赋感到自豪，但并不自负。例如，他的数字广度记忆能力，就超过了我曾见过的任何人。

卡拉特拉瓦馆是采访丹尼尔的理想场所。它生动的陈设、丰富的色彩，以及富有冲击力的图像，为本次访谈提供了完美的环境。其中有一座高耸的雕像，完全由各种形状、尺寸和色彩的玻璃组成。那座雕像帮助我从某种程度上，更加具象地理解了丹尼尔向我口头描述的彩色视觉图像。那天天气晴朗，博物馆打开了它优美的遮阳板。那些遮阳板似乎象征着我们理解人类大脑及大脑最深处运作方式的进展，虽缓慢却坚定不移。这也正是目前丹尼尔为之慷慨付出的研究努力之一。

为什么要记忆圆周率呢？丹尼尔在他的书中解释说，他和我们大多数人一样，在学校学习到了圆周率，但他立马就对圆周率的特质感到心醉神迷，并且记住了他在图书馆书籍里能够找到的尽可能长的圆周率位数。2003 年，他的父亲提醒丹尼尔，自从他 4 岁罹患儿童惊厥类疾病以来，他已经 20 年没有遭受那种折磨了。于是，丹尼尔决定做一点什么，“以展示我童年的癫痫经历并没有让我退缩”。因此，他联系了英国最大的癫痫慈善组织——国家癫痫协会，为背诵圆周率活动募集基金的事项就这样被设立了起来，且如

①卡拉特拉瓦（Santiago Calatrava），著名的创新建筑师，其设计了2004年雅典奥运会主场馆；2001年建成的密尔沃基美术博物馆扩建工程，是其在美国的第一个作品。

上文所述，该活动于 2004 年 3 月 14 日如期举行。

除现象记忆外，丹尼尔还是一名闪电计算者。如果问他 37 的 4 次方等于多少，他会马上说出正确答案是 1 874 161。问他 13 除以 97 等于多少，他也可以马上给出答案，而且只要你愿意，他能说到小数点后 100 位。他的计算能力大大超出常人。有人不得不开始求助于电脑，但丹尼尔不仅能够迅速说出计算机所得出的 100 位数字的答案，而且还能继续下去。诚然，如果我们想验证丹尼尔的答案是否正确，也确实只能借助电脑的帮助。

丹尼尔在他的著作《星期三是蓝色的》，以及许多关于他的纪录片中，多次描述了自己这种独特的联觉。在他眼中，每一个数字都有独特的颜色、形状和纹理，有的甚至蕴含某种情绪。他在进行复杂计算时，这些数字的“意象”会混合各种颜色、形状和纹理自动浮现，并形成了最终答案；他只需要把眼前出现的数字读出来即可。

他还具有学习新语言的超凡能力，能在短短一周之内就掌握一门新语言的语法、词形变化和内涵。电影《脑人》就记录了丹尼尔在 7 天时间里沉浸到冰岛语言的学习中，并最终掌握了它。他的这种快速学习的能力，在 7 天后的电视直播访谈中达到了高潮，他用自己新掌握的语言与冰岛的电视主持人进行了友好、生动的交流。对于丹尼尔快速、全面且有深度地学习一门语言的能力，他们都感到非常震惊。

语言和数字，都让丹尼尔着迷。他的母语是英语，但在阅读了一个星期的自学书籍后，他就能够轻松地用西班牙语进行交谈。目前丹尼尔已经掌握了 10 种语言，同时正在创造自己的语言，并称之为“Manti”语。他表示该项目“正在进行之中”。

丹尼尔同时还在运营着一个网站（www.optimnem.co.uk），该网站目前专注于语言学习课程。

丹尼尔 1979 年 1 月 31 日出生在伦敦。童年时期的他在几次癫痫发作之后，被诊断为颞叶癫痫。此后，他获得了联觉能力。他在著作中坦然承认，自己还被诊断为高功能自闭症或阿斯伯格综合征。童年时期，丹尼尔就显现出显著的自闭症特征和刻板行为，即便成年后，他的身上仍然残余着一些自闭症症状和强迫行为。不过作为一名非常高功能的患者，目前的他已经摆脱了部分自闭症的困扰。幸运的是，随着年龄的增长，其他一些自闭症谱系患者也在逐渐摆脱他们的障碍。这种成长，让丹尼尔由衷地感受到了一种人生使命，那就是要为其他患有癫痫或阿斯伯格综合征的人树立一个榜样，通过自己的亲身经历告诉他们，这些疾病未必一定会妨碍他们的整体发展和潜力。他的使命宣言极具感染力：让世界更接纳此类障碍者。

丹尼尔的著作为他开启了世界巡回演讲，讨论如何更好地理解他人的特殊技能与能力，无论那个人是谁，无论该能力处于何种水平。他是一名非常出色的大使，以严谨的科学以及个人的鼓舞、同情与乐观之心，启迪着世界。

丹尼尔的未来计划中还包括继续帮助慈善机构，如国家自闭症协会和国家癫痫协会。他的名人地位提供了一个世界级的平台，为执行这个了不起的目标提供便利。他还想继续与科学家和研究人员一起工作，以便更详细地研究他的特殊能力。此外，他也希望推广各种不同的学习方式，尤其是视觉型学习模式，该方法对理解和教导自闭症谱系障碍的人来说非常重要。

目前，丹尼尔正在写作自己的第三本书，那是一本讲述信念与爱的小说。

在个人层面上，他的目标和我们大多数人一样，那就是与自己的爱人、家人和朋友建立起更紧密的关系。就如丹尼尔在其著作的结尾段落中所言，他还想体验并享受一些平静而满足的珍贵时刻。用他的话说，那是“接近天堂的时刻”，放松、自在，充满喜悦。

丹尼尔说，数字是他的朋友。事实上，在他的童年时期，数字似乎是他唯一的朋友。但现在，毫不夸张地说，丹尼尔正在世界各地寻找和结交新朋友。不过，友情往往都是相互的。我们在读了他的书籍后，也常会被他的开放、坦率和热情打动，并自然而然地感觉他已成为一位朋友了。至少我是这样。

由于丹尼尔作为一名学者综合征患者所拥有的独特的第一手资料，以及其准确生动描述这种超凡现象的能力，世界各地的报纸杂志都对他进行了大量的采访和深入观察。但个人而言，其中我最喜欢《苏格兰人报》（*The Scotsman*）2009 年 2 月刊的一篇文章中，曼斯菲尔德（Mansfield）所作的采访总结：

> 然而丹尼尔·塔米特最令人瞩目的，并不是有一天他可以被列入世界伟大思想家的行列，虽然他很可能会取得这一成就。他真正了不起的地方，是他成为一名普通人的无言决心。由于他的坚持不懈，丹尼尔每一天都在接近真正的自己。对他而言，这可能才是最困难的事情。

第17章

用双眼描绘城市地平线全貌

斯蒂芬·威尔特希尔

斯蒂芬乘坐直升机低空飞行一段时间后，可以凭记忆画出精妙绝伦的鸟瞰图

2006年10月，一家新画廊在伦敦开张。它就是蓓尔美尔街皇家歌剧院拱廊的斯蒂芬·威尔特希尔画廊。斯蒂芬是一名超凡的学者综合征患者，时年35岁。他每周会在那里住上两天，创造非凡的画作，有时是油画，有时则是一些委托之作。现在的他，已经是一位名扬世界的美术家。

19年前的1987年2月，BBC电视台以《愚蠢的智者》（*The Foolish Wise Ones*）为题，播放了一期讲述学者综合征患者的节目。其中有一位12岁的自闭症小男孩就是斯蒂芬，当时他正凭借自己的记忆，以惊人的准确度绘制圣潘克拉斯火车站。而在几小时前，他才首次访问了那里，停留的时间也很短暂。镜头中，斯蒂芬快速而自信地画出了该车站那些精美复杂的建筑，画作上的一面时钟指示着11 : 20，那正是他访问那里时的确切时间。

该期节目播出后，BBC收到了成千上万的电话和信件，希望能够购买斯蒂芬绘制的那幅惊世之作的原稿。人们的这种初始兴趣后来发展成了一种稳定的需求，并最终使得威尔特希尔以《画》(*Drawings*，1987) 为名，出版了自己的一系列作品。

在《画》的前言里，皇家艺术院前院长休·卡森爵士（Sir Hugh Casson）对斯蒂芬做出了如下评价："庆幸的是，世界上不时会出现一些天才小火箭，时不时地爆炸升空，让我们得以沐浴在其洒下的漫天火花之中。斯蒂芬·威尔特希尔，虽然生来患有严重的语言障碍，但他就是这样的一艘小火箭。"接着，他进一步描述了斯蒂芬超凡的艺术才华：

> 他的透视感是毫无障碍的……我从未见过任何人在绘画中展示出这个孩子所拥有的自然又非凡的天赋……斯蒂芬可能是英国最优秀的儿童美术家。

1974年4月24日，斯蒂芬出生于伦敦。童年时期的他极度孤僻、沉默。3岁那年，他被确诊为自闭症。5岁时，他开始到昆斯米尔学校上学，那是伦敦一所专门为有特殊需求的孩子开设的学校。他一直沉浸在自己的世界里，表现出典型的自闭症儿童症状，如摇摆、拍手；他冷漠疏远、旁若无人，很少与人有眼神接触，总是漫无目的地在教室间游逛；有时候他会长时间盯着一些图画看，接着又突然从一个房间冲进另一个房间。他花了大量时间在废纸上画画，起先画的是动物，接着是伦敦巴士，最后是建筑。

6岁那年，斯蒂芬含含糊糊地说出了他学会的第一个单词"纸"，之后一直到9岁才学会说完整的句子。他从8岁开始画城市景观，据他的老师所言，当时斯蒂芬开始着迷于汽车，并爱上了描画伦敦的地标建筑。他还学会了阅读，经常好几个小时地沉浸在关于建筑学和旅行的书籍之中。

这所特殊学校的女校长在描述斯蒂芬性格特征时说，他"性格温和、幽默，富有好奇心，举止体面"。总体而言，他在别人眼中是个很可爱的人。由此看来，他的美术才能并没有削弱其总体发展，反而起到了非常积极的作用。尽管有人担心他会像纳迪娅一样，语言能力的发展会夺走他的天赋，但事实并非如此。相反，就和莱斯利以及阿朗佐一样，斯蒂芬的特殊技能和整体发展是齐头并进的。他绽放的美术之光越是绚烂，他的人格成长与进步就越明显。

10岁那年，斯蒂芬画出了一幅《伦敦字母画》（*London Alphabet*），即从"Albert Hall"（阿尔伯特音乐厅）到"London Zoo"（伦敦动物园）的一系列建筑画作，其中包括英国国会大厦和帝国战争博物馆。这些画作被用来帮助斯蒂芬理解词汇，并磨练他的阅读技巧。在一幅题为《从电梯竖井和楼梯向下看》（*Looking Down the Lift Shaft and Stairs*）的画作中，斯蒂芬展示了他精妙的透视感；他画的《白金汉宫》（*Buckingham Palace*），也极好地证明了他对复杂精度的把控能力。

玛格丽特·休森（Margaret Hewson）是对斯蒂芬的人生产生重要影响的人士之一。她第一次见到斯蒂芬是在昆斯米尔学校，甚至在 1987 年 2 月 BBC 纪录片《愚蠢的智者》播出之前。在那期节目将斯蒂芬变成全国知名的人物后，玛格丽特·休森从旁引导着他踏上了一段充满敬畏、尊重、敏感与欢乐的非凡旅程。她陪伴斯蒂芬前往欧洲、美国和日本，共参加了 12 个遍布世界的电视节目。他们一起创作了 4 本书籍，其中一本荣登《星期日泰晤士报》（*Sunday Times*）畅销书榜首。其中《画》是他们的处女作，随后《城市》（*Cities*，1989）和《漂浮的城市》（*Floating Cities*，1991）也接踵面世。《漂浮的城市》后来成为了全英国排名第一的畅销书，书中包含了斯蒂芬描绘威尼斯、阿姆斯特丹、列宁格勒和莫斯科等城市的非凡之作。他最新出版的作品是 1993 年的《斯蒂芬·威尔特希尔的美国梦》（*Stephen Wiltshire's American Dream*），该书的主题是美国建筑与亚利桑那州的沙漠景观。

截至目前，斯蒂芬的全部创作精力都放到了建筑物上。他能非常精准地画出任何建筑物，无论其多么复杂精妙。事实上，结构越错综复杂的建筑，越能赢得他的喜爱。他会亲自观察那些建筑物或它们的图片，将一切细节都非常精准地保存在自己记忆中，然后凭借回忆进行创作。此外，他还能根据一张二维的建筑图片，准确感知并画出其三维视图，无论该建筑有多复杂。

在很长的一段时间里，斯蒂芬的画作都不加修饰、润色或解释地展现他所看到的绘画对象。他超凡的美术能力，与其非凡的记忆能力密切相关。他无需做笔记说明，仅凭一瞥就能把自己要画的对象永久而忠实地镌刻在脑海中。他的绘画速度极快，而且可以从画纸的任何地方开始画起。多年以来，斯蒂芬的美术技能有了长足的进步与发展。他依然能够精准地画出建筑物的细节，一扇窗户都不会出错；还能在乘坐直升机飞行一段时间后，画出令人震撼的鸟瞰图，其中包含的建筑物达 200 多栋，例如《东京全景图》（*Tokyo Panorama*）。不过现在他的画廊里还包括了这么一些美术品，如：霓虹璀璨、车水马龙的《时代广场夜色》（*Times Square at Night*），以及色彩斑斓、如梦似幻的《皮卡迪利广场夜色》（*Piccadilly Circus at Night*）。这些色彩艳丽的作品都有即兴创作的痕迹。和其他超凡的学者综合征患者一样，斯蒂芬现正处于一个从精准记忆到即兴创作再到完全创新的进程中。

随着美术能力的进步和提高，斯蒂芬的语言和社交技能也有所进步，他在与人相处时更加自在、坦然、活泼、合群。就和我在许多学者综合征患者身上看到的一样，他的艺术天赋为他提供了一条“正常化通道”，而且更重要的是，他作为个体的进步并没有以牺牲其艺术方面的兴趣、技能或能力为代价。斯蒂芬不仅保持着惊人的美术能力，还出现了进步，开始进入大胆的即兴创作与创新的境界。

斯蒂芬人格与社交方面成长的最佳证据，或许是2007年2月20日他在自己画廊首次展出的一幅作品——《斯蒂芬·威尔特希尔与他的女朋友》(*Stephen Wiltshire with His Girlfriend*)。

大多数学者综合征患者，包括超凡一类的学者综合征患者，都只有一个精专领域。不过，具备多重天赋的学者综合征患者当然也存在。在与斯蒂芬接触的过程中，玛格丽特·休森除了领略到了他令人叹为观止的绘画能力之外，还发现他具有完美的音高辨别能力。于是她鼓励斯蒂芬每周参加音乐课程，并持续至今。奥利弗·萨克斯在著作《火星上的人类学家》中的“神童”一章，与我们分享了斯蒂芬留给他的欢乐而深刻的印象。在与斯蒂芬接触足够长的时间，并当场见证其超凡的美术天赋之后，萨克斯非常惊奇地发现，斯蒂芬还拥有另一项非凡能力，那就是音乐。

斯蒂芬喜欢听音乐，也喜欢唱歌。他从不跑调，还喜欢模仿诸多知名歌手的声音。19岁那年，斯蒂芬认识了一位音乐老师，并迅速与他建立起了紧密的联系。他开始“练习音阶，然后是演唱和弦，从大调三和弦开始”。如萨克斯所述，“三度音程和五度音程，即毕达哥拉斯学派的五度相生律，似乎天然就存在于斯蒂芬体内”。他的老师评论说，“我根本不必教他”，并告诉萨克斯，显然斯蒂芬“在和声听辨、分析与模仿方面，有着相当非凡的能力”。简单来说，就是斯蒂芬在没有接受过任何学习与指导的情况下，天生懂得了“音乐的规则”，就像他天生懂得“美术的规则”一样。因此，甚至连他的音乐老师都惊奇地发现，斯蒂芬拥有完美的音高辨别能力。

有趣的是，正如你在第10章对金的描述中所看到的一样，金在50岁时，也突然出现了对音乐的兴趣和能力，原因只是当时他也遇到了一位“正确”的音乐老师。

和所有的艺术一样，苍白的文字实在难以描绘出斯蒂芬的杰作之美妙。

他拥有一个综合性的网站（www.stephenwiltshire.co.uk），该网站有助于人们了解更多关于他的信息，并在线游览他的画廊。斯蒂芬的姐姐安妮特（Annette）和姐夫佐尔坦（Zoltan），负责打理斯蒂芬的画廊及其他事业。

关于斯蒂芬不可思议的美术能力与超强记忆最令人震惊的例子，莫过于他在节目现场展示自己的天赋。目前，他至少在3期节目上进行过这种展示，第一次是在2001年BBC播出的《天才掠影》（*Fragments of Genius*）。当时，斯蒂芬在乘坐直升机进行短暂飞行后的3个小时内就画出了伦敦4平方英里内的城市鸟瞰图，其中包括了12栋主要地标建筑和超过200栋的其他建筑。

在2005年德国多特蒙德色域制片公司出品的纪录片《美丽心灵》中，斯蒂芬乘坐直升机在罗马上空盘旋了45分钟后，花了3天时间画出一幅长达5.03米的罗马长卷，卷上的每一条街、每一栋建筑、每一根纪念柱都被描绘得分毫不差。如果将罗马斗兽场的蓝图贴到斯蒂芬的画作上，人们可以看到，二者几乎可以完美契合。

2007年10月，我在丰迪拉克的茶隼中心主持了一场艺术展，主题名为“天才之窗：超凡学者综合征患者的艺术作品”（*Windows of Genius: Artwork of the Prodigious Savant*）。展会上的画作、雕塑、设计图、油画和剪影，皆出自世界各地的学者综合征艺术家之手。为了此次的艺术展，斯蒂芬在伦敦的画廊特意为我送来了原件三分之一大小的《罗马》印刷图。即便缩小了尺寸，那幅画也以压倒性的优势，立马吸引了展会所有观众的注意力。它堪称那次艺术展的镇馆之宝。

2007年4月，斯蒂芬在伦敦上空也进行了一次低空飞行，并画出了一幅伦敦鸟瞰图。此次的创作过程，被收录在美国第五频道播出的《非凡人物》（*Extraordinary People*）系列节目中，时长1个小时。当时斯蒂芬只在泰晤士河上空飞行了15分钟，而他绘制的伦敦地平线全貌一直从伦敦桥延伸到金丝雀码头，包含了整整7平方英里内的街道、河流与建筑。为了创作这幅画，斯蒂芬花了5天时间，总共用掉了11支钢笔和3支铅笔，而他所画的一切只不过是自己短暂的俯瞰所得。

这幅画作的景色、复杂程度、准确程度和美丽程度惊人。在纪录片中，伦敦一位经常在相同线路飞行并进行拍摄的空中摄影师，对斯蒂芬捕捉该景象的准确性感到非常震惊；同样，一位建筑师和一位结构工程师，也对斯蒂芬绘图中的复杂细节和保真度赞不绝口。

虽然斯蒂芬的绘画技巧堪称不朽，但这部纪录片所展示的远不止于此。该纪录片还通过斯蒂芬的家人、朋友、师长以及其他从斯蒂芬婴儿时代起就认识他的人的回忆，追溯了斯蒂芬如何从人生早期的沉默、孤僻，转变到如今擅长社交、自信、自足的状态。从那些早期的影片中，人们见证了斯蒂芬语言能力、社交能力和生活能力平缓却坚定的进步；同时，也能明显感觉到斯蒂芬的艺术能力在其整体进步中起到的关键作用。**这是属于斯蒂芬的励志故事，但它也可以作为一个指导性样板，激励着我们通过同样的方式，帮助其他患有学者综合征的人。无论其天赋是什么，无论其天赋高低，我们都能通过训练其特殊能力，帮助其取得整体上的进步。**

和很多的学者综合征患者一样，斯蒂芬的脸上总挂着笑容。他的浑身散发着惬意与满足之感，对自己的事业感到非常自豪，并由衷地感激赏识其艺术作品的每一个人。他的这一点让我想起了阿朗佐。阿朗佐也总是如此满足，如此快乐，如此温和。对我来说，“温和”的意思就是“放松、自在、愉悦”。我想，如果斯蒂芬和阿朗佐在面对严重生活障碍的情况下，仍然可以做到“放松、自在、愉悦”，并把它传染给身边的人，那么或许我们这些人生不那么艰难的人，也可以从中学到一点什么。

第18章

“天才之窗”

更多超凡者及其艺术作品

随着这些年我与学者综合征美术家的接触越来越多，我收藏了许多他们的艺术作品。我把其中一些陈列在自己家里，另外一些放到了办公室。然而随着这些独特的藏品越来越多，我越发觉得应该把它们展示给更多的观众。因此，2007年秋，我在丰迪拉克茶隼艺术中心，为这些独特的藏品安排了一场艺术展，展会名为“天才之窗：超凡学者综合征患者的艺术作品”。那次展会上一共展出了来自11位美术家的近百件作品。其中有两位美术家，一位是来自澳大利亚的叶平连（Ping Lian Yeak）、另一位是来自华盛顿州西雅图市的格雷戈里·布莱克斯托克（Gregory Blackstock），亲自莅临展会，让观众们得以与他们见面、互动，并观看他们的艺术创作过程。

出席展会的还有两位美术家，斯蒂芬·威尔特希尔和阿朗佐·克莱蒙斯，本书前面的章节中已对他们作了介绍。因此在这一章，我将介绍其他一些展品的创作者，一方面借此感谢他们的辛勤劳动，另一方面我将把他们的作品作为学者综合征艺术家不同创作风格、媒介和主题的例子。更多关于这些艺术家的信息，以及直接参观其艺术作品的机会，请查阅学者综合征网站的相关页面。

那次展会取得了巨大的成功。成百上千名各年龄段、各行各业的观众涌入会场，有小学生到研究生院的大学生，有教师和医生，有蓝领、白领和大学教授，有艺术家和工匠，有领着孩子的家长，也有残障人士及其家人。事实证明，通过浏览这些艺术家的信息及其艺术作品，并亲自与其中一些艺术家进行互动，或者观看有关他们的视频和演讲等，那次艺术展实现了巨大的教育意义。来自普通大众和媒体的反馈非常积极，内容也很丰富，而且充满了感激之情。

叶平连：我想成为艺术家

凭借“劲量兔”一般的持久魅力，叶平连的现场创作将本次艺术展的活跃气氛又推高了一个层级，那些有幸能够亲眼见证他创作过程的人们尤其兴奋。平连是和他的母亲以及其他家人，分别从澳大利亚和马来西亚远道而来的。现年 15 岁的他不仅是此次展会的驻地艺术家，更是整个活动期间最活跃的艺术家。虽然他因为自闭症而导致的社交和交流障碍很明显，但他欢乐的举止和因为艺术创作而带来的由衷喜悦之感，完全抵消了那些障碍所带来的阴影。

叶平连

平连的画作在全球各地展出，还曾被陈列在纽约市联合国总部

平连很小的时候，对自己的精细动作控制得并不好。为了帮助他改善这一点，他的家庭教育中加入了临摹和涂色课程。8 岁时，平连突然开始沉迷于美术，他的临摹之举几乎在一夜之间就变成了绘画。一天，他吃完一个卷筒冰激凌后，就在一张纸上画出了冰激凌包装纸上的图案。从那时开始，他的绘画爱好就一发不可收拾，常常孜孜不倦地将他脑海中涌现的画面付诸笔端。

从简单的儿童涂鸦开始，平连的绘画风格逐渐演变成使用炭笔、丙烯、水彩、墨水和油性蜡笔制作而成的高水准画风。关于其更多的作品信息详见网站（www.pinglian.com），该网站提供了平连更为详细的背景介绍，以及两段平连在丰迪拉克展会现场进行创作的视频。

本书第 26 章中将介绍的罗莎 · C. 马丁内斯博士（Rosa C. Martinez），他提倡对有艺术天赋的学者综合征患者进行“天赋训练”。他也参加了那一次的艺术展，并在事后与我分享了他的个人感想：

> 见证这个小男孩的艺术创造过程，是一种不可思议的个人体验。阿尔伯特·爱因斯坦曾经说过，“真正的艺术有一个特点，那就是包含了艺术家无法抗拒的冲动”。他说的就是叶平连这样的人。平连拥有这种“冲动”，他创作丙烯画时的表现令人惊讶……他的作品往往包含着潜藏的层面或形式，而不只是观众乍一看的样子。他使用的颜色以及创作的复杂线条，最终形成了图中之图，在画布上无限呈现。他看似毫不费力计算出来的每一道画笔，都包含了大量的测量、记忆、模仿、独创和天赋。

平连的艺术作品也在美国、澳大利亚、英国、德国和马来西亚等地展出。2008 年 4 月，他的一些作品被陈列在纽约市联合国总部，作为对当年的“世界自闭症关注日”的致意。他也经常出现在美国、英国、马来西亚、澳大利亚、斯堪的纳维亚、韩国和新加坡等国的纪录片中。马来西亚槟城再也市的艺术公社，已经确定永久展出平连的作品（Pinglian @ The Art Commune）。

平连展现的艺术实力，不仅为我们贡献了美丽的艺术作品，更重要的是，让他自己获得了满足、发展和成长，他因为残障而导致的种种不便也因此被淡化了。在每位学者综合征患者的背后或者身边，往往都有一个充满奉献、耐心、爱、决心和永远乐观的家庭，是他们发现了自己孩子的特殊天赋，并希望把它分享给全世界。平连的母亲和兄弟姐妹，在他的人生中也同样扮演了极其重要的角色，他们为平连感到由衷的骄傲。

格雷戈里·布莱克斯托克：日常人类学家

亲自莅临茶隼中心艺术展的还有另外一位艺术家，他就是格雷戈里·布莱克斯托克。我知道格雷戈里的艺术才能非凡而独特，因此特意邀请他担任本次艺术展的嘉宾。我对他本人以及他的多种才能深感钦佩，还曾为其著作《布莱克斯托克作品集：一位自闭学者的画作》（*Blackstock's Collections: The Drawings of an Autistic Savant*, 2006）作序。此外，我还知道他通晓多国语言，而这些仅仅是他通过听外国同事谈话或外语碟片就自学掌握了的。不过我猜想我早已忽略了这一事实，并没有给予太多的关注。

有一天，在展会上，我正站在格雷戈里身边看他进行创作。当时平连的马来西亚亲属也站在旁边，他们一面欣赏着格雷戈里大展身手，一面用母语轻声交谈。然而让他们以及我感到震惊的是，格雷戈里也加入了他们的谈话，而且用的就是中文！然而，通过潜移默化的方式学习几乎任何语言，只是格雷戈里除美术和音乐之外的诸多特殊技能之一。

格雷戈里·布莱克斯托克

格雷戈里绘制的工具列表精度惊人，包含的物件极为详尽

格雷戈里出生于1946年1月9日，热爱描绘各种的集合物，包括鸟、鱼、昆虫、狗、植物、工具、钢琴、鼓、铃、车、坦克、卡车、火车、飞机、船、建筑物、衣服、风筝、小丑、绳结、蝴蝶、烟花等。他通常根据自己的记忆进行创作，从脑海中提取出数码相片般精准的画面，然后手绘成一幅幅五彩斑斓的画作。有的时候，他在绘画的过程中也会参考书籍，画出的动物或物体带有明显的个人风格。他画的各种集合物基本都是日常之物，因此有一家报纸把格雷戈里称作“日常人类学家”。他描绘的对象及其广泛而详尽。例如，他画的工具列表就包括了65把锤子、钻子、凿子以及许多我叫不出名字的家伙。它们都被小心翼翼、一丝不苟地展示在同一页画纸上，足以媲美我见过的任何工具单。他画作清单中的物品之间都存在着某种相互的联系，这种联系展现了他的创意、幽默感和联想思维，比如他在画作《钟》（*The Bells*）里，就把一座潜水钟囊括在内。

格雷戈里画的物件，即使以机械师的精度要求，也是无可挑剔的。认识格雷戈里的人都有这样一种感觉，似乎随着时间的推移，他的画作变得越来越精准，越来越成规模。

我曾问过格雷戈里，他在绘画时是否出过差错。他告诉我有次他到家得宝家居连锁店作了调研，因为他想要画一些锯子。接着，他略带歉意地向我坦言他后来不得不又去了一次，因为他不确定其中一把锯子上面的确切齿数。在去过第二趟之后，他就能准确地把它添加到了画作上。他向我保证，通常他并不需要进行第二次回访（我自己有时候都会忘记去家得宝要买些什么，更别说还要记忆其他的事情）。

有趣的是，格雷戈里从不画他叫不出准确名字的东西。有一次，他的表妹给了他一本画满美丽海贝的书，询问他有没有兴趣画出来。他就对此完全没有兴趣，并告诉她，因为他不知道它们叫做什么。

无论画的是什么，格雷戈里都会学习大量有关自己绘画对象的知识，而且乐于与观众分享。他可以模仿鸟的叫声，介绍一种工具的使用方法，并谈论某种植物的园艺知识。在《对人有害的植物》（*The Notorious Harmful to Man Plants*）中，格雷戈里画了一株毒漆藤，并在旁边附上了70字的说明，堪比一篇出现在消费者手册或急救网站上题为《学会如何识别这种有害植物，避开进入毒漆藤蔓生区域》（*Learn to Recognize This Harmful Plant Before Venturing Directly into Poison Ivy Grown Areas*）的文章。此外，由于他的用色非常逼真，看过这幅画的人，将来一定能够一眼认出真正的毒漆藤。

格雷戈里的创作冲动越来越强。他的脑海里永远排满了已经酝酿数月的绘画主题，有时候等不及完成手头的画作，他就迫不及待地开始了下一幅作品的创作。他很少因为别人的建议甚至委托而分心，对此他的标准回答总是“抱歉！那幅画需要等一等。我的脑子里已经装满太多点子了”。格雷戈里的音乐爱好，现在显然要退居到美术之后了。

格雷戈里还是得克萨斯州奥斯丁市加尔达铁路画廊的主要艺术家，擅长“素人艺术”。2003年，他的表妹多萝西·弗里施（Dorothy Frisch），同时也是他的“安全网”和强力支持者，让他的画作引起了企业家卡伦·莱特·皮纳（Karen Light Piña）和马库斯·皮纳（Marcus Piña）的注意。这两位企业家在第一次见到这些独特的清单式画作时，就深深地爱上了它们。

加尔达铁路画廊官网 (www.garde-rail.com) 对格雷戈里的描述如下：

> 格雷戈里·布莱克斯托克身上，综合了许多自闭学者的非凡特征：他能说多种语言，模仿能力超群，记忆力非常精准……毫无疑问，在我们心目中，格雷戈里无论处于何种情况，都会是一名不折不扣的艺术家。他的自闭症并没有让他成为艺术家，他成为艺术家也并不是因为患有自闭症……通过他的美术和音乐，格雷戈里有力地克服了这种障碍，并以各种奇妙的作品迎接挑战……格雷戈里的画作篇幅通常很大，往往画在好几张用胶带和胶水拼接而成的纸上。通过运用铅笔、蜡笔、墨水和马克笔，格雷戈里画出来的昆虫和篮子非常逼真，他画直线和写文字的时候，完全不需要借助尺子。他的画作细节细腻，对阴影的运用也毫无瑕疵。

格雷戈里的超凡大脑还发明了另一种独一无二的梦幻产品，那就是《世界标准时间表》（*Standard Time Chart of the World*）。他在一张10英寸见方的硬纸板上，一丝不苟地写着全球27个时区的264个国家和美国50个州的名字。纸板中间是一个24小时制的旋转表盘，时钟刻度为15分钟。只要转动刻度盘，对准你所处的地区，你就可以看到世界上任何一个国家或地区的当前时间。它用一种极其简单的方式，解决了一个特别复杂的流程，不仅便于使用，而且比大多数同类产品有意思得多。

格雷戈里还是一位杰出的音乐家。他经常在各大体育或音乐盛会外演奏手风琴，演奏曲目常因赛事而异。比如，他会在足球赛事前演奏大学战歌，或在歌剧院前演奏《斗牛士曲》（*Toreador Song*）。当路人看到格雷戈里一边吹着短笛，一边用手风琴热情地演奏着苏泽（Sousa）的《星条旗永不落》时，他们可能永远不会知道，这位高大、略显邋遢的音乐家的脑袋里正在发生着怎样神奇而复杂的事情。

格雷戈里会自己做饭，并以自己在厨艺上的创造性和特色性为豪。因为患有心脏病，他会小心翼翼地避开油脂，用脱脂牛奶给自己做“奶油”汤，同时却又欢快地在汤里加了大量的盐和糖。他精心撰写的食谱《快手芥末奶油汤烹饪法》（*Cream of Mustard Soup-quick method*）或《格雷戈里改进版菠菜奶油汤》（*Greg's Improved Cream of Spinach Soup*），无不展示出与其绘画一般的精准度和艺术性。

格雷戈里成年后的大部分时间都过着自给自足的生活，他在华盛顿运动俱乐部当了25年的洗碗工后，拿着一小笔养老金退休了。他总是一丝不苟地记录着自己的财务状况，但在“相对价值”的概念上遇到了难题。例如，据其表妹多萝西所言，格雷戈里的最大乐趣之一是旅行参观全国的各个主题公园。他通常会把这项活动交给旅行社安排，但在涉及飞机票或酒店成本时，除非拿到账单，否则他完全无法进行估算。另外，由于担心丢失东西而造成不必要的替换成本，多萝西说，格雷戈里“坚持把自己的修面工具箱，总不离身的芝士瓶和调味瓶放在酒店的保险箱里，以免遭窃”。

尽管格雷戈里在与人交流的细节方面存在一些困难，但他是绝对的单词热爱者，并以其特有的专注度研究词典。自从访问过丰迪拉克后，格雷戈里就经常邮寄漂亮的明信片给“特雷费特夫妇”，通过这种方式与我们保持密切联系。神奇的是，他竟然可以用如此精巧、工整的字迹，在一张小小的卡片上写下那么多的内容，而我的回复远不如他整洁。格雷戈里非常喜欢《午夜杂志》（*Evening Magazine*）电视栏目出品的一盒录影带，读者可以在加尔达铁路画廊网站上进行观看。那盒录影带迷人地展现了这位天赋异禀、独一无二的 64 岁老头，他比之前快乐了许多。

在加尔达铁路画廊网站和学者综合征网站上，还有更多关于他的信息。

理查德·瓦夫罗：撒切尔夫人最喜爱的艺术家

来自苏格兰爱丁堡的理查德是一名多产的艺术型自闭学者。遗憾的是，他出生于 1952 年 4 月 14 日，逝世于 2006 年 2 月，享年仅 53 岁。在其短暂的 53 年生命中，他成为了世界上最知名的学者综合征艺术家之一，在美国和欧洲举办的个人作品展超过了 100 场次。其艺术品的知名收藏家包括玛格丽特·撒切尔（Margaret Thatcher，她曾称理查德为她“最喜爱的艺术家”），以及约翰•保罗二世教皇（Pope John Paul II）。

理查德·瓦夫罗

理查德的画用色大胆而深邃，画面上的光线与阴影相互交织

理查德从 3 岁开始用粉笔在石板上画画。6 岁那年，他进入爱丁堡一所残障儿童中心。在那里，他接触到了蜡笔，并立即展现了自己的艺术天赋。终其一生，他的唯一创作媒介只有油性蜡笔。理查德 12 岁时，伦敦波兰艺术学院的玛丽安·博胡什·希什科（Marian Bohusz-Szyszko）看到他的画作后感到“如遭雷击”，他把理查德的作品描述为一个“令人难以置信的现象，将机械师一般的精度和诗人一般的想象力合二为一”。

理查德是法律意义上的失明人士，他绘画的时候总是需要把脸贴在离纸张只有几英寸的地方。然而无论画作尺寸多大，其视野都不会因此而打折扣。他并不把自己的蜡笔削尖，而是通过一层一层地反复涂抹，以得到丰富的色彩、深层的纹理和精致的阴影。在理查德的最后一道打磨工序中，他会赋予自己所有作品一种独特的光辉。理查德喜欢光。在他所有的作品中，他和光一起嬉戏，用光做实验，并成为操纵光的大师。

和所有学者综合征患者一样，理查德的作品揭示了其海量而精准的记忆能力。在用高性能双筒望远镜看过一幅场景之后，理查德会把它记录下来并以数码相机一般的保真度存储在记忆中。然后在未来的某一个时间点，有时

甚至是几年以后，他会从脑海中调出这幅画面，并以完美的精准度把它描绘出来。只要看过一眼，他就不再需要参考任何“模型”。

理查德的父亲是位波兰人，他对理查德的热情和自豪感，是后者取得成功的重要因素。目睹理查德父子之间的互动，是一种充满欢乐与鼓舞的享受。他们来到威斯康星州访问密尔沃基医学院时，我曾有幸亲眼目睹这个场面。理查德在创作时高度专注，无论画作尺寸多大，他总会把脸贴在上面。而这些画作每每被完成之后，总是展现出完美的透视感和比例。理查德总会自豪地把它展示给自己的父亲，而他的父亲则会双眼闪着代表“这是我的好儿子”的光芒，给他一个波兰式的拥抱，两人再一起举行一个小小的庆祝仪式：他们会手拉着手前后摇摆，高高击掌，最后向上一推，高举双手，发出快乐的喊声。多么有趣的庆祝方式！多么真挚的赞美！这是一种由爱和欣赏建构而成的自尊与自信的堡垒！理查德的母亲逝世于 1979 年。尽管他们彼此深爱，但在母亲去世之后，理查德并没有因此而停下艺术创作的步伐。

17 岁那年，理查德的作品在爱丁堡德马科画廊首次公开展出。1977 年，他的作品第一次在美国展出。终其一生，理查德创作的画作超过了 2600 幅。由于记忆力非凡，他甚至可以回忆起自己每一幅画作的创作日期和创作地点。在完美复制出看过的景象的同时，他还会不时地在自己的画作中加上自己的笔触、解释或即兴创作。他的画作，用色大胆而深邃，画面上的光线与阴影相互交织。

1983 年，劳伦斯 · A. 贝克尔博士（Laurence A.Becker）制作了一部关于理查德的感人纪录片，片名叫《张大双眼》（*With Eyes Wide Open*），该片获奖无数。这部影片，源自贝克尔博士对有天赋之人的教育兴趣。影片中，理查德的某些自闭症行为或仪式化行为，以及其有限的视力等缺陷明显，但这些障碍在他惊人的天赋面前全都消弭于无形。伴随着理查德艺术造诣的发展，他的语言能力和社交技能也出现了进步。其中让理查德深感自豪的一项成就是，他学会了在画完一幅作品后签上自己的名字。尽管拥有与生俱来的绘画天赋，但他花了好多年的时间才学会了写自己的名字。实际上，他的绘画风格非常鲜明独特，根本不需要特别签名。不过“学会写自己的名字”，的确是值得理查德为之自豪的里程碑式成就。

1989 年，贝克尔博士又拍摄了一部理查德纪录片的续集《真实的雨人：一名自闭学者的自画像》（*A Real Rainman: Portrait of an Autistic Savant*）。它记录了理查德作为一名艺术家的成长之路，以及他在人生早期阶段克服自闭症障碍的艰辛历程。那部影片还重点描述了理查德和他的兄弟之间的感情，让人不禁想起了电影《雨人》里那对兄弟的互动情节。

理查德的作品，尤其是那幅《国王学院合唱团》（*King's College Choir*），在展会上引起了极大的轰动。那幅画也是我最喜欢的作品之一，它描绘的是圣诞节前夜的场景，准确地捕捉了那个夜晚神圣、动人的氛围，观画者几乎能够听到画中的歌声。

贝克尔博士在为美国一场理查德专题艺术展写的宣传册上，将其总结为“理查德·瓦夫罗，一位非常艺术家”，具体如下：

> 走进一间挂满理查德画作的房间，等同走进了他对光明的找寻之中。虽然短暂，但你将和理查德融为一体，通过他睁大的双眼观察到一个不一样的世界。你能感受到他因为看到平凡世界里普通人根本注意不到的美妙意象，而由衷产生的喜悦。

乔治·怀德纳：把满脑子的数字转化成艺术

你是否能把一个充满数字、日期、人口数据、历史事件和闪电计算的思维，转变成艺术的源泉？乔治·怀德纳（George Widener）就做到了这点，而且做得非常成功。现在的他凭借着自己非凡的图形艺术，获得了国际性的持续关注。例如，他的作品最近刚在伦敦奥林斯画廊重点展出，并且还即将在纽约扬·克鲁格勒画廊隆重登场。目前，他的作品由伦敦亨利·博克瑟画廊负责打理。

在茶隼艺术展上，乔治展出的《日历 21》（*Calendars 21*）是其中最大的一幅画作。该画作运用混合绘画技法，在多张餐巾纸拼成的纸上创作，其美妙绝伦的复杂性和美感极大地吸引了观众们的关注。该画阐释了一个星期的日期和一个世纪中的年份重复模式，并用箭头指出了特定月份的相互匹配情况。为了给作品增加点挑战性，乔治指出：“我故意弄错了一个地方，把 6 月和 7 月匹配起来，这样人们可能通过发现这个错误，理解它与作品其余部分有何不同，从而学会日历计算。此外，其他擅长日历计算的人在发现这个错误时也会很开心。”在展会上，一些参观者找到了错误，一些人则没有。

乔治·怀德纳是一名身怀多种天赋的学者综合征患者，其主要优势在日历计算、绘画和记忆方面。他出生于1962年2月8日，直到30多岁才被诊断为阿斯伯格综合征。他擅长闪电计算，计算的范围似乎没有局限性。2004年，他用心算轻易打败了一名拿着纸和笔、最后甚至搬出笔记本电脑的前NASA科学家，竞赛的题目类似“公元47253年的6月25日是星期几”。乔治常常运用自己在日历、数字与日期方面的兴趣，告诉人们其下一次过生日时已在世界上活了多少天、多少分钟甚至多少秒。他能瞬间回忆起数千个历史事件和美国人口统计的数据，并将它们包含到他的画作当中。他喜欢“2的力量”，可以一口气将2的乘方计算到20位数以上。

37岁那年，乔治以一名优等毕业生的身份从一个针对学习障碍者的特殊教育计划中毕业，并荣获了文科学位。凭借自己超强的记忆能力，他也能创作风景画和肖像画。而且渐渐地，他的艺术创作从一开始的精准记忆重现走向了原创呈出。他展现的创意，包括了将自己推崇的一些数字、计算、日历、历史事件与日期、机器零件和文字都注入创作图纸中，比如餐巾纸上。有关他的更多作品，相关的网站（http://savantartist.com）上作了更好的展示。

1998年，乔治开始将日历日期和数字幻方[①]图结合起来，创造他所谓的“时间幻方”，同时加上历史事件，就组成了一个人的日历“肖像”。他的幻方经过了全球世界级幻方专家的认证。此外，乔治还是个“泰坦尼克”爱好者，纽约美国民间艺术博物馆当代中心将乔治的一些画作收为永久藏品。

乔治在个人网站上特别强调，**他的成长过程是加强自己的优势，而不是尝试“矫正”自己的缺点**。我称之为“训练天赋”，而乔治显然是个非常成功的例子。2005年，艺术史学家罗杰·卡迪纳尔（Roger Cardinal）在发表于《原始图像》（*Raw Vision*）杂志的一篇文章中总结说，乔治的艺术作品“提醒着我们一种与众不同的思维，以及一个可触知的人类存在”。这句话说得好。

乔纳森·莱尔曼：破纸而出的情感表达

乔纳森·莱尔曼（Jonathan Lerman）的炭笔画宛如“天才之窗”艺术展上的一块磁铁，人们不由自主地被那些巨幅肖像画上大胆描绘的脸和眼睛所

①幻方（Magic Square），是一种将数字安排在正方形格子中，使每行、列和对角线上的数字和都相等的方法。

表现出来的强烈情绪所吸引。破纸而出的情绪、面孔和眼睛，很少成为自闭症艺术家的创作主体，但乔纳森是一个例外。就如其母亲在描述乔纳森的画作时所述："乔纳森的炭笔画技巧高超、情感丰富，为我们提供了一扇通向他心灵的窗户。他把我们带向其生命的核心，向我们展示了他所体验到的苦闷与胜利。"

乔纳森出生于1987年,大约两岁时被诊断为自闭症。按照他母亲的说法，他是在两岁那年从一名普通、快乐的孩子，毫无征兆地变成自闭症患者的。他的口头交流能力非常有限。

自闭症使乔纳森变得退缩、抗拒变化和孤僻，并出现了行为问题，但随后一件了不起的事情发生了。在与利利·雷克塞尔（Lyly Rexer）合著的《乔纳森·莱尔曼：一位自闭症艺术家的画作》（*Jonathan Lerman: Drawings by an Artist with Autism*，2002）一书中，乔纳森的父母如此说道：

> 然后，在乔纳森10岁时，突然有一天，我们接到了一通电话。无论何时，只要他去了学校，家里的电话铃响总在意料之中，来电原因通常都是某位老师处理不了他的行为不当或失控问题。但那一次却不一样。
>
> "你们必须过来看看乔纳森正在做什么。"他的护工说。
>
> "发生什么了？"我们问道，"他挟持其他孩子了吗？"
>
> "不，是非常奇妙的事情，"她激动地说着，"他在画画，非常漂亮。你们必须过来亲眼看看，马上！"
>
> 于是，我们开车去了学校，目瞪口呆地看到了乔纳森的画作。偶然接触到炭笔和蜡笔的机会，释放了这个我们原本只能猜测其心理活动的孩子的内在思想和感情。那一刻，我们大彻大悟了。我们的儿子不是一个障碍儿童，而是一个天才儿童。

1999年,乔纳森在纽约KS画廊举办了首次个人展。2001年,拉尔夫·布鲁门撒尔（Ralph Blumenthal）在《纽约时报》上发表的一篇文章，让乔纳森的作品引起了全国性的关注。随后乔纳森的画作在索霍区[①]年度素人艺术展上专题展出，接着又得到了《今日秀》《48小时》（*48 Hours*）等国际媒体的关注。

---

①索霍区，是美国纽约曼哈顿南部一地区，以先锋派艺术、电影、音乐与时装款式等著称。

乔纳森著作中的文字部分由评论家利利·雷克塞尔执笔，他描述了“乔纳森非凡天赋全方位的令人震惊的成长”。该书的封面上这样描述乔纳森：

> 在创作时带着马蒂斯（Matisse）的自信、毕加索（Picasso）的速度和天生漫画家的幽默……这些画作颠覆了人们对所谓学者综合征艺术家的刻板印象，他们的天赋并非一成不变，而是充满了勃勃生机。他的画作，展示了一名艺术家永不满足的试验和飞速的成长历程。

抛开其中的画作不论，在该书的后记部分，乔纳森的父母讲述了抚养一名患有自闭症的天才儿童，面临的挑战和牺牲：

> 想要理解、了解和爱一个患有自闭症的孩子，需要这样一种信念：自闭症儿童的许多能力一经发现之后，就需要得到培养。这同样需要爱。在乔纳森的例子中，父母、老师和朋友的爱，都让他最终找到了一种属于自己的交流途径。

乔纳森的母亲认为，她的儿子和其他处于自闭症谱系障碍中的人士，都在遭受着无声癫痫的折磨。她认为这种癫痫很难被发现，并造成许多被称之为自闭症的临床表现。目前她正在写作一本书，书名为《自闭症和癫痫》(*Autism and Seizures*)，该书中不仅包括了她自己的大量调查，还有一些认为自闭症与癫痫存在某种联系的内科医生的深刻见解。

乔纳森的画作在 KS 画廊官网（www.ksartonline.com/jl.html）上可以看到；此外，学者综合征网站上也有更多关于乔纳森的信息。

在乔纳森的书中，利利·雷克塞尔如此描述了乔纳森的艺术顿悟：

> 或许我们永远无法知道，当初是什么触发了他，让他开始像今天一样飞速地进行创作，然而他的画作中体现出了一位天赋异禀的绘画艺术家的成长轨迹……我相信，那些作品和乔纳森·莱尔曼是谁，以及他将成为谁，有着密切的联系。而老师们或许只会大喊一声：“他是天生的画家！”

我尤其喜欢乔纳森的父母在后记中介绍他们儿子时引用的诗句：

并非所有的花朵都能顺利成长
然而
它们都很美

更多天才故事

通过学者综合征网站，越来越多的此类艺术家引起了我的注意。然而由于篇幅所限，我无法逐一介绍。他们中有的制作油画，有的绘制素描，有的创作雕塑。

威尔·克纳（Wil Kerner）是一名14岁的青少年，患有自闭症，但他用图画纸剪出来的可爱的人物剪纸色彩丰富且极具创造性，可谓轰动一时。他拿剪刀的方式非常独特，无人能够效仿。他总能剪出完美的圆形和其他所需的任何形状，并赋予他剪刀下的人物以生命和情绪，让它们传递出幸福和喜悦之情。有关他的作品及更多的背景信息，可以浏览学者综合征网站。

克里斯托夫（Christophe）虽然无法用自己的手指完成日常事项，但他的双手却能用丙烯颜料在纸张、帆布和硬纸板上画出惹人喜爱的美丽图像。他不爱说话，但会用画作表达自己强烈的情感。读者可以在学者综合征网站上看到这些作品。他的画作技艺非凡，加上独特的风格、意象、颜色和笔触，让他画中美妙而神秘的人物传递出了强烈的情感。他在法国、日本、意大利和美国都举办过艺术展。

赛思·克瓦斯特（Seth Chwast）童年时被诊断为自闭症。他在一个充满过山车、鬼屋和古典音乐的世界里生活了多年。2003年，他的人生发生了天翻地覆的改变，20岁的他开始在克利夫兰艺术博物馆上油画课。从此，一向沉默寡言的赛思开始用绘画描述自己的世界，所使用的明亮色彩中透着一股喜悦之情。他的绘画意象也很与众不同，包括五颜六色的马、壮观的风景、极光、神秘的森林、白鲸、鱼、神话中的动物、充满异域风情的鸟和曼哈顿的标志性建筑。

赛思的故事和作品被搬上了许多电视节目，其中包括了《今日秀》等传统电视台，以及新兴的网络媒体。学者综合征网站上有一段关于赛思的非常感人的视频，名为《一种与众不同的旅程》(*A Different Kind of Journey*)。那段视频通过赛思的母亲、一位艺术专家，以及赛思自己，从一种不同的、更积极的角度，富有洞见地解释了“素人艺术”是什么。我尤其喜欢那段视频的开头部分：献给所有敢于置身“局外”的人们。

美国等地很多艺术展上都有赛思的作品。在克利夫兰，他的艺术之旅的起点，当地的克利夫兰自然历史博物馆里正在举办他的个人展，名为《加拉帕戈斯群岛美景：赛思·克瓦斯特灵感之作》(*Visions of Galapagos-The Inspiring Works of Seth Chwast*)。

赛思的众多作品当中，我最喜欢的是《幻想马头鱼尾兽》(*Fantasy Hippocampus*)。令赛思着迷的是神话中半马半人的马头鱼尾兽，而我则对神经科学意义上的海马体很感兴趣。当然，这只是一个巧合而已。但不可否认的是，我在知道那幅画的题名之前就不由自主地被它吸引了。它那蓝色和金色的意象，瞬间俘获了我的注意力。

关于赛思的更多作品，可以在他的个人网站（www.sethchwastart.com）上找到。通过该网站和他的博客，我们可以了解到更多有关赛思的有趣信息。欢迎读者加入赛思与众不同的旅程之中。

第 19 章

最著名的学者综合征患者

《雨人》之雷蒙德·巴比特

感谢达斯汀·霍夫曼在 1988 年电影《雨人》中的精彩表演，雷蒙德·巴比特因此成为当今世界上最知名的学者综合征患者。《雨人》是一部关于学者综合征患者的富有纪念性的电影，迄今荣获了 4 项奥斯卡奖，包括 1988 年度最佳影片奖和达斯汀·霍夫曼获得的最佳男主角奖。我很荣幸能够担任这部影片的科学顾问。该影片不仅赢得了世界性的极大反响，而且打破了自 1887 年唐医生首次描述学者综合征以来长达 101 年的沉寂，在上映后的短短 101 天里就唤起了大众对它的认识。由于《雨人》成为了很多人认识学者综合征的启蒙之作，因此，我们很有必要来看看这部作品的创作之路，以及它的真实性和它所获得的成功。

这部电影讲述了两个男人的故事，一个是花花公子查理·巴比特，另一个是他的哥哥，自闭学者雷蒙德·巴比特。他们的父亲去世之后，留下了 300 万美元的信托基金，用于支付雷蒙德在一家专门机构中的生活费用；雷蒙德成年以后的所有时光几乎都是在那家机构里度过的。查理非常想要得到那笔钱，于是一路追踪到雷蒙德寄身的那家机构，发现雷蒙德竟然是自己几无印象的亲哥哥。因为当 18 岁的雷蒙德被送到这家机构时，查理还只是一个孩子。当时的查理实在太小了，总是把哥哥“雷蒙德”（Raymond）的名字叫成“雨人”（rain man）。

由于这种天意弄人的原因在医院重聚之后，他们开着一辆 1949 年产的别克路霸敞篷式轿车，从辛辛那提出发前往洛杉矶，开启了一段为期 6 天的横跨美国之旅。路上他们进行了一系列的冒险，雷蒙德时而展示出自闭症的缺陷，时而展示学者综合征的超凡技能。

影片结束时，查理对他哥哥的看法发生了彻底的改变，他不再觉得雷蒙德是“怪人”或“智障”，认为他只是很多地方有所特殊而已。电影里并不存在针对自闭症的 6 天疗法，现实中也是如此。雷蒙德最终还是回到了特殊机构继续生活，但在共同奔波的 6 天时间里，雷蒙德和查理都发生了显著的变化。雷蒙德变得更加自立，而且能够忍受某些亲密的接触；查理则不再试图矫正哥哥的“奇怪”行为，而是更多地学习去适应它。雷蒙德的自闭症状软化了一些，查理的自私麻木也随之融化。是的，雷蒙德的自闭症和查理心灵上的自私，不过是两堵不同的城墙罢了。

但归根结底，究竟是谁发生了最大的变化？答案是查理，而不是雷蒙德。这部影片向我们传递了一条重要的信息：作为一个社会人，我们需要改变自己的刻板印象，并相应地向残障人士让步，为他们提供方便，而不是一味地要求他们满足我们的期望和命令。

电影《雨人》的最初脚本由巴里·莫罗执笔，此前他还担任过获奖电视电影《比尔》及其续集《比尔 2》的编剧。在那两部电影里，米基·鲁尼扮演了一位智力障碍者。如本书第 10 章关于金的章节中所述，1984 年，莫罗亲自前往得克萨斯州阿灵顿市，向国家智力迟钝公民协会（ARC）咨询与其公共教育有关的信息。弗兰·皮克是 ARC 交流委员会的主席，他和金一起参加了与莫罗的会面。

当时金一本正经的问候瞬间惊呆了莫罗：“想想你自己，巴里·莫罗！”在接下去的 7 个小时里，莫罗完全被金在邮政编码、作者、书籍、棒球、拳击、赛马、地图、地理等领域的渊博知识所折服。这使得莫罗在与金的第一次会面中，获得了电影《雨人》剧本的创作灵感。

1986 年 10 月 25 日，我收到了《雨人》剧本的草稿。鉴于我在学者综合征方面的个人兴趣和影响力，这部稿子被送来并等待我的回馈与意见。当时的执行制片人对该片极有兴趣，自始至终都希望这部影片所讲述的故事能够做到精确、权威、可信和感人。事实上，在我看来，他们在所有这些方面都做得很出色。

电影背后的故事 :《 雨人 》剧本的主要修订

1986 年的剧本草稿与拍摄电影用的最终剧本存在些许差异。首先，剧本草稿中雷蒙德·巴比特的心智障碍更像智力缺陷，而不是自闭症。但许多人，尤其是达斯汀·霍夫曼认为准确表现自闭症患者的特点，包括典型的仪式化行为、刻板、拒绝改变和缺少亲密行为，会让该角色更有吸引力。此前也从未有电影把自闭症患者当成银幕主角，这将是一次让观众认识这种疾病的绝佳机会。此外，自闭症也能为两兄弟间更加复杂的交流互动创造机会。

事实证明，转向对自闭症的描写是重要且成功的。但这导致了剧本的大幅修改，需要把已写好的以现实生活中的金·皮克为原型的主角，转变成一个全新的人物。影片中的雷蒙德保留了学者综合征的能力，但其基础疾病已经变成了自闭症，他拥有自闭症患者的特点、困难、需求特征和特色。

第二个重要修订是删掉了一些情节，并改变了结尾，使电影讲述的故事更加真实、可信。1989 年 1 月 16 日，安森（Ansen）等人在《新闻周刊》（*Newsweek*）上的一篇文章中描述了电影《雨人》中“你没见过的情节”，包括“在故事高潮中，雷蒙德成功组装出了一辆摩托车，并载着查理冲出困住他们的火海。在感人至深的结尾中，查理和雷蒙德在查维斯山谷球场附近的一个山坡上观看了一场道奇队的比赛，两人决定从此以后共度余生”。摩托车的这个情节，将学者综合征能力夸张到了一个不可信的境地。学者综合征本身就已非常神奇，与之相关各种非凡的特殊能力并不需要这种美化。

一些影迷对影片中雷蒙德最终还是返回了特殊机构的结局感到失望，但原剧本“大团圆”的结局并不符合现实情况。世界上并不存在能够治愈自闭症的 6 天疗程。“他们从此以后过上了幸福生活”的结局或许更让人振奋，但并不现实。最终的剧本，给出了应有的结局。雷蒙德发生了轻微的改变，一些亲密关系已在他身上浮现。这是一种转变的开始，或许终有一天他能够生活在医院之外的其他地方，但这绝不可能在 6 天之内就得以实现。而正如前文提过的，在与哥哥的短暂重聚中，查理发生了巨大的改变。他对哥哥的感情朝着接纳、欣赏和爱的这种转变，则是非常可信的。我亲眼见过许多幸运的家伙在与学者综合征患者初次接触后，产生了类似的积极变化。

这部电影经历了非常波折的过程才得以最终出品。原定的故事情节已在上述那篇文章中作了详尽的概述；其他作家也参与了剧本创作，其中包括协助完成最终脚本的罗恩・巴斯（Ron Bass），他的名字以剧本合著者的身份，与巴里・莫罗一道出现在电影里。此外，这部电影在最后交到巴里・莱文森（Barry Levinson）手里之前，也找过很多知名导演。当时巴里・莱文森刚刚完成《早安，越南》（*Good Morning, Vietnam*）的制作，他最终接受了《雨人》的导演一职。然而影片坎坷之路中的最严重危机，是编剧的罢工。

还有一个重要的修订，是角色分配上的问题。据《新闻周刊》报道，人们原希望达斯汀・霍夫曼能扮演查理・巴比特一角。"但霍夫曼感兴趣的是雷蒙德・巴比特的角色。他曾看过《60 分钟》栏目中一位智力迟钝的学者综合征钢琴家的表演，并为之感动落泪。'因此，这个剧本一拿到我面前，我就爱上了雷蒙德・巴比特。我想扮演一名学者综合征患者'。"

他做到了。达斯汀・霍夫曼变成了雷蒙德・巴比特，而且大获成功。由于编剧罢工，霍夫曼有充足的时间来思考如何扮演好这个角色。他看了很多有关学者综合征患者的影片，无论其是否伴有自闭症。他研究了有关的科学论文和手稿，和许多的专家探讨，拜访精神病学机构，并花了很多时间和学者综合征患者及其家人相处，亲自体察他们之间的关系。

霍夫曼深入研究过的人有 3 位。其一是金・皮克，关于他们的那次会面在本书第 10 章中已描述过，但金并非自闭症患者。为了对自闭症有更深的了解，霍夫曼又会见了一名年轻的自闭症患者，后者与自己哥哥关系亲密，就和影片中描述得一样。霍夫曼花了大量时间与他们相处，参与到他们的日常活动当中。

霍夫曼深入了解的第三个对象是约瑟夫・沙利文（Joseph Sullivan），他是一名自闭学者。当时，约瑟夫与父母路得（Ruth）和威廉（William）住在西弗吉尼亚州亨廷顿。有两部出色的纪录片专门讲述了约瑟夫的故事，一部是《看不见的墙》（*The Invisible Wall*），另一部叫做《一名自闭症青年的肖像画》（*Portrait of an Autistic Young Man*）。这两部纪录片，都由加州大学洛杉矶分校（UCLA）行为科学媒体实验室出品。霍夫曼不仅仔细地研究了这些纪录片本身，还花了很多时间观看拍摄花絮。这让他对这名感人至深的自闭症青年及其家庭有了深刻的认识。

约瑟夫对数字疯狂着迷。和其他擅长数学的学者综合征患者一样，数字是他的朋友。他能瞬间心算出数学式的准确答案。如 1989 年，在奥普拉・温弗瑞的节目上，他只花了几秒钟就正确算出 41×385=15 785。他在进行第二道测试时的表现更加惊人，只花 15 秒就心算出 341×927=316 107。约瑟夫还对车牌号码感兴趣，能记住很多数年前瞥过一眼的车牌号。此外，和许多学者综合征患者一样，他还有完美的音高辨别能力和现象记忆能力。在《拉里·金直播秀》(*Larry King Live*）上，约瑟夫展现了自己非凡的记忆能力。他花了两分钟时间记忆了一个 36 格数字矩阵，随后在 43 秒内准确地回忆起了每个数字的确切位置。

约瑟夫有许多常见于自闭症患者的刻板和仪式化行为，就和雷蒙德·巴比特一样。事实上，霍夫曼将约瑟夫的一项仪式化行为借鉴到了《雨人》中，即用牙签吃奶酪球。在电影另一幕中，烟雾报警器响起后，雷蒙德勃然大怒，也是参照了约瑟夫曾经在一个废纸篓起火后的真实反应。雷蒙德记忆电话号码的情节，与约瑟夫记忆百科全书的经历很像。约瑟夫经常会念念有词地背诵他最喜欢的车牌号码 DT5252，或全神贯注地反复念诵包含他最喜欢的字母的单词，如包含了“s”的“association”。这些语言经常伴随着特定的头部运动或其他重复的语句或音节。约瑟夫热爱数字，热爱声音。

电影《雨人》拍摄期间，霍夫曼在辛辛那提见到了约瑟夫。1988 年 12 月 10 日，霍夫曼在西弗吉尼亚州亨廷顿市参加了《雨人》的首映预演场；两天后的 12 月 12 日，该电影在纽约正式上映。根据柯里（Curry）描述，在那次首映预演场上，霍夫曼说：

> 我们刚拍摄了一部可能会在全世界各大城市放映一两个月的电影，或者该电影将被灌进录影带里，摆上货架，并只会被播放一次。但你们的社群里从此有了约瑟夫。我认为这很重要，他是一位非常特别的人，他身上散发出来的魔力影响到了我。当我第一次看到那些纪录片时，我就说，“我喜欢那个人”。我爱你们，因为你们把他变成了你们社群里的一员。在这部电影里，我很努力地做自己，但我希望呈现出来的是约瑟夫的灵魂，因为正是他打动了我。

就自己完美演绎的自闭学者一角，霍夫曼非常谨慎地指出，他此前虽然结识了金、约瑟夫和另外一对兄弟，并且对他们进行了深入的了解，但他并没有试图模仿他们。他近距离地接触他们、了解他们，是为了让自己知道，如果他本人得了自闭症，可能会怎么样。他学习得很成功。

雷蒙德·巴比特：一位复合型学者综合征患者

金·皮克启发了这部电影，但是《雨人》讲述的并非他的人生故事。雷蒙德·巴比特身上综合了多种学者综合征技能，这些全都基于那些真实的学者综合征能力，只是现实生活中并不存在这样的一个单一原型。例如，数牙签、记忆电话簿、计算平方根等，这些都不是凭空虚构的。所有这些能力都有相关的文件记录，其中许多拥有这些能力的人在本书中也都有所提及。

需要指出的一点是，这部电影讲述的其实是两种疾病，自闭症和学者综合征。就自闭症而言，并非所有患自闭症的人都是学者综合征患者。事实上，如本书第 1 章指出的，只有十分之一的自闭症患者会拥有若干学者综合征技能，拥有像雷蒙德·巴比特那样的超凡能力者更是少之又少。霍夫曼仔细观察了约瑟夫·沙利文和其他人身上的自闭症谱系障碍，通过那些观察，他出色地模仿了典型的自闭症特征，包括痴迷、古怪举动、刻板行为、避免亲密关系、独特语言习惯、无限重复以及坚持某种惯例等。

除了基础的自闭症谱系障碍之外，他扮演的雷蒙德还拥有诸如超强记忆、闪电计算和日历计算等学者综合征技能。这些学者综合征技能除了会伴随自闭症发生之外，还可能依附在其他许多疾病之上。因此，为了惟妙惟肖地扮演雷蒙德·巴比特，霍夫曼必须学习演绎两种病症患者，即自闭症谱系障碍和学者综合征。

雷蒙德·巴比特展现的学者综合征能力固然惊人，但它们的的确确地存在于现实生活中的“雨人”身上。电影情节或是虚构的，但雷蒙德所有的能力都有真实的依据。从电影当前的声誉来看，它所展现的无论是自闭症还是学者综合征，都保持了真实性，因为根本没有必要对此进行美化或弄虚作假。真实的自闭症本身就已足够神秘，真实的学者综合征更是无须任何夸饰就能让人拍案称奇。把这二者组合起来，何愁不能得到一个引人入胜的故事呢？

关于《雨人》，一些主要信息和次要说明

《雨人》1988 年 12 月上映，在票房上大获全胜。电影制作预算为 2 500 万美元，上映仅 18 天后，票房就已达到 4 240 万美元，并很快突破了 1 亿美元大关。这是只有极少重量级电影才能取得的成绩。直到现在，这一数值仍

在不停地上涨中。电影碟片发行于1989年8月30日。与票房上的成功相对应的是，《雨人》获得了4项奥斯卡奖，其中包括1988年度最佳影片奖。

《雨人》是一部娱乐电影，并非纪录片。但这部影片具有的极高真实性，使得其在娱乐价值之外，还带有很强的教育意义，甚至传递了一些重要信息。首先，该电影准确而细致入微地刻画了一名高功能自闭症患者。霍夫曼显然做了充足的准备工作，将其演绎得很好。**然而我们需要记住的是，并非所有的自闭症患者都是高功能的。**

其次，雷蒙德·巴比特寄居的特殊机构，是一所专门为发育障碍患者设立的中心机构，而不是精神病院。这一点非常重要，因为自闭症是一种发育障碍，而不是一种精神疾病。相应地，影片中的医生在向查理·巴比特解释雷蒙德的障碍时，也清晰而准确地指出了自闭症是一种生理障碍，而不是心理障碍。他谈到了“胎儿期额叶损伤”，并描述了雷蒙德一些能力上的生理缺陷。这很重要，因为许多年来，自闭症患者的父母一直承受着莫名的不白之冤，俨然就是他们造成了自己孩子的这种疾病。所谓“冰箱母亲”的骇人说法，就是由这种冷酷无情的谬论推导出来的。

第三，如之前所提到过的，影片中雷蒙德·巴比特在6天中发生了微小的变化这一情节更为真实可信，因为这种长期疾病并不存在有效的快速治疗方案。最后，这些故事情节告诉我们，**无论与何种类型的残障人士相处，我们都需要去适应他们的需求和局限，而不是要求他们要变得和我们一样，才能融入我们的社会**。在电影结尾中，发生巨大改变的是查理，而不是雷蒙德。

以上就是关于《雨人》的一些重要信息。它的娱乐性和启发性都很高。不过在这里，我仍然要做一些次要的说明，因为这对自闭症和其他发育障碍者的家庭非常重要。首先，雷蒙德·巴比特是一名高功能自闭症患者。但自闭症包含的残障范围非常广泛，有的自闭症患者是高功能的；有的则相对严重，可能永远无法像雷蒙德·巴比特一样独立行动。令人遗憾的是，即使是高功能自闭症患者，即使凭借我们今天对这种疾病的认识，即使提供最好的医学治疗和家庭护理，他们仍然需要长期的护理。不过随着我们的社会为这类有特殊需求的人士提供的设施越来越多，越来越少的自闭症患者会被委托给长期机构照顾。无论他们患有学者综合征与否，都将越来越多地和我们共同生活在同一个社区里。

第二个说明是，雷蒙德·巴比特不仅是高功能自闭症患者，而且还拥有高水平的学者综合征能力。如本书第 1 章中指出的，学者综合征能力也涵盖了一个很广的谱系，从碎片式技能，到天赋技能，再到超凡技能。像雷蒙德一样身怀多种技能的例子少之又少，要达到他的那种技能水平，在这种本就罕见的病症中更是凤毛麟角。

第三，如前文所述，并非所有的自闭症患者都同时患有学者综合征；也并非所有的学者综合征患者，都同时患有自闭症。可能看过电影《雨人》的观众会以为，既然雷蒙德・巴比特是自闭症患者，那么所有的自闭症患者都应该差不多，都会有特殊能力等等。真实情况当然并非如此。虽然的确有十分之一的自闭症患者会拥有学者综合征技能，但另外的十分之九都没有。

自闭症和学者综合征有时的确会在诸如雷蒙德・巴比特一类人的身上同时出现，但它们实际上是两种不同的病症。

一部满分之作

如果要我给电影《雨人》打分，我会给出 10 分，即满分。无论是编剧、制片人、导演还是达斯汀・霍夫曼，都希望这部电影在涉及残障人士这一微妙话题时，能够做到真实、准确、尊重、严肃。他们希望捕捉到自闭症和学者综合征神奇和本质的一面，而不是诋毁或嘲笑患有这些病症的人。他们希望准确描绘自闭症的本质和学者综合征的神奇。

他们做到了。

好莱坞如此关心一部电影的真实性和可信度，在电影行业里并不常见。这让我倍感欣慰。此外，让我欣慰的另外一点是，这部电影的编剧、导演和演员，都如此谦逊地听取像我、沙利文一家和弗兰・皮克等，这些每天与自闭症打交道的专家和家人的意见。

很少有残障类疾病能够享受到像《雨人》为自闭症和学者综合征所带来的这样，以一种广受好评和热烈欢迎的方式，引发如此广泛而有效的大众关注和教育意义。好莱坞以及所有为这部电影出过力的人，均功不可没。现在，该轮到我们这些与这类特殊人群有着密切关系的家庭、专家和组织，来延续这部电影所带来的兴趣、探究和行动势头，让人们能够在未来更好地理解自闭症和学者综合征。

Islands of GENIUS

PART THREE

| 第三部分 |

探究学者综合征的重要新维度

一些人在经历外伤性脑损伤之后，却意外获得了音乐、美术或数学方面的才能，为了不被当成“轻微的自闭症患者”，他们选择隐藏起自己的特殊技能……越来越多的证据表明，大脑拥有强大的有效性、可塑性，以及巨大的存储空间，这不仅赋予大脑一定的自我修复能力，或许也能用来进行人为的扩展……

无论天资如何，我深信，有意识地探索大脑右半球可以为我们提供新的体验，并释放潜在的能力。该能力有时水平极高。

——学者综合征权威专家
达罗·A. 特雷费特

第 20 章

“意外天才”
获得性学者综合征患者

一名 10 岁的男孩被棒球砸中昏迷了过去，等及醒来后，他突然获得了日历计算能力，此后，他的脑海里还存储了大量包括天气在内的自传体记忆。一位从未学习过绘画的老妇人在渐渐痴呆后，摇身一变成了非凡的艺术家。另一位患有痴呆的老年患者也突然顿悟了某种技能，不过其获得的是音乐方面的能力。一位从未展现过任何艺术才华和兴趣的 51 岁建筑工人，在遭遇一次严重中风，奇迹康复后却变成诗人、画家和雕塑家。一名 8 岁的男孩因为严重癫痫施行了大脑左半球切除术后，获得了日历计算能力。这些都是我所谓的获得性学者综合征患者的例子，或者也可以称之为“意外天才”。

关于获得性学者综合征的新报道，总是不断地出现在学者综合征网站上，引起我的注意。自从学者综合征第一次被确诊以来的 122 年间，这些案例代表了有关该病症的最重要发现。它们强有力地表明，我们每个人体内可能都不同程度地存在着一定的潜能，这种潜能或许是作为某种“备份系统”存在，除非大脑的某些区域遭到中枢神经损伤，否则不会浮现出来。我们接下来要讲的例子，都支持了这种可能性。它们还证明，这种突然出现的新技能是一种已经存在的潜能的释放，而不是发展出了一种新的补偿性能力。

如果这种潜能的确存在，那么获得性学者综合征带来的真正挑战是，如何在避免中枢神经损伤的情况下，将它们挖掘出来？

1996年以前，除了阿朗佐·克莱蒙斯，我见过的所有学者综合征患者都先天患有自闭症或其他的发育障碍，同时他们的惊人天赋从婴儿或儿童时期（通常在3～4岁）就“爆发”出来。这些都是先天性学者综合征的例子（自一出生起就开始显现）。

与此相反，获得性学者综合征意味着一位原本没有心智残障（一般神经状态）的人在遭遇大脑损伤或疾病后，体内休眠的学者综合征能力浮现了出来，而且这种能力水平有时还很惊人，但当事人此前对该能力甚是陌生。这种情况的出现，就提出了一个重要的问题，即这种潜能是否作为一种备份系统存在于我们每个人的身上，只是需要遭受中枢神经损伤或疾病后才会浮现出来？

本章将总结一些重要的获得性学者综合征的新案例，并就这些发现所带来的寓意做一番探索。

枪击、脑膜炎、头部受伤：意外之下获得非凡技能

阿朗佐·克莱蒙斯（详见本书第8章）是典型的获得性学者综合征患者。据其母亲所言，阿朗佐超凡的雕塑技能出现在他童年时摔伤脑部后。1984年，在与阿朗佐见面之后，我开始查找学者综合征的相关资料，看是否还有其他获得性学者综合征的报道。我的确找到了几个案例。例如，1923年米诺格（Minogue）曾报道过一个这样的案例，一名3岁大的小孩在患脑膜炎后，忽然出现了音乐天赋。1980年，布林克报告了一位Z先生的案例。后者9岁时左脑遭到枪击，导致右半身瘫痪并造成失语和失聪后，身上出现了学者综合征的技能和行为特征。那次外伤性脑损伤后，Z先生获得了特殊的机械能力和其他学者综合征技能。1991年，多尔曼在《大脑与认知》（*Brain and Cognition*）一书中也报告了一个案例，一名8岁的小男孩在施行了大脑左半球切除术后，展示出了非凡的日历计算能力。

在所有这些有关获得性学者综合征的报道中，最引人注目、最富有说服力的，是奥兰多·瑟雷尔的例子。10岁那年，奥兰多的脑袋被一颗棒球击中。之后，他获得了日历计算能力，而在头部受伤前，他对日历计算完全没有任何兴趣。除了日历计算外，他还能记住自己受伤后每一天的天气情况。最近，奥兰多又发现自己拥有自传体记忆能力，他能回忆起任何一天自己在哪里、

做了什么。这种超忆症在本书第 5 章中作过详细的讨论。

多部关于学者综合征的纪录片，都记录了奥兰多的这种获得性学者综合征能力。《美丽心灵》栏目组（德国色域制片公司）在马里兰贝塞斯达市的国家心理健康研究所采访奥兰多的过程中，深入探究了他的日历计算能力和自传体记忆。奥兰多拥有自己的个人网站（www.orlandoserrell.com），该网站提供了更多关于他的背景信息和能力的描述，其中也包括了一段视频。该视频展示了他的非凡技能，以及纽约哥伦比亚大学一些成像研究中的 MRI 发现。

FTD“释放”的老年艺术家

1996 年 12 月，我读到了布鲁斯·米勒及其同事在《柳叶刀》（*Lancet*）杂志上发表的一篇非常吸引人的报道，他们描述了 3 位患者“在出现额颞叶痴呆（FTD）后，变成了技艺炉火纯青的画家”。他们详细描述了其中一名 68 岁的男性患者，其此前从未展现过任何艺术兴趣或能力，但随着痴呆症的发展，他的艺术才华越来越惊人。

1998 年，米勒等人又描述了另外两名患有同种 FTD 的患者（加上前 3 例，此时共有 5 名）。随着大脑疾病的发展，他们不约而同地展现出了艺术才华。与当时记录在案的“先天性”学者综合征患者一样，这 5 名罹患 FTD 后展现出艺术才华的老年患者，展现出来的创造性更集中在视觉方面，而非语言方面；他们的画作一丝不苟，缺乏抽象或象征意义；他们的情景记忆得以保留，但语义记忆完全损坏；此外，他们还展示出对艺术技能的强迫性专注。SPECT 扫描显示，他们的大脑出现了某种左脑功能紊乱的优势。

米勒等人对此猜测，前颞叶眶额皮层的选择性退化，降低了对与知觉相关的视觉系统的抑制水平，从而加强了患者的艺术兴趣与能力。这种艺术兴趣与能力原本休眠于患者的体内，直到 FTD“作用于大脑空间的位置更靠后，从而减少了对与知觉相关的视觉系统的抑制”，最终把它们释放出来。卡普尔用“反常性功能提高”这一术语来描述患者在失去某些能力后身上浮现出其他能力的“释放”现象。西尔贝曼在《天才的钥匙》一文中将这种去抑制/释放的过程描述为“从大脑左半球仁慈的暴政下释放我们的内在学者”。

FTD 约占老年痴呆的 25%，它不同于阿尔茨海默病，因为 FTD 的病理过程是区域性而非整体性的，且是不对称的，通常影响的是左侧前颞叶区域，如这 5 例患者所示。这篇文章详细地对这 5 位患者分别作了讨论，并介绍了他们在痴呆症发展过程中创作的一些艺术作品。总结来说，米勒等人的结论是，“FTD 是进入艺术创作过程的一个意想不到的窗口”。

2000 年，米勒报道的出现艺术能力的 FTD 病例达到了 12 例。不过现在，伴随着痴呆症的发展，这个扩充队伍里涉及的才华已经延伸到了音乐领域，而不仅仅是美术。更有意思的是，同年，霍等人将其中 6 位此前并未患病的老人的 SPECT 结果，与一位 9 岁的自闭学者艺术家（DB）的大脑成像结果进行了延伸对比研究。对比结果显示，老年 FTD 患者和年幼的自闭症艺术家之间展现出“惊人的一致性”。他们都涉及大脑左侧颞叶功能缺失，和新皮层后部区域的功能增强。艺术技能相同但所患残障不同的 9 岁自闭学者和老年 FTD 患者，SPECT 可见两者在神经病理学上的相似性，尤其是大脑左侧颞叶区域的情况非常显著且吸引人。

2008 年，西利（Seeley）等人报道了一位名为 AA 的女性的案例。这位女士 60 岁那年患上了作用于大脑左半球的原发性进行性失语症（PPA）。她此前已坚持绘画了 15 年，尤其喜欢在画作中将音乐视觉化，比如其中有一幅作品被她命名为《分解波列罗舞曲》（*Unravelling Bolero*）。患上失语症后，随着病情的发展，她的作品风格转变为“明确地追求逼真的现实主义，以极高的保真度重现这个世界。画作的对称和结构性细节得到了强调，并且经常以大自然中的物体或建筑为对象”。结构性 MRI 显示，其左侧的腹外侧前额叶皮层（包括布罗卡氏区）、尾状核和海马体区域存在萎缩现象。与之相应地，“在涉及视觉图像和视觉构造能力的右后部区域中，出现了灰质体积的增长”。其去世后解剖的大脑分析与该成像结果一致，即显示出左侧额叶区域萎缩与右侧顶叶皮层保存完好。这些研究者表示，“她左侧额叶区域的退化，预示着她艺术潜能的爆发和对具象载体的嗜好的产生；而显示出结构与功能增强的被‘解放’的后部区域，则被认为支持了 AA 对图像的感知、翻译和整合”。在这种情况下，与米勒早期的 FTD 患者相比，来自优势大脑半球的“解放”，与左侧额叶和其他更深的大脑结构有关，其中导致 AA 女士艺术风格发生变化的前颞叶区，同样是在左侧。

2003 年，在一个不同但相关的分支研究中，梅尔（Mell）、霍华德（Howard）和米勒提出了一个问题：与患病后出现新天赋的患者相比，成熟艺术家如果患上 FTD 会怎样？他们提出了一个病例，一名训练有素、天资卓然的美术老师在 49 岁时患上 FTD，同时她的艺术风格也由西方水彩画和中国传统水墨画，逐渐转向了图案复杂的中国天宫图创作。这位美术老师“令人印象深刻的艺术成长”，与其在组织课程或评卷能力上的退化同步出现了。梅尔等人对此进行了详细的描述：她的画作越来越“狂野和自由”，“天宫图般复杂的设计和图案被巨大、鲜艳的图形替代；复杂的图案则被下放到背景当中”；她对颜色的选择也发生了变化，“显然越来越脱离传统的束缚”。与米勒的 12 位因为不对称性左前颞叶退化而获得新能力的患者不同，这位原本就拥有相当的艺术才能但之后艺术风格大变的患者，显示出显著的左侧额叶病变。梅尔等人推断：“不对称的左侧大脑半球退化，或许释放了原本未经开发的认知能力。我们大脑的连接方式，似乎是影响我们创造力本质的主要因素。”

2006 年，德拉戈（Drago）等就 FTD 究竟是“释放”了潜能还是带来了“新能力”，进行了其他一些研究。他们委托艺术评论家对一名患有额颞叶病变（FTLD）的艺术家 3 个不同生命时期的作品进行评定，包括：病变前夕（18 幅作品）；病变前期，即症状刚刚出现的时期（6 幅作品）；完全病变期（16 幅作品）。作品的时间间隔，从症状出现前横跨到诊断 8 年后。在对该患者的临床诊断情况及其作品的创作时间一无所知的前提下，艺术评论家根据 6 个不同的艺术品质标准，系统地对这些画作进行了评价。

与上面提到过的 FTD 患者一样，随着时间的推移，这位患者也出现了视觉艺术技能的进步，这一点从其创作手法上就能看出来。德拉戈等人认为，“这可能与右后大脑皮层的去抑制有关”。然而这位艺术家的作品在其他一些方面出现了退步，包括闭合（画作的完整性）和共情（情绪感染力）等。

意外天赋：中风后遗症

2005 年，利思戈（Lythgoe）等人报告了一则神经病学案例。伦敦一名 51 岁的建筑工人因为双侧颅内动脉瘤猝发蛛网膜下出血后，突然出现了诗歌与绘画方面的才华。通过线圈修复动脉瘤后，这位幸运的患者只留下了轻微的痴呆和语言能力受损的后遗症。16 天后进行的 CT 扫描确认，患者的大脑中未见局灶性损伤。当然，由于该患者颅内有金属线圈，因此没有办法做 MRI 检查。神经心理学测试表明该患者的智力正常，有一定的语言去抑制现象和轻微的运动能力受损。最终诊断结果是“轻微的额叶功能紊乱”。利思戈等人推断，“无论该患者的额叶受到了什么样的损伤，该损伤都导致了这些区域的相对去抑制或反常性功能提高”。

中风前，这位患者在创造性艺术方面没有任何特殊的兴趣或才华。手术几周后，患者开始“用诗歌和韵文填满了好几本笔记本，而在此之前，他从未写过诗。之后，他又开始创作热情奔放的油画，把大量时间都花在了绘画和雕塑上”。有几部电视纪录片都讲述了这位获得性学者综合征患者的故事。伦敦电视节目《我的杰出大脑》（*My Brilliant Brain*）还专门报道了这些百闻不如一见的艺术作品，以及这位神奇的艺术家。

类似的转变也发生在35岁的脊椎按摩师乔恩·萨金（Jon Sarkin）身上，他在打高尔夫球时突然中风，随后进行了大脑手术，移除了部分小脑。之后，他产生了不可抑制的绘画冲动。2006年，卡罗尔（Carroll）将其描述为“前半生是线性思维的实用主义者，后半生则是名波希米亚风格画家。显然，神经系统里存在一个明确窗口，让我们中的少数人可以超越平凡”。萨金自己说，“我苏醒了过来，事情立刻变得与以前不同了。我的大脑发生了某种变化，正是这种变化导致一切都不同了。我不知道它是什么，别人也不知道”。

现已50多岁的萨金仍在继续画画，并在马萨诸塞州林肯市的科尔多瓦博物馆和雕塑公园年度展上展出自己的作品。此外，他在加利福尼亚州西好莱坞等地也有作品展出。埃米·埃利斯·纳特（Amy Ellis Nutt）在2008年12月5日版的《新泽西星报》（*New Jersey Star Ledger*）上特别策划了一篇文章，出色地描述了萨金的漫长发现之旅。读者可以在萨金的个人网站（www.aphrodigitaliac.com/sarkin）上浏览该文章。

2005年，来自瑞士洛桑市洛桑大学附属医院的安诺尼（Annoni）等人，发现两名职业画家在左枕叶或丘脑发生轻微中风后，艺术风格出现了明显的改变。其中一名画家走上了更加风格化和象征化的艺术道路，另一名则由印象派转向了更加简约的抽象派。作者在讨论这种变化时写道：

> 这种艺术转变可能与脑梗塞有直接关系。由于后脑区在创造性思维中似乎承担着重要作用，因此并不奇怪的是，这些区域发生轻微中风后，会影响到艺术家的创造性思维从而影响其绘画风格。此外，1号患者和2号患者的大脑左半球功能紊乱这一事实，可能支持了大脑右半球功能释放的理论。这里可能存在一种不同的认知机制。

伴随其他基础残障的专业技能

奥利弗·萨克斯在《火星上的人类学家》中，描述了一个“获得性”艺术能力的病例。该患者“此前几乎从未画过画”，后来他大病了一场，“发高烧，体重剧减，精神错乱，疑似癫痫”或其他一些“神经学上的疾病”。他得的究竟是什么病，最后没有定论。但在康复之后，这位名叫佛朗哥·马格纳尼（Franco Magnani）的患者开始创作逼真的风景画。他画的是自己的家乡庞蒂村，他在那里长到 18 岁才离开。这种从天而降的绘画才能和数码相机般的记忆能力，甚至把马格纳尼自己都吓了一跳。萨克斯在著作中引用了他的原话，“真是不可思议，我是怎么做到的？如果我之前就有这样的天赋，为什么连我自己都不知道呢”。

马格纳尼这一案例最吸引人的地方，并非其绘画方面的顿悟，而是离家多年后，他竟能以数码相机般的保真度，精确地回忆起家乡的一草一木。和那座村庄现在的照片相比，他画作上的每一条街、每一栋建筑，都达到了以假乱真的地步。他的一次类似作品展，证明了其数码相机般的记忆能力。1998 年，旧金山探索馆举办了一场名为《记忆：回忆艺术与科学》（*Memory: The Art and Science of Remembering*）的艺术展，重点展出了马格纳尼的作品。为了证明其记忆能力之强大，他的作品旁边都放着以相同角度拍摄的家乡现景图。作为一名早年从未接受过艺术训练的人，他绘画的精确度十分惊人。

深藏不露的“半路天才”：仅付出微小代价

获得性学者综合征中存在一些典型的认知损失或其他能力损失，它们似乎可以被看成是患者为其新获得的类学者综合征能力而付出的代价。但最近我注意到一些病例中显示，一般神经状态人因为外伤性脑损伤而获得了音乐、美术或数学方面的才能，但只付出了非常小甚至几乎可以忽略不计的认知能力或其他神经心理学能力的损失。

大多数情况下，这些新获得的技能并不像上述病例那样发生得那么突然，也没有那么强的戏剧性。这些人通常整体上工作非常成功，也能很好地适应自己的生活。然而事实上，他们现在能够记住公司所有人的生日，或者不用计算器就能心算出复杂的数学题，又或者给朋友打电话时再也不需要查看电话本，甚至可能沉迷到了一些亲朋好友们觉得“奇怪”的爱好之中。他们倾向于不公开自己新获得的这些技能，以免被别人当成“轻微的自闭症患者”。一名患者描述了自己如何“深藏不露”地隐藏着自己的特殊能力，另外一个人则称自己为“半路学者综合征患者”。

由于篇幅所限，我无法逐一描述所有这些病例，但在这里，我可以举一个典型的例子来说明这类患者身上所发生的重大变化。

我要举的是 33 岁吉姆·卡罗洛（Jim Carollo）的案例，以下所有引述，均来自我们的私人往来信件。14 岁那年，吉姆遭遇了一场严重车祸，他的母亲和一位朋友不幸罹难，他和他的妹妹陷入昏迷。吉姆头部严重受伤，颅骨骨折，格拉斯昏迷评分①为 3 ～ 4 分。他“大脑肿胀，右枕叶区受到冲击，左额叶区有对侧外伤”，并一度身体左侧半偏瘫，记忆也有受损。车祸 6 周后，他才真正意识到自己所受的伤害，并开始理解车祸带来的后果。事后他才知道鉴于他的伤情如此严重，医生对他的生存预期曾非常悲观。一开始，人们以为他最多只能熬过一两个星期，之后又认为他永远无法再走路或回学校上课。但他奇迹般地恢复了过来，并最终获得了 MBA 学位。他恢复了自己强大的社交技能，而且浑身充满活力，这实在是一个不可能的奇迹。

经历了苏醒、恢复并回到学校后，吉姆展现出了一种“数字和数学方面的神奇能力”。受伤前，他完全没有这方面的兴趣和才能。车祸几个月后，他可以轻易解决几何问题，并且不用学习就能在单元测试中拿到满分。之后，他通过了微积分考试，而且根本没有学习过三角函数，这一连串事件在他的学校里非常罕见。从伤病中恢复的过程中，他开发出了一套非常复杂的图表。他为每个字母都分配了一个数字，之后不用参考每个字母背后对应的数字，就能直接口算出各个单词的加减法。“在教室里看书或跑步的时候，我都会不停地在脑子里计算那些字母的加减法。”吉姆如此说道。现在，他的脑子里记忆了一大堆数字，比如高中储物柜号码、新旧驾照号码、信用卡号码、银行卡号码和电话号码等。

MBA 毕业后，我决定开始读一本关于圆周率的书。不过我从来没有翻开过那本书，因为那本书的封面上就印着许多数字。我花了两天时

①格拉斯昏迷评分（GCS），是针对意识障碍的评分，分别设有1～15分，分数越低，表示昏迷情况越严重。

间研究圆周率的前200位数字。直到今天，我仍然记得并不停地在脑海中重复着那些数字，就像我当初背诵自己制作的字母数字表一样。纪录片《脑人》中指出，像我这种特殊的病例最喜欢反复背诵，的确如此，我的整个人生就是一个例证。

大约百分之九十的时间，我都在脑海里重复数字、字母或音乐旋律。大多数时候，我自己都没有意识到这些。不过当脑海里的背诵开始时，我会感觉更加舒适，就好像大脑终于平静了下来；与此同时，我仍能注意到自己身边发生的一切。这种背诵会让我忘掉自己的缺陷。当这种背诵停止时，我就会注意到它，但很快这种无意识的背诵就会重新开始。

受伤后，卡罗尔开始专注于逻辑、组织和结构，这一点从他的几何学能力上就可见一斑。现在，他生活中的许多方面都反映出他对此的兴趣。他制定了特殊的时间表帮助自己完成每日工作，喜欢重新排列日常生活中的物品，比如他家里的所有东西都被摆放得井井有条。他还花了不少时间研究周围的建筑物、桌子等许多物体，并备注它们的结构、造型和位置等。

从车祸中康复后，我开始设计自己的日常活动，以便能更好地记忆它们。我做什么事都有一套特殊的方法，比如重新排列盘子里的食物、总是以同一种模式做事、每天重复同样的事项等。在某些缺乏指引的情况下，我很难安排好自己的日常，会因此变得不知所措。这时候我就会开始背诵，这让我觉得好受一些。我发现遵守一定的日常惯例，会让我感觉轻松许多。

卡罗尔发现自己很享受学校的生活，因为后者总是秩序井然，一切都按既定的计划进行。面对缺乏计划或组织的任务，或者自己的日常生活，他很容易就会觉得压力过大。他很难设计并管理好自己的职业生涯、人际关系和社交生活，尽管他本人变得更加高效和专注，而且不一定非要恪守某种程序才能办事。

车祸前，他最大的兴趣爱好之一是读书，但在车祸之后，他“几乎没有读过一本书”就一路顺利地从学校毕了业。在很长的一段时间里，他都无法集中精神阅读。他很难记住一个完整的句子，也很难把注意力集中到课本文字上，且总是在进行话题讨论时走神。这令人很沮丧，因此他在课堂上投入了更大精力。“以前我很擅长阅读，车祸前，我花了大量时间在阅读上”，但车祸后很长一段时间，他都遭受着阅读障碍的困扰。现在他的情况有所好转，但仍会尽可能避免阅读，他甚至不记得自己上次看完一本书是什么时候了。

车祸前，卡罗尔对数学或数字并没有什么特别的兴趣，但他大部分的科目在班级上的排名经常都是第一，甚至在他每周参加一次的隔壁学校的一个“天才班”上也是如此。现在，他知道自己智力颇高，IQ 测试分数在 135 ~ 150 之间。其大脑损伤的最大后遗症，是短期记忆受损。

> 看来受伤后，我对数字的记忆得到了增强，但在其他方面的一般记忆却减退了。我可以清晰地记得车祸发生前的童年记忆，甚至比同龄人更能记得那些童年的画面和细节。事实上，在回忆那些细节时，我会觉得很舒适，因为那时候我还没有受伤。我经常在那些记忆中寻找支持和鼓励。相比之下，我对受伤后以及最近发生之事的记忆，都非常匮乏。例如，很多人认识我，但我却不记得他们。我知道自己拥有很多非凡的能力，但我总会时不时地意识到伤残的不便。

卡罗尔的这些能力，充分地引起了他的一名医生的注意。她在卡罗尔的病历里记录了后者对她背诵了 250 位圆周率的事迹。她还描述了他的字母 / 数字体系：

> 他今天演示了快速背诵每个字母对应的数字的能力。他在数学方面的卓越天赋，引出了这么一个问题：他是否是名学者综合征患者？他宣称自己过去从未上过美术课，却能够坐下来完美地画出城市中心的钟塔。他今天向我展示了那幅画，其精确度令人惊叹。

EEG 显示，卡罗尔在强力呼吸后，左侧颞叶出现异常。MRI 显示，他的脑室周围和左小脑存在轻微异常。神经心理学测试显示，根据韦氏量表，他的智力高于平均水平。他在注意力和专注度上存在轻度认知障碍，并被建议进行专门的恢复性训练。

我认为，这是患者在脑部受伤后出现了全新的不同寻常的技能、偏好或专注力，但并没有实质性地影响到其整体的教育、职业发展和社交适应性的一个典型例子。这些人在看过一些关于学者综合征的纪录片后深受触动，放下心里的戒备，公开谈论他们之前因为怕被当成自闭症患者或“怪人”而不愿示人的非凡能力。例如，就有一些人劝说卡罗尔不要在数字和字母上浪费太多时间，因为“它们对你的现实生活没有帮助”。然而他很好奇，如果他按照自己的意愿去发展这方面的能力，最后会带来什么：“我越向人隐藏自己的兴趣，我的大脑越是抑制不住地想要去追逐它们。这就是我的大脑的天性。对我来说，数字并不仅是一个可有可无的爱好。”

我希望上述的例子，能够鼓励那些拥有类似能力的人士运用这些能力，并且大胆地向别人展示自己，而不用担心会被看做是个怪人或者某种心智障碍者。

转瞬即逝的“意外天赋”

还有个人在看过一些关于学者综合征的纪录片后，写信向我描述了一种更有意思的现象，我们或许可以称之为“转瞬即逝”的意外天赋。MP 在一次车祸中遭到了外伤性脑损伤，随后他几乎一直处于持续的晕眩状态。后来发现，他患有“右耳圆窗膜和卵圆窗破裂导致外淋巴液从内耳迷路中渗出的外淋巴瘘”，从而导致了其持续性晕眩。此外，车祸 6 个月后，他发现自己：

> 非常擅长《棋盘问答》（*Trivial Pursuit*）和《危险边缘》（*Jeopardy*）等电视知识问答游戏。看上去我对一切都无所不知。我的朋友经常会带着问题来找我，而我不知道怎么地全部都能说出答案。车祸一年后，我的那个瘘管终于得到了修复，而我“无所不知”的能力也随之而去。

MP 称，该瘘管后来又被重新打开过两次：

> 每次打开 6 个月后，我又会变得“无所不知”。我个人认为，当我每次感到头晕的时候，我的大脑都会为了代偿一些脑功能而重新连接自身的神经系统，这就导致了存储知识的区域得以增强。但权衡利弊之后，我还是选择将瘘管修复过来。

释放潜能，我们面临的挑战

“获得性”学者综合征或“意外天才”，是学者综合征自一个世纪以前被确诊以来，最重大的研究新发现。其中尤其值得注意的是，这类病例中有多少涉及大脑左半球（优势）功能紊乱，以及大脑右半球（非优势）能力的释放（反常性功能提高）；而不是培养出了新技能。某些情况下，患者的一些认知功能或其他能力会伴随着新技能的出现而减退（获得性学者综合征）；而在其他一些病例中，这种减退非常轻微，很少付出重大的代价，但其新获得的技能仍然保持了非常高的水准（“半路”学者综合征）。

这种某些人在遭遇大脑损伤尤其是某些特定脑区受损之后，一些能力被“释放”出来（反常性功能提高）的现象，极大地预示着某种隐藏的潜能，并且这种潜能可能存在于我们每个人的身上。**这里提出的一个挑战，当然是如何在不涉及中枢神经系统损伤的情况下释放这些潜能**。目前，相关的研究正在进行当中，接下去的几个章节将提到相关的内容。

第21章

“天降奇才”
天才的顿悟

获得性学者综合征患者中突然出现的天赋，暗示着或许我们每个人身上都存在着某种潜能，它可能作为一个备份系统存在，以防我们遭受中枢神经系统方面的伤害或疾病。我称之为“天降奇才”的情况，也预示着某种隐藏在表面之下的潜能。**“天降奇才”的情况是指，正常人（确切地说是“一般神经状态人”）在某一时刻突然顿悟，获得了此前完全陌生的某种知识或天赋和技能的组合。**从学术意义上说，这些都不属于“学者综合征”，这些人也并不是突发性“学者综合征患者”。因为，和先天或获得性学者综合征患者不同，他们并不存在基础残障。在学者综合征的定义中，患者的非凡天赋总是伴随着某种残障的存在。下列案例或许能够更清晰地描述并定义这种“才智开窍”的情况。

KA：学习音乐多年，竟在5秒内突然开窍

KA是一位优秀的31岁男子，毕业于以色列特拉维夫大学法学院，现在以色列生活和工作。他的IQ和SAT（学术能力评估测试：美国大学招生的标准化测试）分数都很高，也没有任何发育障碍。他没有遭遇过大灾大难，头部也从未受过伤。

他的母亲是一名教师，他的父亲是政府工作人员。他的父亲喜欢唱歌，现已加入了一个合唱团。KA 小时候就喜欢音乐，听过很多儿童歌曲，有时候会自己写歌。高中时，KA 喜欢摆弄一种迷迪（MIDI）工具，并用电脑作曲。他会手动尝试将音符调到合适的位置，直到其发出的声音和自己头脑中想象的完美契合。这似乎可以看做他拥有相对音感的证据，但他并没有真正掌握乐理知识。他拥有有限的和声与和弦知识，并称之为“背景”，但只大概懂得和弦分为“欢乐和弦”“悲伤和弦”，以及其他一些他并不理解的和弦。

加入以色列武装部队时，KA 将一把吉他带到了基地。虽然他掌握了一定的和弦弹奏技巧，但仍未真正理解音乐的结构或创作。他可以凭记忆弹奏一些简单的歌曲，能分辨所谓的“欢乐和弦”（大调）和“悲伤和弦”（小调）。至于其他更加复杂的和弦是什么，他并不知道，只是凭记忆弹奏。服役末期，他成为了一名广受欢迎的“篝火吉他手”，但依然只是依照记忆机械地弹奏，并不能真正理解音乐的精髓。在法学院读书时，KA 买了一架不错的电子琴，且经常弹奏。他的电子琴水平一直不高，但这并不影响他对此的热爱。

26 岁那年，在校读书的 KA 会经常到学校附近的一家商场。该商场里有一家酒肆，靠近酒肆大门的商场大厅里有一架立式钢琴。商场主允许 KA 弹奏那架钢琴，于是他就经常过去弹奏一段时间。3 个月之后，他和他的朋友们都注意到，他的弹奏出现了轻微但可察觉的进步。

后来发生了一件很神奇的事情。根据 KA 本人的口述如下：

> 26 岁半的一天，天气很好，我像往常一样醒来，竟不料就此开始了自己人生中最神奇的一天。当时我正坐在酒肆边的那架钢琴前，自然而然地弹奏着琴键，想要找找音调。我很清楚地记得，自己当时想要弹奏的是某位知名的以色列歌手唱的一首很有名的歌曲。我顺手用 C 大调来弹，因为这样基本上我只需要用到白色琴键。我注意到，每隔一个琴键按下三和音都会出现熟悉的“悲伤和弦”和“欢乐和弦”，而如果我能找到正确的和弦，就能弹出这首歌的伴奏曲。当我尝试弹奏该旋律时，我发现自己只用到了白色琴键。我问自己，这是怎么回事？我开始感到好奇。我也很好奇为什么尽管“欢乐和弦”和“悲伤和弦”的情感不同，但在钢琴上的形状完全一样。还有为什么无论演奏到哪里，我都只弹到了白色琴键？我的脑海里充满了“十万个为什么”，这些疑问全都与音

乐的结构，以及它与钢琴结构的关系有关。我很好奇，这其中是否蕴含着某种规则体系。

就在我胡思乱想、不断问着自己“十万个为什么”时，一种奇怪的感觉突然产生了。这种感觉大约持续了 5 秒钟，然后我就突然开窍了。

很难说清开窍的那一刹那，我的大脑里发生了什么。我感受到一种奇怪的感觉，就好像在短短的几秒钟之内，很多东西“一起涌入了我的大脑”。我突然意识到，音乐的确存在一个体系。但发生的事情远不止于此。我不仅意识到音乐有一个体系，更在瞬间理解了这个体系的全部规则！此外，我突然（就是那样）意识到大调音阶是什么，它的和声是什么，它们与和弦有什么关系，为什么和弦是完全的、并且在钢琴上有着确定的物理形态，以及更重要的是，我知道要用手指去按哪几个琴键才能弹出特定的某个音，无论和声还是旋律。事实上，我突然意识到了乐理与钢琴的物理结构之间的关系。

我不知道自己是如何突然顿悟的。我发觉自己最终获得的才能，是瞬间不费吹灰之力地识别出我听过的曲子中的和声。识别和声变成了一种类似识别颜色的无意识过程。与之相伴的，是不假思索地弹奏旋律的能力，虽然这种能力要稍弱一些。我能马上知道每个音阶中有些什么音（功能识别）或者音阶的下一个音究竟更高还是更低（音程识别）。总之，是一种无意识识别和心算的怪异混合。

“有了！”我想。突然之间，我认识了音乐。我“理解”了音乐。

顿悟的一刹那，时间不超过 1 秒。但神奇的是，就在那 1 秒钟的时间里，我“学到了”大量关于音乐理论的知识！整个过程的体验，既神奇又令人困惑。26 岁半的那一天，一切来得如此突然，又如此简单。音乐变得如此简单明了。我可以“看”到并“感受”到音乐，对音乐各个组成部分的感觉，就如色觉或触觉一般清晰。对于音乐的构成，我拥有了某种直觉，甚至不需要知道它们的名字、不需要看乐谱，我就知道应该弹哪个低音、哪个和声、哪段旋律，以及音阶的功能究竟是什么。我可以看到它们在钢琴上的位置，然后只需把自己的手指放上去按下就行。虽然我现在已经懂得了很多概念，如和弦、音符、音阶、和声、旋律、低音部、根音、属音等，但我并不需要了解这些概念的正式名称，就能在脑子里理解并运用它们。

我对和声的掌握，让我可以瞬间为任何旋律找到大量可选择的和声，远不止简单的大调或小调，也没有音调的限制。我还掌握了一些转调和声、“次级”和声与“借用”和声。

于是，我开始轻松自如地弹奏着自己记得的每一首歌。突然之间，人们开始聚集在酒肆门口，我的朋友们也停止了各自的事情，看着我说：“哇，看他弹得多好！”他们和我一样，被这一幕惊讶得合不拢嘴。仅仅几分钟前，我还只是在钢琴上随意地弹奏着几个和弦，然而转眼之间，却能像一名成熟的钢琴家一样演奏起来。“你到底怎么了？”他们问。“我不知道，我突然‘开窍’了。”我回答。那天晚上，我不停地弹了又弹，尽情地演奏着我知道的每一首曲子。

自从开窍后，KA 的吉他弹奏技能也上升到了一个全新的层次。他不用再专门记忆每首歌的和弦，再生硬地演奏出来；而只需要像弹奏钢琴一样，记住音阶中的和弦在吉他上的位置，就能立刻弹奏出正确的和声。他需要做的，就是根据头脑中的旋律直接进行演奏。

除了他的音乐才能外，KA 的自传体记忆也出现了提升。尽管他仍然拥有正常（一般神经状态）的记忆，但 KA 能够回忆起最早追溯到自己 20 个月大时的零星记忆，尤其是 3 岁以来的生动的连续记忆。此外，KA 指出，之后他还体验到了一些有趣的心理现象，包括：经常在梦里听到音乐（以前很少，现在很频繁）；体验到“奇怪、陌生的情绪”，尤其是在睡觉前；白天总是感觉很“奇怪”；记忆增强，经常看到过往的生动记忆。

尽管这些全新的体验，全都紧随着 KA 对音乐的顿悟而来，但它们之间是否存在联系，仍然有待观察。

随着 KA 弹奏的曲子越来越多，他即时且准确地重奏出新曲子的能力也越来越强。据 KA 所说，进入其习惯性记忆的“旋律片段”越多，他越能一眼认出它们的整体，而不需要一个音符一个音符地去辨认，因此他弹奏的速度也越来越快。这种习惯性记忆和机械记忆不同，是基于对音符功能的理解之上，并学习识别整行的旋律，而不是单个的音符。

KA 开始在网上查阅音乐理论网站，希望弄清自己身上发生的奇迹究竟是怎么一回事。令他惊讶的是，那些网站上的大多数音乐理论，他都已经明了。让他感到困惑的是，为什么自己会懂得这些从未学过的东西。他后来总结，或许他已经通过某种潜意识程序，从自己听过的所有曲子中掌握了“音乐的规则”。或许，他已经在潜意识中“把所有的点都连接起来”，并在顿悟的那一刻“解锁”了体内的某种东西。KA 很想知道，其他人体内是否也潜藏着相同的东西。

答案或许是肯定的。

JD：突如其来的三维音乐

随着 KA“天降奇才”的故事在学者综合征网站上公布了出来，我又了解到了一些其他的案例。其中有个人给我发了一封邮件，叙述其已“读了突发性学者综合征的案例，我自己也有过类似经历”。他继续讲述说自己是一名成熟的吉他演奏者，擅长即兴曲和金属乐，尤其是前卫金属。他的 IQ 为 135，大学毕业，无任何残障史，工作充实而成功。鉴于自己在业内的知名度较高，他希望保持匿名，因此我称他为无名氏 JD。

JD 自幼喜欢音乐，但也只是喜欢而已。年幼时的他学过竖笛，但技艺不算好，经常很快忘记已学过的曲子。在 16 岁零 2 个月时，他很清楚地记得那一天，一位朋友在他面前用一把木吉他弹奏一首当时很流行的歌曲。

第二天，JD 找出一把原本属于她母亲的吉他，随后一下子就弹出了自己前一天听过的曲子，“突然，我完全理解了音乐，就像理解了一门语言”。在之后的 3 个月内，JD 学会了常用的吉他和弦，并继续前进：

> 我成为了学校最棒的吉他手，或者至少是其中之一。但我最重要的突破，并不是突然就能在乐器上弹奏音符，这得花几年时间来打磨技艺，而且必须同时练习手和手腕的肌肉。

JD 最大的突破，是“突然间就能从三维形态理解音乐”。

现在，JD 可以弹奏几乎每一首听过的歌曲，而且一个音符都不会出错。他同样可以在听到一首曲子的同时，即时为它和声、用对位法合奏，或即兴发挥。这种音乐洞察力，也让他突然之间就能听到某段旋律的伴奏，包括低音部、和声和复调。这与仅仅几周前他还根本不知道怎样给戏剧课上一首简单的旋律搭配和弦的状况，形成鲜明的对比。他自己对此也深感诧异。

尽管JD说自己并不具备绝对音感，但有时候，他会无意识地辨认出环境声音里的音程——“我尤其喜欢听真空吸尘器吸力增加时，噪声上升到5度的声调”。他痴迷于音乐中不规则的时间结构，不喜欢流行乐的四四拍结构，更喜欢五四拍和七四拍的韵律结构。JD感觉自己的听力变得更加精准，而且最近开始听到一些新的声调。他研究后发现，那些新的声调是所谓的变奏曲和微分音：“就好像我的大脑在我的意识对其进行定义之前，就已经了解了它们。”JD还能同时听3首曲子，甚至4首。有时候，音乐会引发他的某种联觉：“有时候，听到低音乐器我会感觉重心摇摆，或看到高音的色彩。”

TC：晴天霹雳，从医生到音乐大师

2007年，奥利弗·萨克斯在著作《恋音乐》（*Musicophilia*）中，描述了一位内科医生遭遇的别样“猝发综合征”。那名医生在被闪电击中后，突然对音乐着了迷，而在此前，他对音乐完全没有兴趣。现在的他，是一位颇有声誉的演奏者和作曲家。同时，他的医学技能没有出现任何退化的迹象。

那本著作的第一章名为“晴天霹雳：突然的音乐之恋”。在那一章中，萨克斯描述了托尼·奇科里亚医生（Tony Cicoria）的案例。奇科里亚是一名42岁的骨科医生，不幸遭遇雷击。但在强烈的濒死体验过后，他奇迹般幸存了下来，然后直接“回家”了。更为神奇的是，这次雷击并没有给他的身体留下任何后遗症。此后的几周，奇科里亚只是遇到了一点轻微的记忆问题，比如偶尔忘记某位熟人的名字，但他的EEG、MRI以及神经学检查结果全都正常。几周后，奇科里亚返回了工作岗位，他的手术技能也丝毫没有退化。又过了几周，他的记忆问题也消失了。因此，在遭遇“晴天霹雳”1个月之后，他的整体功能完全回到了以前的水平。

但他的身上明显发生了一些新的变化，“突然间，我产生了聆听钢琴曲的强烈欲望，这种欲望持续了至少两三天”。这一点很难解释，尽管奇科里亚小时候确实上过几节钢琴课，但他成年后完全丧失了对钢琴的任何兴趣。最近，他听音乐的首选变成了摇滚乐。

伴随着这种聆听钢琴曲的强烈欲望，奇科里亚的体内还涌动着难以遏制的弹奏经典乐曲的冲动，于是他再次开始自学钢琴。同时，萨克斯描述，奇科里亚的脑海中回响起了音乐声，“那些音乐就在他深深的脑海里，他要做的就是把它们释放出来。'它就好像一段收音机波段。如果我把自己打开了，音乐就会自然而然地倾泻出来'"。萨克斯这样描写了其对音乐的痴迷和专注：奇科里亚"深受鼓舞，甚至对音乐着了迷，几乎抽不出时间去做其他事情"。不过奇科里亚依然继续担任着全职的骨科医生，他的表现依旧完美，显然那次雷击没有对他的职业造成任何障碍。萨克斯还写到奇科里亚最近的一场音乐会，他在这场音乐会上弹奏了肖邦的《降 b 小调谐谑曲》(*B-flat Minor Scherzo*)，以及他自己创作的《一号狂想曲》(*Rhapsody, Opus 1*)。此次音乐会给职业音乐家们留下了深刻的印象，萨克斯总结道："对一名没有任何音乐背景、42 岁才开始自学的人而言，他表现出来的技艺令人震惊！"

奇科里亚医生的"开窍"，并不像上文的 KP 或 JD 那么"突然"。他对音乐产生的极端兴趣，以及随后而来的演奏能力，都发生在遭遇雷击的几周后，而非几秒之内。不过，他的大脑也因这场"音乐恋"发生了彻底的改变。

DA："别再跳水"

德里克·阿马托（Derek Amato）是一名 40 岁的企业培训师，他在跳进一个浅水池时遭遇了严重脑震荡。他住院了两天，看上去已完全恢复，只是损伤了 35% 的听力。阿马托仅在童年时对音乐"略有涉猎"，但从未接受过正式的训练。出院后，他造访了自己的一位音乐家朋友。就是在那次造访中，他的"突然天赋"开始浮出水面：

> 我不由自主地坐到他的钢琴前，开始弹奏。根本没有所谓的"循序渐进"，我并非是从《玛丽有只小羊羔》(*Mary Had a Little Lamb*) 开始弹起。我直接就开始演奏经典乐曲，而且只要愿意就能整首弹下来。我沉浸到一首很长的曲子中难以自拔，坐在那里整整弹奏了 7 个小时。我们两个都面面相觑，惊讶得合不拢嘴。我的朋友和我相识快一辈子了，因此，他只是泪流满面地坐在一旁。我们两个都是。我的震惊程度完全不在他之下。

阿马托声明，在发生那场意外前，他从未摸过钢琴："我到现在还不识谱，也不知道每个音符的位置。我只知道黑键是降调。每次坐下来的时候，我甚至都不知道自己将要弹什么……但发生那场意外后，那些音符就从我的体内源源不断地倾泻出来。”

阿马托第一时间就把自己开窍的音乐才能展示给了母亲。他的母亲会弹奏钢琴，但也很清楚自己的儿子从未弹过钢琴。“‘你永远无法相信这件事。’我对母亲说道。之后，我把她带到当地的一家乐器店，坐下来开始弹奏钢琴。她就坐在那里，听着听着就哭了。”

他称之为“完全乐谱记忆”。只要他听过一首曲子，就能把它完整地弹奏出来。如果“脑海里浮现出一些旋律”，他就会找来一架钢琴，把它弹奏出来，这样那段旋律就永久地烙印在了他的记忆里。

阿马托后来成为了一名职业音乐家，但他直到今天仍然不能识谱，也不会作曲。“最好的解释就是，我似乎能够看到钢琴黑白键的结构，就像玩小积木或小方块一样，我就是这么弹的。我可以闭着眼睛弹，甚至不需要看钢琴的琴键，因为我自己都不知道接下去我要弹哪里。”

就和其他突然获得音乐天赋的人一样（如上文的 TC），阿马托变得十分痴迷于音乐：“我的大脑整日整夜地转个不停，从早晨起床到晚上睡觉的那一刻，我想的全是音乐。”

跳水意外和音乐天赋的开窍，发生在 2006 年 10 月。2007 年，他被一家日本公司相中，为一部电影合成音轨。随后，他又和几家独立电影公司合作。他出了一张自己的专辑《完整循环》（*Full Circle*），并被独立艺术家协会评为 2007 年度独立艺术家。

阿马托接受了很多全国性广播电视节目的采访，讲述自己的故事并展示其才艺。其中最为详细、信息量最大的，是加拿大温哥华的希瑟·华莱士（Heather Wallace）对他进行的访谈。那次访谈以及其他一些关于阿马托的视频，可以在他的 MySpace 页面上找到（www.myspace.com/damatoproject）。

阿马托现在专注于全职的音乐创作和演奏。除了钢琴外，他还擅长六弦吉他、十二弦吉他、电吉他与合成器等。目前他正在录制新的专辑，并热衷慈善事业，包括科罗拉多州柯林斯堡的“一路同行脑损伤基金会”，该基金会致力于帮助后天性脑损伤患者重新回到独立、成功和充实的生活当中。

阿马托对自己伤愈后不仅没有留下后遗症，而且突然获得了非凡的音乐天赋感到惊喜、困惑和感恩。他很想知道，是否“我们每个人都有创作音乐的可能性”，只是那次脑震荡把他的那种可能性变成了现实？尽管如此，某次父亲节，他的女儿送了一份精致的礼物给他，作为对他的善意提醒：那是一个头盔，上面精心地压印着“别再跳水”的字样。或许，她担心阿马托再受一次同样的伤，会让他突然得到的天赋又突然消失。

我们体内的沉睡天才

在我看来，与获得性学者综合征或“意外天才”类似的“天降奇才”，提示着我们每个人的体内或许都隐藏着某种程度的潜能。在获得性学者综合征中，患者头部某些区域的受伤，碰巧释放了其潜在天赋，这种新的技能通常会让患者付出认知或记忆方面或大或小的代价。相反，获得“天降奇才”的人在没有遭受重大头部损伤或疾病的情况下，也将自身的潜力释放了出来，而且这种新的能力并未伴随任何的后遗症。我认为，这种情况和获得性学者综合征一样，暗示着我们每个人的体内都隐藏着一位沉睡的天才。

第22章

“正常天才”
每个人体内都拥有潜能

一般来说，我不会从午夜电视节目中获取有关学者综合征的信息。然而多年前，大约是在1988年《雨人》上映后的一个晚上，我看了约翰尼·卡森（Johnny Carson）的节目。卡森的嘉宾是位温文尔雅的加州理工学院学生，名为斯科特（Scot）。从小时候开始，斯科特就能在潜意识中瞬间将他与任何人的谈话中的任何单词字母，按字母顺序表进行重新排序。如果需要，他还可以用重新排序后的单词复述那场谈话。比如把单词“Monday”（星期一）变成“admnoy”，“excel”（表格）变成“ceelx”，“The”（这个）变成“eht”等。至于其他单词，诸如“ghost”（鬼魂）、“almost”（几乎）、“begin”（开始）或者“deer”（鹿），其字母本身就是按照字母顺序表排序的，但这类单词非常少见。当你将一段话或一篇文章中每个单词的字母都按照字母顺序表进行重组，然后朗读出来，一门全新的语言就诞生了。

字母顺序语言：神奇的复述者

节目一开始，卡森就邀请斯科特用他独特的语言向自己以及其他人打招呼。“嗨，hjnnoy（卡森），”他开始了，然后是“De achmmno”(Ed McMahon，埃德·麦克马洪）和“cdo eeeinnnrssv”(Doc Severinsen，多克·塞弗林森）。之后，卡森读了一段报纸上的新闻，随后，斯科特又用他独树一帜的字母顺序语言复述了一遍。紧接着，卡森朗读了林肯《葛底斯堡演说》的第一句，共计30个单词。斯科特马上用字母顺序语言进行了复述。卡森本打算朗读完全文，但导演告诉他“必须读很快”。

听众们觉得非常神奇。他们又聊了些学者综合征的话题。斯科特指出，他上节目前一天，在帕萨迪纳市的报纸上看到了一篇关于学者综合征的文章。接着，话题转到了达斯汀·霍夫曼在《雨人》中对自闭学者一角的生动刻画，尤其是他展现出的与众不同的潜意识技能。

斯科特解释，他的字母顺序语言源自其童年时的一次突发奇想。他很想知道，如果所有单词都按字母顺序表进行重新排列，这种语言听起来会是什么样子。他将想法付诸实践，不但掌握了这门技巧，而且延续到了成年。这项技能并无特殊用处，但它可以在潜意识中快速完成，俨然成为一种“习惯”。直到今天，斯科特的这种能力仍然运用自如，且完全不需要加以练习。他完成了法学院的学业，成为一名执业专利律师。不过他更喜欢自己现所从事的教学和家教工作，辅导学生数学、物理、化学、法律、英语或标准化考试。

斯科特的课程生动而有趣，他是一位极有魅力而智慧的人。他并未患有学者综合征，不仅没有残障，而且非常阳光、成功、品貌兼优。事实上，“正常学者综合征患者”是个相互矛盾的术语，因为从定义上讲，“学者综合征”本身意味着存在某种残障。因此，用一个政治正确又能精准描述斯科特这种非常能力的词，那应该是“拥有类似学者综合征技能的一般神经状态人”。

还有很多这样的人士，他们的技能往往都在潜意识中飞快地发挥着作用。一位加拿大的女士写信向我倾诉了她的“古怪习惯”，她的故事可谓斯科特版的改版。她说每当听到特定的短语或单词时，她的大脑就会自动将那些字母按字母表顺序排好。接着，她会将重复出现的字母剔除，用剩下的字母重新组词或造句，并确保该词或句子中所有的字母都只出现一次。如果新的词句与原词有所联系，她就会把它写下来。比如，“He is off in his own little world though”（他神游在自己的小世界里）变成了“Drug”（药）；“What did they say ?”（他们刚说什么？）变成“Wise”（明智）；“Nothing is sure”（万事未定）变成“Hurt Ego”（伤自尊）。

该技能还涉及其他一些复杂的因素，以寻求字母间的平衡与协调。她特有的思维会注意到一些特定句子，并自动将其中的字母按顺序排好。例如：

“Really, you don’t have anybody overseas？”（你在海外真的没有亲朋好友吗？）这句话之所以会引起她的注意，并不是因为里面有单独的字母（bhtur），而是该句存在这样一种协调和平衡感：这句中的元音字母 a、e、o、y 各出现了 4 次，辅音字母 d、l、n、r、s、v 各出现了 2 次。

她的这种天赋大概在 8 岁时开始出现，当时她对单词中每个音节的单词数量着了迷。几年后，她的这种天赋渐渐发展成了上述能力。在人生的不同阶段，她还通过沉浸到各个环境中，迅速学会了 3 门语言。

她这 3 门外语都说得很好，几乎没有一点口音，经常被那 3 个国家的人错认为同胞。她的这种天赋并没有带来任何牺牲，如自闭症或其他障碍。在我们的通信中，她表示自己在知道其他一般神经状态人也拥有类似技能后，感到既有趣又如释重负。她很愿意作为志愿者，为相关研究提供帮助。

更多“正常天才”：“看到”对话，字母计数，逆语者

美国的一名年轻女子也与我分享了她身上的一个有趣现象。她在聊天甚至想事情时，眼前会相应地拼写出每个单词来，如滚动字幕一般。在以前，如果有人用了一个她不认识的单词，她就会停下来，请对方把那个单词拼写出来，接着她会记忆那个单词以备用。现在，如果遇到了新单词，她会在聊天结束后再去查找那个词。和很多拥有联觉的人一样，她一直到高中才意识到并不是每个人都会“在脑海中看到对话”。目前而言，这对她的日常生活没有太大干扰，除了身处人群中时，她不仅会“看到”自己直接参与的对话，也能“看到”周边一定距离范围内的陌生人的谈话。她是一名非常优秀且社会适应能力良好的学生，而且当然没有罹患任何残障。根据目前对其的大脑成像研究结果来看，并未发现她有任何异常。

还有很多人写信告诉我他们的特殊技能。例如，可以瞬间说出每句话甚至一段完整对话中的单词、辅音或元音数量的能力：一位女士能够说出一段对话中“所有的元音或辅音”数量。还有些人给每个字母各分配了一个数字（如 a=1，b=2），接着在听到一个单词后马上算出该单词所有字母的数值和。这种计算完全是在潜意识中进行，最后答案会自动跳到他们的脑子里。

还有人宣称，他们能进行多位数的心算，或一眼认出电话簿、门牌号或车牌号中的质数。其他人则能够记住大量同事甚至点头之交的生日，然后在

他们的生日来临时给他们一个大大的惊喜。

或许一般神经状态人中最常见的“超能力”，是逆向阅读并读出倒拼单词的能力。2010 年 2 月 7 日美国国家公共广播电台的一期节目，就采访了这样一位拥有这种能力的年轻女性。那期节目的名称是《逆语者女孩》（*Meet the Backwards Speaking Girl*）。读者可以访问网站（www.npr.org/templates/story/story.php?storyId=123463760），上面有相关的录音和文字。那次采访中，该女士逆向朗读了《美国宪法》（*US Constitution*）的序言部分，并在看到倒拼单词的瞬间就读了出来。在该故事下的 13 条评论中，有 4 个人提到了自己或自己孩子也有同样的能力，而他们全都是一般神经状态人。

在我第一次遇到学者综合征患者的温纳贝戈儿科诊室，有一名小男孩，他能在黑板上用左手写“calif”（加利），同时用右手写“ornia”（福尼亚），这让他的老师和同学都十分惊讶。你可以试下，这几乎是不可能完成的任务。

一位欧洲女士的来信，让我想起了那个男孩。该女士是一般神经状态人，工作颇有成就。她能够同时用左右手书写两门不同的语言。例如，在她最近召开的一场国际见面会上，她在黑板上写下了许多种语言的问候语，而且是同时用左右手分别写下两种不同的语言。

联觉，并非如想象中那么罕见

大多数人的这种能力都伴随终身，就如有的人在童年学会第二语言后可以将其保持到成年一样，这种情况在双语家庭中尤为普遍。更为常见的是，我们当中有不少人能回忆起自己童年时的一些特殊能力、怪癖或习惯，比如记忆汽车模型的车牌号，或通过声音判断街角那边开来的是什么车。不过，我们长大后就放弃了这些“小孩子气”的爱好。然而像斯科特一类的人，却把那些技能完好无损地保留了下来。有人认为，绝对音感是每个人孩提时都有的能力，但随着人的成长逐渐被荒废了。在有的国家，语言的音调和词汇同样重要，这些国家拥有绝对音感的人也会更多一些，因为他们需要经常用到这种能力。与之类似，成长过程中学会第二语言的孩子，长大后依然能够使用那门语言。某些一般神经状态人的类学者综合征能力也是同样的道理。

还有些一般神经状态人将类学者综合征的词汇、音乐或数学技能保持到了成年。然而这些在小孩子身上看起来很可爱和有趣，如果放到成年人身上或许就显得有些怪异了。因此，一些拥有类似能力的成年人，一般不愿意展示于人，以免像《雨人》里一样被贴上怪异或自闭症的标签。相反，他们只是默默地继续排列字母、数数、测量或计算。这些人在看到一些关于学者综合征的纪录片或其他描述了类似技能的节目后，纷纷写信给我，告诉我他们也有“同样”的罕见能力。我在回信中告诉他们，拥有这种能力的“一般神经状态人”还有很多。他们往往觉得如释重负。言归正传，在卡森的节目上，当被问到是否知道其他拥有相同能力的人时，斯科特回答“不知道”，但如果有，他定会感到欣慰。“请告诉我，我不是孤独一人。”他幽默地说道。

出于同样的原因，当拥有联觉的人惊讶地发现并不是每个人都能“看到”声音、“尝到”音乐或“闻到”颜色之后，他们就不再愿意和别人分享自己身上不同寻常的现象了。不过随着越来越多的文章和新闻报道将“联觉”描述为一种特殊能力，而不是某种怪异的东西后，更多的人站了出来，自愿与大众分享自己的这种联合的感觉。随后，人们就发现，原来联觉并不如自己当初想象得那么罕见。

希望像这样指出类学者综合征技能可以存在于“正常”的人身上，而且不会伴随任何残障或让人付出其他“代价”，可以让其他像斯科特一样拥有独特才能的人觉得安心一点。这样，他们就能更乐意地把自己的能力分享给他人，甚至以此为豪。

拥有特殊技能的“正常”学者综合征患者的最重大意义，以及我在此探讨它的原因，是这类诸如神童或天才一样的人在使用他/她的技能时，所运用的都是和学者综合征患者一样的前意识或潜意识的脑环路，对此本书第3章中已有所讨论。这种同样的习惯或程序记忆环路，也存在于我们每个人身上，而正常学者综合征患者的存在，有力地佐证了我的观点。

有一些“正常”人，会终身保留这些类学者综合征技能。但大多数人，即使童年时拥有特殊能力，也会在长大后失去它，因为他们不再使用自己的能力，认为它对成年人而言并没有用处，或害怕自己被当成怪物。是否有可能，这种在人类童年时浮现的休眠技能，从某种程度上说仍然存在于我们每个人身上，只不过被封存在了黑暗的深处？它是潜藏在我们体内的“内在学者”的一部分吗？如果是，我们该如何才能激发该环路并释放这种潜能？

这些问题，我们将在下一章中继续探讨。

第 23 章

如何激活我们的“内在学者”？

我们每个人体内都有一名“内在学者”吗，比如一位小雨人？我相信有。获得性学者综合征的例子，为此提供了证据。那么我们能够在避免中枢神经系统损伤或其他有害代价的情况下，激活它吗？我相信能，但仍有一些重要的注意事项。接下来，请让我总结一下，我是如何得出这些结论的。

首先，如本书第 3 章所述，有证据表明，一些学者综合征患者由于产前、产期或产后中枢神经系统损伤，在一系列基因、外伤或疾病过程中，用右脑功能代偿了左脑的功能紊乱。同时可能由于同样的损伤过程，学者综合征患者不得不依赖于更原始的、保存完好的皮层－纹状体（程序或习惯）记忆，而不是更高级却已受损的皮层－边缘（语义或陈述）记忆。**右脑技能与习惯记忆组合的结果，就是学者综合征的特有技能和海量记忆。这种右脑能力和习惯记忆环路，存在于我们每个人的体内**。然而我们更喜欢依赖于左脑（优势）功能，包括语言、逻辑、连续思维，以及更广、更顺畅的语义和陈述记忆路径，因为其如此出色。也正因为如此，右脑能力和习惯记忆环路退居二线，但它们仍然存在于我们体内。

其次，“获得性”学者综合征（详见第 20 章）的案例为此提供了令人信服的证据。这个证据就是，根据受伤以及体内潜能“储蓄池”的位置，一些人在大脑受伤、中风或罹患痴呆后，其体内休眠的类学者综合征能力和记忆就会浮现出来，这是一种代偿或释放现象。

第三，一些学者综合征患者，尤其是那些患有严重残障的人，似乎“懂得他们从未学过的东西”。没有人生来是一盘空白磁带。相反，我们每个人天生就拥有一定数量的“出厂预装”软件（关于知识类和技能类的都有），其中一些被隐藏起来，处于休眠状态，直到它们被读取和释放出来。这类遗传记忆的证据，不仅存在于学者综合征患者身上，也存在于神童和天才身上。对此，我们在前文已经引用一些案例阐述过。

第四，从第5章引述的关于自传体记忆或超忆症的研究中，我们可以找到每个人体内都广泛存在隐藏着的或休眠的自传体记忆的证据。

第五，如本书第24章中将指出的，我们拥有足够的脑容量来容纳大量休眠的技能、知识和记忆。与人类大脑的存储量相比，再小的大容量存储设备，无论其尺寸多小、能够存储多少千兆字节，都显得异常巨大而低效。

那么，最最重要的问题，自然是这种休眠的能力是否能在避免中枢神经系统损伤和/或付出有害代价的情况下被激活。我们在以下几种方法上看到了希望。

如何启动R型思维?

1999年，爱德华兹（Edwards）在其著作《像艺术家一样思考》（*New Drawing on the Right Side of the Brain*）中，总结了她多年来如何像教授第二语言一样，通过系统的绘画教育帮助人们开发右脑潜能的经验。她认为右脑“视觉、感知和同步”的能力，一直被笼罩在左脑“语言、分析和连续”能力的阴影之下。她在一定程度上受到了斯佩里（Sperry，1968）关于大脑半球特化研究的影响。爱德华兹很关注公立学校中经常把“艺术”视为一种“拓展”活动，认为其“有价值，但并非必要”的现象。与此相反，她认为：

> 艺术是训练具象、视觉和感知思维的必需要素，就像“3R’s”是训练抽象、语言、数字和分析思维的必需要素。我相信这两种思维模式，例如，一种注重细节、另一种纵观全局，对批判性思维能力、意义推断和问题解决而言，都至关重要。

爱德华兹将这两种类型的思维模式分别命名为“R 型”（亚优势、视觉、感知）和“L 型”（语言优势、言语、分析）。例如，通过培训企业高管更多地使用 R 型思维去扩展他们的“视野”，看到更大的图景，并更好地认识到公司动态的“软”执行力一面，从而更好地与 L 型的分析、连续和逻辑的管理思维保持平衡。这两种类型的思维模式，都对公司的成功至关重要。爱德华兹假定，学习“绘画”可以使人的 R 型思维从较之 L 型思维更为隐蔽、下层的位置中浮现出来。

爱德华兹的书中提供了大量的具体指导和实用练习。她还提供了许多激活 R 型能力之前、期间、之后的翔实案例。最后有一章名为“绘画的禅：画出心中的艺术家”。在那一章中，她宣称“绘画是一个充满魔力的过程。当你的大脑厌倦了它的喋喋不休，绘画是一种让大脑从喋喋不休中安静下来，并捕捉转瞬即逝的超验实在的方式”。爱德华兹将两个大脑半球之间的这种活跃、有意识、认知的转换描述如下：

> 首先，在绘画的时候，你启用 R 型思维，无声地将自己与绘画紧密连接起来；然后，你切换到语言模式，通过左脑强大的语言和逻辑思维，解释自己的感受和感知。如果图案并不完整，无法接受语言和理性逻辑的检验，那么你将切换回 R 型思维，靠直觉和类推思维继续绘画。或者，两个大脑半球能以无数种的可能组合密切合作。

在写书前，爱德华兹在一所高中任教。她的一些学生似乎突然就“获得”了绘画技能，而非循序渐进地。他们无法解释自己这种突然开窍的情况，只是说他们“开始以不同的方式看待事物”。这让我不由地想起前面章节中探讨过的“天降奇才”现象，那些人也是突然开窍后，开始以一种不同的方式看待事物的。

同时，我还想起一位写信给我的女士，她向我讲述了自己的一次切实的左右大脑半球能力突然转换或迁移的情况。这位女士是一名非常成功的医疗保健专家，喜欢凭记忆弹奏钢琴，而且无论曲子多长，她都能在听过一遍后把它重奏出来。她是如此喜爱音乐，于是决定丢开自己的专业，转型成为一名职业钢琴家。她进入了一所音乐学校正式学习音乐，随后，一件古怪的事情发生了。随着她开始系统地学习音乐，她的“天赋”离她而去，她跌回了初学者的水平，现在只能以一种与以往完全不同的方式学习音乐。她天生的“凭记忆弹钢琴”的能力迁移到了大脑别处，而且再也没有回来过。现在，她只能一边识谱一边弹奏钢琴。她的经历，与 PET 研究的结果相一致。PET 研究发现，凭记忆弹奏钢琴的人士，右脑局部活跃程度会上升；而靠识谱弹钢琴的人，左脑局部活跃程度上升。因此，大脑中并没有所谓的音乐中心，弹奏钢琴时究竟是哪一侧的大脑最活跃，主要取决于弹奏者所采用的策略。

1978 年，里姆兰德也描述过一个研究项目，一名研究生接到任务，通过持续、系统地学习日历计算，看他的技能和速度能否追上那对著名的双胞胎兄弟（这对双胞胎的案例由霍维茨及其同事在 1965 年描述过）。这名学生夜以继日地不停学习，最终成为了一名相当熟练的日历计算者，不过他的技巧和速度，还是与那对双胞胎有相当大的差距。然而有一天：

> 他突然发现自己的速度可以追上他们了。让那名学生感到相当惊奇的是，他的大脑不知怎地，似乎可以自动完成复杂的计算过程。它非常高效地吸收了他记忆的算法公式。现在，日历计算已经变成了他的第二本能，他不再需要有意识地去思考各种各样的运算过程。

里姆兰德由此得出结论，认为这种能力上的重大突破，是由于日历计算能力从左脑迁移到了右脑，就在那名学生“开窍”的那一刻。

这些案例都证明，左右脑半球的确存在不同功能上的分工。它们也说明在某些情况下，大量的认知努力能够以一种非侵入式的、有意识的方式，更好地激活大脑右半球。

泰勒博士的中风之见

2006 年，吉尔·博尔特·泰勒（Jill Bolte Taylor）就大脑半球专门化和激活的问题，提供了一个独特但从各方面上看都极具说服力的补充性观点。1996 年，这位毕业于哈佛大学的脑科学家左脑严重中风。在其著作《我的中风之见》（*My Stroke of Insight*）中，她清晰透彻地描述了她的大脑在左右半球不同功能之间摇摆的那 4 个小时的切身体验。大脑左半球以细节为导向，更加理性，“依附于生活的细节”；大脑右半球则带来一种“平静感”，让她感到“被一种精神上的平静欢愉包围”。她花了8年时间才彻底康复，重新学会走路、说话、阅读、写字，以及忆起往事。

2008年2月，泰勒博士在TED年度大会上发表演讲。此次TED大会聚集了全美国最优秀的演讲者，每人大约进行18分钟的演说。她的演讲引起了轰动，至今仍然是TED上最火的演讲之一（参见网址 http://blog.ted.com/2008/03/jill_bolte_tayl.php）。该演讲令人印象深刻地展示出的，不仅是泰勒博士已从中风中完全康复，还有她的经历带给人们的一种独特的关于左右脑功能的深刻洞察，以及如何在左脑统治的世界中更好地激活右脑能力。正如其著作封面上所描述的：

> 如今，泰勒相信，那次中风是她经历过的一件最美妙的事情。她从中学到，涅槃之感不过就是想开了而已。从左脑转换到右脑，抛开头脑中喋喋不休的杂念，我们所有人都能体会到那种极致的幸福和平静。

由于泰勒是一名脑科学家，她的著作本身就是一部关于脑组织与脑功能的绝佳启蒙读物。此外，那本书还为中风康复者及其照顾者提供了大量宝贵的信息和希望。该书的最后几章与本书的这部分也有着特别的联系，因为泰勒在那些章节中提出了一个观点，即人可以凭借“意识的力量”激活左脑和右脑。泰勒宣称：

> 无论我的身心状况如何，我都能通过激活右脑，将我的思维专注于当前，让我的心灵平静而充满爱。

泰勒继续说道：

> 在一个疯狂运转的世界，我仍然努力保持自己左右脑之间的平衡。我知道自己既大如宇宙，又微若尘埃（这取决于你用哪一侧大脑来思考），我喜欢这种感觉。

泰勒所描述的“意识的力量”远不止是平常所说的“意志力”。她将左右脑的激活和认知，与特定的脑环路以及神经生理学联系起来。例如，泰勒宣称，根据她的亲身经验，“放空左脑，我全身心地相信，深刻的内在平静之感产生于右脑的神经环路之中。该环路时刻不停地运转着，永远在等候我们进入其中”。

读她的书，听她的演讲，我们可以清楚地看到，泰勒已经从中风当中完全康复了。这本身就是一件令人钦佩鼓舞的事情。此外，如泰勒所述，她获得了可以更加随意切换右脑和左脑、R 型和 L 型功能的能力，这种现象本身也令人印象深刻且意义重大。现在，泰勒能够随意选择激活哪一侧的大脑，同时没有付出任何有害或残障的代价。这对研究如何激活每个人的“内在学者”而言意义更加非凡，而且十分鼓舞人心。在泰勒的案例中，一次中风让她获得了新的发现，以及有意识地选择激活右脑功能的能力，同时不造成任何的残障与代价。更确切地说，这似乎可以被看做一种意识机制或技巧，它就像冥想一样，每个人都可以获得。

事实上，为了支持自己的观点，泰勒还引用了达奎利（D' Aquili）和纽伯格（Newberg）于 2001 年对藏地僧侣和天主教修女冥思或祈祷时的 SPECT 成像研究。这些受试者坐在蒲团上，各自进入冥想高潮或与上帝建立联系。研究结果表明，在那些时刻，他们大脑左半球的语言中心活跃程度降低，清除了大脑当中喋喋不休的杂念。同时，左脑的顶叶中央后回的活跃程度也降低了，该区域与个人的物理边界和定向感有关。泰勒从该研究中推断：

> 这一切在神经学上都说得通。当我左脑的语言中心保持安静，左脑负责与方向偶联的脑区的正常感觉输入被切断后，我的意识开始发生变化，我不再感觉自己是固体，而是变成了液体，与宇宙合二为一。

技术途径：重复经颅磁刺激

1999 年，斯奈德和米切尔（Mitchell）特别引用获得性学者综合征病例，推测“特定学者综合征能力的机制平等地存在于我们每个人体内，但正常情况下无法被激活”。他们宣称，与学者综合征能力相关的大脑处理过程存在于我们每个人身上，但该过程被更加复杂的概念认知所掩盖。因此，类学者综合征能力很大程度上仍然停留在无意识层面。他们推断，自闭学者“有特殊的访问权限，他们可以通过内省的方式，进入正常情况下无法抵达的更低级的信息层面……我们每个人头脑中都有这种原始信息，但只是无法访问，至少无法随时访问”。

2009 年，斯奈德在发表的一篇文章中甚至更强有力地说道：“我认为学者综合征技能潜藏于我们每个人体内……换而言之，每个人都有学者综合征技能的原始信息，但需要某种形式的皮层去抑制或非典型的大脑半球失衡来激活。”斯奈德对大脑左前颞叶区使用了低频重复经颅磁刺激（repetitive Transcranial Magnetic Stimulation，以下简称 rTMS）来暂时抑制该大脑皮层局部区域的神经活动（高频 rTMS 激活神经活动，低频 rTMS 抑制神经活动）。该文章总结称，在 3 项独立研究中，斯奈德使用低频 rTMS 加强了一般神经状态志愿者在绘画、校对、数知觉方面的技能。2004 年，扬、瑞丁（Ridding）和莫雷尔（Morrell）曾通过一系列的标准心理学测试，以及专门为测试学者综合征技能和能力设计的任务表明，在接受了 rTMS 的 17 名参与者中，有 5 个人的类学者综合征技能得到了改善。他们推断，类学者综合征技能的表达或许在某些人身上是可能的，但并不是所有人都行。这和残障人群中所显现的结果一样。2009 年，加雷特（Gallate）等人使用 rTMS 来改善文字记忆能力，避免错误记忆的出现。

rTMS 在神经学和精神病学领域都是一种被科学界接受的技术，用于诊断大脑定位研究，并治疗一系列的疾病。2008 年 10 月，美国批准使用 rTMS 作为电休克疗法的替代方案，治疗耐抗抑郁药物的重度抑郁症患者。rTMS 是一种非侵入式技术，通过头皮外的帽样源对目标脑区域施加磁脉冲，这种快速变化的磁场将影响大脑目标区域的电活动。它是一种无痛的过程，除了罕见的癫痫发作外，没有明显的有害副作用。

斯内德等人使用这种物理疗法继续他们的实验工作。他承认，所谓“访问特权”假设仍然有待证明，而与该假设相符的实验性证据目前只是初步的，有待独立的研究者不断重复。但总体来说，他的初步发现非常吸引人。

搜索右脑，释放潜能

爱德华兹和泰勒都指出，一般神经状态人有可能在不付出有害代价的情况下，通过有意识的努力激活右脑的 R 型能力。和我一样，他们认为，虽然大脑左半球的能力非常高效，但对这些常规通路的过度使用，可能会阻止我们激活我所谓的“内部学者”。在我看来，该内部学者包括：(1) 潜在的右脑天赋，(2) 休眠的遗传记忆，(3) 隐藏的自传体记忆。获得性学者综合征的病例证明，某些中枢神经系统损伤或疾病能够激活上述全部三大要件，这取决于受伤的部位，以及那些潜能所在的区域。

我并不是说，我们每个人体内都有一个潜在的毕加索、莫扎特或者爱因斯坦，这取决于我们潜在的爱好和能力。毫无疑问，无论是音乐、艺术、数学或运动才能，通常都按钟形曲线差异分布，正如 IQ 水平、身高或其他身体特征的差异分布一样。**无论是由中枢神经系统损伤激活，还是通过有意识的努力激活，我们每个人的“内部学者”的类型和水平，都在一定程度上按遗传禀赋差异分布在钟形曲线上。**

但无论天资如何，我深信，有意识地探索大脑右半球可以为我们提供新的体验，并释放潜在的能力，该能力有时水平极高。以此类推，每当我开车离家去往芝加哥，因为通常都很匆忙，所以我会选择非常熟悉的路线，以最快的速度穿越洲际公路抵达目的地。一路上的风景未必很好，但道路宽阔，交通顺畅，限速也很高。这是一场快速旅行（大多数日子）。但有时候，遇到风和日丽的天气，我偶尔也会提前上路，选择密歇根湖畔人迹较少的路线，以期饱览沿途美景。这条路线会稍微拉长一点，但它会带我进入不那么熟悉的地区，看到一些新的风景，认识一些新的街道。虽然车速减少且较堵塞，但总体来说，这是一趟更加愉快的旅程。

还有人曾经告诉我，当他们开着房车优哉游哉地开启跨越全国的千里自驾游时，他们收获了许多惊喜、快乐，以及对这个伟大国家和人民的更深刻认识。这条路线他们曾经匆匆忙忙开过很多次，总是那么高效仓促，又那么疏远隔离，只是直直地奔向彼岸。

2000 年 1 月，《时代》杂志刊登了拉瑟福德（Rutherford）等人撰写的一篇名为《职场人生：抓住他们的第二春》（*Careers: Catching Their Second Wind*）的文章。该文章描述，很多人在退休后都发现了自己的隐藏天赋。其中一些案例，是著名的美国民间艺术家摩西奶奶（Grandma Moses），其浮现出的潜能水平十分惊人。有的人之所以会发现自己的潜能，一方面源自于自己的毕生爱好，另一方面是因为他们的孩子考上了大学、房屋抵押贷款也已付清，有了更多的时间来“浪费”。但吉恩·科恩（Gene Cohen）在其著作《创造性年龄：在人生下半段唤醒人类潜能》（*The Creative Age: Awakening*

Human Potential in the Second Half of Life，2000）中指出，老龄化的大脑的确存在某些神经学上的改变，这种改变并没有导致大脑的退化，而是形成了与“创造力”相关的新环路和路径。这种改变，不仅只是哲学层次的，而且在神经学上也更容易从陈旧的左脑语义环路，转换到依然完好无损、但较少被使用的右脑程序记忆环路。2009 年，格兰丁曾说过：

> 许多人告诉我，我的谈话能力在 40 ～ 60 岁之间有所改善。我跳出僵化框架思考的能力在不断改善，因为我用更多的信息填补了我的思维网络。与我的二十多岁相比，我四五十岁时的社交能力大大改善。这是因为我的记忆中有了更多的经验，来指导自己如何行为处事。

2009 年 4 月 19 日，美联社的一篇文章报道称：“获得过诺贝尔奖的科学家丽塔·莱维·蒙塔尔奇尼（Rita Levi Montalcini）100 岁生日时说过，‘活到 100 岁的时候，因为经验更加丰富，我的头脑比 20 岁时更加出色’。”

科恩和天宝两个人分别于 2000 年和 2009 年指出，无论脑细胞在不同生命阶段的分配情况如何，不断积累的生活经验，将不断积累的知识变成了通常老年人才会拥有的“智慧”。这既像是一个心理学过程，也像是一个神经学过程。

对有的人而言，这种洞察力是逐渐出现的；但对另外一些人而言，这种思维方式的改变和创造力的涌现，比如激活“内部学者”，则显得更加突如其来而又意义深远。我将这种突然的顿悟，比喻成一个人在随机的点状立体图中，突然看到早就隐藏其中的鲸鱼或恐龙。一个人集中注意力，放松精神，下意识地微调眼球，突然之间，一幅三维图像赫然出现在了眼前，并且经久不散。

本书第 20 章和第 21 章中提到的一些人，都以类似的口吻谈及他们是如何突然而又明白无误地发现自己的“孤岛天才”的。但对于大多数人来说，对右脑进行一番如我所谓的探索，也可以得到一些不那么惊人且突然的能力。在这个过程中，一些人产生了全新的兴趣，变成了相当专业的“业余”地质学家或人类学家，并且因为进入了一个全新的知识世界而精神焕发。另一些人突然精通了机械学，开始用自己的双手劳动。还有的人突然出现了无限的同理心，于是投身福利院当志愿者。

学会平和，矫正左脑中的“喋喋不休”

除了研究学者综合征外，我还是一名医生，每天都要接触很多的患者。和大多数医生一样，一段时间后，尽管成功的治疗结果总能让人满意，但我开始对如何“预防”那些疾病更感兴趣。因此，在已听过太多精神病患者讲述他们的各种窘境与痛苦的多年之后，我开始将更多的精力用在疾病预防上。时下已有很多关于如何保持身体健康的读物，如戒烟、合理饮食、保持运动、注意防晒、补充维生素、定期体检等，我称之为“人体防锈”，但关于如何保持精神健康的文献资料却并不多。早在医学院时，我就学到了宝贵的一课：“聆听患者，他会告诉你作何诊断。”于是我认真地倾听了，并从患者讲的故事中，得到了如何预防那些疾病的各种线索、建议和箴言。我们对身体健康的一切知识，都已在有关该疾病的研究中习得，精神疾病也一样。从对疾病的研究中，我们能够得到如何预防它的线索。

最后，我就如何获得并保持积极的精神健康写作了一本“指导手册”，名为《平和：聆听宝训》（*Mellowing: Lessons from Listening*），这本册子可在这个网站（www.daroldtreffert.com）上找到。过去几年，这本小册子仅通过口口宣传的方式，在美国等其他许多国家广为传播。**我对积极的精神健康的定义，总结起来就一个词，那就是“平和”，即一种“放松、舒适、愉悦的状态”**。它要求一个人找到生活中“紧急事物”与“重要事物”之间的平衡，找到“我做什么”和“我是谁”的平衡，找到“自尊”与“尊重他人”的平衡，找到“目的地”与“沿途风景”的平衡。此外，目标、更好的沟通（少说多听）、轻重缓急、问题归属、洞察力等也很重要。

说实话，我其实并未想到我的两个兴趣点，即学者综合征与“平和”，会真的融合在一起。然而当我读到泰勒称之为“涅槃，幸福与平静的感觉”的右脑现象时，我突然想到我在《平和：聆听宝训》一书中写的，其实就是如何用右脑来矫正或抵消左脑的负担、“喋喋不休”和压力。当然，左脑的特化功能并没有什么内在缺陷，它们都很优秀。只是，如果融合一定的R型技能、洞察力和尝试，有助于保持L型能力的有效平衡，从而使人生变得更加充实起来。

总之，有些人，尤其是获得性学者综合征患者，他们激活“内部学者”的过程非常突然、富有戏剧性，而且意义深远；而另外一些没有罹患任何疾病或残障的一般神经状态人，他们激活“内部学者”的过程则更加渐进式，不那么耸人听闻，但同样重要而有益。在中枢神经系统不受伤的前提下，有很多种方法可以激活“内部学者”，包括科技手段、冥想、学习绘画，以及其他一些甚至更少构建性或组织性的方式。这些方式，通过有意识地反省或暂时从左脑的 L 型嘈杂中解脱出来而实现。

在本章的引言部分，我提到“内部学者”存在于我们每个人身上，但就如何激活这些潜能需要作一些说明。第一条说明是，关于获得性学者综合征患者究竟能否获得这种能力，取决于其头部受伤的具体位置。例如，米勒案例中的患者显示，头部最容易受到影响的区域是左前颞叶区。这种区域特异性的神经病理学问题，正是为什么并非所有头部受伤、患痴呆（或因此而导致的发育障碍）的患者都会出现学者综合征的原因所在。第二条说明是，一旦“内部学者”技能以任何形式出现后，其水平高低取决于每个人自身潜能的多少，这种禀赋差异是沿着钟形曲线分布的。

然而无论一个人的禀赋是普通还是惊人、平凡还是超凡的，关注并激活“内部学者”总能让我们的人生变得更加充实和美好。**其中一个方法，就是更多地探索我们的右脑**。在本书第 28 章和第 29 章中，我将给出其他一些新的方法，这些方法可能会对人们挖掘自身潜能有所帮助。

第 24 章

半脑或已足矣

大脑很丰饶，你用的只有一点点

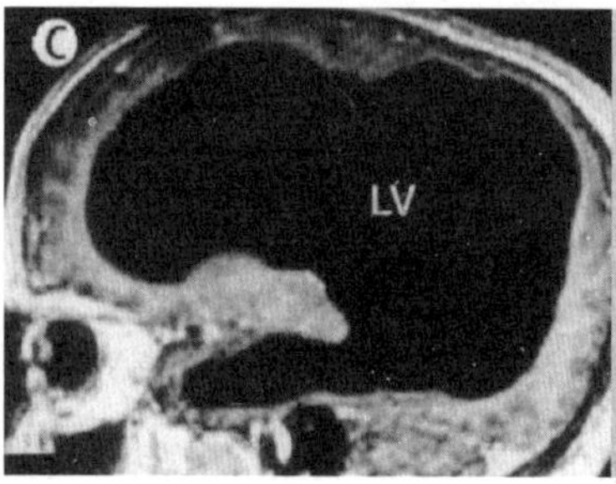

一位男士的大脑扫描图：中央黑色部分全都是水，周围一圈沿颅骨的白色物质是脑组织（弗耶、杜福尔和佩尔蒂埃，2007）

2007 年 7 月，我在翻阅《柳叶刀》医学杂志时，一张 MRI 图片引起了我的注意。图片上的大脑皮层只剩下薄薄的一圈，中间原本应该是大脑皮层与脑组织的地方，被液体充满。我很想知道，这位患者究竟得了何种残障。该文章的标题是《一位白领的大脑》（*Brain of a white-collar worker*）。

报告的作者弗耶（Feuillet）、杜福尔（Dufour）和佩尔蒂埃（Pelletier）称，这位 44 岁的男性出现了 3 周的轻微左腿疾病。病例显示，他在 6 个月大时，因为原因不明的脑积水，做了脑室－心房分流术。14 岁时，他又接受了分流修正手术。此后，他就再没出现过任何认知或神经学症状。

神经心理学测试显示其 IQ 为 75（其中语言能力 84，执行能力 70）。该患者已婚，有两个孩子，是一名公务员。

根据 MRI 显示，其侧脑室、第三脑室和第四脑室都大幅增大，大脑皮层只剩下一层薄膜，并出现颅后窝囊肿，诊断结果为“非交通性脑积水伴随疑似马让迪氏孔狭窄”。于是，医生对他做了脑室脑池造口术。他的左腿随即康复，神经学检查结果也恢复正常。

据称，我们通常使用的大脑功能不足总体的 10%。该脑成像结果则显示，仅需一层薄薄的大脑皮层组织，一个人就能完全正常地生活。这不禁让人怀疑 10% 或许还是高估了。根据这份报告来看，我们的大脑似乎还有大量宽裕的能力，可用于任何需要的用途和目的。

还有其他一些关于脑组织存在明显的中枢神经系统缺陷，但其功能却十分正常的例子。1996 年，博杜安（Baudoin）报告了一名女性会计师在 30 岁时首次癫痫发作的病例。作为常规检查的一部分，其 CT 扫描的结果却令人惊讶万分：虽然这位女士的整体功能正常，但存在“严重的脑穿通畸形病变，大约四分之一的大脑形成了非常大的脑室”。她患有轻微的左侧偏瘫和左侧偏盲，标准神经心理学测试显示她还有轻微的认知缺陷。简而言之，这位女士失去了大约 25% 的大脑，但仍然正常地进行着自己的生活和工作。

在《半脑足矣》（*Half a Brain is Enough*）一书中，作者巴特罗（Battro）也提供了关于大脑储备与可塑性的证据。该书讲述了一名小男孩的案例，这名男孩在 3 岁时因为重度癫痫接受了右脑移除手术。8 年后，这名男孩长成了一个阳光少年，只是略有一些身体和心智上的损伤。他在玩耍或跑步的时候稍微有些跛，但并没有出现认知紊乱。据作者描述，这名男孩在学校的表现与同龄人无异，无论算术还是音乐方面，都没有显示出他存在左脑或右脑缺陷。作为一位著名的神经学家和教育工作者，巴特罗特意寻找了这个小男孩存在右脑缺陷的证据，但除了轻微的跛行、画图与手写能力略低于同龄人之外，其他一切正常。其空间认知能力完好，语言能力也超越同龄人平均水平。由此可见，如果患者足够年轻，或许“半个大脑也已足矣”。

这些案例（及其他更多案例）都向我强烈暗示了**大脑拥有强大的有效性、可塑性，以及巨大的存储空间，这不仅赋予了大脑一定的自我修复能力，或许也能用来进行人为的扩展**。

Islands of GENIUS

PART FOUR

| 第四部分 |

训练学者综合征天赋

读谱视奏对视觉型学习者而言大有裨益，但听觉音高学习者却无法从中获得激励。对于拥有特殊天赋的孩子，正确地训练天赋是帮助其走向正常化的通道。普通人又能从中得到什么启示？

家长和教育工作者应该注重“培养崭露头角的才能，以便最大发挥其潜能”。

——《时代周刊》“全球最具影响力人物”
天宝·格兰丁

我在拙作《非凡的人》中忽略了一个部分，那就是“接下来怎么办”。我应该给读者一些实用的建议，告诉他们在遇到一个未成年或成年的学者综合征患者时应该“怎么办”。社会现在对这一章的内容需求变得越来越明显，这一点从我经常收到的家长邮件或电话中就可以发现。在那些邮件或电话的开头，他们通常会这么说：“我有一个儿子 / 女儿……”然后，他们会对自己的孩子进行一番描述，他或她通常被诊断为自闭症或其他疾病，但除了残障以外，其还展示出了相当明显的学者综合征能力，即典型的音乐、美术、数学或机械 / 空间方面的天赋。他们询问了那些特殊技能的意义，以及更重要的是如何对待它们。有时候，这些咨询也来自患者的老师、祖父母、亲戚或其他的照顾者。

他们有一大堆的问题。比如，我们应该鼓励这种特殊技能吗？还是应该阻止它,以免孩子无法专心学习日常技能？这些特殊天赋有什么实际用处吗？有什么需要特别注意避开的陷阱或方法吗？家长应该找一位特殊老师或治疗师来帮助患者“训练天赋”吗？如果需要，怎样才能找到合格的人呢？如果患者努力学习其他技能，会不会导致其天赋退化，就像纳迪娅一样？该怎样才能将这种特殊天赋引向有益的结局？

与之同样频繁出现的是，有许多没有被诊断为自闭症或其他发育性疾病的幼儿，因为其展现出阅读早慧或音乐、数学、艺术方面的兴趣或能力，导致他们的家长也会带着许多问题前来咨询。他们通过阅读得知，这类孩子有时可能患有自闭症，于是惊恐地询问这种明显的早慧和看似全神贯注的兴趣，是否意味着孩子可能患有某些发育障碍？还有其他一些问题接踵而至：我该如何分辨自己的孩子是否患有自闭症？早慧和学者综合征之间的区别是什么？即使我的孩子看似发育正常，我也应该找专家评估一下吗？

由于条件限制，我只能尽量提供远程协助，而不是面对面地评估，给出量身定制的建议。不过关于“训练天赋”的方法，的确有一些最佳的通则，值得与学者综合征患者的父母或其他相关人士分享。同样地，早慧儿童的父母也可以放心，并不是每一个在幼儿时期就如饥似渴地阅读、或痴迷于把玩具车排成一行、或听到音乐之后能马上把它重复出来的孩子，都会是自闭症。神童确实存在，但并非所有特别的儿童都处于自闭症谱系上。每个个例都应该被谨慎地加以甄别。

如果对方的咨询是对诊断结果有疑虑，我会尝试将其转给专业人士或有资质的机构进行必要的评估，听取他们的意见，因为在医学界，治疗的第一步永远是先进行准确的诊断。如果他们的问题涉及接下去应该如何对待这些患者的特殊技能，我会尝试把他们转交给专业的老师或治疗师，他们也可以帮助评估患者技能的类型和水平。如果最终证实该技能是学者综合征技能，他们同样可以帮助“训练天赋”，并将这种特殊技能当做“正常化的通道”，改善患者的语言习得、社交能力和日常生活技能等，这些也在前文中详细论述过。

在本书的这一部分中，我希望能够回答“接下来怎么办”的问题，并给出一些实用的建议。这些建议来自我非常信任的3位朋友——苏珊·朗瑟（Susan Rancer）、罗莎·C.马丁内斯、彼得·刘易斯（Peter Lewis），**他们在与有特殊需求或有音乐、艺术和数学方面的特殊技能的儿童打交道方面，拥有非常丰富的经验。**

第25章

为特殊需求客户提供音乐教育

本章内容引自苏珊·朗瑟

苏珊·朗瑟是一位注册音乐治疗师，拥有音乐疗法学位，自1980年起开设私人音乐治疗和音乐教学中心至今

为包括学者综合征在内的特殊需求者提供音乐教育，有几条特别适用的通用法则。首先需要特别考虑的是，这群人中有很多可能拥有绝对音感。就我接手的案例而言，大约80%有特殊需求的客户，要么拥有绝对音感，要么拥有相对音感。该比例比在普通人中的要高得多。针对有绝对音感的学生，需要特殊的教育技巧，因为对他们而言，传统音乐教育方法会让他们感到沮丧，不但达不到预期目标，甚至会完全毁掉其音乐学习之路。

其次，**音乐治疗师和音乐老师的区别在于，音乐老师的学生通常需要适应老师的“教学”方法，而音乐治疗师则要主动适应孩子的“学习”风格。**每次接手新学生时，我并不会抱着固定期望，而是由他们自己带路。教学节奏有时并不清晰，进度也会很慢，但每个人都在倾尽全力。随着时间推移，进步则会悄然而至。我一般要求孩子们每首曲子每周练习3次、每次练习3遍。这比使用计时器好得多，因为计时器会让他们感觉自己得永远不停地练下去。这种“3×3”的方法让他们自己计算次数，也知道何时可以停下来。这很管用。

我从来不会让课堂变成我一个人的演奏会。

拥有绝对音感的学生，需要量身定制的教学方法

鉴于很多有特殊需求的学生，包括患有学者综合征的学生，都拥有绝对音感，并且为了让这些拥有绝对音感的学生保持对音乐的兴趣，为他们量身定制教学方案十分必要。因此，与这些学生合作的老师或音乐治疗师必须清楚如何识别和测试绝对音感，以及如何将这些特殊的教学方案付诸实践。

巴格利（Baggaley）在 1974 年将绝对音感（也叫“绝对音高”）定义为在不借助任何外来基准音的情况下，辨别乐音音高的能力。绝对音感也可以被描述为一种对声音的照片式记忆。拥有绝对音感的人,能“感觉”到音乐。在某些情况下，他们甚至不需要接受任何正式训练，就能在听过一遍新曲子之后把它重奏出来。他们的大脑里有一盒“磁带”，能够“记录”下自己听过的旋律。他们弹奏的时候,只需要在脑海中重放那盒磁带,然后跟上就行了。节奏也是绝对音感的一部分，他们对此也能匹配得非常准确。拥有绝对音感的人，能够随时进行变调弹奏。拥有绝对音感又接受过音乐训练的人，只需要看着乐谱，就能直接“听到”音乐，无需进行演奏；他们也不需要真正的乐器，就能在脑海中进行自己的乐器“演奏”。他们可以辨认出周边环境声音中的音符，比如机器运行时的哔哔声、汽车雨刮器的划动声，以及雨水从落水管里排出的声音。而拥有绝对音感但没有接受过正式音乐训练的人一般无法给这些声音命名，因为他们不知道自己听到的音符在音乐上叫什么名字，但他们可以在乐器上准确地找到那个音符。

绝对音感的一个变量，就是“相对音感”，即在给出基准音作为参考的情况下，辨别出另一个音高的能力。绝对音感通常是天生的，而相对音感虽然也有天生的，但能在后天习得。虽然有的人认为，绝对音感和相对音感是两种截然不同的现象，但我认为在先天的情况下，它们只是同一现象不同等级的表现而已。这是我们这篇文章进行讨论的前提假设。

绝对音感和相对音感出现的频率如何目前尚存争议，这主要取决于研究者对其进行定义及测量时的精确程度。不过根据 1955 年巴赫姆（Bachem）的说法，最常用的一个数据是 1 : 10 000，即在 10 000 个普通人中，大概有 1 个人会拥有绝对音感。另外还有一个共识是，相对普通人群，绝对音感在音乐家中的出现率更高，尤其是早早就接受过音乐训练的音乐家（由萨克斯在 2007 年提出）。至于特殊人群，利昂 · 米勒 1989 年在著作中专门花了一章描

述绝对音感，并评论说，在当时已正式报告的音乐型学者综合征案例中，绝对音感是该类人群的一项显著特征。还有广泛报道称，擅长音乐的威廉斯综合征患者（一种由于染色体异常导致的类似唐氏综合征的障碍）中，也较常出现拥有绝对音感的人。例如，1998 年伦霍夫（Lenhoff）、莱维坦（Levitan）和贝卢吉（Bellugi），1995 年萨克斯等人就分别报告过此类现象。

对于某些有特殊需求的学生而言，他们的残障可能会妨碍其绝对 / 相对音感的展现，虽然他们的确拥有这种能力。例如，M 是一名 11 岁的小女孩，她患有发育迟缓，伴有多种残障，其中包括不能说话。尽管如此，她依然展现出了绝对音感的许多特征，包括完美的节奏感、能够弹奏多种乐器、能够对歌曲进行变调处理，以及对音乐疗法课程抱有极高热情。但由于无法开口说话，她没法唱歌；她的手眼协调能力也有问题，导致她无法识谱。

I 也是位患有严重发育迟缓的孩子，现年 16 岁，同时伴有视力受损。他绝对音感的唯一表现，就是当他要求演唱某首曲子时，除非该曲以 C 调弹奏，否则他拒绝做出任何反应。因为整体功能较低，他无法学习任何乐器，哪怕他显然很喜欢音乐。

如何辨别孩子有无绝对音感或相对音感

既然为拥有绝对音感的学生量身定制教学方法非常重要，那么作为一名老师或音乐治疗师，该如何判断一名学生是否具有绝对音感呢？对拥有绝对音感或相对音感的人而言，听力常常是一种优势力量。当拥有绝对音感或相对音感的学生，第一次读一首简单歌曲的乐谱或旋律很强的乐章时，它会自动进入其听觉音高记忆库；当第二次弹奏时，他们早已通过听觉记忆学会了那首曲子。这就是他们的大脑处理音乐的方式。与之相反，视觉类型的学习者，需要一遍又一遍地读谱，而并不会把它吸收到自己的听觉记忆库中。他们只有在重复弹奏一首曲子之后，才能形成记忆。

由于音乐处理的模式特殊，拥有绝对音感或相对音感的孩子往往会展示出某些特定的行为特征。他们演奏时可能会低垂着眼睛和脑袋，或像是在东张西望。这种行为在他们第一次弹奏某首曲子后，甚至第一次弹奏时就会出现，因为他们正在聆听音乐中的模式，并预测下面的内容。他们不看乐谱，是因为乐谱上的音符会让他们分心，从而无法专心聆听。在那些时刻里，他们的视觉处理过程似乎已被切断，大脑也已完全专注在听觉处理上了。

在读谱视奏过一首曲子后，如果被要求演奏第二次，一些拥有绝对音感的孩子可能就会显得漫不经心，因为他们已经知道这首曲子听起来是什么样了。它早已进入了他们的听觉记忆，因此重复弹奏会让他们觉得非常无聊。与之相反，视觉型学习者在重复弹奏某首曲子时并不会感到无聊，因为他们在每一次演奏中都会得到一些新的东西。直到记住一首曲子，否则视觉型学习者无法预测接下来的音符会是什么，所以他们在重复演奏时总有新的发现。因此，**对视觉型学习者而言，读谱是有帮助的。而听觉音高学习者并不能从中获得那种激励，因此重复对他们而言就显得有些枯燥乏味。**

拥有绝对音感的另一个表现，就是对听到声音的渴望，无论该声音来自哪里。这些孩子会坚持要听到自己脑海中的某个音高，于是四下拨弄，弄出声响，而一旦听到自己想要的那个音高，就会变得兴奋无比。另外，当他们在识谱的过程中出现错误时，也会强迫性地从本行开始从头进行弹奏，有时甚至会重新弹奏整首曲子，这是因为他们需要导音或前奏来引导自己弹奏该乐曲。而他们所需要的导音，可以启动其脑海中的那盒“录音磁带”。

对绝对音感或相对音感进行测试

如果某位老师或治疗师怀疑一名孩子可能拥有绝对音感或相对音感，可以通过几种方法来进行测试和确认。由于我的那些有特殊需求的客户中有很大一部分人都拥有绝对音感，因此我一般会对此进行例行测试。具体的测试技巧，可以参考我写的小册子《绝对音感与相对音感——如何识别并测试该现象：音乐老师、音乐治疗师和父母指导手册》（*Perfect Pitch & Relative Pitch – How to Identify & Test for the Phenomena: A Guide for Music Teachers, Music Therapists and Parents*）。如果读者想要获得这本小册子，可以发邮件到 Susanrmt@comcast.net 索取，或登录网站 www.susanrancer.com。

拥有绝对音感的人怎么学习

大多数人在学习的时候，会同时使用听觉与视觉线索。“听觉型学习”通过聆听口语完成，比如听老师讲课；“视觉型学习”则通过视觉完成，比如阅读书上的文字或黑板上的板书。然而拥有绝对音感的人在学习的时候，涉及第三个过程："听觉音高学习"，即通过听人演唱或在乐器上弹奏曲子来学习音调。没有了绝对音感，学生就无法通过听觉音高学习来处理信息。一般的孩子在上钢琴课时，通过识谱来学习，用的是视觉型学习能力。视觉型学习者在没有接受过大量训练和实践的情况下，无法在听过一遍曲子之后就马上把它弹奏出来。相反，拥有绝对音感的孩子在听过一遍后，不需要任何视觉辅助就能马上把它演奏出来，因为他们是听觉音高学习者。虽然听觉音高学习并不会妨碍听觉型学习或视觉型学习，但如果不加以识别，可能会把情况弄得更为复杂。

为什么一定要进行视觉型学习

识谱或视觉型学习是音乐学习过程的基础部分，这对拥有绝对音感的人也不例外，因为它能够培养学习者的手眼协调能力和视觉追踪能力，并提高学习者的注意广度、精细动作控制能力和动作规划能力。这些都是专门针对特殊需求儿童的"个别化教育计划"（IEPs）所要达成的共同目标。此外，家长们也经常反馈孩子在学习音乐尤其是学习了识谱技巧后，书写能力、阅读能力、数学能力也有所提高。当然，识谱能力对音乐学习本身也起到了重要的积极作用。

但绝对音感的存在，使得学习识谱的过程变得更复杂了。这是因为当重奏单单涉及听觉处理时，后者就会压倒一切地接管视觉型学习（识谱）过程。如果老师或治疗师没有发觉自己的学生是一名听觉音高学习者，那么这个孩子只有听觉技能会继续成长，却很可能永远学不会识谱，因为拥有绝对音感的学生倾向于通过听觉线索来学习一首曲子，比如别人的弹奏、歌唱甚至吹口哨的方式。也因此，除非可以听到，否则他们无法学会它。这时如果不采取进一步的纠正措施，这种未经核对的纯听觉音高处理，将继续妨碍孩子的识谱学习。

当一名学生通过识谱反复演奏一首曲子时，他就是在运用视觉型学习，其识谱能力将会因为不断的练习而得到巩固和提高。对于完全依赖听觉音高学习的学生而言，即便他们第一次弹奏时能够识谱，但一旦听过自己弹奏的曲子之后，他们就再也不会去看谱子或关注任何视觉提示了。因此，除非通过特殊的教学方法，达到视觉和听觉音高处理之间的平衡，否则学生们很难取得进步，这会使得学生和老师都感到沮丧，有时甚至最终导致整个治疗或学习过程半途而废。如果老师或治疗师能够认识到学习过程中可能涉及的问题，他们就能调整教学方法，以保持视觉型学习与听觉音高学习风格之间的平衡。

我们可以举一个例子，来了解这种平衡方法是如何达成的。“D”被诊断患有广泛性发育障碍，并跟着两位老师学习过。他的听觉型学习能力很强，但识谱能力几乎为零。之前的两位老师都没有意识到他拥有绝对音感，而且都觉得 D 很难教好。通过从头学习识谱，并小心保持视觉型学习与听觉音高学习间的平衡后，D 的音乐学习变得十分顺利。当然，听力依然是他演奏音乐时的主导力量，他经常会在读某首曲子的一行乐谱时，突然弹出耳朵听过的另一首曲子。从中我发现，给 D 上音乐课的最佳方法，是让他一次弹够他自己的曲子，然后再回到识谱上来。在开始学习识谱前，他必须先通过弹奏，把脑子里的乐曲全部释放出来。我认为这不是一个行为问题，而是绝对音感的一个特征，我必须巧妙地处理它，然后高效地开始视觉处理教学。

让视觉型学习与听觉型学习保持平衡

面对拥有绝对音感的学生时，治疗师或老师必须首先刺激其视觉型学习，把听觉型学习留到后面，而且开始听觉学习使用的教学材料必须与视觉型学习时不同。例如，如果你通过演奏甚至只是打节拍或歌唱的方式教授《一闪一闪亮晶晶》(*Twinkle, Twinkle, Little Star*)，你就是在刺激他们的听觉学习过程。接下来，如果你想用同一首歌教他们识谱，学生们就会凭听觉记忆弹出这首曲子，而不会认真识谱。你以为他们在看谱子，但其实他们并没有。

因此，在教他们视觉处理过程时，你需要使用学生们没听过的其他曲子。他们需要自己一个一个地去辨认音符，即使这同时也会刺激到他们的听觉处理。当然，学生们的听觉处理过程必定会伴随视觉处理过程出现，但如果你打算让他们学习识谱，就必须保证他们以视觉处理为主。

这些学生在识谱的时候只会看一次，因为他们的听觉能力太强大了。由于所有的音符都会进入他们的听觉记忆库，这些学生并不需要进行第二次识谱。因此，识谱的学习过程会变得异常漫长。很多时候，老师们会误以为学生是视觉型学习者，因为他们使用的是视觉型教学法。但事实上，对这类特殊人群有经验的治疗师或老师会将自己的学生默认为听觉型学习者来进行教学，因为这类人群中，绝对音感者的出现频率相当高。

给入门学生的一些推荐书目

约翰·绍姆（John Schaum）写作的《寻找键盘天才》（*Keyboard Talent Hunt*，1967）第一册和第二册，对我的钢琴入门学生非常有用。这两本书通过使用字母名称而不是音符来向学生介绍钢琴。第一册着眼于右手练习，从“C”位置开始，到“G”位置结束。第二册回到“C”位置开始练习，但同时使用双手弹奏，然后继续使用双手来到“G”位置。当学生学完这两册书后，他们也就明白了自己的手位和钢琴键的名字。他们的手眼协调能力、精细动作控制能力和动作规划能力也已到位。我称这两本书为我的“魔法书”。这是教初学的孩子学习钢琴的最好方法，它们原本是为正常发育的 4 岁儿童设计的。

接着，我们可以使用斯图尔特（Stewart）和格拉斯科克（Glasscock）合著的《我的钢琴课本 A 册》（*My Piano Book A*，1985），开始学习识谱。我只教授这本书的前半部分，它为学生们介绍了右手“C”到“G”的音符。这本书上的音符五颜六色，又大又酷炫，把识谱变成了一个非常有趣的过程。我会花上大约一个星期的时间来讲这本书，还会经常把它外借给学生。

下一步，我会带学生进入帕尔梅（Palmer）、马努斯（Manus）和莱斯科（Lethco）写作的《阿尔弗雷德钢琴系列》（*The Alfred Piano Series*，1995）的学习，从 1A 级开始，然后依次是它的《课堂手册》（*Lesson Book*）、《技法手册》（*Technic Book*）、《独奏手册》（*Recital Book*）和《理论手册》（*Theory Book*）。如果某个孩子的学习进度非常慢，我还会使用《乐趣手册》（*Fun Book*）进行额外巩固。这些书能够很好地教会孩子们识谱。同一个概念，会在《课堂手册》中出现，接着会再次出现在《技法手册》中，然后还可能继续在《独奏手册》中出现，就这样一步一步地反复巩固，最终帮助孩子们获得优秀的识谱能力。我还会跳过这些书前面的一些内容，直接学习高音符号部分。这样过了一周之后，再来学习低音符号。总体而言，这套书写得非常好，能让学生们觉得舒适并获得自信。

带着绝对音感成长：特殊教学方法的必要性

我自己的亲身经历就是一个很好的例子，说明了对拥有绝对音感的学生使用特殊的教学方法的重要性。6 岁那年，我在我的一年级课堂里第一次开始学习钢琴。我之前从来没有碰过钢琴，但直接就能开始用双手弹奏。我们家里并没有钢琴，此前我也从未进过音乐教室。在弹奏钢琴的时候，我感觉自己就好像是跟琴连结在一起的，仿佛我天生就知道应该怎么弹，知道下一个应该按哪个键。我一个错误都没有犯，只是跟着听过的一年级老师弹奏的那首曲子弹。

发现了这种新能力后，我开始跟着另外一位老师学习钢琴，他为我弹了很多很多的曲子，强化了我的听觉学习技能。我通过耳朵学习这些曲目，并通过曲子不同的配图来区别它们，因为当时的我还不识字。这位老师曾试图教我识谱，但失败了。我拥有绝对音感，可以靠耳朵来学习弹奏任何曲子，谁还要学什么识谱呢？

很快我就换了一位老师。新老师发现我有绝对音感后，马上调整了教学方法，以便让我也能学会识谱。我花了好几年的时间才完成这个跨度，因为我很少弹奏老师布置给我的曲子。相反，我喜欢弹奏收音机里播放的音乐。我跟着这位老师一直学习到了六年级，但总体来说，此次学习经历让我们两个都倍感折磨。

长大一些后，我喜欢听广播里的音乐，并在听过一遍之后就把它们弹奏出来。高中时，我常常坐在乐队练习室的钢琴前，由朋友们点歌，我来演奏。有时候，他们会用收音机播放新曲子给我听，而我也马上就可以弹出来，因为听过的歌都会被自动地记录在我的脑海里，我只需要跟着脑海中的旋律弹就行了。人们对这种看起来不可思议的“魔法”感到震惊不已，但对我来说，这只不过是我的第二天性罢了。

成年后，我开始明白我之所以在学习识谱时屡屡受挫，都是源于早期在接受视觉能力教育前，过早地强化了自己的听觉技能，因为当时我的第一位音乐老师试图把听觉学习整合到识谱学习当中。现在我自己成了一名老师，我发现一个拥有绝对音感的孩子在开始学习音乐的时候，如果排除听觉刺激，专心学识谱，这个过程将会变得顺利许多，而且最终这名学生的识谱能力与绝对音感都将得到完全的发展。

一些特殊需求儿童的音乐教学案例

“R”：持续发展的天赋

R 在 5 岁时开始接受音乐疗法。现在他已经 17 岁，钢琴技术高超，并且从家人和朋友那儿得到了大量的赞美与正向强化反馈。他被诊断为高功能自闭症，伴有语言发育迟缓。他第一次展露出绝对音感，是在全和弦琴上找到了正确的和弦。他可以说出钢琴上任意一个音符的名字，无论黑键还是白键。当我在钢琴上弹奏一首他听过的曲子时，如果问他下一个音符是什么，他都会马上说出来。在雅马哈电钢琴上听过一遍《星球大战》(*Star Wars*)的主题曲后，他能在不借助任何辅助的情况下，直接弹这首曲子的右手，然后由我负责左手，为他伴奏和弦。凭听觉记住了那些和弦后，他又会开始弹左手的和弦，而我则负责右手的旋律。

R 接下去弹奏了莫扎特、肖邦、贝多芬和巴赫，他喜欢将一张奏鸣曲专辑从头弹到尾。他每次都随自己的喜好练习，很快就学完了整张专辑。弹到感情激荡处，他会重重地弹出那些音符，以获得他想要的充沛的情感冲击。

现在，R 已经到了即兴创作的阶段。他靠记忆弹奏右手的旋律，并唱出歌词给我听，然后要求我给他配左手的和弦。之后，他会左右手同时弹奏，双手配合得完美无缺。虽然他也能自己给旋律配和弦，但他更喜欢求助于我。不过，我现在正努力让他可以更加独立地完成这项工作。

“L”：传说中的过耳不忘

L 是绝对音感的完美案例，她对音乐非常挑剔。如果我弹吉他时哪怕稍微跑了调，她就会马上告诉我。如果我扫弦或拨弦时改变了手法，她也会立即纠正我。若我试图为她和声，她则会马上捂起耳朵。她会在钢琴上弹唱某些歌曲或某些歌曲的片段，音准自然无可挑剔。我们每年假期都会举办演奏会，她总能记得所有曲调，如果我换了一个调来弹，她会马上纠正。

后来，L 开始随我学习右手从 C 到 G 的音阶位置，她学得非常好。但当我们开始学习左手时，她却遇到了很大的困难。几年后，我们重新开始学习右手，并希望将左手整合到识谱学习当中。她的学习进度很慢，但已经初见成效。这很好地证明了，我们对每个客户都应该因材施教，对教学方法进行专门调整。

“A”：音乐型学者综合征患者也能拥有创造力

A 一开始时就是个聪明而好奇的孩子，只是对所有类型的声音过于敏感，这甚至影响到了她的睡眠。婴儿时，如果给她读那些富有节奏和韵律的故事书，似乎也会干扰到她的睡眠。她在很小的时候，就开始记忆歌曲。

18 个月大时，她开始自己看书，并且过目不忘；如果觉得无聊了，她会根据书上的图画自己编故事。30 个月大时，她展现出了超出同龄人的照相式记忆和听觉记忆能力，但她的仿语行为也十分明显。3 岁大时，她被正式诊断为自闭症。

目前，A 喜欢自己作曲，再用木偶进行表演。她喜欢自己唱一段，然后等待治疗师唱一段。这样一个回合下来，这首曲子就包含了歌词、声音、木偶和动作。她还喜欢即兴创作，喜欢作曲。她闭着眼睛就能说出某个键或声音的音符名称。她学会了识谱，但她更喜欢凭听力来弹奏。不管怎样，她用独特的歌词及和弦，写了不少自己的歌。

曾经有这样一句传言，音乐型学者综合征患者虽然拥有无与伦比的精准记忆和重复的能力，但他们整体上缺乏创造性。A 则证明了这一点并不适用于每一个案，音乐型学者综合征患者的创造力显然可以和重复能力一样出色。

关于苏珊·朗瑟

苏珊·朗瑟是一位注册音乐治疗师（RMT）。她 1974 年毕业于新墨西哥州东部大学，获得音乐疗法学位，并在宾夕法尼亚州诺里斯敦的诺里斯敦州立医院进行音乐治疗实习。之后她开始在得克萨斯州阿马里洛的基尔戈尔儿童医院医治儿童。1980 年，她开设了现在的私人音乐治疗和音乐教学中心。她的客户当中，几乎所有都是有特殊需求的个人。

第 26 章

训练美术和其他天赋

一位教育家的方法

本章内容引自罗莎·C. 马丁内斯

罗莎·C. 马丁内斯，哥伦比亚大学行为障碍学博士，行为分析师，自 1983 年起从事自闭症领域工作，负责艺术展运营

美术能力在学者综合征患者身上出现的概率相当频繁，这种能力有时水平甚高。正如音乐或数学一样，训练学者综合征患者素描、油画或雕塑方面的天赋，也可以获得极大的回报。它除了能够从整体上提高患者的语言、社交和日常生活技能外，同时也为我们带来了精美的艺术作品。

虽然现有的试图解释学者综合征能力的理论，与自闭症谱系本身一样种类繁多，但自闭症谱系障碍的一些固有特征，决定了某些学者综合征能力上的偏好。其中 3 个特征是，注重细节、视觉思维和非凡记忆。上述三大因素，是“美术”位列学者综合征技能之一的重要原因。

拥有学者综合征美术技能的，并不仅仅是高功能学者综合征患者。相反，自闭学者技能，有时甚至是高水平的技能，同样可以存在于严重残障的儿童或成人身上，并且似乎自闭症功能水平和美术技能的复杂程度之间，几乎没有任何相关性。因此，对待拥有美术技能的学者综合征患者的方式，完全因患者整体功能水平的高低而异。此外如我前面所指出的，学者综合征的美术技能并不局限于自闭症患者，它们也可以在获得性学者综合征患者身上出现。

虽然家长、老师、治疗师和其他人都非常赞同“训练天赋”是值得推进的治疗方法，但他们在实践过程中经常会遇到许多问题。这里，我将基于我本人25年来探索教育自闭症谱系障碍人士的成功之法方面的从业经验，以及我对拥有美术能力的学者综合征患者的个人兴趣，就其中的一些问题进行分析解答。

下列就是我收到的一些典型咨询，以及我对此的答复。

咨询1：该如何对待这种特殊天赋

“我4岁大的女儿被诊断为自闭症障碍。她对美术表现出极高的兴趣，还能画一些很棒的画。我该怎么对待这种特殊天赋？”

鉴于您的女儿尚且年幼，因此您的总体目标应该是在培养她的美术才能的同时，创造能够带来高回报的其他领域的学习机会。这可以通过将绘画主题和能力整合到其他领域中来实现。例如，您可以将女儿的某幅画作彩印一份，粘贴在一块硬纸板上，然后将纸板切割成几块拼图（如5～8块中等大小的碎片，或10～15块小尺寸的碎片，这取决于您女儿的具体技能水平）。这是一种可以帮助她发展精细运动、认知和阅读技能的方法（可直接在图片的正面或背面打印与所绘图像相关的词语），同时也为您女儿在其感兴趣和擅长的领域发展提供强烈的推动力。您还可以让您的女儿接触黏土、剪纸和绳线艺术等活动，进一步培养她的创造力。

至于培养美术技能本身，我强烈推荐让您女儿接触各种不同的绘画媒介。比如，如果她喜欢用彩色铅笔或墨水绘画，您可以让她也接触一些丙烯、油画颜料，甚至炭笔或油画棒。您还可以让她接触不同类型的载体，如小纸、大纸、木板、墙壁、陶瓷等。接触各种绘画媒介，可以促进她各项能力的整体发展。这不仅能让她体验到不同的绘画材质，更能提高她对各种选择的认知。这就为她提供了培养各种能力与偏好的机会，并降低单一活动带来的枯燥与烦腻。此外，如果可能，接受一些正规的美术教育也是非常有益的。参与具有“共同”兴趣的团体，会为其社会能力的提高提供更有利的环境。

妮科尔·马丁（Nicole Martin）的著作《用美术对自闭症儿童进行早期干预》（*Art as an Early Intervention Tool for Children with Autism*，2009）

将对您在具体任务、工具和技巧方面的学习非常有帮助。这本书涉及的主题很广泛，例如将美术整合到早期干预治疗中，并根据不同患者的症状和风格进行一些调整。它还建议通过使用“油画、素描、黏土模型、雕塑、自然物品、版画、拼贴画、混合画法和摄影”等媒介，强化患者的优势技能。这本书的作者深入浅出地概述了通过美术“改善生活”的治疗方法，同时也为读者确定了许多能够帮助患者改善残障状况的策略，比如培养抽象思维和业余消遣的技能。

你还可以在互联网上找到一些有用的免费资源，本章的后面部分也适当列出了一些。其中特别值得注意的是《草图大师》(*SketchUp*)。该程序起初是专门为专业建筑师设计的，但人们偶然间发现，它对自闭症或阿斯伯格综合征患者有着特殊的吸引力，因为这些患者都擅长视觉思维。它为创造力表达和终身美术技能发展提供了非常好的渠道。此后，在谷歌、美国自闭症协会和科罗拉多大学终身学习实验室的共同努力下，它演变成了一项“光谱计划”(网址：http://sketchup.google.com/spectrum.html)。

对于那些具有美术天赋但并未展示出“惊人”的细节记忆能力的人士，可以用“盲绘”的方式训练这种能力。“盲绘”十分简单，你可以让学生先观察一个物体大约 5 分钟的时间，然后移除或者离开这个物体，再让学生画出他或她所记忆的内容。等到绘画完成后，再将物体与学生们的画作进行比较。这种“盲绘技巧”是用来“训练美术家的眼睛”，以增强其一瞥之下的记忆能力。

在某些时候，您可能还想为美术家创建一个明确的工作空间，比如弄一个放置图纸的绘图桌或制图台，以便他们能更好地控制绘图表面。在这个界限分明的空间里，所有物品都井井有条地放置着。根据您使用的材料类型，您可能需要考虑该创作空间的通风和照明问题。一些涂料会挥发出有害气体，而如果美术作品强调阴影或色调，你还必须认真考虑不同的光线问题（比如让工作台靠近窗户）。

最后，您或许想要建立一个作品集，以便展现创作者的才华，或向画廊所有者和潜在的雇主展示作品。这些我们将在下文中提及。您可以考虑下您用于展示的媒介，比如投影仪、幻灯片、印刷品、微缩复制品、数字媒体等。请记住，天宝·格兰丁本人曾声明，她刚开始找工作时，打开机会之门的是她的“作品”，而不是她“本人”。因此，“作品集”是关键的一环。

咨询 2：自闭症孩子有艺术天赋，但只会用仿语，怎么办

“我是一个 4 岁男孩的家长，我的孩子去年刚刚被诊断为自闭症。他已经开始展现出了不起的美术才能，还喜欢音乐，尤其是鼓。他的艺术天赋让我既惊又喜。他的说话能力非常有限，因为他主要使用仿语。而这是最具压倒性的！”

在此，我要强调的是，“训练天赋”。我希望当您的儿子入学时，教育工作者不会限制或拒绝他参加诸如打鼓或其他的艺术活动。如此他们将会明白，培养他的兴趣是多么重要，因为这可以提升他的整体知识、技能、兴趣和语言能力。尝试确认他当前的兴趣点，然后将这些特点应用到更广泛的情境与活动之中，可能是非常有益的。至于他的语言能力，如果要求他使用“祈使句”来索取他的“艺术工具”，或许会产生意想不到的效果。例如，你们可以教他用祈使句索取“红色”的颜料、“蓝色”的颜料等。鉴于您提到您的儿子语言能力非常有限，我建议使用“无误”训练法。你要注意，不要因为要求他学会“索取”艺术材料，而泯灭了他的艺术才华。因此，在无误学习法中，不管他是否提出请求，都应该得到他索取的物品，但当他“准备好”使用所教授的语言时，这种体验就已经“植入”了。

咨询 3：正式的美术训练有用吗

“正式的美术训练呢？它有用吗？可能取得怎样的成果？”

大多数学者综合征美术家都是以自学的方式走上艺术之路的，也就是说，他们的才能可能是天生的，在一开始并未受到任何训练。对于这样的美术家和新兴美术家，接受一些专业的美术教育总归是个好主意。无论他们是加入初级美术课程，还是在专科大学里修学，这些经验都将大有裨益。在此类教育中，靠记忆或从其他画作中进行素描、绘画、雕刻或制作艺术品的人，可以学习到美术的基础原理和基本要素。

虽然并非提高个人素质的必要步骤，但学到的大量美术信息，确实可以为有才能的个人创造新的探索空间。以下是美术教育课程中通常教授的基础

知识：色彩理论、色彩构成、基础绘画、临摹、模仿、尺寸、透视、深度、光线、基本形状和线条、色调、干湿媒介、搭配衬边和框架，以及如何营造合适的工作环境等。

这些教学领域内的正规教育，可以大大拓展美术家们的兴趣，最终远远超过他或她最初感兴趣的主题。下面是一些可以为美术家们的成长提供新机会的“相关”课程列表：

- **类别**：人体素描、肖像画、漫画、混合画法、卡通画、拼贴画、木工、数字媒体、雕刻、摄影、电脑绘图、建筑设计。
- **媒介**：笔、墨水、水彩、油彩、粉彩、丙烯、炭笔、油画棒、马克笔、石墨、粉笔、乌贼墨，每种媒介都有一套特定的使用方法。
- **刷子类型**：圆刷子、平刷、扇形刷，各种类型的刀（如调色刀）。
- **画布**：纸板、各种材质的纸、羊皮纸、细料纸板、热压纸等。

可以学习和接触的东西实在太多了！正规的美术培训，可以在实践经验和历史展望方面为学者综合征患者带来益处，同时增加患者的就业机会。他们可选的工作岗位包括动画师、插画师、画家或漫画家，行业可以是出版、营销、电影业、教学、电视台、计算机软件或印刷业等。成为自由职业者或合约制工作者也是选择之一，此外还可以成为个体经营者或通过在线接单机会参与幕后工作。

有关正规美术教育培训的各种资源可以通过互联网搜索获得。寻求相关辅导时，请注意查看商家的等级信誉。用于绘画或雕刻的美术套件、免费的美术视频教程，以及教授素描和油画技巧的交互式在线美术学校，也都可以用于帮助提高个人的美术技能。

咨询 4：怎么让孩子的作品被更多人看到

“有哪些途径可以让别人看到学者综合征患者的艺术作品？”

很多途径可以为学者综合征患者的艺术作品创造更多的曝光机会，让大家共同见证这种特殊的美术能力。以下建议，供家长、教育工作者或导师参考，以便为美术天才多多探索一些可能：

- 在你所处的社区寻求小组展览的机会；
- 考虑在“素人艺术”或民间艺术节中展出艺术品；
- 参加美术夏令营；
- 参加当地课程；
- 参加公开比赛或美术竞赛；
- 将简介发给自闭症杂志或主流杂志；
- 将艺术作品捐给基金会或慈善机构；
- 联系自闭症机构、画廊和博物馆；
- 参加特殊艺术展览（例如这个网站 http://rcmautismnotebook.com 上会展示一些学者综合征患者的艺术作品，也为自闭症美术家提供参与特别艺术展览的机会）；
- 向艺术展发起人寻求帮助，他们有时可以免费为你的艺术品创造曝光机会；
- 最后，我们可以利用媒体或网络的优势，分享学者综合征美术家的信息。报纸、群发邮件、YouTube 和新闻刊物都在备选之列，可有选择性地利用。总之，要尽可能地想办法提高学者综合征患者及其作品的曝光机会。

咨询 5：美术教学中要注意些什么

“给自闭症谱系中的学生上美术课时，有什么特别需要注意的吗？”

一些自闭症儿童的注意力跨度极其有限，因此开小差是常态。美术教学需要结合一个结构化的课程设置和提供支持的环境，以应对每个学生的具体需求、优势和障碍。一般来说，一个内容丰富的加强版日程表（它能调动个体积极性）是必要的，可以捕获学生的注意力。在具体的任务中使用象征性奖励方法，将有利于逐步增加任务的持续时间。

对于年幼学生，美术可以培养其精细动作技能并增加注意力跨度。对于年龄较大的学生，美术有助于提高自我表达能力，同时增强解决问题的能力，使其逐渐变得更加自立、自信。许多家长已经证实，他们的孩子开始独立创作艺术作品后，的确出现了上述进步。

考虑到自闭症的普遍缺陷，诸如眼神接触、社会意识、游戏技能和言语表现，以及普遍的棘手行为（如刻板重复、攻击性、自残），因此当向自闭症谱系中的学生教授美术时，还需要考虑到其他各种重要问题。

对某些感官刺激过于敏感，在自闭症患者中相当常见。患者可能难以承受某些灯光、触摸、温度、材质或声音，对此他们会感到刺激过度。这种“感觉过载”可以导致自闭症个体形成感觉防御。例如，暴露于某些物品前可能会引起患者的焦虑情绪，从而极力避免与该物品接触。感觉防御可以表现为发怒行为或直接逃离特定环境（包括其中的那些人）。如果可能，最好减少授课环境中的外来感觉刺激，并有策略地创造一个量身定制的“工作”环境。

触觉防御是对任何接触皮肤的物体都非常敏感，在上黏土课和指绘课时经常会遇到这种麻烦。这种“敏感性”问题，可以通过“脱敏疗法”（有时称为渐进式暴露疗法）来克服。逐渐地让患者接触自己憎恶的美术材料，可以帮助其对艺术品的气味、外观或质地变得不那么敏感。无论是嗅觉防御、视觉防御还是触觉防御，都可以通过脱敏疗法来减轻患者暴露于这些物品时产生的焦虑感。

例如，为了帮助学生减轻乃至克服对黏土或手指涂料的触觉防御，可以在清水中逐渐加入适量的食用色素，然后再逐渐添加涂料，直到水的黏稠度达到手指涂料的程度。同样的方法也可用于雕刻黏土。这种方法的中心思想是一点一点地让学生接触“讨厌的”材料，直到其逐渐克服一开始时由于该材料的过度刺激而引发的焦虑。脱敏过程的最终目标是增强学生对所讨厌材料的忍耐力。这对学生来说极具有挑战性，因此千万注意不要操之过急。

教授和学习美术的过程，对所有人而言都应是件趣事。学校的美术课上常使用沙子、糖、盐（记得添加食用色素）、剃须膏、大米、豆子等，可以增加美术课的材质和趣味性。上述所有物品都可与涂料、黏土、油彩等一起，用来创作黑板报、壁画、雕塑等。在此特别推荐克拉诺维茨（Kranowitz）的著作《不同步的孩子有乐趣：感觉处理障碍患儿的趣味活动》（*The Out-of-Sync Child has Fun: Activities for Kids with Sensory Processing Disorder*，2006），该书中提出了很多可用于解决一般感觉问题的活动和实惠的家庭材料的建议。

自闭症患者常被描述为“视觉型学习者”或“视觉型思维者”。2001 年，邦迪（Bondy）和弗罗斯特（Frost）提出，可以通过把图片、标志、照片、真实三维物体、书面文字或图片交流系统中使用的符号等形式作为视觉型支持，整合进美术课程中。

“图画式计划表”的使用，可以极大地提高学生独立开始美术任务或完成美术活动的能力。例如，将创作作品所需的每一个步骤都依次做成图文并茂的形式；或者将绘画完成之后所需要的清理过程的每一步，也同样依序做成图文并茂的提醒。使用图画式计划表，还可以最终消除学生在独自创作或娱乐时不必要的指导或交互。利用任务分解（图片或文本）的方式来准备美术创作空间，也是非常有帮助的。

以上只是帮助学生最终尽可能独立地进行美术活动的几种方式。任务分解法，很可能会迅速成为一项例行程序。鉴于自闭症患者对例行程序可预测性的依赖，这种例行程序一旦建立成功，可能就不再需要可视化计划表了。

美术作为一种治疗方法，也是推荐许多自闭症儿童选择的可行方案，因为它可以针对性地治疗自闭症的主要缺陷区域。通过使用具体的美术项目，可以专注于情感、抽象思维、感觉调节、运动技能，以及提高整体发展水平。治疗师和自闭症患者之间的治疗关系，也可以帮助后者发展社会关系并增强沟通技巧。我最近遇到一位父亲，他非常成功地教会患有语言障碍的儿子传达自己的情绪及表达自我。他采用的方式就是让他的儿子发挥自己的美术天赋，用绘画的方式记录自己的日常经历和感受。现在，他的儿子是一名高薪动画师，同时也能用语言表达自己了。

咨询 6：有没有免费的“训练天赋”资源

“你能推荐一些能够帮助‘训练天赋’的性价比高的资源吗？”

下面是一个加强整体教学的免费资源列表：

1. 公共图书馆的增强交流设备

美国大多数州都设有非营利性基金会，提供各种资源的外借服务。这些资源包括感觉统合玩具，增强交流设备，以及一些为残障人士设计了游戏或谜题的简单软件或低科技设备。专业人员（在许多州也允许家长）可以在线浏览这些设备，在线办理借用或到指定地点借用。

网址：www.sandbox-learning.com/default.asp。

2. Boardmaker 文件

如果您有 Windows 版的 Boardmaker，您可以下载并打印这些文件。它们非常适用于通信板和工作表，并且随时可用。

网址：www.mayer-johnson.com/products/boardmaker。

3. 迈阿密戴德县公立学校的“西班牙语”学龄前特殊教育计划

可用以下载西班牙语的交流板和图片符号。

网址：http://prekese.dadeschools.net/BMD/activityspecific.html。

4. Hiyah.net

这个网站载有专为那些想使用电脑，但还无法使用键盘的儿童设计的软件。内容包括去看医生或牙医、去理发，以及度假的图解步骤。

网址：www.hiyah.net/software.html。

5. Symbolworld.org

这个网站有故事书、儿歌、社会故事等，全部以图片和符号的形式呈现。您可以从中找到创建自己的符号书的创意。

网址：www.symbolworld.org/stories/index.htm。

6. Picture Planner 软件

您可以使用 Picture Planner 程序软件，创建基于活动的图画式计划。它是一个图标（图片）计划系统，可以帮助残障人士按日、周或月安排活动。Picture Planner 软件使用合成语音，可提供无障碍的反馈和辅助。您可以从任何来源导入图片。该软件还自带图库。

网址：www.eugeneresearch.org/picture_planner/intro.html。

7. 电视教师（写作）——字母表 [The TV Teacher(Writing) – ALPHABEATS]

这张DVD由一位名叫苏珊·埃利斯（Susan Ellis）的母亲和一位名叫马尔尼·丹尼尔森（Marnie Danielson）的职业治疗师共同录制，通过使用多感官方法教孩子如何书写字母。

网址：www.tvteachervideos.com/index.html。

8. Write-On Handwriting：免费演示

“Write-On Handwriting”系列产品的研发体系十分健全，它们经过了多年的研究，并获得了多年的教育工作者个人和团体的经验支持。由于书写是一项复杂的技能，因此，必须将公认的发展要素纳入手写教育计划中。该产品结合了两个关键的发展技能：手写能力（特定程序的铅笔运动）和记忆检索能力。

网址：www.writeonhandwriting.com/。

9. 国家虚拟教具图书馆

包括数字和运算、代数、几何、计量甚至数据分析和概率等免费下载内容。所有下载内容支持西班牙语。

网址：http://nlvm.usu.edu/en/nav/vlibrary.html。

10. 学校艺术支持计划

在纽约市，学校艺术支持计划（SASI）是一个以学校为基础的计划，旨在帮助纽约市服务水平不高的中学开发、巩固和维持艺术教学。在艺术教育中心（CAE）、纽约时报公司基金会和纽约市教育部的合作下，“艺术家教师”项目应运而生，这些艺术家们每周都会来给学生上课。你或许可以在你所在的州或国家找到已经与某个艺术计划建立了合作伙伴关系的学校或大学。

训练天赋，不仅着眼当下，更为了未来的生活甚至就业

对于在美术方面表现出特殊兴趣的幼儿（不管是早慧还是学者综合征），最重要的是为孩子创造更多的学习机会，并拓宽其兴趣领域。人们必须通过尽可能多地接触各个领域的美术层面来培养对美术的兴趣。无论天赋高低，

所有学者综合征患者都应该得到持续的鼓励和丰富的机会，以便探索他们特定的兴趣领域。

格兰丁和达菲建议家长和教育工作者应该注重“培养崭露头角的才能，以便最大发挥其潜能”。我们应将重点放在个人的优势上。最近的研究提倡“训练天赋”，不仅是为了提高患者的个人自尊心，更是为了让他们能够掌握有助于未来就业的技能。现在，人们更加清楚地意识到这一事实，即阿斯伯格综合征患者具有成为优秀员工的极好潜力，因为他们非常注重细节。此外，诸如准时、可靠和在工作时间不易开小差等额外特点，也会得到各位雇主的认可。

特别是在自闭症领域，提高此类机会有助于引导自闭症谱系患者学会以适当的方式享受和放松。通过创造和扩大患者对美术的兴趣，可以用艺术行为替代自闭症人士的自我刺激行为。它还可以让学生们在教师指导的环境中进行创造性活动。

美术教育的目标是教会患者享受乐趣，充实生活，同时适当学习技能，并最终将这些运用到每天的生活中。持续的鼓励和借此大量探索其他“兴趣领域”的机会，可以加强患者的表达能力和创造能力。长期下来，患者的优势和兴趣很可能会转化成整体性知识的增长，并最后成长为一名知识渊博的美术家。

关于罗莎·C. 马丁内斯

罗莎·C. 马丁内斯自 1983 年以来一直在自闭症领域工作。她获得了纽约城市学院的特殊教育学士学位，哥伦比亚大学的青少年自闭症硕士学位、哲学硕士学位和行为障碍学博士学位。马丁内斯博士还是位专业认证的行为分析师。她在纽约、华盛顿特区和加利福尼亚的城市负责“不要小看这能力”艺术展的运营工作。

第 27 章

通过有效途径，教授数学型自闭学者

本章内容引自彼得·刘易斯

彼得·刘易斯，专业工程师，爱好数学、艺术和文学，设计了一套可用于教授特殊人士的数学练习册

从最早期的病例描述开始，超强的数学技能与音乐、美术技能一样，也一直排在学者综合征能力之列。在对学者综合征的第一次正式描述中，唐医生介绍了几个“心算能力令人震惊”的病例。特雷德戈尔德医生在关于学者综合征的经典章节中，也提到了“非凡的算术和计算能力”，并列举了许多例子。还有许多案例都提到了学者综合征患者的非凡数学能力，包括用“闪电计算”解决加法、减法、乘法、除法、素数、平方、平方根、代数和几何问题。

1979 年，克里奇利在对闪电计算者弗勒里（Fleury）的描述中，展示了这种数学能力是多么广博。1983 年，史密斯提到了 1927 年弗勒里在法国国际心理学院测试中展现的超凡能力故事：

> 他能在 40 秒内计算出 2^{30}=1 073 741 824。测试人员要求弗勒里计算“x^3+y=707 353 209”一式中 x 和 y 的值，其中 x 和 y 是整数，y 必须是四位数；弗勒里在 28 秒内计算出该数可由 891^3+5 238 得到。在第二个

这样的问题中，他被给到的数字是 211 717 440，并在 25 秒内算出该数字可由 596^3+8 704 得到。在另外一道题中，弗勒里成功将 6 137 表示成 4 个平方数之和。他在 2 分 10 秒内给出了第一个答案：$74^2+20^2+15^2+6^2$，10 秒之后得出了第二个答案：$78^2+6^2+4^2+1^2$，又在 1 分 20 秒后获得了第三个答案：$76^2+15^2+10^2+6^2$。

弗勒里在 13 秒内算出了 465 484 375 的立方根（答案是 775）。另外，他也是罗马儒略历和格里高利历的天才日历计算者。

当然，直到今天，数学型学者综合征患者的超凡能力，如日历计算、素数记忆和不可思议的复杂整数运算能力，仍不断地让见证者目瞪口呆。一如既往地，它催生了一个非常有意思的想法，即如果这种超凡的能力能够通过正确的方法加以引导，可能有助于自闭症患者在教育和社会化目标上取得进展。同时它还提出了一个问题，即是否这些个体所展现的潜藏天赋和才智实际上也存在于我们每个人身上，但不知为何它们总处于休眠状态？

作为数学型学者综合征患者的实际福利，一些相关的教育和社会化努力，倾向于将患者狭窄的数学能力扩展为更广泛的智力。这就提出了一个“从多大范围，用什么方法”，我们才能利用学者综合征患者的数字能力来帮助其本人加速进步的问题。考虑到这些技能对于学者综合征患者的重要性，人们理所当然地会担心，这些旨在提高患者整体能力和适应能力的努力，是否会以牺牲其特殊技能为代价。这种情况很少见。

关于如何训练音乐型或艺术型学者综合征患者的天赋，市面上已有好几本书可供参考，但我还从未听说过有任何讨论如何训练数学型学者综合征患者天赋的书籍。因此，下文关于如何将一位学者综合征患者的数学兴趣和能力作为其常规教育计划的一部分，帮助他取得整体进步的案例，可以作为一个示例，为其他类似患者提供一些参考。

拉马努金数，进入马克斯世界的钥匙

几年前，我和一位 15 岁的年轻人面对面地坐在一张厨房餐桌的两端。在这个案例中，我们可以称其为马克斯（Max）。马克斯的家人和照顾者认为，他是一名高功能自闭症（HFA）患者，对日历和计算机有着浓厚的兴趣。

与我初次见面那会儿，马克斯正在一所专门从事特殊需求教育的私立学校上学，并接受应用行为分析研究所（Institute for Applied Behavior Analysis，以下简称 IABA）的行为治疗。IABA 位于加利福尼亚州，自 1981 年以来一直致力于为自闭症患者提供各种服务，更多信息可参见他们的网站（www.iaba.com）。总体来说，马克斯是一个讨人喜欢的小伙子。虽然在一个充满爱心的家庭环境、专门教育和行为治疗计划的共同努力下，他已经取得了巨大的进步，但大多数人还是都能意识到马克斯是一名自闭症患者。然而大多数人不知道的是，马克斯也是一名数学型学者综合征患者。在家人面前，他经常表现出对数字的迷恋，也常常得到鼓励，尽情地发展自己对各种数字技能的兴趣。这些技能，如下文所述，并没有达到超凡的水平，相反，马克斯的数学能力更加朴实，常见于许多自闭症患者。

我第一次与马克斯交流时，他询问了我的出生年份和日期。起初，我以为这只是自闭症患者与自己不认识、但明白对方是家人的朋友交流的方式。在我告诉他之后，他马上说出按年、月或天算，我现在的确切年龄各是多少。我相信，如果我告诉他我是几点几分出生的，他也能立刻将他的答案修正到几小时和几分钟。除此之外，他起初对我所说或者所做的其他任何事情都不感兴趣。虽然退一万步说，他的日历计算能力已经非常让人着迷了，但我想，他或许还拥有其他的数学能力。

我是一名工程师，和我的许多同行一样，喜欢用数字进行思考，并习惯从数学的角度看待世界。因此，在与马克斯独处的那几分钟里，我一时兴起，决定探索一下他的能力极限。我问马克斯是否有兴趣学习一个数学把戏。听到这里，原本还与我保持着一段距离的马克斯立刻就凑了过来，并露出一副聚精会神的表情。我感觉我的提议吸引了他，就像他的特殊技能吸引了我一样。我所谓的数学把戏是“拉马努金数”，其在数学家和难题爱好者当中非常出名。

如果不是一百多年前，G.H. 哈代教授（G.H. Hardy）在其著作《纯粹数学教程》（*A Course of Pure Mathematics*）中提到过一则他与重病缠身的拉马努金谈话的轶事，也不会有人知道或在意这个毫不起眼的数字。拉马努金可能是最著名的印度数学家，甚至是世界上最重要的数学家之一，有人怀疑他可能是一名学者综合征患者。那天，拉马努金问哈代为什么迟到了。哈代抱怨说自己被出租车耽搁了。拉马努金又问“那辆出租车的车牌号是多少”。

哈代回答“1729”，并评论说这个数字就像他的那辆出租车一样无趣。拉马努金立即指出事实并非如此，相反，这是一个非常有意思的数字，它恰好是能用两种不同方式表示为两个立方数之和的那些数字中最小的一个[①]。不久之后，数学家们开始称这个数字为“拉马努金数”。

对数学爱好者来说，这种和数学有关的“奇技淫巧”是一种极大的享受。我尽力向马克斯解释了这个数学把戏的规则、立方数的概念，以及一些有关拉马努金的信息。马克斯全神贯注的表情如同在说，“这是我的领域，这是我必须知道的，请继续说下去，不要有任何保留”。解释完之后，我并不确定马克斯是否对立方数或更高级的数学概念有了更好的理解。我只是发现，这个故事轻而易举地就完全吸引住了他的注意力。后来我明白，这类故事是进入马克斯内心世界的一种非常有效的方法。

之后，当我把这件事告诉他母亲时，我发现原来他的家人和老师早已知道马克斯展现出的这种对数学的浓厚兴趣，但除了鼓励他对电脑的兴趣和评价他记忆日期的能力外，他们也找不到更多办法。多年来，他的母亲一直试图说服他的老师，希望可以更有成效地利用马克斯的这种技能。

我对自闭症患者做过一些研究，也遇到过一些学者综合征患者。我认为，如果我认识的某位学者综合征患者对“1 729”这个数字感兴趣，那么其他人或许也会对它感兴趣。当然，考虑到自闭症群体中，数学型学者综合征患者的出现率极高，我认为世界上理应有几个关于发挥学者综合征患者数学方面技能的商业项目。出于对马克斯及其家人的好意（和满足我自己的好奇心），我花了一点时间在网上阅读并搜索有关学者综合征的内容，以及适合他们的教学资料。

五组牌之迷：练习 1（EX-1）诞生

我确实学习到了一些关于学者综合征的有用信息，但令我失望的是，我没有发现任何适用于数学型学者综合征患者的商业项目或其他教育材料。我决定进行更深入的思考，查阅我的藏书室，并向我的同事们寻求帮助。大约 1 个月后，我想出的最佳方案是一个新颖的小游戏，后来我称之为《五组牌

①即：$1\,729=1^3+12^3=9^3+10^3$。

之迷》(*Mystery of the Five Card Decks*)。这个游戏和一些简单的谜题及故事构成了“练习 1”，简称“EX-1”。在这里和后续的其他练习中，我都会提到马克斯。我将 EX-1 的最终方案发送给特雷费特医生，请他提供些评价意见，因为我希望确保 EX-1 不会对马克斯造成任何伤害。我又联系了马克斯的家人，把 EX-1 发送给他们，并获得了他们的同意。他的家人打算让马克斯在相识多年的 IABA 辅导员的帮助下，进行 EX-1 的实践。

鉴于马克斯可能已不记得我了，EX-1 以一张我和他姐姐在他们家房子前的合影作为开头。随后的文字写着的是一个 20 位整数和一个问题：马克斯认为他能在 5 秒钟内记住这个数字吗？下一个问题是，他认为某个他认识的人能做到吗？我又用文字解释说，这个任务对他而言或许轻而易举，但对其他大多数人而言却难如登天；我继续解释说，这是因为大多数人用语言思考，而不是用数字思考。像他这样的学者综合征患者喜欢用数字思考，这就是为什么他很容易记住这个 20 位的数字。马克斯很好地接受了这个解释。

接着，EX-1 向马克斯展示了如何通过为每对数字分配一个字母，从而将这个 20 位的数字变成一个单词。EX-1 中设计了一个表，表上显示着每个字母与每对数字间的映射关系，比如 01 是 A、02 是 B 等等。通过这种方式，马克斯把一个 28 位的数字翻译成了“transportation”(交通运输）一词，这个词他每天都会在校车上看到。

我认为这是一种介绍数字与字母的转换及其数学运算的巧妙方式。在我编写的文本中，还包含了一些简单的活动，比如要求马克斯把短诗翻译成数字，或者将数字翻译成句子。让马克斯的家人感到惊喜的是，马克斯显然已经学会了如何自己将字母翻译成数字。很快，他的母亲开始使用数字给马克斯写便条，马克斯不但能够理解其中的信息，而且觉得这样非常有趣。

EX-1 的下一步，以一个问题开始：马克斯愿意用他新学的数学技能解决一个谜团吗？于是，我们就来到了《五组牌之谜》。在这一系列的活动中，马克斯将使用所谓“抽样”的数学技巧，探索 5 组德州扑克牌之间的差异。

第 1 组是一副未作任何变动的“正确”牌。EX-1 要求马克斯仔细检查这组扑克牌，统计牌的总数，记住每张牌的名称，并随机抽取 5 张牌形成组合。每抽一次牌，EX-1 都要求马克斯在抽样表上用荧光笔记录下每个组合中各都是些什么牌。该抽样表上已预先将每张牌的图案整齐地打印在网格中。

在整个活动过程中，EX-1 再三提示马克斯不能查看整组牌，而是通过查看手中的5张牌来推测“错牌组”会是什么样的。将抽到的牌标记在抽样表上之后，游戏继续，马克斯负责洗牌，然后再抽取5张牌。活动的每个说明都采取数字列表的形式呈现，他在学校和IABA时已经非常熟悉这种列表了。重复几次随机抽牌之后，马克斯可以很好地预测出每组牌可能将产生什么数字。起初，马克斯洗牌时很不熟练，但过了一会儿，他就学会了这个新技能。

我将接下去两组所谓的“错牌组”进行了分类，所有的红牌归为一组，所有的黑牌归为另一组。活动说明要求马克斯同样对这两组牌进行抽样，并试着推断这些扑克牌与第一组的“正确牌”有何区别。经过初始时的一些混乱之后，马克斯最终得出了正确的答案。他为此非常兴奋。

我又对剩下的两组所谓“错牌组”进行了分类，所有从A到7的牌归为一组，剩下的所有从8到K的牌为另一组。活动说明要求马克斯掂量这两组牌，看他能否注意到其中的差别。他回答说，第4组牌与众不同，感觉牌的数量有点多，这让他很感兴趣。他通过抽样以及检查抽样表，迅速找出了第4组牌的错误后。接下来发生的一件事非同寻常，而且极其重要。

马克斯非常确信自己已经知道第5组牌的错误是什么了。尽管被再三要求不能偷看整组牌，但他依然决定作弊。就在他完成第4组牌的任务之后，趁IABA指导老师离开去休息的空档，马克斯翻开了第5组牌，让他高兴的是，他发现自己的猜测是正确的。

虽然很多学生都可能会“作弊”，但这种行为在自闭症者身上出现，几乎算是一个奇迹。这意味着，马克斯利用他对“抽样”产生的新理解，来“预测”某件事；同时也意味着，通过利用他的数学兴趣，马克斯可以学习新的东西。这些积极的发展，贯穿在整个练习当中。鉴于马克斯对EX-1的反应非常积极，我决定设计下一个练习。这次，我从一个简单的想法开始，逐渐向外扩展，将更多的东西包含了进去。由于EX-1的图片很有效，也让马克斯觉得舒适，于是我决定在新练习中使用更多的图片。

另外两个练习：EX-2和EX-3

最后，我又编写了两个练习，EX-2和EX-3。它们都极大地拓展了使用数学谜题帮助改善马克斯的阅读、写作、批判性思维和社交技能的基础想法。

我从奥格尔维（Ogilvy）和安德森（Anderson）合著的《数论探究》（*Excursions in Number Theory*，1998）、纽曼（Newman）的《数学的世界》（*The World of Mathematics*，1956），以及其他各种数学谜题书中汲取资源。从斯旺森（Swanson）、哈里斯（Harris）和格拉哈姆（Graham）合著的《学习障碍手册》（*Handbook of Learning Disabilities*，2005），及福尔克马尔（Volkmar）、克林（Klin）和格拉哈姆的《自闭症和广泛性发育障碍手册》（*Handbook of Autism and Pervasive Developmental Disorders*，2005）中，我获得了如何指导与对待自闭症患者的基本资讯。特雷费特医生耐心地与我分享了他的经验，帮忙审查了所有的练习方案，并给予了我极大的肯定。

每个练习都从一篇概述开始，主要解释本练习将包含的内容、提示和其他旨在鼓励马克斯探索文本的内容。我传达了我从马克斯家人和 IABA 指导员那里收到的所有积极评价，并添加了一些我自己的鼓励语。所有这些都有助于马克斯更加自如地展开一个新的练习。他往往在一开始时似乎会有些犹豫，但一段时间之后就感到很自在。

所有的谜题都从简单的问题开始，逐渐向外扩展，最终包含了一系列更广泛的问题、技能演示和相关阐述。每个谜题，都可以通过某种形式的计算来解决，这是一项基本技能，数学型学者综合征患者通常都擅长于此，并且对此感到舒适惬意。然而，这些谜题并非无足轻重。它们都经过了精心的设计，能同时教授学生数学、阅读和解决一般问题的能力，并强化适当的行为，而这些谜题的答案都是有趣的数学技巧或数学事实。此外，练习中会鼓励马克斯解释这些答案，或将它与其他的答案相联系。

如何使用这些练习册？

这些练习由与马克斯长期合作的 IABA 辅导员进行指导。这位辅导员调整了做这些练习的方法，以便更有效地适应马克斯的学习和行为风格。后两个练习的设计，参考了马克斯的 IABA 辅导员、老师、治疗师和父母对第一个练习的反馈，大大提高了马克斯的练习效率。

总体来说，这些练习就像一本图解故事书和标准教科书的结合体。在整个过程中，这些练习既体现了许多常见的教科书功能，也为马克斯的特殊需求提供了诸多便利。例如，鉴于马克斯喜欢重复同样的活动，所以练习册中包含了多页透明表单，方便马克斯再次练习；练习过程中也鼓励马克斯用可擦写笔在塑料页上书写。为了顺应他的颜色偏好，练习册的文字使用超大号的蓝色或深绿色字体，打印在柔和的浅绿色或奶油色纸上。

整套练习册的文本风格都是对话式的。我使用了例行的颜色和类似停车标志的图案来提醒马克斯注意重要的概念。为了帮助马克斯保持注意力，我会定期地点到马克斯的名字，并向他提出简单的问题。IABA 辅导员也会定期地重新调整马克斯的注意力，叫他的名字，并要求他解答这些问题。

练习册中的文本和马克斯的辅导员，都会定期鼓励并赞扬马克斯的工作。在适当的时候，我还会使用简单的提示，帮助马克斯强化重要的技能。作为谜题的一部分，我使用的诸如扑克牌、圆规、硬币、特殊骰子和尺子等都具有明显的数学特征，而练习册中的文字，则会教导马克斯如何最佳地使用这些物品。整个练习中，他被鼓励对每个谜题的解决方案进行预测或“非常好的猜测”。在每个练习的结尾，马克斯都将获得“结业证书”。

这些练习的重要特征之一，是所有文本中都穿插了大量图片和短篇故事。在介绍一个新概念时，图片起到了非常积极的作用，它是特意用来唤起马克斯积极情绪的一部分。基于广泛用于教授自闭症患者社交技能的思路，我根据纽曼的作品改编了著名数学家们的故事。例如，我重写了著名数学家卡尔·高斯的故事。童年时期的高斯，因为快速解决了一个让所有同学都想破脑袋的问题而名声大噪。除了解释高斯如何解决那个难题之外，我还试图让马克斯理解高斯当时的心理活动。这个故事的总体目标是利用与数学相关的故事，帮助马克斯了解其他人对日常事件的看法和感受。

在做练习的过程中，马克斯还尝试了其他活动，包括利用数学技能来学习一些关于诗歌的知识。该活动从让马克斯计算一首诗有几行以及有多少个单词，且注意其规律开始，一直扩展到对诗歌的理解，并最终以马克斯在家人面前自信地朗读了这首诗结束。

为了培养马克斯对报纸的兴趣，练习当中有一个活动专门解释了如何玩数独。我设计这个活动的初衷，是让马克斯在报纸上寻找数独题，而在他这样做的时候，抓住机会教他一些有关报纸的信息。现在，马克斯的数独玩得相当不错，对报纸也更为熟悉。

在 EX-3 中，马克斯将认识埃尔热（Hergé）的漫画《神秘的流星》（*The Shooting Star*，1978）中著名的少年记者丁丁。这项练习将引入 x 和 y 坐标的概念，并使用该概念完成丁丁漫画中的画框。马克斯的任务是用列表记录每个框架中的“谁、什么事、为什么、在哪里、什么时间以及怎么做”，并讨论他认为漫画中发生了什么。这种计算和列表制作的组合方式，似乎有助于他的阅读理解。漫画中线条清晰的图画，也可能对他的理解有所帮助。经过初期的一些困难之后，马克斯理解并喜欢上了阅读这个故事。

在 EX-2 和 EX-3 中，手册中的文本设计引导马克斯去探索自家房子里的房间，并注意花园中的花朵和树木的数学规律。在家附近进行短距离散步的过程中，马克斯记录了各种数字，如途中遇到的汽车、邮箱和孩子的数量。通过仔细搜索 Google 地图，马克斯了解了家附近的各个地点，以及他亲自访问过的那些地方。

这些活动总是涉及计数、测量和数据记录，目的是帮助他发现生活中的数学规律。在几个活动中，马克斯写了简短的故事，或者应该称之为“田野调查报告”。在这些活动的共同作用下，马克斯的阅读、写作、解决问题的能力，以及他的自信心，都得到了提升和改善。

设计中要考虑家庭支持和参与的重要性

每个练习都有一个不可分割的部分，那就是家庭的参与。练习册的文本中会定期要求马克斯就某个问题或事件的解决方案，向他的父母、照顾者或兄弟姐妹咨询意见。此外，在整个练习中，我都放置了他的家庭成员在马克斯熟悉的环境中拍摄的照片。这些照片通常都与他的练习活动相关，其中一些用于介绍活动规则，另一些则被编入谜题本身。

作为练习的一部分，练习手册上的文本要求马克斯为自己或家人拍摄更多的照片。马克斯知道这些照片是为未来的练习准备的，但究竟如何使用，则对他保持着某种友善的神秘感。在整个文本中，他会被要求对这些图片在未来练习中的用途，进行“非常好的猜测”。

虽然发现一些任务很难完成，但马克斯始终尽力去完成所有的活动，而且表现得很好。由于这些练习并不隶属于任何科学研究，因此也没有精确的结果报告，但马克斯的阅读、写作、数学和解决问题的能力，似乎确实因此而有所提高。他的整体行为得到了改善。直到今天，马克斯经常回忆起他在练习期间做的事情，并公开表达他在这些练习中感受到的幸福和满足。

一些实质性进展：成功融入大学生活的马克斯

马克斯于 2008 年高中毕业，现在加州大学洛杉矶分校“路径教育计划”中攻读二年级。“路径教育计划”是一个实验课程，其宗旨之一是培养有特殊需求学生的独立性。马克斯在该课程中的适应能力一直不错，他很享受学校老师、宿舍主管和其他同学的积极支持。据了解，通过更仔细地观察学生的特定学习模式，或许照顾者和老师将找到新的方法来帮助这个群体。

关于彼得·刘易斯

彼得·刘易斯是一位对数学、艺术和文学怀有毕生兴趣的专业工程师。他的专业工作经常涉及海外工程项目管理，以及协调分散各地的项目团队之间的合作。他对自闭症的兴趣始于他与马克斯的相遇，并从那时起一发不可收拾。上述练习可向特雷费特医生索取（电子邮箱为：daroldt@charter.net）。

Islands of GENIUS

PART FIVE

| 第五部分 |

我们的旅程才刚刚开始

本田汽车公司研究所宣布开发了一种脑－机接口技术，使得人类仅仅通过思维就可以控制机器人。大脑时代，更先进的科学技术为新生代探险家们继续探索神经科学这一前沿领域提供了有力支持。而大脑能否超越自我，完全彻底地解释自己？

回想起来，我想我的父母和老师是特意鼓励我和别人一起参加音乐会或参加国际象棋比赛的，这样我可以和更多的人交往。这一策略对我起到了绝对的帮助，也使我对自己更有信心了，因为我一直在音乐和象棋比赛中赢得奖项。

——“陶家三杰”之陶哲渊

第 28 章

“大脑时代”
学者综合征引领前沿探索

自 20 世纪 80 年代末以来，科学界对学者综合征及其对大脑功能与人类潜能的重要启示，比 100 年前有了更深入的了解。但在 20 世纪的下半叶，医学界主要把精力集中在如何更好地理解和治疗心脏病，包括以前不可想象的心脏移植手术上。从这个意义上说，那些年可以被称为“心脏的时代”。毋庸置疑，21 世纪的未来几年必将被称为“大脑的时代”，以纪念近年来人们在人体这一最为费解且最前沿的最终战线上所取得的巨大进步。

大脑是人体中最复杂的器官，也是最难被直接可视化的器官，因为大脑完全被我们的颅骨安全地保护着。它不像胃肠道、生殖泌尿或眼耳鼻喉和骨骼系统那样方便“查看”，也不像其他器官一样可被轻易活检。当然，CT 和 MRI 扫描已经大幅改善了大脑的成像效果，这些技术在我刚开始行医时就已经出现。但即使是那些包含着壮观细节的图像，也只能为我们提供大脑结构图。**然而绝大多数中枢神经系统相关的神经生理学和神经病理学，都是有关大脑功能的问题，而不是大脑结构的问题**。因此，人们又发明了新的技术，包括 fMRI 和脑磁图描记术（Magnetoencephalography，以下简称 MEG），以便直接监测“工作中”的大脑。同时，一系列更加复杂和标准化的神经心理测试也已形成，可以对脑功能做出更精确的评估。这些都是最近的神经科学研究成果，从这个意义上讲，我们更完整地了解大脑功能的旅程，可能才刚刚开始。未来，我们将使用这些有效的工具，甚至更新的技术，通过学者综合征这一独特的窗口，对大脑进行前所未有的充分探索。

未来究竟会如何呢？以下是我的一些预测。

更先进的成像技术和其他新科技

功能性成像技术，包括 fMRI、PET、SPECT 等，必将为我们带来这样一个巨大的希望，即为相关的研究提供更好的可视化大脑功能。但是，由于学者综合征非常罕见，因此用小组研究替代个案研究的想法曾经一度困难重重。不过随着越来越多的学者综合征病例浮出水面，同时也有越来越多对此感兴趣的研究团队参与其中，涉及学者综合征群体及其对照组的研究，将会越来越多。

成像装备库里，也已增添了新技术。弥散张量成像（DTI）和弥散张量纤维束成像（Diffusion Tensor Tracking，以下简称 DTT）是用于测量神经元中的水流而非流向这些神经元的血流的新技术。对神经元水流的测量，比血流更为直接、精确，而 DTI 可以提供大脑两个半球之间、之内，以及高级大脑功能和低级大脑功能之间的“连通性”的详细图像。2009 年，卡萨诺瓦（Casanova）和特里普（Trippe）曾指出，自闭症谱系障碍可能是由于大脑的连通性出现了问题，因此，这些新技术提供了一种从中枢神经系统功能和功能障碍的维度进行评估的渠道。通过使用纤维束跟踪技术，可以直接查看连接大脑各个区域的真实纤维，而不是基于血液流动来推断其连接情况。这就相当于把计算机外面的盖子取下，直接观察机子内部的电路和连接。迄今为止，对学者综合征患者、神童和天才的类似研究还很少，但以后肯定会越来越多。

MEG 能对大脑活跃时的微小磁流进行测量。它类似于脑电图扫描（EEG），不过，脑周围的颅骨和软组织对 MEG 所测磁场的影响，要比它们对 EEG 所测电流的影响要小得多。因此，与 EEG 提供的信号相比，MEG 所提供的信号产生的失真度更少，故精确度也更高，这使得我们可以更方便、可靠地对大脑功能进行定位。MEG 还可以测量“事件相关电位”（Event Related Potentials，以下简称 ERPs），它是大脑活动非常前期的组成部分，反映了智力处理过程最初始的“前意识”阶段，与发生更高级别的“执行”功能时所看到的大脑活动存在鲜明对比。1999 年，比尔鲍默（Birbaumer）对比了一位非自闭症计算天才与一个同龄、同 IQ 水平、身体健康的对照组对象的 ERPs。结果发现，与对照组相比，那名计算天才的 ERPs 显示出“更强的自动低级别处理”。

现在，研究人员正在对自闭学者计算天才进行同样的研究，观察其身上这种特殊类型的前期自动处理（即“不假思索”）过程，是否与非自闭症计算天才相同。我对此的预测是，结果将证明，学者综合征计算天才可以和非学者综合征的计算天才一样，使用同样的“前意识”环路。

2009 年，诺伊曼（Neuman）及其同事在德国对 8 名擅长记忆术的学者综合征患者和 8 名对照组对象进行了 MEG 和神经心理学研究。迄今的研究结果表明，学者综合征组的记忆组织存在特殊性，与一般智力保持了相对的独立性。

研究学者综合征技能目前存在的一个问题是，我们很难让受试者在磁共振成像（MRI）设备中弹奏钢琴、雕刻或者绘画。但是，如果想要有意义地对比学者综合征患者与对照组对象之间的大脑功能，就必须在他们的大脑都“在工作”时进行扫描，而不是在休息时。虽然日历计算者或闪电计算者可以通过在 MRI 设备中使用屏幕进行播放，但大多数学者综合征患者难以遵循指令，或者完全一动不动地躺上很长时间。2006 年，为了克服这种限制，邦斯（Bunce）等人发明了一种被称为近红外光谱（Near Infrared Spectroscopy，以下简称 NIRS）的新技术，它能以一种非侵入性、易于实施、让颅骨舒适的方式，测量大脑中的氧合血红蛋白流。这种技术被广泛运用于新生儿保育室，以便测量新生儿大脑中氧合血红蛋白的水平，而且测量时孩子可以被抱在母亲的怀里，并不需要躺在 MRI 设备里。这种技术还可以用于成年人身上，比如 2005 年贾亚卡尔（Jayakar）等人将其用于研究大脑在执行语言任务时的活动。2007 年，格拉顿（Gratton）等人使用功能性近红外光谱技术（functional Near Infrared Spectroscopy，以下简称 fNIRS），对儿童、成人和特殊人群的大脑进行了语言映射。fNIRS 不像其他一些研究方法那样容易受到移动伪影的影响，因此它或许还能用于监测学者综合征患者“工作时”大脑的血液流动情况，包括计算、弹奏乐器或雕刻的时候。NIRS 技术的局限性在于，它测量的主要是皮层的血液流动，而不像 fMRI 技术一样可以测量大脑更深层结构中的活动。

“现代颅相学”：风险和警告

上述新兴的成像技术，用途与前景都十分广阔。然而正如有些公众和媒体希望找到自闭症的“致病”基因一样，他们同样也希望从 fMRI 扫描图中定位到每种行为、情绪和异常的责任区域。

因此我在评估此类成像研究和报告时，总会提出这么一个警告：大脑功能非常复杂，即使是在执行最简单的任务时，大脑各区域之间也会产生错综复杂的互连和交互。然而，我们几乎每天都能在新闻网站或报纸上看到各种各样的文章，宣称研究人员已发现了大脑负责“爱情、说谎、内疚、成瘾、肥胖、睡眠、良心、创造力、成功和快乐”的“特定”的单一区域。过去，科学家也曾试图用成像技术定位大脑神经学上的“上帝点”[①]。2009 年，《美国科学院院刊》（*Proceedings of the National Academy of Sciences*）曾报道了一篇考波扬尼斯（Kapogiannis）等人的相关研究文章。各大媒体头条在提到这个研究时，使用的噱头都是“科学家在人类大脑中找到‘上帝点’”，即便文章的结论无非是虽然宗教信仰的某些活动由大脑网络完成，但人类大脑中并不存在单一的“上帝点”。同年，米克斯（Meeks）和杰斯特（Jeste）的另一项研究，涉及在大脑中寻找“智慧所在地”。这项研究也同样发现，大脑中并不存在所谓单一的“智慧点”，而是涉及“旧脑”和“新脑”[②]的各个部分。

那些有关“单一点”的研究虽然很有吸引力，但我认为它们存在一个非常基本的问题。你要如何确定一个非常具体、有形、标准化的“宗教”“智慧”或“谎言”的神经元触发点？或者你要如何用定性的术语，足够准确地定义这些抽象的概念，更不用说试图用神经成像技术对其进行定量测量？各路学者们对这些概念的定义和参数尚且存在诸多哲学上的分歧，那么要在神经学上定位这些单一点，岂不等同于天方夜谭？

伴随这些研究而来的，是人类永恒的愿望。例如，如果能找到大脑的“睡眠中心”或“肥胖中心”，这样人们就可以用精确的靶向药物对症下药，治疗睡眠障碍和肥胖症。

这在目前还不太现实。我们试图将复杂的行为定位到大脑中的某个单一

---

① “上帝点”，指大脑中的一个特别区域，据说和人的灵性密切相关。

② “旧脑”，指大脑的边缘系统；“新脑”指大脑皮层。

点的研究，可能最终会成为所谓的“现代颅相学”。与传统颅相学通过测量头骨隆起来确定各个区域的特定功能不同，现在我们试图找到对某些刺激做出反应的单一的脑部位置，然后宣称它是“各种功能、紊乱和障碍”的所在之处。这是一个很吸引人，但过于简化的方法。因此，当我谈到右脑 / 左脑二分法时，我完全清楚大脑并非真的整齐地从中间一分为二，即便我们在某些研究中会使用“裂脑”这一术语。相反，虽然右脑和左脑在某些功能上确实有所分工，但如 DTI 扫描显示，这两个半球之间仍然存在着大量的交叉连接。当然，诸如信任、成瘾、爱和创造性等品质、障碍、情绪和处理过程，同样都涉及大脑活动的多个领域，而不是某个单一区域。

有此担忧的并非仅我一人。2009 年，武尔（Vul）等人在麻省理工学院和加州大学圣迭戈分校调查了 55 篇使用 fMRI 技术研究情感、人格和社会认知的文章。他们总结如下：

> 在利用 fMRI 研究情感、人格和社会认知的研究中，存在一个令人不安且相当突出的问题，那就是部分研究使用了存在严重缺陷的方法，并最终产生了大量不可信的数据……我们怀疑，这里所讨论的这种可疑分析方法，也广泛存在于其他使用 fMRI 研究个体差异的领域，如认知神经科学、临床神经科学和神经遗传学。

他们建议这些研究在发表之前应该更严谨地关注研究方法论和统计分析办法，以便处理这些特定研究领域的“过高”相关性。

美国国家精神卫生研究所（NIMH）的克雷格斯科特（Kriegeskorte）等人于 2009 年时也表达了类似的关注和警告。他们回顾分析了 5 种顶尖科学杂志中的 134 篇使用 fMRI 技术的文章，发现其中有 57 篇的研究中存在的问题根源在于 fMRI 中产生的“噪声”，用术语来说即伪体素（相当于三维像素），并且研究者在后续分析结果中没能采取纠正措施。同时，他们建议这些涉及 fMRI 的文章在发表前应进行更严格的同行评审。

大脑中并没有单一的睡眠、内疚、爱、食欲、成瘾、上帝、智慧、快乐或创造力中心。上述这些复杂的情绪与活动，都涉及复杂的大脑互连，它们无法通过一张 fMRI 图像进行检测和描绘，就像不能根据头骨隆起状态进行判断一样。我们需要牢记这一点。

大脑计算机接口："人机"

在这个电子时代，我们都曾幻想过，有一天当我们走进房间，可以仅靠大脑思维点亮一盏灯，而不用拍手来触发电灯开关。虽然目前还不大可能，但我在写作这本书的部分内容时，确实是通过对着一个麦克风说话，然后相应的文字就会神奇地出现在电脑屏幕上，而且其拼写的准确率比我自己用手指敲键盘还高。那么将来我们是否可能戴上一个"思维帽"，然后通过某种无线的方式将思维直接传送到键盘和屏幕上，甚至连语音和麦克风都不必用到？鼠标和键盘都已经可以与计算机进行无线连接了，为什么大脑就不能呢？

这种技术可能不像看起来那么遥远。2007 年，在德国柏林的弗劳恩霍费尔研究所，克列普基（Krepki）等人开发了柏林脑－机接口（BBCI），它通过使用一个复杂的计算机连接，允许人们绕过正常的神经末梢和肌肉渠道，仅用思维控制设备。这种独立的脑－机接口可以直接应用于肌萎缩性侧索硬化（ALS）患者或因诸如高位脊髓损伤等引起的四肢瘫痪患者的治疗。

使用这个设备时，患者面对着一个计算机屏幕，头戴一个 EEG 式脑帽，该脑帽上的 128 个电极连接着 4 个放大器和 2 台计算机。多通道头皮 EEG 能够在受试者的左手或右手手指活动前，在相应的左右运动皮层上侦测、记录并分析运动前准备电位（BP/RP）。该方法中的"运动前准备电位，即缓慢的负脑电图偏移，在实际运动开始前约 1 秒的时间内，在激活的运动皮层上形成"。受试者通过想象自己的手部运动，从而产生微小的脑电位，这些脑电位被提取后，连接到一个通信装置，并最终移动电脑光标写出一条信息。上述文章详细描述了这种设备的具体工作原理。另外，读者可以在纪录片《美丽心灵》（德国色域制片公司）中直观、生动地看到这种人机交互。

"人机"可能将有助于实现瘫痪人士仅使用思维就能控制计算机、轮椅或神经假体等装置的梦想，但已经有人提出了这种技术的更广泛应用。2009 年 3 月 31 日，日本本田汽车公司研究所宣布开发了一种脑－机接口（BMI）技术，可以仅通过人类思维就能控制机器人。通过使用与上述"人机"基本相同的技术，佩戴着电极帽的受试者想象着移动自己的右臂。该电极帽连接着一个名为阿西莫（Asimo）的人形机器人，作为回应，阿西莫仅仅通过思维控制就能够移动右臂。目前，本田公司开发的这种脑－机接口，将 EEG 和 NIRS 传感器集成在电极帽上，受试者可以通过思维控制机器人的双手和双腿。下一步，研究人员希望能进一步拓展这种操控。

针对瘫痪，还存在一种更具侵入性的“思维控制”法。2008 年，莫里茨（Moritz）、佩尔穆特（Perlmutter）和费茨（Fetz）将电极直接植入猴子的运动皮层，并追踪该区域中单个神经元的电活动。然后使用脑－机接口，将单个神经元脉冲转换为能够激活该动物瘫痪的腕部肌肉的电刺激。由于需要将传感器直接植入大脑，因此该过程极具侵入性，但单个神经元可以作为一个信号，通过脑－机传输到外周肢体这一事实使得该研究意义重大。

还有其他形式的“思想转化装置”，例如 2007 年，比尔鲍默和科恩描述的那些设备可以帮助残障人士使用因特网。还有其他类型的辅助技术和设备不断出现，一些基于计算机，一些则不是。《捕捉黑暗中的梦想》（*Capturing Dreams in the Dark*，2005）是一部优秀的中国台湾纪录片，它讲述了一个 10 岁时因为一氧化碳中毒而导致脑部受损、视力丧失、颈部及以下瘫痪、失语的年轻女孩的故事。带着令人难以置信的耐心和爱心，她的母亲利用一些特殊的卡片，教会了她的女儿重新辨认字母和数字。现在这个年轻女孩可以使用摩尔斯电码，在电脑屏幕上逐字逐句地输入自己写的诗句。这个过程中，她需要耐心地用自己的额头点击两个垫子，一个代表点号、一个则为破折号。该设备被称为 U2 通信板。这个女孩的职业目标是什么呢？是成为一位作家。凭借自己顽强的意志力，她目前已经写作了 200 首美妙的诗歌。

“人机”和 U2 通信板仅仅是这种辅助装置的两个示例而已。未来，这类技术肯定会继续为患有学者综合征及其他中枢神经系统疾病的人提供更多有价值的帮助。

这里需要说明的一点是：让患有肌萎缩性侧索硬化或中枢神经系统损伤的人士，通过脑电波操作计算机从而获得一定的交流或行动能力，这一点无可争议。然而假设我们可以将这个过程逆转，不是个人将思维传输到计算机从而激活某些有用的设备，而是由某种软件逆转了这个过程，并“读取”一个人的想法，又会如何？虽然好的一方面，如 2008 年，辛普森（Simpson）提出这样的技术可以提供更可靠的谎言检测方法；但坏的一面是，相同的技术能够以脑成像的方式窥探一个人的思维。

这种“逆向思维控制”的困境还是留待伦理学家们去讨论。我之所以在此提到这种伦理困境，是因为在过去，尤其是 20 世纪 60 年代初，当医学界尝试用电极植入法控制某些癫痫时，社会上有关“思维控制”的担忧对该领域的进一步研究造成了极大的困扰。但是现在医学界已能常规使用这种深度电极植入的方法治疗许多棘手的病症，同时不受以担心“思维控制”为由的阻碍。

在我看来，由于大脑本身的复杂性完全超出了我们简陋设备的解读能力，因此，利用某种外部设备“读取”某个人的具体想法或“心灵”的可能性根本不存在。这种说法可以让科幻小说变得很有趣，但我认为大脑的复杂性将充分保护我们不受到这种侵入式技术的威胁。

大脑的可塑性和“神经学虚无主义”的消亡

我与学者综合征同行的经历，已经彻底改变了我对中枢神经系统恢复与再生的悲观看法，这种看法源自于我和许多同仁在之前的医学培训中吸收的错误观点。我特别喜欢精神病学家多伊奇(Doidge)用术语“神经学虚无主义”来描述这种现已过时的关于大脑发育和修复的冷酷观点。

正如人体所有其他的系统，大脑会不断产生新的细胞和神经元，以便取代那些死亡的组织。我写这个句子时使用的神经元，与我书写前作时使用的神经元，显然已经不是一回事了。不仅神经元本身如此，那些过去的神经元记载的信息也在这一更新过程中被传递到了新的神经元。正是通过这种连续产生和更新神经元的过程，大脑可以在先天性或获得性学者综合征，以及其他创伤性脑损伤或中风的情况下，进行自我改变和重新连接。

早在1998年，埃里克松(Eriksson)等人就证明了“人类大脑可以产生细胞，并且终身保留这种自我更新的潜力”。2009年，索尔斯（Shors）提供了在神经元更新研究方面的新知识，并提出促进神经元的形成可能有助于减缓认知衰退。由于脑细胞更新是一个持续的过程，因此我怀疑，或许阿尔茨海默病或帕金森病并不是加速了大脑神经元死亡的过程，而是这种病症减缓了神经元更新的速度，导致神经元数量不断下降。如果我的猜想正确，即这类病症减缓了细胞的更新，而非加速细胞的死亡，那么目前基于细胞死亡假设的药理学和其他治疗方法，都需要作出巨大的改变，并可能带来更大的希望。对此，我们拭目以待。

好消息是，干细胞移植可以提供新的脑细胞群，用于治疗不论是由于神经元更新减缓还是死亡加速而产生的疾病。这样的研究已经在进行当中。

总之，有关大脑可塑性的新知识为学者综合征特殊技能的发展提供了更好的解释，并为治疗多种中枢神经系统疾病和损伤带来了非常有益的新乐观主义希望。

认知增强，思维扩展和“神经学美容”的是与非

据一则广为人知的传说称，探险家庞塞·德·利昂（Ponce de Leon）曾试图寻找青春之泉以阻止自己的衰老。今天，寻找长生不老药已然在全世界形成了一个价值达数万亿美元的产业，包括各种补充剂、草药、酊剂、药膏、药霜、药丸和药剂。同时，类似研究还包括寻找记忆增强剂、智商升高剂、思维扩展剂和认知增强剂等。其中，认知增强是治疗健忘、痴呆等中枢神经系统病症的一种合法手段。

还有人希望用此类产品来“提高”人类的大脑性能。这种“大脑增强剂”也是一个数十亿美元的产业。

抗精神病药、抗抑郁药和抗焦虑药在治疗精神疾病方面，已经取得了突破性进展，就像抗生素已用于治疗传染性疾病一样。一些兴奋剂药物在治疗多动症（ADHD）上的效果，同样激动人心。某些用于治疗阿尔茨海默病或其他痴呆症的药物，可以稍微减缓疾病的发展过程或至少暂时增强患者的认知功能。同时，人们还在苦苦追寻可以治疗失眠的完美“安眠药”、治疗嗜睡症的完美“清醒药”，以及完美的“止痛药”，希望所有这些药物都不存在有害的副作用或依赖性。

在这些医学探索继续进行的同时，研究人员也在苦苦寻找能够让人变得更聪明、更清醒、更有创造力、更放松同时无有害副作用或依赖性的合法产品。使用大麻、可卡因、麦角酸二乙基酰胺（LSD）、甲基苯丙胺（即冰毒）和海洛因等非法药品，来寻求思维扩展或神经至幻的危害是众所周知的。那么，世界上有安全合法的认知增强剂吗？

答案是当然有，最常用的一种认知增强剂就是咖啡因，但有关它对总体健康和认知增强带来的益处和害处，人们一直争论不休。像大多数产品一样，我建议有节制地使用它。

就我而言，关于非处方药物、草药和补充剂作为认知增强剂或者痴呆预防剂的有效性，其证据不足以令人信服。很多人可能会激烈反对我的观点，

并信誓旦旦地提供许多证言，但天然产品对疾病的预防和治疗效果依然存在极大的争议。

至于帮助“正常”个体增强认知能力的处方药物，就我的经验来看，其用药目的由治疗经诊断的疾病到增强认知的这种转变，同样很难令人信服。许多处方药品被称为“新型非麻醉性镇痛药”，但最终证明它们就和许多新型安眠类药物一样，会产生依赖性或其他令人不安的副作用。

2009 年 4 月的《纽约客》（*The New Yorker*）杂志上，刊登了一篇文章，针对当前所谓的“神经学美容”作了全面综述，作者是塔尔博特（Talbot）。一些药物，例如阿得拉（Adderall）、利他林（Ritalin）和莫达非尼（Provigil），被一些学生、公司职员、扑克玩家、飞行员等人当做“清醒药丸”，用于“标示外”使用（即将处方药物用于非医学批准的用途）。这些药物究竟能够促进实际的“认知增强”超出正常的清醒范畴到什么程度，尚颇有争议。有一些证据表明，这些药物阻碍而不是增强了使用者的创造力。塔尔博特对这些产品的历史和当前使用情况进行了一番彻底审查，并得出如下结论：

> 在大多数情况下，神经增强所能带来的体验，既不是打开了感知的大门，也不是打破自我的束缚，更不是经历灵感的浪潮。它所带来的，是在你很想躺到床上好好睡一觉时，却硬挤出额外的几小时来完成销售任务；让你在学期中花费了一半时间发短信后，仍能在期末考试中得到一个 B 而不是 B–；让你可以为了 G.R.E.s 考试而整夜奋战，因为你发现自己在大学毕业后的就业形势可能非常严峻。神经增强剂并不会让你获得自由，相反，它们仅能为你带来一点痛苦、平庸、效率低下的生产力。

庞塞·德·利昂是一名西班牙的探险家，据说他曾试图四处寻找“青春之泉”，即一种可以让任何喝过它的人恢复青春的神奇泉水。找到身体和心灵的青春之泉，是每个人永恒的愿望。人们寻找易于服用的“智慧药丸”的各种努力，也同样可以归为此类。但到目前为止，总体来说，有关这方面的合法和不合法产品的炒作成分，远超其具有的科学价值。无论是在“标示内”还是“标示外”使用，这些药物同样都会带来副作用和依赖性。世界上迄今根本没有完美的无副作用无危害的“智慧药丸”，而且我怀疑这种东西永远都不会出现。

“头脑体操”有用吗?

说起寻找安全的认知增强剂，不得不提到“头脑体操”和“记忆教练”，这些概念目前仍然大有市场。基于“大脑就像一块肌肉”和“稳定锻炼可以提升大脑能力”的推理，市面上各种旨在帮助人们进行“心智锻炼”的书籍、测试、智力练习和计算机程序层出不穷。而且再一次地，各种热心的见证者比比皆是。它们没有有害风险，方便任何人自由应用。那些基于计算机的脑部锻炼计划所具有的便捷性，也极大地增加了人们对“大脑健身”的兴趣和参与度。2006 年，威利斯（Willis）等人曾报告了一个为期 5 年的跟踪研究，研究对象是 2 832 名参与正式认知训练但独立生活在 6 个不同城市的人。结果显示，“与对照组相比，认知训练带来的认知能力改善情况，取决于受试者在这 5 年来持续训练的能力”。

同样的方法也可以用于中风或脑损伤后的认知恢复，以及改善阿尔茨海默病或其他痴呆症。2009 年，罗林（Rohling）等人对 97 篇文章进行了元分析，共纳入了 2 014 名在脑损伤后进行认知康复训练的个体和 870 名处于各种对照条件之下的个体。他们发现，认知疗法具备有效性，并从研究结果中总结了一些指导准则：越早治疗越好；55 岁及以上的老年患者也可以从中受益，尤其是中风康复；在特定的认知领域，如注意力和视觉空间处理等，进行针对性的直接认知技能训练特别有效，而整体性的无目标干预效果并不好。有些人提倡对多动症（ADHD）或其他学习障碍也使用“大脑体操”疗法。此外还有其他一些正式的研究正在进行当中，以验证将认知训练作为一种康复手段的有用性及有效性。

多元智能引发的教育创新

正如我在本书前几章指出的，“IQ”这一概念通过使用语言和功能量表，确实可以测量某些东西，而且多年来也提供了一个巨大的、标准化的数据库，可用于一些有用的分析和预测。但把 IQ 当做“智力”的唯一衡量标准，则大大限制了智商的定义。拥有惊人的“智慧孤岛”的学者综合征很好地证明了，我们所有人拥有的是一系列多元的智能，而不是单一的智慧，未来的研究将进一步探索和验证这种观点。除了实验室研究外，教育界的教学方法也将随之发生变化，以适应常规学生或特殊学生中不同的智力类型和学习模式。已经有人认为，对于一些学生而言，更偏向右脑主导的职业教育，和更偏向左脑主导的学术教育一样有用和有价值。例如，现在人们确实承认了“非语言”学习障碍的存在。即使在一般神经状态的学生中，人们也发现有些学生更擅长视觉型学习而不是语言型学习。事实上，**全世界都可以从这两种类型的思维中获益，这个世界也需要更多的多元智能，而这种多元智能就存在于我们每个人的身上，或者就在我们的身边。**

自闭症的“流行”会否导致学者综合征的流行

如果说自闭症患者中学者综合征的发生率是十分之一，那么，判断自闭症的“流行性”成为相应地预测未来学者综合征患者数量的重要问题。虽然，目前自闭症的发病率和流行率出现的“相对”增长，部分归因于对自闭症的定义和诊断标准的放宽，但从某种角度上看，这种增长似乎有一部分是“真实”的。由于未能使用标准化的诊断标准，从而也无法将教育统计与临床统计数据分开来，因此有关自闭症流行率的确切数字仍然一片混乱，令人颇为费解。此外，自闭症患病率的增加，也需要被看做是其他发育性疾病和先天性缺陷发病率增加的一部分，虽然该比率有所升高，但严格来说还完全达不到“流行”的程度。

无论准确的数字是多少，对自闭症病因的研究将在未来几年进入白热化阶段。需要再次强调的是，自闭症并非开始于坎纳医生在 1944 年所作的那次描述。唐医生在 1887 年提出学者综合征的那一次演讲中，也确认了存在第三种“迟缓”，他称之为“发育迟滞”，并将其与“先天性迟滞”和“偶发性迟滞”并列。在该类别中，他详细而准确地描述了我们现在称为“自闭症”的这种疾病。通过使用诸如“活在自己的世界”“用第三人称”说话、“自发性动作”和“对所有亲密关系无响应”等术语，他继续明确地描述了什么是“早发性”和“迟发性”自闭症。事实上，从我们现在将自闭症和阿斯伯格综合征分类为“发育障碍”的时间上看，他整整提早一个世纪选择了“发育迟滞”这个术语。

由于篇幅限制，在此我无法对自闭症的流行和原因进行深入的探讨。但我在 2008 年时，对这 50 年来我关于自闭症的观点作了总结，并汇聚成一篇名为《自闭症：52 年后——某些常识性结论》（*Autism: 52 Years Later— Some Common Sense Conclusions*）的文章，该文章最后发表在学者综合征网站上。在此，我也可以负责任地说，自闭症谱系障碍并非始于其第一次被描述的 1943 年，它的“流行”级别并没有升高，因此未来也不会出现一大波学者综合征患者的情况。自闭症谱系障碍并非单一的病症，而是一组具有终极共同路径的疾病，我们统称其为自闭症；就如同精神发育迟滞，也是一组被我们统称为精神发育迟滞的一系列具有共同最终路径的疾病一样。当我们能够准确地将自闭症分为多个亚组时，我们就能确定其具体的致病原因、预防策略和有针对性的治疗方法。当全部的分类被整理出来之后，病因学就可以将遗传因素和环境因素整合起来。关于这部分内容，我在上述文章中作了更详细的讨论。

大脑能否超越自我，完全彻底地解释自己？

在未来的岁月中，人们将继续探究有关学者综合征的未解之谜，其中许多问题在本书中也有所提及。例如，相比其他发育障碍，为什么自闭症与学者综合征的联系尤为紧密？为什么那么多患者擅长日历计算？为什么心智损伤、失明和音乐天赋的三重组合在学者综合征中频频出现？遗传记忆能够解释这么多学者综合征患者“懂得他们从未学过东西”的能力吗？关于每个人体内的休眠潜能，获得性学者综合征告诉我们的是什么？如何“非侵入”地激活这种休眠潜能？

这些关于学者综合征以及更多关于大脑功能和整体功能障碍的问题，将使神经科学成为未来几年“新生代探险家们”大展身手的绝佳舞台。这些研究具有深远的影响，能够帮助人类更好地了解大脑的整体功能，改善对大脑疾病的治疗，并将我们的大脑功能最大化。

但有一个疑问始终萦绕在我的心头：大脑是否能够超越自我，完全、彻底地解释自己？毋庸置疑，大脑最终可以解开肾脏、心脏、肝脏、脾脏和其他身体器官如何工作的谜题，并从中为我们带来预防和治疗相关疾病的诸多福祉；但大脑究竟能否超越自我，完全解释自己？或者是它本身有一个内在限制，因此无法跳出自我，从而也不能完全了解自己？我认为，这种内在障碍可能是存在的。你对此有什么感想？

当务之急：设立一个学者综合征登记处

我的桌子上有一个标签为“新学者综合征患者”的文件夹，它现在已经很厚了，而且随着世界各地的报告通过学者综合征网站不断涌来，该文件夹几乎每天都在不断增加中。这些报告中，有一些来自家长，一些来自老师或治疗师，还有一些来自其他临床医生。报告中的患者大多处于碎片式技能水平，但有些也颇具天赋，只是很少会出现超凡技能水平的学者综合征患者。他们中大多数是儿童或青少年，许多都患有自闭症或阿斯伯格综合征等基础残障。此外，一些新的获得性学者综合征成人的病例也散布在该文件夹各处，其他的基础残障也时时可见。

我尽量回复每一个咨询，也经常向别人寻求更多的信息，而且这些请求也总能得到对方的慷慨相助。由于有新的病例被添加到学者综合征网站上，因此该网站也在不断地成长中。我至今还没有系统地建立一个容易检索的“登记表”，并按技能或技能水平、年龄、性别、基础残障或地理位置等，将这些病例进行分类。但我正打算这么做，因为这样的一份登记表将会是一个宝贵的资源。它可以收集并整理出一个更大的学者综合征样本，以便对学者综合征能力进行定性、定量，以及其他各种因素的测量。事实上，每当我收到新的学者综合征患者信息时，患者本人往往都愿意并渴望参与到任何有关学者综合征的研究项目中。

这样的一份登记表早该付诸实践了，随着现在大量新案例的出现，这项事宜也变成了我们的当务之急。

长期希望：建立学者综合征研究所

学者综合征研究以及回答上述问题的阻碍之一，是实验对象相对缺乏，尤其是超凡水平的学者综合征患者还比较少。我们目前已经知道一些这样的人士生活在美国、欧洲和澳大利亚，但毫无疑问，我们对世界其他地方的学者综合征患者还一无所知，比如印度、非洲、中国、巴西或俄罗斯。通过学者综合征网站，互联网为世界各地更多的患者和研究人员提供了平台，并将这些研究者联系到了一起，推动他们更快地进行沟通和协作。

然而由于其罕见性，许多关于学者综合征的病例研究仍然基于传闻报道。

我并非有意在此贬低传闻报道的价值，相反，许多伟大的发现和医学进步，都来自于单一的小道消息。但如果能够拥有更大的学者综合征样本，我们就能提供更广泛的基础，为学者综合征能力建立区分标准，对碎片式技能、天赋技能和超凡技能进行统一定义，而不是像目前一样只能采用主观标准。此外，更大的学者综合征患者样本，将允许我们更好地比较学者综合征患者的技能，以及这些技能背后的大脑功能；选用的对照组也可以包含其他类型的残障人士、一般神经状态的人、神童和天才的。

随着病例的不断增加和更多的研究人员投入其中，我相信在大家的齐心协力之下，这项研究在未来几年将得到加速发展。现在，一些医疗机构正在对学者综合征患者群体进行大规模的研究，将他们的超凡技能背后的机制与其他对照组进行比较。然而，我们还需要更多的此类研究。上述的学者综合征登记表，将是用于识别自愿参与这种扩展研究之士的天然资源。

为此，我对更好地理解学者综合征的一个长期希望是，世界上某个地方能够建立一个学者综合征研究所（或更全面一些：学者综合征、神童和天才研究所）。该机构不一定需要独门独院，我也不会把这样的一个机构想象成是独门独院，拥有自己庞大、独立的工作团队。相反，它更可能被安置在一个已经很完备的神经科学中心，吸引各部门的多学科工作者花一些时间来履行该研究所的使命和目的。那些患有学者综合征的人，则可以从世界各地来到这里，进行更密切的研究，因为无论在地球的任何一个角落，他们都是非常稀缺的存在。许多人已经自愿参与到这类研究当中，一些基金会则自愿承担了他们的旅行、住宿和检测费用。目前，我还没有最后决定要把这个研究所设立在哪里，但已有一些大学对此表示了初步兴趣。那个研究所里将保存着数英里长的录像，成柜成柜的文件、书籍、期刊、研究论文，一个学者综合征登记表，以及我积累多年的学者综合征患者、神童和天才们创作的艺术品。“新生代探险家”，即未来的神经科学家们，可以来这里接受培训，并研究这里所有的资料，以便为将来的研究作准备。

考虑到学者综合征为人类大脑提供的独特窗口，考虑到它与天才、神童的交集，以及它对人类潜能的广泛影响，世界上真的应该建立这样一个“研究所”。可惜，目前它还不存在。

鉴于我对此的渴望如此强烈，我接下来的愿望清单上，将尝试探索这种可能性。

令人兴奋的前途

在未来的几十年里，神经科学将成为医学研究的前沿阵地。它将是一条光明而激动人心的康庄大道。在配备了一系列新的工具之后，“新生代探险家”可以用前所未有的方式，探索大脑的神经元、突触、环路、特化，以及大脑复杂的连接。而通过学者综合征提供的独特窗口，这些技术将深入奇妙而复杂的大脑，为我们提供一些实用的见解。此外，由于学者综合征和自闭症之间如此密切的相关性，更多关于自闭症起因的有用知识也将出现。

无论这样的研究在何处进行，它不仅将有利于更好地了解学者综合征，而且将帮助我们更好地了解自己，以及我们所有人的潜力。

第 29 章

不一样的灵魂

接纳和启示

2006 年春天，我收到了一封意想不到但令我惊喜万分的信件。这封信来自我认识的第一位学者综合征患者。你还记得他吗？就是那位记住了密尔沃基市整个公交系统的约翰。他说他正在自己居住的私人疗养院工作者的陪同下前往绿湾，中途会顺道拜访丰迪拉克，问我是否有空与他共进午餐。

我愉快地接受了邀请。很少有医生有机会对患者进行 44 年后的随访。

我们约在当地的餐馆见面。我一眼就认出了他。他开玩笑地问道：

“特雷费特医生，我可以在这个周末回家吗？”回到 1962 年，当时他经常这样问我。于是我也像当年一样，给了他一个默契的答复：“我会考虑的。”

约翰此行的目的是什么呢？他正奔赴威斯康星州老年人家政服务协会的年会，接受该组织颁发的金钥匙奖。该奖项旨在表彰在逆境中取得胜利的人士，获奖者必须是那些在该协会成员的帮助下，克服了自身的困难和残障，并对社区产生了显著的积极影响的人。

约翰对他所在社区的贡献，主要体现在一个名为《回忆》(*Reminiscing*)的专栏，这个专栏发表在他家乡的一本名为《复兴》(*Renaissance*)的杂志上，而且大受欢迎。凭借无懈可击的细节记忆能力，约翰成功在读者群中燃起了大家对家乡历史的相关记忆。例如，专栏中的一篇文章曾回忆了现已废弃的由密尔沃基市开往基诺沙市的 M.R. & K 电动城际列车的历史。约翰记得那条铁路的精确路线及其途经的每栋建筑，那些建筑很多早已用作他途。他向读者回忆道，“中途公园就位于今天马利根小型高尔夫球场直线以东的位置”。在另一篇专栏中，他讲述了社区医院和疗养院的历史。镇上的人们十分喜爱他的专栏，它为大家带来了许多珍贵的回忆。

约翰非常自豪地领取了他的奖项。一位工作人员描述了当时的场景：

> 当约翰站在舞台上接受他的奖杯时，台下很多人都感动得潸然泪下。他们中大部分都是护理院长或护理主任，他们知道对约翰这种情况的人来说，这是一项多么了不起的成就。

威斯康星州第一行政区的国会议员专门为约翰写了一封贺信，信中写道：“你应该非常自豪地领取这样一项殊荣。”我也为约翰感到骄傲。他在我的前病患小组中的排名非常高。事实上，约翰是我遇到的许多学者综合征患者中，战胜逆境的一个杰出代表。

这是一段多么令人难以置信的旅程。我学到了很多，做出了微薄贡献，并有幸认识了一些非凡的人士，以及他们同样非凡的家人和照顾者。我当然学到了很多有科学意义的事情，但也同样见证了许多具有人文意义的东西。正如我前面所说的，在这次旅程中，就如我学到了很多有关大脑的知识一样，我也学到了很多关于心灵的东西。

在了解了有关学者综合征患者“心智”的研究前景之后，让我们来考虑一下要如何改善学者综合征患者的“世界”。

更多的包容、迁就和接纳

幸运的是，像约翰一样战胜逆境的学者综合征患者现已有不少，其中许多人都在本书出现过。要获得这种胜利，当然需要每位学者综合征患者的持续努力，但站在身后不断鼓励着他们的，还有一个个坚定不移的家庭或照顾者、信仰者和督促者。我称他们为“啦啦队”。此外，这些充满希望的故事背后还有第三位贡献者，那就是已变得更加包容、迁就和接纳的普罗大众。学者综合征患者不再是一个“私人、不相关的局外人”，全社会对他们越来越包容、接受，并将他们纳入一个充满真诚的尊重、欣赏和爱的社区环境中。

欢迎“进入”我们的世界。世界上再也没有谁是所谓的“局外人”。

与学者综合征患者同行的这些年，我时不时地会想起我的一名患者。她是个非常聪明的女孩，但一直被一个问题困扰着，那就是她个人的选择和对未来的打算，与其父母对她的希望和期许存在不可调和的分歧。她觉得自己的个性和独特“灵魂”，与她的父母、亲戚、老师、同龄人以及整个世界都不同步，也得不到他们的欣赏。她这样说：

> 特雷费特医生，我不知道你是否相信上帝。你信或不信，我觉得都没关系。但对我来说，我是信的。我们生活在一个圆形的行星上，因此我们认为所有其他行星都像我们脚下的星球一样是圆的。但上帝将目光投向宇宙深处，看到各种各样的行星，有圆的、方的、矩形的、椭圆形和其他各种各样的形状。它们并不全都和我们在课本上学到的一样是圆的。在你出生之前，上帝将你的灵魂挑选出来。如果你有一个圆的灵魂，他会把你放在一个圆形的星球上；如果你有一个方形的灵魂，他就把你放在一个方形的星球上；如果你有一个椭圆形的灵魂，他应该把你放在一个椭圆形的星球上。但轮到我的时候，他犯了一个错误。我有一个椭圆形的灵魂，他却把我放在了一个圆形的星球上。学校、父母、甚至你，特雷费特医生，都在不断地尝试把我的灵魂打磨成和其他人一样的圆形。我正在学校里一点点瓦解，直到毕业时，沦为一个行尸走肉之人。

是的，学者综合征患者有时看起来就像是一个圆形星球上的一群椭圆形灵魂。有时候，我们会切割并打磨那些灵魂，使它们更符合我们自己的形状。这是《雨人》中查理·巴比特早期的做法。但随后渐渐地，我们像查理一样，开始欣赏他们独特的灵魂形状和特性。因此，我们慢慢地不再试图改变他们，而是为他们提供更多的鼓励和接纳。在这个过程中，我们都改变了。

在这过去的122年里，我们已做好了一个顺应人心的决定，变得对学者综合征患者更加接纳和欣赏。不管是在治疗方案、学校、工作场所，还是整个社区中，我们都能看到这种变化。未来，这种接纳和赏识必将得以继续保持下去，甚至会进一步增大。

为我讲述“椭圆灵魂”故事的那个女孩，最后得到了一个圆满的结局。她在没有失去其椭圆形灵魂的情况下，走出了一条自己的人生路。这条道路与她父母为她设想的初衷完全不同，但他们现在很为自己的女儿感到骄傲，彼此间的关系也再次融洽起来。她对此感到非常高兴和满足，她的父母也是如此。

学者综合征患者也是一样。世界已经学会更好地适应他们的“灵魂”的形状，而他们也反过来在持续地改变着自己。于是，在双方共同的努力下，会有越来越多的学者综合征患者得到幸福的结局。

围绕自闭症、阿斯伯格综合征或学者综合征患者的“治疗”，尚且存在一些争议。有些人担心这种“治疗”会夺走那些患者的天赋，就和传说中纳迪娅身上发生的情况一样。如果真这样，这种“治疗”等于在残忍地剥夺这些特殊人士的独特才能和天赋。正如我前面指出的，**人们不应寻求如何“治愈”学者综合征，相反，我们应设法让学者综合征的特殊天赋和技能，结出有意义的硕果**。在某种程度上，人们试图“治愈”自闭症、阿斯伯格综合征或其他中枢神经系统障碍等基础疾病，只是改变了那些行为和症状，却严重干扰了患者的整体适应性，并成为了患者本人和身边人的痛苦之源。这种“治疗”是完全可以在不剥夺患者独特天赋或个性的情况下完成的。治疗病症，同时充分尊重患者本人，是行医的艺术，也是医生对患者认真、尊重的态度。

“素人艺术”的残酷精英主义

综上所述，你就可以理解为什么我会对把学者综合征患者的艺术品称为“素人艺术”感到如此愤怒。就我而言，“素人”这个词是过时、精英主义、居高临下和充满歧视的。阿朗佐的雕塑品之所以引人入胜，并非因为他的身体有所不便。他的作品，与任何艺术展中任何“非残障”雕塑家的艺术品相比毫不逊色。虽然他没有接受过任何正式的训练，也没有取得任何资格证书、文凭或学位，但这完全无损他的艺术水平。事实上，这使得阿朗佐的作品更加难能可贵，但一些评论家却用另类的眼光轻视学者综合征画家和音乐家，仅仅因为后者居然敢“不受教育”，似乎他们的作品就会因此少了某种权威性。这是多么可笑的理由。在全社会都试图将自闭症或其他残障人士纳入“其中”的时候，某些艺术评论家们却希望他们待在艺术世界之外。

“素人艺术”，是“原生艺术”更为温和的说法。这个词源于精神病和严重精神功能障碍，即使在今天它也依然代表着陌生、孤立和怪异。这个词应该像“白痴学者”一样，被彻底抛弃。是陀思妥耶夫斯基[①]（Dostoyevsky）将“白痴”描述为一个另类、不相干的局外人。我所认识的学者综合征患者并不是所谓的什么“局外人”，除非“我们”排斥他们。他们的艺术当然也一样。

卡迪纳尔将“素人艺术”定义为一种：

> 原始的艺术表现形式，它避开公共领域和艺术市场，独立繁荣发展。这种艺术可能高度特殊而隐秘，并反映创作者试图建立一个虽奇怪然而自洽的私人世界。

我认为，并不是“素人艺术家”避开了艺术世界，而是相反。许多学者综合征艺术家创作出的作品，即使从纯艺术的角度进行评判，也极其美丽绝伦、令人惊叹、富有想象力、引人入胜、创意十足。为什么他们到了艺术评论家的眼中，就不能与“真正的”艺术家平起平坐，得到同样的欣赏和崇拜？我对此完全无法理解。不过后来我同样不喜欢所谓的品酒师告诉我，哪些葡萄酒我应该喜欢或者值得我欣赏。

在我安排第 18 章中所述的丰迪拉克“天才之窗：超凡学者综合征患者的艺术品”展览时，我曾试图引起几座大型城市的一些艺术画廊的兴趣。然而我都被礼貌而坚定地告知，他们“不做”“素人”艺术展，但茶隼艺术中心欣然承办了该活动。根据大众的参观率和评论来看，无论是青年人、老年人、蓝领、白领、艺术鉴赏家还是艺术新人，大家都很享受这次展览。他们对那些艺术品和工作中的艺术家都大为倾心，因为他们很有魅力、有趣、错综复杂而又意味深长。没有人因为斯蒂芬只是画出了其眼中所见而批评他画笔下的罗马，相反，观众们对那幅画感到惊叹不已。人们对许多作品中饱含的深情感到震撼，那些作品并不是平淡无奇、没有生命的。所谓的“特殊、隐秘和怪异”在哪里？坦率地说，我最近在那些自豪地展示着“域内”艺术家作品的“真正”艺术博物馆中，反而看到更多的“特殊、隐秘和怪异”。

关于学者综合征艺术家的未来，我希望且预测“素人”这一概念和术语，必将被扫进历史的垃圾堆里。最后，学者综合征艺术家终将和“域内”艺术家一样，被邀请入驻任何与其作品相匹配的画廊。鉴于我们的社会正通过各

①陀思妥耶夫斯基，19世纪俄国著名在作家，著有《白痴》（*The Idiot*）一书。

方努力，将学者综合征患者更广泛地接纳到我们当中，因此，横亘在“有资质认证、受过训练的真正艺术家”和“没有资质认证、未受过教育的学者综合征艺术家”之间的这种人为的、精英主义的区分，必将和贬义术语“白痴学者”一样，遭到人们明智而同情的放弃。

学者综合征音乐家的技能和能力，也被一些评论家和“真正的”音乐家贬低或边缘化。可喜的是，这种情况也在发生改变。马特和他的三重奏乐队中的其他职业音乐家，完全凭借自己的音乐质量和实力，被邀请到世界各地的爵士乐音乐节上表演。2009 年，德里克·帕拉维奇尼与翡翠合奏室乐团合作，举办了他的伦敦首演。大江光的原创音乐专辑也在世界各地播放，并与其他任何音乐家一样得到了大众的赏识。

未来，这些真正有天赋的艺术家和音乐家的作品，将获得更加平等的地位。

创新有针对性的教育和就业机会

由于学者综合征相对罕见，因此专门针对这种“双重稀有”（自闭症和有天赋）群体的教室、学校或课程也同样少见。1994 年，唐纳利（Donnelly）和奥尔特曼（Altman）指出，越来越多患有自闭症的天才学生，被吸纳到坐满身心健全且有天赋的同龄人的“资优班”教室里。在这些环境中，引入能够引导学者综合征天赋的成人辅导员，并辅以个体咨询和小组社交技能的培训，将特别有帮助。

2005 年，利特尔（Little）简明回顾了过去与残障儿童打交道的方法，并总结了适用于当今的策略。她指出，仅美国就有 12 ~ 18 万名拥有高于平均智商的学习障碍儿童。这些孩子因为残障而不适合资优班课程，但又由于其天赋而不适合资源教育计划。她在一篇关于《资优与自闭症》（*Giftedness and Autism*）的专题中，强调了 1994 年唐纳利和奥尔特曼关于成人导师和小群体社交技能训练有效性的研究结果。很多家长和学者综合征患者自己也都向我强调了导师的重要性，以及“朋友”计划带来的有益效果。在这些计划中，同龄志愿者每天通过各种活动陪伴学者综合征患者，并成为他们的朋友。患者们也以这种方式学习了能够在未来运用到所有关系中的社交技能。

2001 年，克拉克通过将资优教育（强化、加速和指导）的成功策略与自闭症教育（视觉支持和社交训练）结合，设计了《学者综合征技能课程》（*Savant*

Skill Curriculum）。该课程关注患者的优势而非劣势，聚焦于最终可帮助学生谋得职业发展的兴趣和能力。课程非常成功，学生们在行为、社交技能和学业自信心上表现出全方位的成长，在某些方面的沟通技能也有所改善。

最近，克拉克又对该课程计划进行了扩展，称为《全方位：综合教育方法》（*Aspect: A Comprehensive Educational Approach*），用于解决自闭症谱系障碍患儿的教育需求。该计划目前在新南威尔士州的 6 所学校中，为超过 500 名的儿童造福。其中还包括了主流学校的 71 个“卫星班”，专门为患有阿斯伯格综合征和高功能自闭症的学生提供教育服务。在这些学校，拥有学者综合征技能的人士也被纳入综合教育方法当中。该计划的 9 大关键要素，包括个性化规划、课程和教员，跨学科和家庭参与等，请参见网站（www.aspect.org.au/our%20services/schools/Aspect_ComprehensiveEduApproach.pdf）。

和其他地方一样，澳大利亚的自闭症或阿斯伯格综合征患者在完成 K-12 课程教育后，也缺乏就业途径。不过，托基尔·索恩（Thorkil Sonne）在丹麦施行的一个计划，直接解决了这一难题。该计划是一个专门针对阿斯伯格综合征或高功能自闭症患者的就业安置服务，在雇主（经过训练后懂得阿斯伯格综合征和高功能自闭症的细微区别）和那些拥有宝贵技能的残障人士的双方意愿下进行匹配。大多数就业安置点都集中在 IT 行业，这些潜在员工往往具有该领域所需的丰富技能。我确信，未来世界各地将会涌现更多这样的教育计划。关于该计划的详细信息可以访问网站（www.apecialisterne.dk）。2008 年，由奥斯汀（Austin）、韦勒姆（Wareham）和布斯克茨（Busquets）合著，哈佛商学院出版的《特殊者：感知和细节》（*Specialisterne: Sense and Details,*），以“社会企业”计划案例的形式，详细描述了该计划的信息，并探讨了其存在的潜力和问题，比如其在竞争性商业世界中的贡献和成功之处。

在美国，泰勒研究所专门致力于改善患有高功能自闭症或拥有天赋的阿斯伯格综合征患者的生活。该机构旨在为这些身处自闭症谱系但拥有秉然天赋的人士提供相应的工具，尽可能地帮助他们独立地生活和工作。和丹麦的那个计划类似，该机构将患者与雇主的意愿进行匹配，让雇主们可以从这些潜在雇员的特殊技能中受益。之后，该机构还将向雇主和雇员提供持续的支持和服务。有关该计划的更多信息，请访问网站（www.tailorinstitute.org）。

泰勒研究所由泰勒·克罗（Taylor Crowe）的父亲——戴维·克罗博士（David Crowe）创立。戴维对自己儿子取得的整体进步印象深刻：随着更广泛发展并与人分享自己的图形技能，克罗也在茁壮成长中。泰勒·克罗可以说是又一个成功案例。他毕业于著名的加利福尼亚艺术学院，获得了角色动漫设计从业证书，该证书含金量十足。泰勒在整体生活适应方面也有了巨大进步。他因为迟发性自闭症完全丧失了语言能力，但仍坚持在威斯康星州的一次大会上，面对 500 名语言治疗师发表题为《我的观点：我的自闭症人生》(*The View from Here: My Life with Autism*) 的演讲。我也有幸聆听了那次演讲。后来，该演讲被录制成了 DVD，在今天很多的自闭症大会上播放过。

他的父亲将自己的儿子介绍给观众时，带着溢于言表的自豪之情。这是非常感人的一幕。泰勒拥有自己的个人网站（www.taylorcrowe.com），读者可以通过访问该网站，了解更多关于他的不同寻常的故事。

关于“主流化”与“特殊教育班”的讨论，现也已广泛展开。人们达成了这样一个普遍的共识：既然自闭症和学者综合征存在一系列特殊的能力和障碍，那么关于他们的教育和职业资源，相应地也应当反映出一系列特别的设置和机会。有时“主流化”最适合全日制的上学时间；而另一些时候，在一天中的部分时间里有选择性地采取“主流化”将更有效率；有时候，特殊班级甚至特殊学校则是最好的选择。目前，一些完全面向自闭症或阿斯伯格综合征学生的私立和公立学校，已在全世界遍地开花。

其中一些是小学，另外还有一些则是面向阿斯伯格综合征患者的高中，如加利福尼亚州莫拉加的猎户座学院（www.orionacademy.org）。位于加利福尼亚州阿纳海姆的霍普大学（www.hopeu.com），则是一所专门面向患有发育障碍成人的艺术机构，目前它的学生中有 3 名是音乐型学者综合征患者。

其他一些专门的学校也不断涌现。英国萨里雷德希尔学院的音景中心，是唯一的一所专门致力于培养丧失视力并拥有特殊音乐才华者的教育机构，其招收的学生中包括音乐型学者综合征患者。

学者综合征患者的未来教育之路，将扩展为一系列适合有特殊需求儿童和成人的更多、更广泛的计划。其中一些是提供各种特殊照顾的传统教室；一些是针对 K-12 学生的特殊学校，专为处理自闭症和阿斯伯格综合征而设；还有一些特别针对“双重特殊”的学生，包括学者综合征患者；有些则是为成年学者综合征患者与志愿者雇主牵线搭桥的职业计划。

随着大众对学者综合征的兴趣越来越高，以及越来越多的成功故事不断涌现，这条小路将越来越宽阔，出现的资源也将越来越全面而丰富。

爱亦是最好的治疗师

在我 47 年的职业生涯中，能够认识那么多非凡的人士，是我人生中的一大幸事。但同样让我倍感荣幸的是，我得到了大量与这些特殊人士的家人见面和互动的机会。在我们不断寻求更有效地治疗学者综合征基础疾病的同时，他们的家人则每天都在提供着 24 小时不间断的照顾。我们的社会资源正逐渐向学者综合征患者倾斜，例如为患者及其家庭提供专业或辅助的工作人员；帮助实施“训练天赋”或其他一些策略，这些策略可以帮助患者更好地融入学校、职场和社会，争取这个世界不再有“局外人”。

这是一个可喜的进步。然而经过与这一群体多年的联系和通信，让我印象最深刻的，不仅是患者父母和其他照顾者对他们的爱、耐心和奉献，更是每一位家庭照顾者的智慧。每当这些家长写信告诉我关于他们的“儿子或女儿”的事情时，无论其孩子年龄大小、天赋高低，他们对这个孩子的爱总是溢于言表。由此可见，爱也是最好的治疗师。

之所以这样说，是因为我始终不断地受到这些家长和照顾者智慧的鼓舞，**他们不仅发现了孩子身上的“孤岛天才”，而且最终也找到了孩子的“完好之岛”**。这两座“孤岛”都应该得到温柔、亲切的对待和培养，无论它们最后会结出什么果实。当然，这里并不是说专业知识无足轻重，相反，专业知识能够带来巨大益处。然而有时候，一些父母、照顾者或老师因为自己未受过专业训练，就以为自己“没有资格”。但正如我早已耳闻的，有时候，父母才是最了解自己孩子的人，他们最清楚哪些方法对自己的孩子有效、哪些根本无效，或者哪些可能有效、哪些可能无效。

“聆听患者，他会告诉你作何诊断。”在我的医学培训早期，我从一位睿智的老教授那里学到了这句箴言。这是我培训生涯中，得到的最宝贵教诲。我当然是综合自己所学习、阅读、检查和观察的情况而做出诊断，并提出治疗方案，但通过聆听患者，我总能得出最切中要害的诊断。由此可见，聆听是治疗当中非常重要的一环。对于那些缺乏语言能力的患者，我会向最了解他们的人咨询，比如他们的父母或照顾者。

如果想要找到自闭症的原因所在，我们必须将耐心聆听、仔细观察与成像技术、基因组知识和其他各种科技手段相结合起来。而想要找出哪些策略最适合“训练天赋”，以便让患者能够得到最充分的发展，也需要相关的治疗师进行仔细地倾听和观察，而不仅仅是沉迷在双盲的统计分析和卡方检验之中。

不幸的是，目前人们对自闭症谱系障碍的认识，存在相当大的两极分化现象。有关于病因上的环境与遗传之争，亦有关于治疗方法上的传统医学与替代疗法之争。我的希望是，未来这种两极分化的现象会消失，关于病因和治疗方案的争论也能得以合并。当我们开始不带先入为主的偏见，仔细听取证据时，这种情况就能发生。仔细聆听患者及其家人告诉我们的情况，而不是仅凭专家的一家之言，是我们开始的第一步。

“聆听患者，他会告诉你作何诊断。”

是时候放下“画笔”了

距离电影《雨人》将“自闭学者”一词变成家喻户晓的术语，时间已经过去 20 多年了。自那时以来，这个领域发生了很多事情，所有一切都在朝着好的方向发展。现在人们不但能更好地理解和适应学者综合征患者的“心智”和“世界”，也更懂得了尊重每一个特殊灵魂的独特性，并欣赏其非凡的自由形态。

世界上有很多关于学者综合征患者的成功故事，其中很多已经在本书前文提过。一些患有学者综合征的音乐家和艺术家，已经凭借其作品的纯粹艺术价值，在国际上赢得了广泛的声誉。他们取得那样的成就，并不是因为他们的残障人士身份，而是因为他们非凡的艺术技能。

还有其他一些人的影响力或许小些，但他们的技能也能帮助其在职场上获得一席之地，比如我在《奥普拉秀》上认识的一位中年人。他在邮局工作，由于记得美国所有地区的邮政编码，他成为了世界上分拣邮件最快的人。

还有一个年轻人因为记住了芝加哥所有的公交、地铁和步行路线，被该市的交通管理局聘为“旅行信息专员”。在交通中迷路或误点的人，可以拨打电话与他直接交谈，而不必根据电脑语音提示不停地按着数字。求助者往往也能得到他的明确指示，到达正确的车站，坐上正确的火车或公共汽车，最后到达正确的目的地。有些时候，在 8 小时的轮班时间里，他会处理多达 200 个电话。因为他能把所有的地图和时间表都记在脑子里，因此干起这份工作来可谓得心应手。其他旅行信息专员需要通过计算机来搜查求助者所请求的信息，而他已将所有信息“内化”，并且可以比计算机更快地进行检索。这位“胸有成图”的人，是在万豪基金会“从学校到工作”桥梁计划的帮助下找到这个工作岗位的。

萨拉（Sara）是中西部计算机咨询公司的总裁和创始人，该公司运营得非常成功。萨拉有一句名言：“代码会自己飞出来。”她将自己的快速编程技能描述为“模式识别”，这个技能使得她能够识别初始程序员使用的模式，然后在此基础上添砖加瓦。就如同脑海中会打印出相关图像一般，她可以一眼看出代码中的不规范之处，从而一目了然地检测出软件的缺陷。她能在五六个小时内，写完其他人需要几天才能完成的代码。她像天宝·格兰丁一样，是一名典型的视觉思维者，以图像而非文字的形式存储记忆。她对细节的痴迷也表现在阅读上。因为英语语法是其孩童时期“必修”的学习内容，而在没有标出所有的语法或拼写错误之前，她连一份报告都没法读。

高功能自闭症患者最擅长的职业，往往与计算机相关。萨拉当然就是一个成功匹配的例子。最近，她还喜欢上了与他人分享自己的故事，包括与高中生或者其他年级的学生。她的演讲不但带给听众启发和鼓舞，也让听众感受到极大的安慰，因为他们知道，自己并非孤独一人地在与自闭症或阿斯伯格综合征作斗争。同时他们也因此确信，自己身上的这些问题与职场的成功之间，并不存在无法调和的矛盾。

每一天，世界各地都会出现许多同样令人振奋的新故事、案例和研究，不断引起我的注意。我的“新学者综合征患者”文件夹变得越来越厚。我希望把所有这些故事都拿出来与人分享，因为它们是如此令人鼓舞和兴奋。然而就像艺术家作画一样，某些时候，你必须“放下画笔[①]”，宣布工作完成。所以，现在也是时候结束这本书了。

我以一个成功案例开始这一章，因此，我也想用其他几个人的故事作为结束，因为这些故事证明了，作为一个社会整体，我们在接纳和欣赏这些特殊人士的道路上已走了多远。同时它们还揭示了，学者综合征患者的宝贵技能可以为这个世界作出怎样有意义的贡献。而在多方努力下，横跨在“我们”的世界和“他们”的世界之间的那道鸿沟，正在慢慢消失，也让我们所有人都学会真正尊重并深深地珍惜对方，无论我们每个人的灵魂是何种形状。

① 画笔，英文为brush，是一个双关语，同时有画笔和争论的意思。

陶哲渊：从自闭症儿童到研究科学家

陶哲渊（Trevor Tao）在两岁时被诊断为自闭症。他3岁才开始说话。1981年，4岁的陶哲渊是南澳大利亚甚至可能是整个澳大利亚第一个成功融入普通幼儿园的自闭症儿童；5岁时，他就读于一所普通学校。当时，自闭症儿童进入主流学校念书，完全是前所未闻的新闻。他的成功教育经历，后来被他的第一位老师琼·布赖恩特（Jean Bryant）写成《敞开的大门》（*The Opening Door*，1993）一书。

陶哲渊的教育经历确实极为成功。2006年，他获得阿德莱德大学应用数学博士学位。他的毕业论文是关于图像分析的，题目为《关于图像分割的扩展 Mumford-Shah 模型和改良区域合并算法》（*An Extended Mumford-Shah Model and Improved Region Merging Algorithm for Image Segmentation*）。2006年以来，他一直作为研究科学家，在澳大利亚政府机构工作。

陶哲渊还是一名超凡的音乐型学者综合征患者，这也是他留给我的第一印象。1989年，阿姆斯特朗在《澳大利亚杂志》（*The Australian Magazine*）上发表了一篇名为《帕克盖特奇迹》（*Miracle on Parkgate Place*）的文章，上面详细介绍了陶哲渊11岁时展现出的非凡音乐能力。在第一次听到德沃夏克的《新世界交响曲》（*New World Symphony*）之后，陶哲渊马上在钢琴上重奏了这首曲子的第一乐章，即使该乐章并非钢琴曲，而是为整个乐团而作的。陶哲渊8岁那年，他的父亲鼓励他接受正式的音乐训练，并相信这将有助于他包括社会化在内的整体发展。关于音乐这点，他父亲的做法是对的。“训练天赋”有助于患者整体能力的发展，包括音乐会演奏以及与其他音乐家互动所带来的社会化机会。他在钢琴比赛和音乐创作上获得了很多奖项。

出于同样的原因，陶哲渊的父亲也鼓励他学习国际象棋。1994年，他代表澳大利亚参加国际象棋奥林匹克大赛。此外，他还代表澳大利亚参加了1995年的国际数学奥林匹克大赛。他觉得，海外旅行的经历，对自己克服之前的自闭症恐惧和障碍很有帮助。

陶哲渊也同意，这些特殊技能在他的整体发展中至关重要：

> 回想起来，我想我的父母和老师是特意鼓励我和别人一起参加音乐会或参加国际象棋比赛的，这样我可以和更多的人交往。这一策略对我

起到了绝对的帮助，也使我对自己更有信心了，因为我一直在音乐和象棋比赛中赢得奖项。（私人信件）

陶哲渊的母亲，当然也是陶哲渊发展路上的重要支持力量。她原本是高中数学和科学老师，但毅然放弃了自己的职业生涯，勇敢地接受了陶哲渊带来的“全职照顾自闭儿”的挑战。陶哲渊同样认为，自己的两个兄弟也“帮助我成长为一个正常的孩子”。事实上，兄弟姐妹之间的互动和支持，往往是患者更好的交流能力和社交技能的重要贡献力量。和陶哲渊一样，他的哥哥陶哲轩是一位数学博士，其在 2006 年获得过著名的数学大奖“菲尔兹奖”[①]，目前是洛杉矶加州大学的终身数学教授；他的弟弟陶哲仁，则是谷歌的软件工程师。

这是一条从自闭症儿童到研究科学家的万里长征路。陶哲渊的发展历程证明，只要有同时针对特殊技能与一般技能的合适教育机会，这种成功的过渡就可以发生。陶哲渊的经历还表明，家人，包括兄弟姐妹提供的持续鼓励、支持和爱的作用重大。正如其他学者综合征患者的事例一样，一名擅长观察、充满同情心且业务熟练的老师或治疗师，就和海伦·凯勒身边的安妮·沙利文一样，能够抓住患者特殊技能带来的机遇，帮助患者进步。

陶哲渊用 5 个字总结了自己现在的人生：“生活很美好”。他和自己的家人住在一起，有一份能够发挥其数学特长的稳定的科研工作。他还有很多其他的业余爱好，比如填字游戏、桥牌、拼图等。他的音乐技能也有用武之地。2008 年，南澳大利亚自闭症协会邀请他为一部关于自闭症的 DVD 纪录片作曲。陶哲渊欣然接受。这给了他与电影行业的专业人士打交道的机会，并进一步拓宽了他的社会化技能。

陶哲渊将自己的人生描述为一段旅程，这段旅程为他打开了一扇门，使得他“从自闭症的黑暗房间里出来，走到正常生活的光明世界。爸爸告诉我，生活中最重要的是幸福，我想，我拥有了很多”。陶哲渊如是说。

对他，以及对我们所有人而言，“没有比这更幸福的事了”。

你难道不同意吗？

---

①菲尔兹奖（Fields Medal），是国际数学联盟在国际数学家大会上颁发的奖项。该奖每4年评选2～4名有卓越贡献且年龄不超过40岁的数学家，被认为是年轻数学家的最高荣誉，它和阿贝尔奖均被称为数学界的诺贝尔奖，奖金约合13 767美元。

阿曼达："梦想展开"

我们对自己的人生都怀有梦想，学者综合征患者也一样。有一个人的人生梦想，就以一种虽缓慢然而惊人且令人满意的方式展开了。这个人就是阿曼达·拉马尼亚（Amanda LaMunyon）。

阿曼达是一名阿斯伯格综合征患者，现年 14 岁。她 4 岁就能阅读，但在学校时却度过了一段艰难的时光。她可以背下所有校规，却很难遵守，因为她根本没法一直安静地坐着。她的母亲认为，也许阿曼达身上不时闪现的艺术天赋火花，能够为她提供一种自我表达的渠道。于是，她的母亲为她找了一位老师，那是一个非常温柔、耐心，脸上总是带着甜美笑容的女人。不过这位老师坦言自己从未教过 7 岁的小女孩，她的学生大多是成年人。

在第一堂课上，当阿曼达的母亲来接她时，阿曼达和那位老师的身上都涂满了颜料。阿曼达带着自己的母亲参观了她的一些画，上面画的都是西瓜。她的老师则兴奋地宣布道："这个女孩能画画！"

是的，她能画画。阿曼达的画作现已赢得了许多奖项。她也喜欢唱歌，而且不仅是唱，她还会用画笔画出这些歌曲的意象。除此之外，她还能写诗。这些都可以在她的个人网站（www.amandalamunyon.com）上找到。

和其他许多学者综合征患者一样，阿曼达的特殊技能一旦激活，就会成为她交流、表达和宣泄的渠道，她也因此变得更加自信、自尊、外向起来。就如她现在经常告诉其他同龄人和成年人的一样，她不再撤回或蜷缩在自己的"自闭症"世界里了。

一次特殊的机遇，改变了阿曼达的人生。她有幸参加了杜克大学的资优班计划，该计划招收来自美国各地的优秀和有才华的孩子。阿曼达的天赋和才能伴随着阿斯伯格综合征的这一事实，并没有把她排除在这个重要的计划之外，而且也不应该被排除。她的一幅画作，后来成为了厄斯珀格尔（Ernsperger）和文德尔（Wendel）合著的《自闭症谱系障碍大伞下的女孩》（*Girls Under the Umbrella of Autism Spectrum Disorders*，2007）一书的封面。阿曼达的故事、画作和诗歌，也出现在许多报纸、杂志和电视节目上。

所有这一切都让阿曼达变得信心十足，镇定自若。她曾参加过美国小姐俄克拉荷马州选美大赛，在"才艺和表演"方面排名前五，在"最佳履历"中排名第一。她努力为自闭症研究和其他儿童健康项目筹款的工作，获得了许多州级和国家级的社区服务奖项。对于阿曼达来说，这些奖项中最有意义的一个是美国自闭症协会颁发的2008年度温迪·F. 米勒优秀奖，该奖授予全国范围内最具奉献精神、最努力或取得杰出成就的自闭症人士。

2009年5月，阿曼达荣获了另一个奖项，这次她的竞争对手是美国所有初中生。“社区与学术审慎精神奖励计划”每年根据候选人在社区服务和学业上取得的杰出成果，从全国中学生中评选出10名青年学生（5名高中生和5名初中生）。阿曼达作为5名优秀的初中生和志愿者之一，获得了这一大奖。该奖指出，阿曼达“在慈善活动中表现积极，出售印有其画作的卡片和画册，为患病的孩子们筹集资金，并用自己的自闭症经历帮助他人了解该疾病”。

2009年5月，阿曼达在美国国家青少年比赛中代表俄克拉荷马州出战。她最后排名第四，获得公民奖（奖学金1万美元）和理事奖。当年她顺利从八年级毕业，升入高中。她打算继续为提高自闭症的关注度出一份力，但更想利用自己的亲身经历，启迪人们如何克服挑战。她的这两项工作都做得非常出色，堪称榜样。

阿曼达写了首诗，题名为《一个小秘密》（*A Little Secret*）。诗中的秘密，就是隐藏在她上述所有成就和荣誉背后的阿斯伯格综合征。诗的结尾如下：

我为何对阿斯伯格综合征如此了解？
因为我正患此病。
有人说，它是一种残障，
但我依然是一个怀抱梦想的女孩。
我将坦然接受上帝给我的安排，
与挑战同行，并利用它
达成上帝赋予其中的深意。

让我告诉你们，
如果你认识某一位看上去有些与众不同的人，
请看到他闪光的一面，
他的光彩就隐藏其中。
那或许只是一个静待倾诉的“小秘密”，
亦或是一个等待展开的梦想。

对阿曼达而言，好消息是，与任何怀有梦想的青少年一样，她独特的人生梦想，在这个对有特殊需求和特殊天赋的群体更加了解、接纳和赏识的世界中，正以一种畅通无阻的方式展开着。未来一定还会有更多的好消息。她的“秘密”也不再是秘密了。她所取得的成就以及同龄人对她的认同，就是一份可喜的证据。

阿曼达和我们，通过发现、培养、欣赏并庆祝这些非凡人士的长处，使那个“秘密”不再隐晦，更加开放。

继续探索神经科学的海洋

> 我不知道这个世界会如何看我，但对我自己而言，我仅仅是一个在海边嬉戏的顽童，时而为发现一粒比寻常更光滑的石子或一片更美丽的贝壳而欢喜，可与此同时却对面前的真理的海洋熟视无睹。
>
> ——艾萨克·牛顿（Isaac Newton）

我在自己的第一本书中曾引用过艾萨克·牛顿的这段话，我觉得它仍然很适合这本书。这些年里，我发现了许多比寻常更加“光滑的石子”——那些非凡的人士及其独特形状的灵魂，而我将继续为他们所迷，并得到他们的启发。关于他们的“真理之海”，虽然依旧浩瀚，但我们最近已有了一些宝贵的发现，而未来必将更多。

对我来说，这是一段不可思议的旅程。它激发了我的兴趣，教会了我许多东西，扩大了我的关注面，并带我领略了一些我原本可能一辈子都会无缘探索的思想和发现。我希望，我对此次旅程的这些描述，也能让你有同样的收获。

此次旅程，也促使我致力于寻找并培养人类的潜能，无论它从谁的身上涌现，无论它处于何种形式或水平，其中当然也包括我们自己身上的潜力。它再次强调了，无条件的爱、信念和乐观精神，能够拥有多么强大的力量，不仅让“孤岛天才”开花结果，更让“完好之岛”绽放出绚烂的光彩，无论其可能隐藏着怎样的秘密。它让我意识到，我们对人体最神奇的器官——大脑及其尚未开发的潜力，是多么的无知。但它也让我感到欢欣鼓舞，因为借助新的工具，我们现在终于可以探索神经科学这片巨大的“海洋”。“新生代探险家们”正在继续前行，在未来的几十年，他们将带领着我们在更好地了解大脑和我们人类自身的潜能之路上，越走越远。

“iHappy 书友会”会员申请表

姓　名（以身份证为准）：__________　　性　别：__________

年　龄：__________　　职　业：__________

手机号码：__________　　E-mail：__________

邮寄地址：__________　　邮政编码：__________

微信账号：__________（选填）

请严格按上述格式将相关信息发邮件至中资海派“iHappy 书友会”会员服务部。

邮　箱：zzhp_marketing6@126.com

微信联系方式：请扫描二维码或查找 zzhpszpublishing 关注“中资海派图书”

<table>
<tr><td rowspan="9">优惠订购</td><td colspan="2">订阅人</td><td></td><td>部门</td><td></td><td>单位名称</td><td colspan="2"></td></tr>
<tr><td colspan="2">地址</td><td colspan="6"></td></tr>
<tr><td colspan="2">电话</td><td colspan="3"></td><td>传真</td><td colspan="2"></td></tr>
<tr><td colspan="2">电子邮箱</td><td></td><td>公司网址</td><td></td><td>邮编</td><td colspan="2"></td></tr>
<tr><td>订购书目</td><td colspan="7"></td></tr>
<tr><td rowspan="2">付款方式</td><td>邮局汇款</td><td colspan="6">中资海派商务管理（深圳）有限公司
中国深圳银湖路中国脑库 A 栋四楼　邮编：518029</td></tr>
<tr><td>银行电汇或转账</td><td colspan="6">户　名：中资海派商务管理（深圳）有限公司
开户行：招行深圳科苑支行
账　号：81 5781 4257 1000 1
交通银行卡户名：桂林　卡　号：622260 1310006 765820</td></tr>
<tr><td>附注</td><td colspan="7">1. 请将订阅单连同汇款单影印件传真或邮寄，以凭办理。
2. 订阅单请用正楷填写清楚，以便以最快方式送达。
3. 咨询热线：0755–25970306 转 158、168　传　真：0755–25970309 转 825
E-mail: szmiss@126.com</td></tr>
</table>

→利用本订购单订购一律享受九折特价优惠。

→团购 30 本以上八五折优惠。